安徽材料热处理
专业发展与技术进步
（1963—2020）

吴玉程　主编

合肥工业大学出版社

图书在版编目(CIP)数据

安徽材料热处理专业发展与技术进步:1963—2020/吴玉程主编. —合肥:合肥工业大学出版社,2022.5

ISBN 978-7-5650-5898-1

Ⅰ.①安…　Ⅱ.①吴…　Ⅲ.①热处理—金属加工工业—概况—安徽—1963-2020
Ⅳ.①F426.41

中国版本图书馆 CIP 数据核字(2022)第 079987 号

安徽材料热处理专业发展与技术进步(1963—2020)

吴玉程　主编　　　　　　　　责任编辑　张择瑞

出　版	合肥工业大学出版社	版　次	2022 年 5 月第 1 版
地　址	合肥市屯溪路 193 号	印　次	2022 年 5 月第 1 次印刷
邮　编	230009	开　本	787 毫米×1092 毫米　1/16
电　话	理工图书出版中心:0551-62903204	印　张	20.75
	营销与储运管理中心:0551-62903198	字　数	492 千字
网　址	www.hfutpress.com.cn	印　刷	安徽联众印刷有限公司
E-mail	hfutpress@163.com	发　行	全国新华书店

ISBN 978-7-5650-5898-1　　　　　　　　定价:160.00 元

如果有影响阅读的印装质量问题,请与出版社营销与储运管理中心联系调换

本书编委会

主 任 委 员：吴玉程

编委会成员：（排名不分先后）

朱绍峰　施家山　肖结良　程正翠　舒　霞

刘家琴　刘　宁　杜晓东　徐光青　张文斌

李明喜　王硕桂　王庆平　邱世洵　李　健

支 持 单 位：安徽省热处理专业委员会

协 助 单 位：合肥工业大学

安徽工业大学

安徽建筑大学

安徽理工大学

安徽省机械科学研究所

安徽江淮汽车集团股份有限公司

马鞍山钢铁股份有限公司

安徽合力股份有限公司

合肥市百胜科技发展股份有限公司

安徽工业经济职业技术学院

中国电子科技集团第四十三研究所

前　　言

　　2021年，安徽省热处理专业委员会成立58周年。我作为一位金属材料及热处理专业毕业、从事相关专业教学和科研已达34年之久、安徽省热处理学会的在任理事长，回顾自己的专业发展和职业生涯，见证了安徽社会经济与制造业的阶段发展，以及材料热处理与机械制造、汽车产业的互相促进和人才培养的过程，不由感慨万分！我的前辈先生们创立了安徽省热处理专业委员会，他们多数毕业于上海交通大学、北京钢铁学院和哈尔滨工业大学等高校，或者是在哈尔滨工业大学、东北大学跟着苏联专家学习和进修，数十年来工作在教学一线、科研机构或企业工厂，孜孜不倦地教书育人，认真钻研科学疑问和探究企业技术难题，给我们留下了丰富而宝贵的精神财富。

　　前事不忘，后事之师。为此，我们将安徽热处理专委会及行业的风雨发展历程和取得的成绩等，整理汇编成书，让大家了解这个学科专业的发展和人才培养点滴，记住前辈为此付出的艰辛与努力，使我们更加矢志不渝、团结协作，坚持习近平新时代中国特色社会主义思想，更好地为安徽经济社会发展、科技腾飞作出应有的专业贡献。在历史发展的长河里，安徽热处理事业发展与国家社会、经济和科技进步同向前行，每取得一点成绩都离不开广大理事和会员们的支持，得到中国机械工程学会材料热处理分会的指导，以及业界的专家学者的帮助，在此表示衷心的谢意！

　　"星空不问赶路人，岁月不负有心人。"前辈打下了深厚的基础，我们生长与成长赶上一个好的时代，我们的学生辈如今也展现出时代的风采，几代人在为实现中华民族伟大复兴的百年梦而前赴后继。正是千秋大业引方向，长江后浪推前浪，励精图治砥砺行，永立沙滩潮中央。

安徽省热处理专委会第七、八、九届理事长

全国材料热处理学会第十、十一届副理事长

2021年仲秋

目　录

第四篇 往日岁月

第一篇　贺信与寄语

中国机械工程学会　热处理分会

贺　信

安徽省机械工程学会热处理专业委员会:

金秋十月，我们迎来了安徽省机械工程学会热处理专业委员会成立55周年华诞。在这喜庆的日子里，中国机械工程学会热处理分会向贵学会表示热烈的祝贺，向为我国热处理行业做出贡献的全体同仁表示亲切的问候!

经过55年的耕耘积累，安徽省热处理行业交流密切，发展欣欣向荣。为安徽省材料热处理领域专业人士提供了一个热处理学术交流、企业展示特色技术和工艺装备发展的最新成果和产品，以及生产实践中的管理经验，相互学习、结交朋友、寻求发展的优秀平台。不断提升安徽省热处理学术水平和自主创新能力，为热处理行业发展做出了重要贡献。

在这55华诞喜庆之际，衷心祝愿安徽省机械工程学会热处理专业委员会进一步凝聚各界力量，让安徽省热处理专业学科建设、技术进步与企业发展更上一层楼。

最后，衷心祝愿55华诞庆典活动取得圆满成功!

中国机械工程学会热处理分会
热处理分会

安徽省机械工程学会

贺 信

欣闻安徽省热处理专业委员会成立 55 周年，特此表示热烈祝贺。

热处理是提高材料性能、保证产品质量的重要工艺。随着科技发展需求，热处理更是赋予材料极限性能，提高基础零部件使用寿命，为新材料的研发和高端装备制造提供保障。

热处理专业委员会是我会最活跃的分会之一，自成立以来，团结安徽省热处理同仁，积极参加全国及区域性学术交流，带领安徽省热处理同仁，积极参与地方经济建设，在学术研究、技术交流、新技术推广等方面取得了可喜的成绩。

祝热处理专业委员会越办越好。

安徽省机械工程学会

2019 年 12 月

做好热处理，振兴制造业。

中国工程院院士，第九、十届全国材料热处理学会理事长

哈尔滨工业大学原校长　**周　玉**　教授

2020 年 12 月 8 日

热烈祝贺《安徽材料热处理专业发展与技术进步（1963—2020）》出版！这本书承载了安徽省热处理的骄傲和辉煌。

在中国热处理版图上，安徽占据重要位置。20 世纪 80 年代，安徽是最早开展"搞好热处理，零件一顶几"活动的省份之一，当时合肥工业大学（邓志煜 1987—1991、王成福 1991—1996）和安徽工学院（束德林 1987—1991）两所部属高校的校长，都出自热处理教研室，这在全国是不多见的。

安徽是我涉足热处理专业的出发地。借此机会，向各位师长和同仁致礼！

全国热处理学会名誉理事长、科技部原副秘书长

武汉大学原党委书记、合肥工业大学校友　**李　健**　教授

2021 年 9 月

材料热处理是装备与制造重要的核心工艺，3D 打印和增材制造同样离不开材料热处理，安徽材料热处理行业及同仁们与中国制造 2025 共同进步。在此，祝安徽热处理事业蓬勃发展！

中国工程院院士、第十一届全国材料热处理学会理事长

北京航空航天大学　**王华明**　教授

2021 年 6 月

科技创新驱动安徽经济迅速发展，热处理技术大有可为。

中国工程院院士、第十一届全国热处理学会副理事长

钢铁研究总院　**刘正东**　教授

2021 年 8 月 26 日

安徽材料热处理专委会及同仁们，为安徽省装备制造升级换代、社会经济发展作出较大的贡献，我代表安徽省机械工程学会表示祝贺，希望取得更好的成果！

中国工程院院士，第九、十届全国机械工程学会副理事长，

安徽省机械工程学会第八、九届理事长

中国国机集团公司副总经理　**陈学东**　教授

2021 年 9 月

近十年来，安徽省依靠科技引领、创新驱动，社会经济发展迅速，尤其在制造业领域取得丰硕的成果，正值安徽省材料热处理专委会成立58年之际，我谨代表全国热处理学会对此表示祝贺，祝安徽材料热处理产业和学会工作取得更大的成绩！

第八、九、十、十一届全国材料热处理学会常务副理事长

机械科学研究总院　徐跃明　研究员

2021年8月

借此机会，我代表江苏省材料热处理界，向安徽省材料热处理同仁们表示热烈的祝贺！

第十、十一届全国材料热处理学会副理事长

江苏大学原副校长　程晓农　教授

2021年8月

材料热处理是装备制造及基础零部件的重要工艺基础，安徽省热处理界及同事们做出较大的贡献，祝事业发展进步！

第十一、十一届全国材料热处理学会副理事长

大连交通大学原副校长　任瑞铭　教授

2021年8月

我代表上海理工大学，向安徽省热处理界、合肥工业大学材料热处理的同事们表示祝贺！

第十、十一届全国材料热处理学会副理事长

上海理工大学副校长　刘平　教授

2021年8月

金属材料热处理是基础制造工艺，我国热处理经历了几代科研工作者和实践者的努力奋斗，日渐走到国际舞台中央，彰显中国热处理风采。继往方能开来，承上更好启下，《安徽材料热处理专业发展与技术进步（1963—2020）》正是总结近年来热处理的技术发展和最新成果，其必将助力长三角地区乃至全国制造业的转型升级和高质量发展，也为热处理技术发展路线图的制定理清思路，打下坚实基础，更为兄弟省份作出榜样，可喜可贺。

第十、十一届全国材料热处理学会副理事长，上海市热处理学会理事长

上海交通大学材料学院　顾剑锋　教授

2021年8月

安徽材料热处理界聚集一批优秀年青的教学、科技人员，为安徽省制造业发展奠定很好的基础。衷心祝愿安徽材料热处理学会办得更好，多出人才，多出成果！

安徽省科技厅原厅长、合肥工业大学原副校长　徐根应　教授

2021 年 9 月

谨代表辽宁省材料热处理学会，祝安徽材料热处理事业蒸蒸日上、再创佳绩！

第十一届全国材料热处理学会副理事长

东北大学材料学院　王　磊　教授

2021 年 8 月

向安徽省材料热处理学会表示祝贺，更上一层楼！

第九、十届全国材料热处理学会副理事长

中国石油西安石油研究院原院长　张冠军　研究员

2021 年 7 月

祝安徽省材料热处理学会越办越好！

第九、十届全国材料热处理学会副理事长

重庆仪表材料研究院原党委书记　李儒冠　研究员

2021 年 7 月

安徽物华天宝、人杰地灵，材料热处理事业发展大有前途！

第十一届全国材料热处理学会副理事长

哈尔滨工业大学材料学院　闫牧夫　教授

2021 年 8 月

第二篇　学会发展（1963—2020）

2.1　安徽省机械工程学会热处理专业委员会历届理事会组成人员[①]

第一届理事会（1963.5—1979.3）

组　　　　长：孙　能
副 组 长：邱国璋　邓志煜　张道扬
秘　　　书：张道扬（兼）　束德林
委　　　员：杨泽田　黄宗圣　黄玉熙　洪秀娥　汪其昌　张　炎　孙富贵

第二届理事会（1979.3—1985.5）

理 事 长：邓志煜
副 理 事 长：孙富贵　张道扬　邱国璋　李　杲　束德林
秘 书 长：任四海
副 秘 书 长：张道扬（兼）
理　　　事：杨泽田　邓宗钢　黄玉熙　李　刚　黄宗圣　洪秀娥　汪其昌　包永乾
　　　　　　乔如典　徐旺兴　肖维光　占荣好　高振山　陈多珠　张　炎　朱振焕

第三届理事会（1985.5—1991.11）

理 事 长：邓志煜
副 理 事 长：邱国璋　束德林　张道扬　黄宗圣
秘 书 长：郭立志
副 秘 书 长：何裕宽　林昭钟　刘锡璋　杨泽田　施家山　武维扬
理　　　事：邓宗钢　黄玉熙　汪其昌　包永乾　乔如典　徐旺兴　占荣好　张　炎
　　　　　　李　刚　武维扬　莫金培　朱振焕　李　杲　黄孟根

----

① 时期为 1963 年 5 月至 2020 年 12 月。

第四届理事会 （1991.11—1997.6）

荣誉理事长：邓志煜

理　事　长：邱国璋

副理事长：束德林　黄宗圣　邓宗钢　张道扬

秘　书　长：施家山

副秘书长：杨泽田　何裕宽　林昭钟　武维扬

常务理事：邓宗钢　包永乾　何裕宽　束德林　邱国璋　武维扬　林昭钟　张道扬
　　　　　莫金培　黄宗圣　施家山　黄玉熙　杨泽田

理　　　事：马修身　宁曙光　乔如典　刘锡璋　刘玉山　朱振焕　牟惠民　李　刚
　　　　　吴邦富　陈成明　汪其昌　郭新成　曹国印　程丽峰　蔡幼庆

第五届理事会 （1997.6—2002.4）

荣誉理事长：邱国璋

理　事　长：黄宗圣（1997.6—1998.1）　施家山（1998.1—2002.4）

副理事长：施家山（常务）　丁厚福　何裕宽

秘　书　长：程正翠

副秘书长：朱绍峰

常务理事：邱国璋　黄宗圣　施家山　丁厚福　何裕宽　程正翠　束德林　邓宗钢
　　　　　杨泽田　武维扬　林昭钟　吴邦富　王　豫　叶　勇　王如化

理　　　事：宁曙光　牟惠民　曹国印　程丽峰　刘玉山　汪其昌　刘锡璋　蔡幼庆
　　　　　赵昌盛　陶海秋　冒满成　曹文荣　欧自水　陈国瑞　周立军　刘　宁
　　　　　李　健　刘国良　方玉根

第六届理事会 （2002.4—2007.12）

荣誉理事长：邱国璋

理　事　长：施家山

副理事长：丁厚福　何裕宽　王　豫　戴礼祥　朱绍峰

秘　书　长：程正翠

副秘书长：尚乃霖　肖结良

常务理事：丁厚福　王　豫　邓宗钢　方书生　方国爱　叶　勇　邱国璋　朱绍峰
　　　　　刘　宁　刘国良　何裕宽　束德林　吴邦富　杨泽田　武维扬　欧自水
　　　　　施家山　柴阜桐　鲁幼勤　程正翠　戴礼祥

理　　　事：卫尤树　王永善　王硕桂　马道亚　史　超　刘锡璋　李　超　宋春昕
　　　　　邱世洵　李　健
　　　　　成善华　吕　斌　阮宜清　汤厚敏　汪远清　吴玉程　肖结良　陈　斌

陈国瑞　尚乃霖　杨　磊　张　冰　张　洪　贺俊杰　冒满成　项国安
陶小臣　耿德远　席　文　黄景贤　程丽峰　程正勇　舒炳生　董更生
解平扣　雷文裕　蔡幼庆

第七届理事会（2007.12—2011.12）

荣誉理事长：邱国璋　施家山
理　事　长：吴玉程
副理事长：刘　宁　朱绍峰　程正翠　李明喜　宗　义　肖廷达　李　健
秘　书　长：肖结良
副秘书长：王文芳
常务理事：王和好　叶　勇　刘　宁　刘国良　朱绍峰　吴玉程　李明喜　肖廷达
　　　　　肖结良　李　键　李　超　邱国璋　张先彬　宗　义　宗　跃　施家山
　　　　　柴阜桐　程正翠　鲁幼勤
理　　　事：万　斌　马道亚　王硕桂　王文芳　史　超　成善华　刘　平　刘　伟
　　　　　刘征宇　刘敦伟　吕　斌　朱　陈　汪远清　邱世洵　扬靖辉　张　冰
　　　　　张　洪　陈国瑞　项国安　贺俊杰　胡抗援　袁根福　舒炳生　斯松华
　　　　　雷文裕　藏辉东
荣誉理事：何裕宽　王　豫　戴礼祥　邓宗钢　杨泽田　武维扬　方书生　程丽峰
　　　　　尚乃霖

第八届理事会（2012.1—2015.12）

荣誉理事长：邱国璋　施家山
理　事　长：吴玉程
副理事长：刘　宁　朱绍峰　程正翠　李明喜　李　健　张文斌　王金海　李　超
秘　书　长：肖结良
副秘书长：王文芳
常务理事：王和好　王文芳　王金海　王硕桂　叶　勇　刘　宁　刘国良　朱绍峰
　　　　　吴玉程　李明喜　肖结良　李　健　张先彬　张文斌　宗　跃　陈国瑞
　　　　　胡抗援　袁根福　程正翠　鲁幼勤
理　　　事：万　斌　马道亚　王锦文　叶　勇　史　超　刘　平　刘　伟　刘征宇
　　　　　刘敦伟　朱　陈　成善华　吕　斌　吕文强　李学富　李　超　汪远清
　　　　　张　冰　张　洪　邱世洵　杨靖辉　项国安　贺俊杰　贾文明　柴阜桐
　　　　　夏其月　黄　诚　舒炳生　斯松华　雷文裕　滕召勇　藏辉东
荣誉理事：何裕宽　王　豫　戴礼祥　邓宗钢　杨泽田　武维扬　方书生　程丽峰
　　　　　尚乃霖　宗　义　肖廷达

第九届理事会（2016.1—2019.12）

荣誉理事长：邱国璋　施家山

理　事　长：吴玉程

副理事长：刘　宁　朱绍峰　程正翠　李明喜　李　健　张文斌　王金海　肖结良

秘　书　长：朱绍峰（兼）

副秘书长：舒　霞

常务理事：王和好　王文芳　王金海　王硕桂　刘　宁　朱绍峰　吴玉程　李明喜
　　　　　李　健　李学富　肖结良　张先彬　张文斌　宗　跃　陈国瑞　胡抗援
　　　　　袁根福　程正翠　舒　霞　黄仲佳

理　　事：史　超　谷　曼　刘　伟　刘征宇　刘敦伟　刘家山　吕　斌　吕文强
　　　　　许　涛　汪远清　杜晓东　邱世洵　杨靖辉　杨　磊　陈志浩　周　良
　　　　　周玉豹　项国安　贾文明　徐义军　徐厚奎　夏其月　黄　诚　郭　瑞
　　　　　盛绍顶　董　灿　斯松华　舒炳生　雷文裕　滕召勇　滕纪云　藏辉东

荣誉理事：何裕宽　王　豫　戴礼祥　邓宗钢　杨泽田　武维扬　方书生　程丽峰
　　　　　尚乃霖　宗　义　肖廷达　李　超

2.2 安徽省机械工程学会热处理专业委员会周年大事记^①

1963 年

5 月 21 日 根据（63）机学字 023 号文件精神，在合肥成立安徽省机械工程学会热处理学组，学组由 13 人组成（后来作为第一届理事会）。会议通过了 1963 年工作要点并讨论了论文征集工作。

11 月 27 日 学组召开会议，学组全体成员及部分工厂热处理工作者参加了会议，由孙能副教授传达第一届全国热处理年会精神，传达周志宏教授在本届年会上关于"我国热处理发展概况及今后发展期望"的讲话，并对零件热处理变形及化学热处理进行了深入的探讨。会议还讨论了 1964—1966 年工作计划。

1964—1966 年

根据省机械工程学会的指示精神，学组成立后的几年主要针对我省热处理生产中存在的技术关键问题，采取现场指导、会诊、技术讲座等方式，进行技术攻关活动，先后举办减少模具热处理变形、开裂经验交流会，并为合肥轴承厂、合肥车辆厂现场解决大锉板、轴承挡圈淬火变形问题，很受工厂欢迎。学组还决定每周一、三、五在市总工会进行技术交流，遇到技术难题，组织攻关。学组还制定了我省热处理发展规划。

1967—1978 年

学会组织活动中断，但仍由省生产指挥部组织有机械、热处理人员参加的技术攻关交流活动，积极推广埋入式盐浴炉、氮碳共渗、离子氮化、低碳马氏体等新技术、新工艺，

---

① 本部分为 1963 年 5 月—2020 年 12 月大事记，由施家山、程正翠、肖结良、朱绍峰、舒霞整理。

为阜阳轴承厂、蒙城油泵油嘴厂、庐江活塞厂几个工厂的投产做了大量技术工作，并于
1974 年在泾县召开"全省热处理经验交流会"。在这次会议上提出了"搞好热处理、零件
一顶几"的响亮口号，提出了以热处理为主要手段，提高基础零件质量与寿命攻关计划和
目标，引起政府部门对热处理的广泛重视。

1979 年

3 月 25—28 日　省机械工程学会及其所属的自动化、热处理、无损检测、传动分会恢
复成立大会在芜湖举行，这是粉碎"四人帮"后的一次盛会。会议由贾轩伟主持，石明林
副厅长参加了会议。会上宣读了中国机械工程学会的贺信，传达了沈鸿副部长的讲话。恢
复后的热处理分会（第二届理事会）由 24 人组成。

5 月 11 日　举办"可控气氛热处理的原理及其应用"学术报告会，由邓志煜教授
主讲。

5 月—8 月　学会与省国防工办先后在合肥、芜湖联合举办"热处理设备改造座谈会"
"模具热处理经验交流会""流动粒子炉现场经验交流会"。

6 月 28 日　学会在合肥举行会议，由邱国璋副理事长传达第二届全国热处理会议
精神。

7 月 10 日—8 月 10 日　学会与国防工办在佛子岭联合举办"热处理骨干短期培训
班"，60 余名学员参加了培训。

8 月 6 日　举办"断裂力学基本概念及其应用学术报告会"，由郑定国主讲。

8 月 12—15 日　学会在合肥举办"离子氮化座谈会"，30 人参加了座谈会。

9 月　在合肥先后举办"金属材料断裂韧性学术报告会"（由束德林教授主讲）和
"离子氮化国内外动态"学术报告会（由张炎主讲）。

11 月 3—7 日　在六安市举行"齿轮热处理座谈会"，有 80 余名代表参加了座谈会。

1980 年

1 月　举办"模具新钢种及其应用学术报告会"，由李杲主讲。

2 月　举办"粒状贝氏体学术报告会"，由郭新城主讲。

4 月 8 日　经省机械工程学会批准，增补杨泽田为专委会副秘书长。

5 月　委托芜湖热处理学组，在青阳召开"工模具、轴承学术研讨会"，有 40 人参加。

6 月 19 日　举办"CCT 曲线和冷却介质学术报告会"，由江沛霖主讲。

6 月 22—28 日　在九华山召开省机械工程学会第二届年会及秘书长会议，杨泽田副秘
书长参加了会议。会议听取李云副厅长所作的"安徽省机械工业形势"的报告，会议表扬
了邱国璋同志为六安齿轮厂解决了齿轮淬火变形问题，以及在佛子岭举办了热处理短
训班。

12月9—11日　在合肥召开"热处理节能、专业化座谈会"，到会代表50人。石明林副厅长介绍了赴联邦德国考察情况，邱国璋传达了第十八届国际热处理年会的情况，洪秀娥作了"合肥热处理专业化情况"的报告，会后参观合肥热处理厂。

11月，石福占编写的《常用金属热处理参数》由安徽科学技术出版社出版。

本年度，还多次派员参加全国性的学术报告会，参观学习、听取传达第十八届国际热处理会议情况（6人参加），在北京举办的"热处理电镜学习班"（1人参加），由省机械厅组团赴上海参观学习（10人），等等。

1981 年

9月26日　与全国热处理学会联合在黄山举办"流动粒子炉学术讨论会"，有50人参加。

9月28日　学会协办的"全国氮化金相图片标准审定会"在黄山市召开。

12月11—15日　第一届省热处理学术年会在滁县（现为滁州市）召开，参加会议代表69人，收到论文69篇，大会专题报告4篇，宣读论文24篇。

1982 年

11月15—20日　组团（5人）参加在天津举行的第三届全国热处理会议。

11月　派员参加在上海举办的"金属材料热处理讲习班"，（日）田村今男教授和（美）Aormsom教授作学术报告。

12月11日　举办"模具变形与开裂问题"专题讲座，由武维扬主讲。

1983 年

1月11日　继续举办"模具变形与开裂问题"专题讲座，由武维扬主讲。

3月31日　在合肥召开会议，传达第三届全国热处理会议精神。

4月7—30日　配合省机械厅组织热处理行业质量技术检查，检查组由12人组成，分皖南、皖北、合肥三个片区，检查了30家工厂。通过"听、看、议、查"，对各厂热处理基础管理设备状况、技术水平和产品质量进行了全面检查。这次检查对少数领导"重冷轻热"思想产生很大触动，对我省热处理行业进步起到推动作用。通过调查研究，对我省热处理现状，有了比较清晰的了解，为搞好热处理规划提供了依据。

4月25—28日　省机械工程学会所属热处理、锻压、理化、设备维修及摩擦磨损五个分会，在合肥联合召开"提高模具寿命学术交流会"，80人参加会议。这是一次多学科技术攻关、咨询和经验交流会。

6月14—16日　与省机械厅在合肥联合召开"安徽省机械系统热处理技术管理经验交流会"，有95人参加了会议。会议邀请北京机电研究所赵国泰作"日本热处理全面质量管理的考察"报告，石福占作了对全省30家工厂进行的"热处理质量检查情况"的报告，学会为会议起草的关于"加强安徽省机械系统热处理技术管理和整顿工艺纪律的几点意见"和"一般机械零件热处理质量检验规程"两个文件受到好评。

10月　派代表参加在南京召开的第五届华东地区热处理会议。

10月16日　举行"一般模具热处理"学术报告会，由束德林主讲。

11月7—11日　派代表参加在上海召开的第三届国际材料热处理会议。

11月8日　举办"模具钢热处理"讲座，由束德林主讲。

1984 年

4月18—19日　第二届安徽省热处理学术年会在宁国召开，与会代表94人，收到论文84篇。国家热处理学会秘书长朱沅浦到会并讲话。大会宣读论文10篇，分组宣讲交流21篇。

7月25—26日　与省工业炉专委会在合肥联合召开"热处理电阻炉节能改造学术座谈会"。省机械厅、省市经委、市三电办参加了会议。会议代表学习了国家能源政策和节能方针，交流了热处理电阻炉节能改造的经验和教训，提出了许多宝贵意见。李明扬作了"国内外工业炉状况及发展"的专题报告。

9月19—22日　学会派代表参加在石家庄召开的第二届全国流动粒子炉学术讨论会，我省黄玉熙、李明扬当选为流态化热处理技术委员会委员，黄玉熙还担任流动粒子炉学组副组长。

11月16—17日　邱国璋副理事长在镇江召开的淬火技术委员会第一次会议上，当选为中国热处理学会淬火技术委员会委员。

12月　在合肥热处理厂召开合肥市热处理工作者迎春座谈会。

1985 年

5月4日　第三届理事会第一次会议在合肥召开。何裕宽代表秘书处作第二届理事会工作总结，郭立志作财务情况报告，邱国璋就理事会调整作了说明，第三届理事会由理事25人组成。

6月　学会派员与嘉山电炉厂联合组成考察组赴武汉水运工程学院，考察箱式炉改造成滴注式氮基气氛热处理炉的技术及使用情况。

11月　组团参加在杭州举行的第六届华东地区热处理学术年会。

12月18—20日　与蚌埠市重工业局在蚌埠市联合举办"热处理节能技术交流会"，到会代表50余人，收到论文30余篇，在会上交流12篇。还参观了四个节能工作做得较好的工厂。会议总结几年来我省热处理节能工作所取得的成绩，对今后热处理节能工作提出了建议。省、蚌埠市能源办、省三电办、省机械厅、蚌埠市经委有关领导参加了会议。

1985年，学会为国家热处理学会编辑的大型工具书《中国热处理》安徽部分征稿，做了大量工作，出色地完成了任务。

1986 年

3月26—30日　派员参加在无锡召开的物理冶金学术报告会。

3月26—27日　安徽省热处理节能技术设备推广会在合肥召开，邱国璋、杨泽田应邀参加了会议。

4月18—20日　派员参加中国热处理学会理事扩大会议，讨论第四届全国热处理年会及《热处理手册》修订再版的若干问题，会议确定各省、市、自治区各推荐一名中国热处理学会理事候选人，经我学会研究推荐并经中国热处理学会确认，邱国璋成为我省首次出任全国热处理学会理事的热处理专家。

6月3日　与中国热处理学会在合工大联合举办第二届热处理出国人员座谈会，到会代表40人，其中20人分别介绍了美国、日本及西欧一些国家热处理生产厂家、大学及研究所的情况，并对提高国内热处理生产水平及技术引进方面提出若干建议，会后邀请部分专家讲学。

1987 年

5月5—7日　由省经委、三电办组织的安徽省电阻加热炉更新改造会议在嘉山县（现为明光市）召开，学会派员参加了会议。

5月25—28日　派员参加在南京召开的第四届全国热处理年会，并为这届年会的论文征集评选和推荐做了大量工作。

11月　组团参加在南昌召开的第七届华东地区六省一市热处理会议。

1988 年

7月1日　在合肥热处理厂召开在肥理事会议，讨论第三届省热处理会议的筹备工作，并推荐2名代表参加10月18—20日在北京举行的国家热处理学会成立25周年纪念活动暨学术报告会。会议决定增补吴邦富为理事。

10月9日　召开在肥理事会议，落实第三届省热处理年会的有关问题，并讨论了学会筹办经济实体问题。

11月18—20日　第三届省热处理学术会议在安庆召开，到会代表84人，收到论文44篇，分别进行了大会宣读和小组交流。会议期间参观了安庆板簧厂。

1989 年

4月25—27日　国家热处理学会理事会及各省市热处理秘书长联席会议在青岛召开，我会派杨泽田副秘书长参加了会议。

5月6日　召开安徽省科技咨询中心热处理材料服务部成立大会，刘锡璋任经理，洪秀娥、林昭钟任副经理。服务部的成立为学会办经济实体进行了有益的尝试。

1990 年

7月8日　召开理事会，研究决定施家山为副秘书长。

11月13—15日　全国淬火冷却技术交流会在我省贵池市（今池州市贵池区）召开，会议由国家热处理学会淬火冷却技术委员会主办，我分会承办。

1991 年

1月8日　召开理事会扩大会议，会议决定参加华东地区六省一市热处理技术联络委员会，并推选束德林、施家山、何裕宽为我会联系人，负责该委员会各项活动的联络工作。

10月23日　在合肥望江饭店召开理事会议，出席会议18人。会议听取了秘书处关于即将举办的"模具用钢及热处理技术研讨会"筹备情况的汇报，并讨论了学会今后工作。会议就第四届省热处理年会的筹备工作、做好明年4—5月在我省召开全国热处理学会四届二次理事会服务工作等有关问题进行了讨论。会议决定增补武维扬为副秘书长，程正翠为秘书。

10月24—25日　在合肥望江饭店举办"模具用钢及热处理技术研讨会"，参加研讨会的有55个单位71名代表。游兴河、郭新成、黄录官三位教授分别作了超硬工具材料及其应用模具失效分析、模具热处理方向、模具超低温处理技术理论与实践的专题讲座。与会代表还就模具热处理理论和生产实践经验、模具的失效分析、先进热处理设备及辅助材料等进行了学术交流。

11月10日　《安徽热处理通讯》创刊。该期刊是不定期内部交流资料，旨在沟通热处理行业的信息渠道，交流热处理先进技术，为促进我省热处理行业技术进步作贡献。

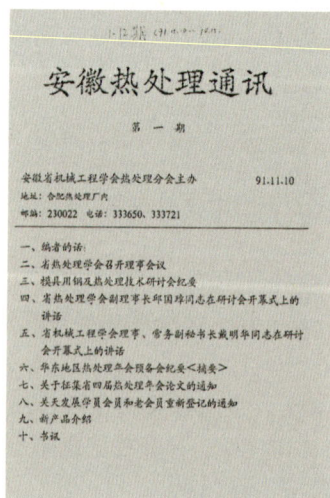

《安徽热处理通讯》第一期

1992 年

1 月 24 日　在合肥热处理厂召开 1992 年迎春茶话会，31 名热处理专家、教授、工作者参加了会议。秘书处汇报了一年来的工作，通报了第四届省热处理会议筹备情况及拟在黄山召开全国热处理学会四届二次理事会的联系情况，与会同仁在辞旧迎新的喜庆气氛中，对学会工作进行了热烈的讨论。

4 月 1 日　安徽省机械工程学会热处理分会更名为安徽省机械工程学会热处理专业委员会。

5 月 13—16 日　全国热处理学会四届二次理事会暨技术委员会主任及各省市热处理分会秘书长联席会议在黄山市召开，出席会议 59 人。这次会议的会务主要由我省热处理分会和省机械研究所承担，会议各项服务工作受到与会代表和全国热处理学会好评。

6 月 3—7 日　我省代表参加了在上海企联大厦召开的第二届第一次华东地区热处理会议，到会代表 152 人，收到论文 64 篇（我省 10 篇）。会议期间，六省一市学会负责人举行了联席会议，确定了各省市联络人员，我省联络人为束德林、何裕宽、施家山。

8 月 22 日　在合肥热处理厂召开理事会，到会 15 人。邓志煜理事长主持了会议，学会负责人分别汇报了全国热处理学会四届二次理事会及华东地区六省一市热处理会议情况，汇报了四届省热处理筹备工作，讨论了第四届理事会换届办法。

11 月 28—30 日　第四届省热处理学术年会在马鞍山华东冶金学院召开，有 71 个单位的 102 名代表参加会议，会议收到论文 34 篇。省机械工程学会给会议发来贺信。合肥工大郑治祥教授、安工郭新成副教授、华冶冯安华副教授，分别作了"硅基材料的高温抗腐蚀和蠕变性能""热锻钢热疲劳缺口敏感性讨论""球墨铸铁曲轴稀土催渗动力学研究"报告。与会代表在会上宣读了论文，展示了四年来我省热处理科学研究和生产实践的新成果。会议经过充分酝酿、民主协商，推选出第四届理事会组成人员，并设立由 13 人组成的常务理事会，在同期举行的四届一次理事会上，选举产生了学会领导机构。

1993 年

1 月 12 日　在合肥热处理厂召开常务理事会议，邱国璋理事长主持会议，施家山秘书长汇报了学会财务情况和当年的活动计划，与会常务理事认真讨论活动计划。会议决定，10 月与合肥市热处理专业委员会联合举办"安徽省热处理专业委员会成立 30 周年纪念活动"，会议还决定当年三四月召开四届二次理事会议。

5 月 11 日　在合肥热处理厂召开四届二次理事会议，有 20 人出席会议。会议讨论《理事会活动手册》，讨论了学会成立 30 周年纪念活动的安排，决定成立由施家山、林昭钟牵头的纪念活动筹备小组，由 9 人组成。会议还就学会试办实体进行了讨论。会议决定成立 5 个专业组：学术组、组织组、咨询培训组、开发经营组、《通讯》编辑部。

6月16日　省机械工艺管理协会热处理专委会成立会议在合肥开关厂召开，专业委员会由14名委员组成，邱国璋任主任，施家山、黄宗圣、张启东任副主任，施家山兼秘书。

10月24日　在合肥热处理厂召开在肥常务理事会，讨论我会成立30周年纪念活动的有关问题。

12月2—4日　纪念省机械工程学会热处理专业委员会成立30周年学术报告会在合肥中国科技大学召开，91名专家、教授和科技人员参加了会议，其中特邀代表11人。邱国璋理事长作了题为"三十年回顾——纪念安徽省机械工程学会热处理专业委员会成立30周年"的报告。省机械工程学会、省机械工艺管理协会、省设备维修协会、市科协等有关领导到会祝贺并发表热情洋溢的讲话。接着进行了学术报告、技术咨询、信息交流和业务洽谈活动。会议表彰了12名学会工作积极分子，学会挂靠单位为合肥热处理厂。

安徽省热处理专委会30周年纪念大会代表合影

在主席台就座的学会领导

三十周年纪念大会

1993 年 12 月 2 日，安徽省热处理专委会成立 30 周年纪念大会在中国科技大学举行

12 月 4 日　在合肥召开四届三次理事会，到会 29 人，会议讨论了工作安排及筹办经济实体的有关问题，并作出相应的决定。

1994 年

6 月 28—30 日　四省四市（广东、辽宁、安徽、湖北、北京、天津、上海、成都）热处理协作网四届学术、信息交流会在成都召开，我省 4 名代表参加了会议，5 篇论文入选。

9 月 11 日　在合肥举办"热处理标准宣贯班"，有 42 家企业 44 名代参加了学习。

10 月 27—29 日　华东地区第二届第二次热处理学术年会在山东莱芜市召开，我省 9 名代表参加了会议，11 篇论文入选，并编成论文集。

12 月 10 日　在合肥热处理厂召开四届五次理事会议，到会理事 18 人。会议总结了 1994 年工作，讨论了 1995 年工作安排。

1995 年

1 月 8 日　在合肥矿机厂召开省机械工业工艺管理协会热处理专业委员会一届四次理事会。

5 月 11—15 日　与省科技开发公司联合举办热处理新技术、新材料、新设备学术、信息交流会，在黄山市屯溪召开，到会代表 71 人，收到论文 30 余篇，在会上宣读论文 23 篇。

6 月 7 日　在合肥望江饭店召开四届六次理事会议，到会理事 31 人。会议通报了黄山"三新"学术信息交流会情况，以及由我省主办的第十届华东热处理年会筹备情况，还讨论学会其他有关工作。

6 月 8—9 日　在合肥望江饭后召开热处理管理工作研讨会暨新技术报告会，到会代表 67 人，收到论文 20 余篇，会上共有 5 个专题报告、10 个专题经验介绍和 8 个生产厂家进行新产品信息发布。

10 月 18 日　在合肥热处理厂召开在肥常务理事会议，会议研究由我省主办的华东地区六省一市热处理会议有关工作，并初步决定 1996 年 5 月中旬在铜陵市召开。

10 月 25—27 日　在合肥举办"钢的火花鉴别培训班"。

12 月 15 日　在合肥召开四届七次理事会议，总结 1995 年学会工作，讨论 1996 年活动安排，重点要做好第十届华东地区热处理会议筹备工作及第五届省热处理年会论文征集，以及五届理事会换届准备工作。

1996 年

7 月 24 日　在合肥热处理厂召开常务理事会议，会议听取施家山秘书长汇报华东地区热处理会议筹备情况，决定 9 月 10 日在铜陵市召开第十届华东地区热处理会议。

9 月 10—12 日　由我会承办的第十届华东地区热处理会议在铜陵市隆重召开，有 108 名代表参加会议，收到论文 86 篇。国家热处理学会理事长刘迫发来贺信，并派代表到会祝贺。《金属热处理》杂志副主编李福臣应邀参加了会议，并同代表进行了座谈。代表们对本届年会组织工作表示满意。

12 月 10 日　在合肥召开四届八次理事会议，到会理事 15 人。会议传达了省机械工程学会五次会议精神，总结 1996 年工作，研究 1997 年工作计划。

1997 年

6 月 18—20 日　第五届省热处理年会在合肥中国科大招待所召开，参加会议的有 64 个单位 92 名代表，收到论文 34 篇。5 位专家、教授作了专题学术报告，部分论文作者宣读了论文，一些生产厂家介绍了自己的新产品。会议期间，代表根据学会章程，经过充分酝酿、民主协商，推选出第五届理事会成员，报请省机械工程学会批准。

6 月 19 日　五届一次理事会议在合肥召开，到会理事 24 人，经过协商，产生了常务理事，正、副理事长，正、副秘书长。第四理事会理事长邱国璋做了四届理事会工作总结。与会理事对第四届理事会工作表示满意。

8 月 30 日—9 月 1 日　八省市（北京、上海、天津、安徽、湖北、广东、辽宁、成都）热处理协作网五届年会在天津举行，施家山副理事长代表我省学会参加了会议。会议决定 1999 年八省市协作网六届年会由安徽主办。

10 月 6—9 日　第二届省热处理管理工作研讨会在黄山市屯溪区召开。

12 月 4 日　在合肥热处理厂召开五届一次常务理事会议，会议汇报了八省市协作网天津会议和黄山第二届热处理管理工作研讨会情况，讨论了 1998 年学会工作计划。

1998 年

1 月 15 日　理事长黄宗圣高工因车祸不幸遇难，享年 59 岁，这是我省热处理行业的一大损失。

4 月 13 日　在合肥召开五届二次理事会，到会理事 23 人。常务副理事长施家山高工做了 1997 年学会工作总结，讨论了 1998 年工作安排。到会理事对黄宗圣理事长不幸逝世表示沉痛哀悼。

4 月 13—14 日　在合肥南方大酒店召开"首届安徽省热处理设备、配件、工艺材料展销会及新技术新材料新设备信息发布会"。

10 月 17 日　在合肥召开五届二次常务理事扩大会议，到会 15 人。会议听取了程正翠秘书长关于"八省市协作网六届年会筹备情况"汇报，安排了下一阶段学会工作。

1999 年

1 月 10 日　在合肥威胜利公司召开五届三次理事会，到会理事 32 人。何裕宽副理事长宣读了省机械工程学会补选施家山为热处理专委会理事长的批复。会议总结了 1998 年学会工作，研究了 1999 年的工作计划。邱国璋教授、束德林教授、邓宗钢教授在会上作了专题学术报告。

5月22—25日 九省市（粤、皖、辽、京、沪、津、瑜、蓉）热处理协作网第六届学术、信息交流会在我省歙县召开。国家热处理学会理事长李健发来贺信，并委托副秘书长吴颖思到会祝贺。到会代表82人，收到论文125篇，编印了论文（摘要）集，并向《金属热处理》杂志推荐优秀论文20余篇，向上海《热处理》杂志推荐优秀论文10篇。

9月18日 在省机械研究所召开省机械工艺管理协会热处理专委会及车间主任座谈会，到会委员、车间主任16人。邱国璋主任委员主持会议并就工艺管理协会热处理专委会目的、性质和任务作了说明。何裕宽副理事长汇报了九省市协作网六届年会筹备情况。施家山理事长介绍了几年来专委会活动情况，会议讨论了专委会下一阶段工作设想和安排，提请五届四次理事会讨论。

9月25日 在合肥召开常务理事会，副理事长何裕宽高工汇报了九省市协作网六届年会召开情况，施家山理事长总结了前一段学会工作情况，讨论了四季度和2000年工作安排。

10月13—16日 我省派代表参加在河南洛阳召开的第七届全国热处理会议。与会代表300余人，收到论文近300篇，其中135篇收入论文集。

12月24日 在合肥江淮航空仪表厂召开五届四次理事会及迎新年座谈会，到会理事16人。会议总结了1999年工作，讨论了2000年工作计划，程正翠秘书长汇报"第三期热处理管理工作研讨会"准备情况。

学会服务于企业

2000 年

8月27—30日 第十二届华东地区热处理会议在江苏连云港市召开，到会代表133名（我省6名），收到论文109篇（我省10篇，2篇被评为优秀论文）。在大会上有4个专题报告，宣读论文21篇。国家热处理学会荣誉理事长樊东黎教授、北京科技大学肖纪美院士、北京航空航天大学钟群鹏院士在大会作了专题报告。国家热处理学会秘书长徐跃明、

《金属热处理》杂志副主编周莉参加了会议并讲话。

9月14—18日 由中国热协、热处理专委会、合肥市热协联合举办"2000年热处理技术与管理工作经验交流会"（第三期），有45名代表参加了会议。会议采取专题报告、论文宣读和信息发布三种形式，收到了很好效果。

2000年9月18日，安徽省热处理管理工作研讨会在歙县紫阳饭店举行，樊东黎指导工作
（左起：程正翠、樊东黎、施家山、胡抗援）

2000年11月12日首届安徽省科技论坛

12月10日　在省机械研究所召开五届五次理事会暨迎新年座谈会，到会理事15人。会议总结了2000年工作，讨论了2001年工作计划，重点讨论了六届省热处理年会的筹备工作和理事会换届工作。

2001 年

1月13—15日　与全国热处理标准化技术委员会在歙县联合举办"金属热处理标准宣贯班"，有42名学员参加了学习。我国著名热处理专家樊东黎教授、王广生教授分别宣讲了"金属热处理生产过程安全卫生要求"和"热处理质量控制要求"两项国家标准，受到学员们欢迎和好评。

2月10日　学会多名会员参加了由省科协、省委宣传部等单位组织的万人"反对邪教、保障人权"签名活动。

5月20日　召开常务理事会议。会议首先为我会两位前任理事长邓志煜教授、邱国璋教授级高工70华诞举办了简短而热烈的庆祝活动。两位老先生是我省享有盛誉的材料科学和热处理界的著名学者，具有很高的学术水平和多项研究成果，并且为我会的建立、发展和壮大做出卓越的贡献。会议通报了近期学会活动情况及六届省热处理年会的论文征集情况，评选推荐中国机械工程学会将在今年11月表彰的"学会工作成果""优秀论文"和"先进工作者"，并研究了下半年学会工作。

2001年5月20日，热处理常务理事会及邱国璋、邓志煜70寿庆活动

10月14日　在合肥铸锻厂召开常务理事会议，讨论六届省热处理年会论文征集和会议筹备的有关事项，并研究了拟新增的理事人选。

12月30日　在省机研所召开正副理事长、正副秘书长会议，讨论理事会换届问题，提出了正副理事长、秘书长、常务理事、理事建议名单，供理事会讨论，通报了省年会论文征集情况。

2001 年 10 月 14 日安徽省热处理专委会常务理事会

2001 年 5 月 13 日，全国热处理标委会三届六次及四届一次会议，程正翠同志出席

2002 年

1 月 12 日　在省机械研究所召开五届六次理事会及迎新年座谈会，到会理事 17 人。省机械工程学会理事长何兆祥、秘书长徐佩芬到会并讲话。会议根据省机械工程学会的意见，将热处理专委会与工业炉专委会合并，以"一套班子、二块牌子"的方式开展活动。会议总结 2001 年学会工作，讨论 2002 年工作安排，重点讨论理事会换届，召开六届省热处理年会工作。

4 月 12 日　在中国科大招待所召六届一次理事会，到会 34 人。会议决定热处理专委会与工业炉专委会合并，确定由 58 人组成的新一届理事会，协商产生了理事会常务理事、荣誉理事长、正副理事长、正副秘书长，宣读并通过了理事会活动守则。

4月12—13日　在中国科大招待所召开第六届省热处理会议，到会62个单位87名代表，收到论文40篇。大会进行了7个专题报告，宣读13篇论文，6个生产厂家进行了新产品信息发布。国家热处理学会发来贺信，省科协副主席程荣朝、省机械工程学会理事长何兆祥到会祝贺并讲话。会议期间还进行了理事会换届工作。

2002年4月，安徽省热处理专委会第六届会议

2002年4月，安徽省热处理专委会第六届二次理事会，何兆祥到会祝贺

安徽省第六届热处理会议

　　10月，第十三届华东六省一市热处理会议在杭州举行，徐祖耀先生应浙江热处理专业委员会的邀请参加，并作了题为"热处理技术进展和展望"的专题学术报告，这是当时81岁高龄的徐院士花了两个多月时间，为会议准备的精彩论述。会议期间，应代表要求，徐院士分别与各省市代表合影留念。

2002 年 10 月，华东六省一市热处理会议留影（左四为徐祖耀先生）

2003 年

　　3月26—29日　在歙县召开九省市（粤、鄂、皖、辽、京、津、沪、渝、蓉）热处理协作网第七届学术、信息交流会，有57个单位72名代表参加了会议，收到论文105篇。国家热处理学会秘书长徐跃明打来电话表示祝贺，《金属热处理》杂志副主编李福臣参加了会议，并在会上讲话。会议除宣读论文外，还为生产厂商提供了交流信息、介绍产品的平台。

2003 年 3 月 26 日　九省市热处理协作网第七届学术信息交流会在歙县召开
（程正翠、何裕宽、施家山、朱绍峰等）

4月18日　在合肥叉车厂召开六届二次常务理事会议。

8月13日　在中国科大召开六届三次常务理事会议，到会14人。会议根据省机械工程学会要求，推荐2名省机械工程学会理事候选人，

讨论申报学会工作成果奖和优秀论文，并评选3名省机械工程学会工作先进工作者。会议听取程正翠秘书长关于省热处理专委会成立40周年纪念活动筹备情况，会议决定暂不成立省热处理协会，而成立省铸造学会热处理分会，并讨论理事人选。

10月24日　在合肥举办安徽省热处理专业委员会成立40周年纪念活动，有58个单位76名代表参加了活动，收到专题报告和论文12篇。国家热处理学会，《金属热处理》编辑部，安徽省机械工程学会，安徽省铸造专业委员会，合肥铸锻厂热处理公司，上海、江苏、江西等省市热处理学会发来贺信或打电话，对纪念活动表示祝贺。安徽省科协副主席程荣朝，安徽省机械工业协会副会长金建国，挂靠单位合肥铸锻厂副厂长陈先友，浙江省热处理学会理事长浙江大学郦剑教授出席了会议，并发表了热情洋溢的讲话。

安徽省热处理专委会成立40周年纪念合影

2003年10月24日，安徽省热处理专委会成立40周年纪念

2004 年

7月5—9日　在江西省井冈山召开第十四届华东地区六省一市热处理会议，到会代表128人（我省6人），收到论文143篇（我省14篇），合肥铸锻厂尚乃霖高工、安庆4812厂舒炳生高工在大会上宣读了论文。

10月15—17日　理事长施家山高工应邀参加浙江省第七届热处理会议，了解了浙江省热处理学会开展工作情况，学到了宝贵经验，受到了很大启发。

10月24日　在省机械研究所召开六届四次理事扩大会议，理事长施家山高工主持会议，出席会议的有24名理事和2名有关人员。秘书长程正翠高工总结2004年工作并计划2005年工作安排，汇报了在江西井冈山召开的华东地区第十四届热处理会议情况。会议宣读省机械工程学会同意增补宗义、王和好、刘平、何宝荣、刘征宇五位同志为第六届理事会理事的批文。会议研究了2006年由我省主办的华东地区六省市第十五届华东热处理会议有关事项。

2005 年

3月12日　在合肥召开六届四次常务理事会议，参加会议的有12人，安徽省机械工程学会副理事长兼秘书长刘成刚高工参加了会议。本次会议的主要议题是加强专委会组织建设和调研我省热处理企业现状，会议还对由我省主办的第十五届华东地区六省一市热处理会议筹备工作进行了认真的研究。

8月5日　在合肥召开理事长、秘书长工作会议，会议讨论第二届全省热处理厂长、车间主任联谊会及召开六届五次理事会议的工作安排，还讨论了第七届理事会理事任职条件。

11月5日　在安徽省电力研究院招待所举办第二届全省热处理厂长、车间主任联谊会，有52个单位68名代表参加了会议。《金属热处理》杂志副主编李福臣教授级高工参加了会议，并在会上介绍《金属热处理》杂志办刊情况以及指导企业技术人员如何撰写论文。会议由省热处理专委会副理事长戴礼样高工和王豫教授主持。省热处理专委会副理事长何裕宽高工传达国家热协"十一五热处理发展规划纲要及2020年设想"和"关于热处理加工件及相关产品质量问题的处理规定"；黄山第一机床厂项国安主任传达在大连召开的十四省市热处理会议情况以及本届会议给全国热处理厂厂长、经理"关于建立节约型热处理厂"倡议书，宣读了本届联谊会响应十四省市热处理会议所发倡议书，全体代表以热烈的掌声通过了本届联谊会的响应书；省热处理专委会理事长施家山高工传达国家热处理学会"材料热处理工程师"资格认证工作进展情况，并作了"我省民营热处理厂生存与发展途径"的专题发言；合肥中信热处理公司洪智经理传达了国家热协在无锡召开的"全国热处理厂长、经理会议"情况；合肥铸锻厂热处理公司宗义经理作了"降低热处理车间生产成本措施"的经验介绍；安徽合力股份有限公司肖结良高工作了"专业化热处理的柔性生产及经营思路"的学术报告；安徽建工学院朱绍峰副教授作了"失效分析在热处理中的应用"的学术报告；合肥叉车总厂尚乃霖高工作了"围绕企业中心工作，扎扎实实开展标准化"的学术报告；合肥车桥公司程丽峰高工作了"如何提高热处理工人技术水平"的学术报告；南京新光英炉业公司吴光英总经理介绍了奥-贝球铁等温淬火设备性能、特点及国内外应用情况；巢湖铸造厂有限公司王和好副总经理介绍了该单位热处理车间工艺装备状况以及引进新设备提高产品质量、增强市场竞争力的经营思路。

11月5日　在合肥省电力研究院招待所召开六届四次理事会议会议，总结2004年10月—2005年10月学会工作，认真讨论了2006年工作安排。会议还对由我省主办的第十五届华东地区六省一市热处理会议进行了认真的研究，这是2005年学会工作的重点。

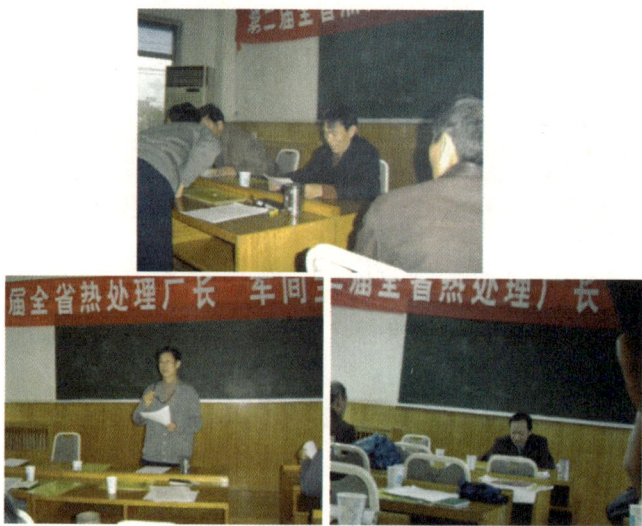

2005年11月15日，第二届厂长经理会（李福臣、施家山、肖结良）

2006 年

2月6日　在合肥召开理事长、秘书长工作会议，总结前一阶段第十五届华东热处理会议筹备情况，讨论下一阶段如何进一步做好会议筹备工作，除继续做好宣传工作外，重点要做好落实工作，做好论文和广告编印工作，搜集整理历届会议情况，编印成册。

4月23日　在合肥召开常务理事会议，参加会议的有12人。会议审议第十五届华东热处理会议筹备情况，研究下半年及明年上半年工作安排，会议建议将四年召开一次学术会议改为两年召开一次。

7月15—18日　由我省主办的第十五届华东地区六省一市热处理会议暨三十周年纪念活动，在黄山市举办。有122个单位173名代表参加了会议，收到论文161篇，与三十周年纪念文章（6篇）、贺信、贺电、题词、一至十四届年会简介一起编印成册。会议收到国家热处理学会、安徽省科学技术协会等八个学术单位发来的贺信。华东地区热处理前辈李志章教授、胡景川教授级高工、吴岚方教授级高工、梅志强高工、蔡慰望高工、詹清和高工应邀参加了会议和纪念活动，对年轻一代热处理工作者寄予无限希望。

　　7月15日　在黄山市两次召开华东六省一市热处理理事长、秘书长和华东热处理前辈联席会议，就今后如何开展华东热处理学术会议进行了认真、热烈的讨论，个别人对能否继续办好华东热处理学术会议有畏难情绪。大多数人认为，华东热处理学术会议坚持了十五届，已形成了华东地区有影响力的学术活动品牌，这种学术活动，只能加强，不能削弱，并就以下几个议题达成了共识：①完善组织、加强联系。为便于联系，建立"华东六省一市热处理学会负责人联席会议"制度，由各省市学会各派二名代表组成。②每届联席会议由主办单位担任联席会议轮值主席，由下一届主办单位担任联席会议轮值副主席。③召开学术会议期间，同时召开联席会会议，确定下一届主办单位及有关事项。

2006年7月11—16日，第十五届华东热处理学会三十周年纪念活动

12月17日　在合肥金粤港酒店召开六届五次理事会议，到会理事27人。会议主要议题是：2005年11月—2006年11月工作总结，下一阶段工作安排，传达国家热处理学会七届四次理事会议精神，汇报第十五届华东热处理学术会议情况，讨论理事会换届工作，研究筹备省第七届热处理会议。

2007 年

2月23日　在合肥召开理事长、副理事长及秘书长、副秘书长工作会议，参加会议的有7人。会议总结了前一阶段七届省热处理会议筹备及七届理事会理事候选人推荐情况。会议就上述两个议题进行了认真、热烈的讨论，周密部署，具体安排。

9月8日　在合肥召开常务理事会议，这次会议主要议题是：审议第十届省热处理会议筹备情况，协商推荐七届省热处理理事会组成人员。

11月10日　在合肥召开第七届省热处理学术会议，有61个单位83名代表参加了会议，收到论文28篇。大会作了4个专题报告，宣读了9篇论文，6个生产厂家进行了新产品信息发布。省机械工程学会副理事长兼秘书长刘成刚高工、副理事长徐佩芬教授、《金属热处理》主编李福臣教授、浙江省热处理学会理事长郦剑教授，应邀参加了会议，并发表了热情洋溢的讲话。会议收到上海市热处理学会、福建省热处理学会、安徽省理化铸造专委会、合肥铸锻厂热处理公司发来的贺信。

11月10日　在合肥桐江大酒店召开了六届六次理事会议，到会理事38人；七届一次理事会议，到会理事42人。会议听取了程正翠秘书长关于2006年工作总结，对下一阶段学会工作的建议。会议选举产生了第七届理事会，接着召开了七届一次理事会议，选举产

2007年11月10日，第七届安徽省热处理学术年会

生了新一届理事会常务理事、理事长、副理事长，决定了秘书长、副秘书长。省机械工程学会副理事长刘成刚高工参加了会议并讲话，他对六届理事会五年来工作所取得的成绩给予了充分肯定，对七届理事会寄予了殷切期望。

2008 年

2月14日　召开在肥常务理事会议，参加会议的有13人，理事长吴玉程教授主持了会议。这次会议的主要议题是：①协助上海市热处理学会；②筹备第十六届华东地区热处理会议；③调研我省热处理企业现状；④如何继续编好《安徽热处理通讯》。会议还总结了第七届省热处理会议所取得的成绩和存在的不足。

4月—5月　副理事长宗义、秘书长肖结良高工先后调研了我省沿江城市安庆、铜陵、芜湖、马鞍山及江苏南京市的热处理企业状况。

5月4—7日　第十六届华东地区六省一市热处理学术交流会在上海机电大厦远东大酒店召开，有82个单位118名代表参加了会议（我省代表7名），收到论文102篇（制成光盘）并发给代表。中国科学院院士、上海交大徐祖耀教授和中国工程院院士、上海交大潘健生教授分别作了精彩的学术报告。在大会上还宣读了10篇论文，8家生产厂家进行了新产品信息发布。国家热处理学会秘书长徐跃明、上海市机械工程学会秘书长蒋根财出席了会议，并发表了热情洋溢的讲话。

2008 年 5 月　第十六届华东六省一市热处理学术交流会

11月8日　在合肥金粤港大酒店召开七届二次理事会议，到会理事25人。理事长吴玉程教授主持了会议。会议听取了秘书处关于2007—2008年度工作总结，讨论了2008—2009年度工作计划。讨论及部署第八届省热处理会议的筹备工作，传达第十六届华东六省一市热处理会议及第五届中国热处理活动周情况。

11月29—30日　安徽省机械工程学会第七次会员代表大会暨安徽省科协年会机械工程分年会于2008年在合肥通用机械研究院会议厅隆重举行，来自全省各有关部门、企事业单位、高等院校、科研院所、各专业委员会的代表126人出席了大会。大会对学会第七届理事会理事候选人以无记名投票方式进行选举，产生了由74名理事组成的安徽省机械工程学会第七届理事会。新一届理事会结构和部门、地区分布更趋合理，代表性得到充分的体现。新一届理事会产生后举行了第七届理事会第一次全体会议，选举产生了41名常务理事。会议一致选举全国政协常委、安徽省政协副主席、省科协副主席、合肥工业大学原副校长刘光复教授为第七届理事会理事长，马庆丰、王有军、王玉珏、左延安、安进、刘成刚（常务）、张文祥、陈学东、吴玉程（热处理专委会理事长、合肥工业大学副校长）、金建国、凌德传、蔡永武等12名为第七届理事会副理事长，刘成刚兼任秘书长。根据秘书长的提名，一致同意刘志峰、王冰、冯翔为第七届理事会副秘书长。

会议期间，为了庆祝安徽省机械工程学会成立45周年，我会发动广大会员和机械科技专家、学者，撰写论文，并从大量的论文中择选出100余篇论文汇编成论文集出版，作为学会成立45周年的献礼。这些论文，主要是我省机械制造业基础理论研究的成果、生产科技实践的经验，以及宏观发展的论述。从整体上看，这本论文集有较高的学术价值和实际应用价值，对机械制造业的发展有一定的指导意义。

2009 年

2月5日　在合肥金粤港大酒店召开常务理事会议，参加会议的有在肥常务理事7人，荣誉理事2人，副理事长刘宁教授主持会议，秘书长肖结良高工就本次会议作了说明，荣誉理事长施家山作了主题发言。会议就如何筹备八届省热处理会议展开了认真、热烈的讨论。

6月21日　在合肥召开理事长秘书长工作会议，参加会议有正副理事长、秘书长、荣誉理事长共8人。理事长吴玉程教授主持会议。主要研究筹备第八届省热处理会议的有关事项，会议还就如何筹备会议经费，会务费收取，会议召开时间、地点，进行了研究和部署。

11月14日　在合肥望江宾馆召开第八届安徽省热处理学术会议，有76名代表参加了会议，省机械工程学会副理事长刘成刚高工、《金属热处理》杂志副主编李俏高工参加了会议并讲话。会议采用专题报告、论文宣读、信息发布、实物及样品展示、专家技术咨询、代表之间相互交流等多种形式。会议得到合肥工业大学、合肥铸锻厂等六家单位支持赞助。

11月14日　在合肥望江宾馆召开七届三次理事会议，副理事长程正翠高工主持了会议。本次会议内容：①听取秘书长肖结良高工关于2009年工作总结及2010年工作计划；②讨论推荐、物色理事有关事项；③讨论协办由江苏省主办的华东地区六省一市热处理会议；④总结八届省热处理会议的成绩和不足。会议开得较为成功，但也留下了遗憾，45名理事中，有21名未参加会议。

2009 年 11 月 14—15 日，第八届省热处理学术会议

2010 年

3 月 27 日　在合肥召开在肥常务理事会议，到会 7 人。合肥热协秘书长胡抗援高工应邀参加了会议。会议认为，几年来，省热处理专业委员会做了大量工作，取得了较好的成绩。但各市参与学会活动不平衡，今后应努力做好这方面工作。胡抗援高工表示，大力支持省学会调研全省热处理企业现状；施家山高工介绍了浙江省热处理行业情况。

9 月 18—20 日　在江苏省昆山市召开第十七届华东地区六省一市热处理会议，参加会议的有 120 余名代表（我省 6 名），收到论文 98 篇、摘要 19 篇，编辑印刷成论文集。全国热处理学会荣誉理事长、中国工程院院士潘健生教授与全国热处理学会副理事长、秘书长徐跃明研究员，参加了会议并发表了讲话。潘健生院士为大会作了"热处理工作者的责任"的主题讲话，徐跃明研究员充分肯定华东热处理会议坚持召开 17 届，已成为全国热处理行业中一项富有特色的活动，对全国热处理技术进步和行业发展起到了积极的推动作用。

12 月 25 日　在合肥电子 38 所召开七届四次会议，到会理事 21 人。会议听取秘书长肖结良高工 2010 年工作总结和 2011 年工作计划，副理事长程正翠高工汇报第十七届华东热处理会议情况，合肥热协秘书长胡抗援高工汇报国家热协无锡会议情况并介绍了工信部推荐的 12 项热处理节能设备，中国科大王硕桂教授介绍了等离子热处理设备应用技术，荣誉理事长施家山高工就第八届理事会组成原则和理事选择标准作了说明。

2011 年

5 月 22 日　在合肥桐江大酒店召开在肥常务理事会议，副理事长朱绍峰主持会议。会议研究参加全国热处理大会有关事项，讨论第九届省热处理年会筹备事宜，商议如何做好八届理事会换届工作。

9 月 17—19 日　组织参加在天津召开的第十届全国热处理大会，我省由理事长吴玉程教授、副理事长朱绍峰副教授、秘书长肖结良高工、副秘书长王文芳副教授等 7 人参加会议。有 5 篇论文编入大会论文集。

12 月 17 日　在合肥桐江大酒店召开第九届安徽省热处理年会，到会代表 110 余人，收到论文 24 篇。省机械工程学会副理事长兼秘书长刘成刚高工、上海热处理杂志社副主编王丽莲高工出席了会议并发表了热情洋溢的讲话，会议由副理事长、合肥工业大学刘宁教授主持，理事长吴玉程教授致开幕词。会议进行六个专题报告，四篇论文交流，七个新产品信息发布。此次会议代表人数多，论文质量高、效果好，会议取得圆满成功。

12 月 17 日　在合肥桐江大酒店召开七届五次和八届一次理事会议，理事长吴玉程教授主持会议，会议听取副理事长程正翠高工所作的"七届理事会工作报告"，秘书长肖结良高工作了"关于第八届理事会推选原则、换届筹备过程及组成人选的说明"。七届理事会理事长吴玉程教授宣布经七届理事会推选的第八届理事会组成名单，吴玉程教授连任新一届理事会理事长。在八届一次理事会上，吴玉程理事长首先感谢大家对他的信任和支

持，要求各位理事支持学会工作，了解企业需求，让学会更好地为企业服务。

本年度多次召开理事长、秘书长工作会议，讨论学会活动有关事宜，多次参加省机械工程学会召集的会议和活动及兄弟分会的学术活动。

2011 年 12 月 17—18 日，第九届安徽热处理学术年会

2012 年

4月7—9日　积极推动"5612"工程活动的开展。2012年4月7日至9日，我会应省人社厅的邀请，派出两位常务理事肖结良高工和胡抗援高工参加专家赴基层服务活动，帮助颍上县一家矿山机械公司解决了热处理方面的问题。同时还通过PPT授课的方式对企业技术人员的金属材料、热处理、理化检验等知识进行了培训。

8月27日　组织专家赴合肥建元公司，解决产品热处理质量问题，受到企业的好评。

8月17—20日　组织参加在山东莱芜召开的第十八届华东地区六省一市热处理会议，到会代表110余人。我省有朱绍峰、程正翠、肖结良、胡抗援、李学富等五人参加会议。会议邀请了赵振业院士作"中国热处理与表面改性技术路线图设想"报告。

12月11—17日　组织理事参加在中机一院召开的省科协年会——机械工程分会。我会有朱绍峰、程正翠副理事长及肖结良秘书长等11位代表参加。

12月22日　八届二次理事会议在合肥百胜科技发展有限公司召开，到会理事20人。会议由副理事长朱绍峰教授主持，肖结良秘书长做了2012年工作总结及2013年工作计划，汇报了第十八届华东六省一市热处理会议情况，胡抗援常务理事解读了热处理强制淘汰及节能设备（产品）政策，刘伟理事做了热处理管理经验交流。天津天丰和南京广德两家企业做了先进设备介绍。机械工程学会常务副理事长、秘书长刘成刚高工到会并讲话，对我会2012年工作给予肯定，也提出了要求。

2013 年

11 月 6 日　组织会员参加 2013 年安徽省机械工程学会年会，会议主题为"创新驱动发展，建设制造强国"。我会有朱绍峰、程正翠副理事长及肖结良秘书长等 12 位代表参加。

12 月 21 日　第十届安徽省热处理学术会议暨学会成立 50 周年庆祝活动在合肥学苑大厦召开。安徽省机械工程学会副理事长兼秘书长刘成刚高工、省热处理专业委员会荣誉理事长邱国璋教授级高工和施家山高工应邀参加了本届年会和纪念活动。刘成刚高工代表省学会致贺词，对年会召开和 50 周年纪念活动表示祝贺，对热处理学会工作所取得的成绩给予肯定，对今后工作提出诚恳意见和更高要求。安徽省热处理专业委员会理事长、合肥工业大学副校长、博士生导师吴玉程教授致开幕词，副理事长程正翠副教授致闭幕词，副理事长李明喜教授、朱绍峰教授分别主持了上、下午会议。会议收到国家热处理学会、《金属热处理》杂志社、安徽省机械工程学会、上海市热处理专业委员会、江苏省热处理学会、上海《热处理》杂志社发来的贺信，对本届会议和纪念活动表示祝贺，为本届会议召开增光添彩。参加本届会议的有来自省内外高等院校、科研院所、企业 63 个单位 110 多名代表，是历届会议人数最多的一次，其中来自企业的代表占大多数，特别是民营企业的迅速崛起，给热处理学会活动增添了新的活力。这次会议和纪念活动收到论文 24 篇，与 50 周年贺信、纪念文章、历届理事会组成名单、学会大事记及照片一起编印成册，并推荐了部分论文给有关杂志社发表。

11 月 5—7 日　中国机械工程学会年会在合肥隆重举行，全国人大常委会原副委员长、中国机械工程学会荣誉理事长路甬祥院士，中国工程院院长、中国机械工程学会理事长周济院士出席会议并作主旨报告。本届年会以"创新驱动发展，建设制造强国"为主题，精彩的主旨报告及丰富多彩的专题活动吸引了来自全国各地的近千名机械科技工作者参加。安徽省机械工程学会副理事长、材料热处理专委会理事长、合肥工业大学副校长吴玉程出席本次会议。

2013 年 12 月 21—22 日，第十届安徽热处理学术年会及学会 50 周年活动照片

2014 年

4 月 18—22 日　安徽省热处理学会积极参加全国热处理学会的活动，全国热处理学会九届二次常务理事会在大连理工大学常州研究院举行，我会理事长吴玉程教授当选为全国热处理学会副理事长。

6 月 14 日，安徽省机械工程学会第八届会员代表大会暨学会成立 50 周年纪念会议在合肥召开。来自全省各有关部门、企事业单位、高等院校、科研院所、各专业委员会的代表 150 余人到会。大会选举合肥通用机械研究院院长、教授级高工陈学东担任第八届理事长。戴茂方、王玉珏、吴玉程等为副理事长，张文祥为监事长，王冰为秘书长。

会议由第七届副理事长、安徽省机械行业联合会副会长金建国主持，第七届副理事长、合肥工业大学副校长吴玉程致开幕词，第七届理事长、安徽省政协原副主席刘光复作工作报告，安徽省科协副主席王海彦等到会指导并讲话。

安徽省机械工程学会成立 50 年来，围绕全省机械工业的振兴发展开展了大量工作。在学会的指导帮助下，全省机械工业产值、销售收入快速增长，新产品层出不穷，创新能力不断增强，在全国及同行业的位次逐年提高。

6 月 14 日　组织理事参加在合肥皇冠假日酒店召开的省机械工程学会成立 50 周年庆典会议。为会议提供论文 12 篇、照片 4 幅。我会共有 10 位理事参会。

7 月 7—9 日　组织专委会理事参加在福州阿波罗大酒店举行的第十九届华东地区材料热处理年会。来自华东地区的热处理行业的工程技术人员和企业代表 200 多人参加了本次会议。开幕式由福建省热处理专委会理事长唐电教授主持。我会提供论文 10 篇，组织理事 6 人参会。副理事长朱绍峰教授替理事长吴玉程教授作了题为"无机功能材料的表面修饰"的特邀报告。另外，还组织理事参加于 11 月 3—5 日在南京召开的第四届海峡两岸金属热处理论坛，11 月 7 日在成都召开的 2014 年全国热处理工艺材料技术交流会。

2014 年 7 月 7—9 日，安徽省热学会成员参加第十九届华东热处理会议

11 月 23 日　八届四次理事会在合肥富华精密机械有限公司召开。

12 月 20 日　安徽省机械工程学会在稻香楼宾馆徽苑天柱厅举行年会，年会的主题是：强化创新驱动，推进智能制造。年会是在省科协的支持下，由机械工程学会主办，来自全省机械行业的科技工作者和企业界的代表 260 多人参加了会议。年会期间，邀请了中国工程院院士、浙江大学杨华勇教授作了"智能制造装备的一些思考"的主旨报告，合肥工业大学副校长刘志峰教授作了"智能制造装备及其发展"的主旨报告，国家千人计划特聘专家、大连理工大学赵坤民教授作了"航空和汽车领域轻质材料成型技术与装配"的主旨报告。

本年度积极推动"5612"工程活动的开展。学会利用人才优势为企业服务，对合肥建元机械有限公司、安徽杰瑞锻造有限公司提供技术咨询和服务。召开两次在肥常务理事会议和理事长办公会议，研究了学会工作。

2015 年

8 月 21 日　安徽省热处理学会吴玉程、黄新民、郑玉春、刘玉、舒霞一行赴江苏常熟伟恒玻璃模具有限公司开展产学研合作。该公司与安徽淮南发强玻璃公司有合作，但是玻璃模具材质、使用性能和模具寿命一直不够理想，双方就玻璃模具的生产、加工、热处理工艺和失效等进行广泛的分析探讨。

在厂期间，走遍了每个生产车间，查看每道工序，并对理化检验、失效分析给予很好的指导，对下一步开展材料研制提出意见。

吴玉程教授一行考察生产现场

玻璃模具失效分析会

2015.12.20

2015年12月20—21日，第十一届安徽热处理学术年会

11月25日　2015年安徽省机械工程学会年会在合肥召开。来自全省的会员和机械行业的科技工作者以及企业界的代表300多人参加会议。此次年会的主题是"创新驱动，转型升级"。热处理专委会理事长、合肥工业大学副校长吴玉程教授作了"新能源材料的发展与应用"的主旨报告。

12月20日　在合肥学苑大厦召开了第十一届安徽材料热处理学术年会，来自全省材料热处理行业的100多位科技工作者参加了大会，会议主题是：适应经济新常态，发展材料热处理。会议由热处理专委会副理事长李明喜教授主持，热处理专委会理事长、合肥工业大学副校长吴玉程教授致开幕词，中国机械工程学会热处理分会常务理事邵周俊研究员和省机械工程学会常务副秘书长刘成刚出席会议并致词。会议邀请专家教授作主旨报告。收到论文17篇，编成论文集。有4篇专题报告和5篇大会交流论文，这些报告和论文均具有较高的学术价值和应用价值。

2016 年

4月15日 我会召开了退休老同志座谈会，施家山、杨泽田、邓宗钢、武维扬、邱国璋等参加。老同志们回忆了我省热处理的发展历程，对学会工作提出了宝贵的建议。

8月20日 我会副理事长肖结良高级工程师带队赴皖南对部分企业存在的热处理问题分析原因，并提出解决方案，解决了热处理产品不稳定的问题。

为皖南企业提出解决方案

10月14—16日 由热处理党委会副理事长肖结良高工带队前往黄山市黄山区众友耐磨材料有限公司等四家企业，开展"创新驱动助力工程企业行"活动。深入企业现场，解决了金属材料合金化、热处理参数选择、钢球淬火冷却控制等技术问题，受到企业欢迎。

为黄山市黄山区企业解决技术问题

8月　理事长吴玉程教授带队在宣城相关企业调研。

在宣城相关企业调研

11月12—13日　由理事长吴玉程教授带队赴杭州参加了第五届亚洲热处理与表面工程国际会议，围绕先进热处理和表面技术，共收到来自世界各地的学术论文110篇，吴玉程教授主持了开幕式和分会场的报告。本次会议约有200人参会，我会5人参加了本次会议，有3篇论文入选论文集，有两位会员做了学术报告。

11月12—13日　第六届海峡两岸热处理学术研讨会暨第20届华东六省一市材料热处理年会在杭州召开，我会理事长吴玉程教授一行5人参加了会议。中国热处理学会理事长周玉院士和台湾热处理学会理事长洪庙宏分别致辞，共叙友情，并进行了学术交流。合肥工业大学罗来马副教授和昝祥副教授分别作了学术报告。利用会议间隙时间，召开了华东六省一市各学会负责人会议，浙江省热处理学会介绍了本次会议组织情况，会议确定第21届华东六省一市材料热处理年会由江西省热处理学会承办。

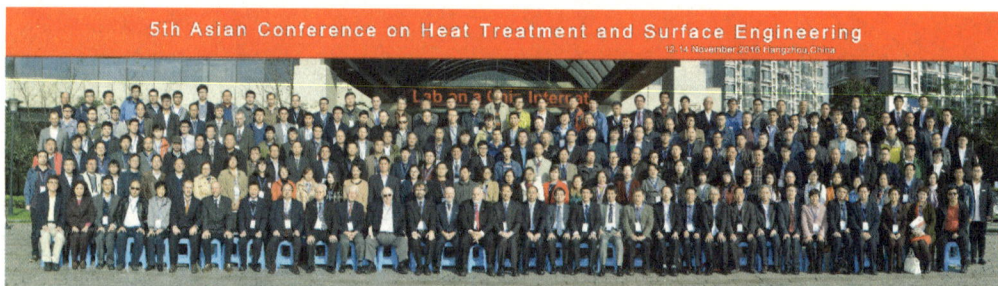

2016年11月，第六届海峡两岸热处理学术研讨会暨华东六省一市材料热处理年会在杭州召开

2017 年

4月8日　全国热处理学十届二次常务（扩大）会议在合肥工业大学召开。来自北京机电研究所、清华大学、哈尔滨工业大学、重庆材料研究院有限公司、中国石油集团石油管工程技术研究院、江苏大学、北京科技大学、江苏丰东热技术股份公司、安徽省热处理

学会等 40 多家单位的专家和学者在会上就新形势下热处理技术发展趋势以及学会在如何引领热处理新技术、新标准等方面发挥作用进行了深入研讨。会上，全国热处理学会副理事长、北京机电研究所所长徐跃明首先转达了全国热处理学会理事长周玉院士对会议召开的祝贺。学会秘书长李俏代表学会进行了 2016—2017 年度工作总结，并汇报了 2017—2018 年度工作计划，会议还分别对"第 12 届中国热处理活动周""第 25 届国际热处理与表面工程大会"的筹备方案进行了交流和讨论。会议特邀中科院强磁场中心副主任孙玉平研究员作了题为"稳态强磁场实验装置介绍"的报告，并组织与会代表前往科学岛参观中科院强磁场科学中心和中科院等离子体所的两个国家大科学装置。

2017 年 4 月 8 日，全国热处理学会十届二次常务理事（扩大）会议在合肥工业大学屯溪路校区隆重召开，会议组织与会代表前往科学岛参观中科院强磁场科学中心和中科院等离子体所的两个国家大科学装置

5月3日，教育部推荐、山西省委决定，任命我会理事长、合肥工业大学副校长吴玉程教授担任太原理工大学党委书记，7月3日正式宣布上任。

7月21—14日　第12届中国热处理活动周在江苏大学隆重举行。来自全国各高校、科研机构、企业的专家学者和代表以及参加第三届中国大学生材料热处理创新创业大赛总决赛的师生近400人参加了此次会议。全国热处理学会副理事长、安徽省热处理协会理事长吴玉程教授带领合肥工业大学的孙建、李亨、郑红梅等出席，主持大会报告，并为第三届中国大学生材料热处理创新创业大赛一等奖颁奖。

本届热处理活动周以"创新创业、转型升级、提质增效"为主题，邀请了中国工程院院士、上海交通大学潘健生教授，大连交通大学校长任瑞铭教授，上海航天设备制造总厂总工程师郭立杰研究员，上海交通大学顾剑锋教授，清华大学姚可夫教授，上海交通大学研究员陈乃录等10位做大会报告。活动期间，举行了2017"丰东杯"第三届中国大学生材料热处理创新创业大赛颁奖仪式和通过《热处理质量控制体系》国家标准评审认证企业授牌仪式。大会还设立了工艺研究、表面改性技术及化学热处理、冷却及淬火技术、组织与性能等4个专题论坛，计35场报告；与会专家参观了江苏省镇江市航空材料科技产业园。相关企业在活动现场进行信息发布和产品展示。

8月16—18日　朱绍峰率领安徽热学会代表参加了由天津热处理协会主办的"2017年全国十四省市热处理技术交流会"。会议邀请了赵振业院士作"抗疲劳制造成就高端机械装备"的报告，中国热处理行业协会理事长佟晓辉作"新形势下的新业态新模式发展趋势分析"的报告分析。赵院士指出，抗疲劳制造是新一代先进技术，而抗疲劳制造技术将成就高端机械装备，从而实现机械装备制造强国之梦。佟晓辉理事长从大会主题入手，阐述绿色热处理发展进程，降低生产过程的能源消耗，减少影响环境的污染物排放；阐述如何站在战略性新兴产业的高度，分析热处理等新业态行业的发展趋势。会议组织与会代表参观了天津丰东热处理有限公司、天津市三木森电炉股份有限公司、天津汽车模具股份有限公司和天津海鸥表业集团有限公司。

12月9—10日　在合肥市望江宾馆召开了第十二届安徽省材料热处理学术会议。来自全省材料热处理行业的工程技术人员和企业管理者100多人参加了会议。会议由热处理专委会副理事长刘宁教授主持。专委会理事长、太原理工大学党委书记吴玉程教授致开幕词。省机械工程学会常务副秘书长刘成刚到会致贺词。会议期间，举办学术报告会，合肥

合肥工业大学杜晓东教授作报告　　　　施家山、黄新民、程正翠交流

工业大学孙健、吴玉程教授作了"表面纳米化预处理辅助作用下的低温化学热处理技术新进展"的主旨报告，合肥工业大学杜晓东教授作了"面向汽车轻量化的材料应用研究"的主旨报告，安徽工业大学李明喜教授作了"科研众色网络平台"的主旨报告。会议期间，就热处理的材料、等离子炬表面淬火技术、新型涂层材料研制等技术问题，董灿、徐向棋、鲍巍涛、黄玉熙、舒炳生等专家在会上进行专题技术交流。会议期间，还举办了新产品发布会和展示会。

2017年12月9—10日，第十二届安徽热处理学术年会

12月16—19日 我会理事长吴玉程教授率团参加第七届海峡两岸金属热处理论坛。由中国机械工程学会热处理分会和台湾金属热处理学会共同举办的"2017年第七届海峡两岸金属热处理论坛"在台北召开。全国热处理学会副理事长、太原理工大学党委书记吴玉程教授作为大陆团团长率团参加会议。来自海峡两岸高校及行业的专家、学者和企业家80余人出席会议，合肥工业大学材料学科李亨副教授、张鹏杰博士、周士昂博士参加论坛。吴玉程教授以"烧结钕铁硼永磁材料表面防护新技术研究进展"为题，详细介绍了稀土永磁材料表面防护技术领域的研究进展与成果，受到与会代表的高度评价。

论坛期间，吴玉程一行访问了大同大学与台湾大学，受到两所高校领导的热烈欢迎与亲切接待。与大同大学就双方高校目前的学科规划与建设、人才培养与创新引导等进行了交流，并实地参观了大同大学大学生创新基地；与台湾大学材料科学与工程系相关负责人进行了讨论，就高水平材料测试基地建设与专家的引进进行了深入的调研和交流，并参观了图书馆、材料测试分析中心。随后，吴玉程一行对台湾的知名热处理等企业进行了参观访问，就热处理行业的前沿理论发展和实际工程等技术问题进行了全面调研交流。代表们一致认为，海峡两岸学术论坛的举行十分必要、很有意义，对两岸热处理领域学术研究与行业应用的进一步发展具有极大的推动作用，并建议成立联合研发中心，促进企业技术进步，发展新型热处理技术。

两岸同根，共铸辉煌
——2017 年 12 月 16—19 日，吴玉程教授率团参加第七届海峡两岸金属热处理论坛

2018 年

2月5日　召开了安徽省热处理专委会秘书处会议，参会人员有施家山、刘宁、朱绍峰、肖结良、程正翠、王文芳、舒霞、胡抗援。

2018年2月5日，安徽省热处理专委会秘书处工作会

3月30日—4月2日　省热学会组织参加在江西上饶由江西省机械工程学会热处理专委会主办的第二十一届华东六省一市材料热处理会议，我省有刘宁、朱绍峰、程正翠、王文芳、谷曼、张文斌六人参加会议。会议期间，我省热处理专委会副理事长、合肥工业大学教授刘宁作了"W合金的价电子结构计算及组织性能研究"的专题报告，受到与会代表的欢迎。我省热处理同仁向会议提交了12篇论文。

2018年3月30日—4月2日，参加江西上饶华东六省一市材料热处理年会

4—9月 秘书长朱绍峰参加省机械工程学会组织的专家团队，先后到宁国市、马鞍山市、滁州市、芜湖市和泾县10个企业开展"创新驱动，助力工程企业行"活动。

9月11—14日 理事长吴玉程教授率队参加了在西安举办的第25届国际热处理及表面工程联合大会。来自中国、美国、英国、法国、德国、日本、俄罗斯等的1200名代表、专家学者参加了大会。我省有12名代表参会，提交学术论文10篇，有3位代表分别作了发言。理事长吴玉程教授担任了本次会议分会主席。

2018年9月11—14日，安徽省热学会理事长吴玉程教授一行在西安参加了
第25届国际热处理及表面工程联合会大会和全国热处理学会第十届四次理事会议

11月23—24日 组织参加由安徽省机械工程学会牵头，联合上海市、江苏省、浙江省机械工程学会主办，合肥通用机械研究院和安徽省科协智能制造学会联合体承办的长三角智能制造发展论坛，论坛在合肥市稻香楼宾馆举行。

安徽省热学会黄新民教授、郑玉春高工、舒霞高工与江淮公司技术人员交流

11月24日　在稻香楼宾馆举办热处理专业委员会理事及热处理工作者研讨会，会议由副理事长肖结良高级工程师主持，秘书长朱绍峰教授汇报了热处理专业委员会2018年度工作，提出了2019年度工作计划。会议对安徽省热处理专业委员会成立55周年庆典工作进行了讨论，对行业中遇到的技术问题进行了研讨，多家企业与高校教师之间进行了对接，并达成合作意向。

12月28日　秘书长朱绍峰教授代表我会参加了合肥热处理协会举办的热处理技术创新与企业高质量发展论坛。

安徽省热学会黄新民教授与江淮公司技术人员交流

2019 年

5月23—26日，安徽省热处理学会理事长、太原理工大学党委书记吴玉程教授赴德国开展学术交流活动。访问期间，吴玉程首先在科隆大学参加"用于可持续能源发展的材料"研讨会（能源收集材料与装置国际研讨会），并作题为"未来聚变反应堆二阶强化W基复合材料制备、特性的研究进展"的学术报告。

在结束了对科隆大学的访问后，吴玉程教授于5月26日访问了马格德堡大学，就科研、教学相关课题的合作事宜与该校副校长赫尔姆特·艾斯教授深入交换了意见。

6月29日　组织参加安徽省机械工程学会第九次会员代表大会。我会获得安徽省机械工程学会2014—2019年度先进集体，朱绍峰、舒霞获先进工作者。舒霞和黄玉熙同志的论文获优秀论文。

安徽省热学会理事长吴玉程赴德国开展学术交流

7月4日　在合肥工业大学材料楼三楼多功能会议室，安徽省热处理专业委员会理事长吴玉程教授主持召开了热学会理事扩大会议，热处理专业委员会朱绍峰、李健、肖结良、刘宁、程正翠、张文斌，合肥工大材料学院黄新民、杜晓东、汤文明、吕珺及相关青年教师参加了此次会议。会上吴玉程教授就学会换届和近期的工作作了安排，为迎接热处理学会成立55周年准备出版一本纪念刊物，除收集整理学会的相关资料图片外，并分配了相关工作。

2019年7月，常务理事长扩大会议

7月19—21日　组织参加第十二次全国热处理大会。我会吴玉程、朱绍峰、程正翠、吕珺、秦永强、孙建等参加了本次会议。吴玉程教授主持了在东北大学汉卿会堂召开的全国热处理学会十届五次和十一届一次理事（扩大）会议。本次理事会议上，徐跃明副理事长作了理事会工作报告，并对下一年度热处理学会工作进行了安排和部署。新一届理事会由王华明院士任主任委员，吴玉程教授等8名热处理领域专家当选副主任委员，我会朱绍峰教授、刘家琴教授当选为委员。朱绍峰、秦永强获先进工作者。在"镁铝轻金属及铜合金论坛"上，吴玉程教授作了"高性能镁基材料制备与成形"的学术报告。与此同时，第五届中国大学生材料热处理创新创业大赛在东北大学顺利举行。中国大学生材料热处理创新创业大赛，是一项面向高等学校材料科学与工程及相关专业在校大学生的全国性专业竞赛，在行业内具有广泛的影响力，合肥工业大学三支代表队分别获得了一、二、三等奖。其中，合肥工业大学秦永强副教授、王岩副教授指导彭宇强、胡叶明、张壮、邵柏璇、姜楠获得创新创业大赛一等奖，题目为"一种6063的热处理工艺"。

2019 年 7 月 19—21 日，安徽省热处理学会理事长吴玉程
率领合肥工业大学材料学院教师参加了在东北大学召开第 12 次全国热处理大会

10月1日　学会理事长、太原理工大学党委书记吴玉程教授作为全国基层党组织负责人优秀代表应邀参加中华人民共和国成立70周年天安门观礼活动。

2020 年

1月4日　省热处理学会秘书长朱绍峰教授召集秘书处程正翠、肖结良、舒霞三位常务理事在安徽建筑大学A楼2楼会议室商讨热处理纪念册事宜。会议回顾了热学会成立50多年的历程，通过PPT投影精心挑选了一些老照片，并联系老理事长施家山高工撰写回忆录；会议还商讨了理事会换届以及组织参加第二十二届华东六省一市热处理年会（上海）等事宜。

2020年1月4日，省热处理学会秘书处在安徽建筑大学会议室

9月26日　省热处理学会秘书处朱绍峰、程正翠、肖结良、舒霞等在合肥工业大学材料楼N404会议室再次审议热处理纪念册的内容，就纪念册的架构、内容、形式等提出了

进一步的修改意见，商讨了需要补充的内容，并联系了常务理事安徽工业大学李明喜教授撰写交流文档。理事长吴玉程通过电话进行了指导，合肥工业大学黄新民教授、郑玉春高工、刘玉高工和秦永强、王岩、洪雨等年轻老师参加了讨论工作。

2020 年 9 月 29 日，朱绍峰教授在合肥工业大学组织年会纪念册的编审工作

10 月 9—14 日 由教育部高等学校材料类专业教学指导委员会主办，太原理工大学承办的"徕卡杯"第九届全国大学生金相技能大赛在山西太原举行。本届大赛吸引了包括清华大学、上海交通大学、浙江大学、北京科技大学等来自全国 290 所高校的近 900 名选手参加，参赛人数及规模创下历史新高。

我省合肥工业大学和合肥学院派出代表队参赛并获奖，其中合肥工业大学 3 名同学组成的代表队获得了一个一等奖和两个二等奖的优秀成绩，材料科学与工程学院郑玉春、徐光青、秦永强 3 位指导老师（也是热学会会员）获评优秀指导教师。合肥学院 3 名选手不畏强手，奋力拼搏，勇创佳绩，荣获本次大赛个人一等奖 1 项、个人二等奖 2 项。合肥学院获团体三等奖，由我会常务理事合肥学院谷曼教授带队。

全国大学生金相技能大赛已获批列入全国普通高校学科竞赛排行榜内竞赛项目。同学们通过参赛，展现了较强的专业基础，拓宽了视野，提升了对本专业学习的认识层次，同时大赛促进了校际交流，也提高了材料类专业学生理论联系实际的能力、创新能力和综合素质。

2020 年 10 月 "徕卡杯"第九届全国大学生金相技能大赛现场

2020 年 10 月，合肥工业大学代表队参加"徕卡杯"第九届全国大学生金相技能大赛并获奖

　　10 月 24—25 日　在哈尔滨工业大学举办了第六届中国大学生材料热处理创新创业大赛总决赛，吴玉程教授作为总决赛特邀评委全程参加了大赛的评审工作。大赛共吸引了来自 89 所高校的 199 支队伍参加，最终合肥工业大学等 19 支队伍获得了一等奖。本次大赛涵盖了新材料开发、热处理、表面改性工艺技术及应用成果，作品形式有论文、实物和专利等，涉及关键件的选材、工艺制定、设备选择、质量控制及检验。大赛的成功举办对高校培养优秀工程技术人才和创新性人才，为行业储备后备力量起到指导和促进作用，也为我国实现制造强国战略人才队伍的建设提供智力支撑。

2020 年 10 月 24—25 日，吴玉程教授在哈尔滨工业大学
参加第六届中国大学生材料热处理创新创业大赛总决赛评审

　　其中，合肥工业大学刘家琴教授、张琪博士指导李磊、王忠杰和肖宇鸿参加第六届中国大学生材料热处理创新创业大赛，获得一等奖，题目：高性能 Ho-Nd-Fe-B 烧结磁体的关键制备工艺及性能优化；秦永强副教授、罗来马教授指导田宇、邵柏璇、桂晨、王

世纪、孙忠错获得一等奖，题目：热处理对 Y_2O_3 掺杂 WC-Co 硬质合金显微组织和力学性能的影响；徐光青教授、汪冬梅高级工程师指导杨振宇、李阳阳、陶金、谢文珍、刘润峰获得二等奖，题目：烧结 NdFeB 磁体表面 Zn 镀层的稀土钝化及其耐蚀性能研究。

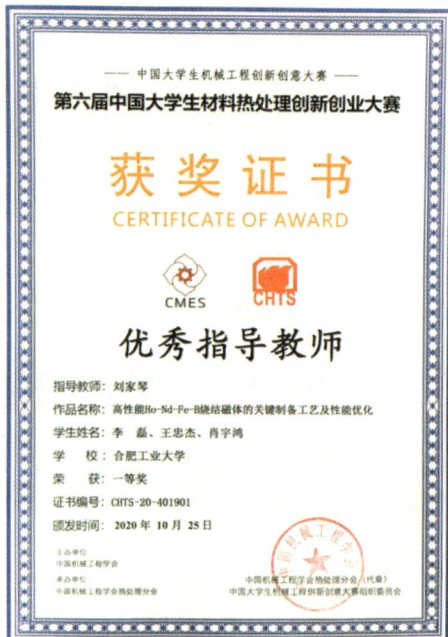

12 月 13 日　2020 年安徽省机械工程学会年会在合肥召开，主题为"高端制造创新驱动提质增效绿色发展"。省机械工程学会理事长陈学东院士主持开幕式，安徽省科协副主席、学会副理事长兼秘书长方勇华、哈尔滨工业大学原副校长邓宗全院士、天津大学副校长王树新教授出席会议，学会副理事长、常务理事、理事、学会会员、专家学者和企业界代表 220 余人参加会议。会议听取并审议通过了合肥通用院总经理范志超研究员所作的学会 2020 年工作报告，表决通过了中国科学技术大学工程科学学院副院长张世武教授增补为学会第九届理事会常务理事。会议向曾长期担任学会副理事长、秘书长等职务的刘成刚同志颁发了"学会工作突出贡献奖"。开幕式上举行了"南京大屠杀死难者国家公祭

日"默哀仪式，全体与会人员默哀一分钟，深切悼念南京大屠杀遇难同胞。邓宗全院士、王树新教授、刘志峰教授在会上分别作了题为"宇航空间机构及控制技术研究""微创外科手术机器人系统设计与临床应用""绿色制造发展及应用"的主旨报告。各位专家高水平的报告拓宽了与会代表们的研究视野，促进了相互交流与学习。

2020 年 12 月 13 日，2020 年安徽省机械工程学会年会在合肥召开

13 日下午，热处理专委会继续举办专题会议，会议由朱绍峰秘书长主持，前任理事长施家山莅临指导，刘宁、杜晓东、张文斌、盛绍顶、王庆平、肖结良、程正翠、李学付、董灿、王硕桂、杨靖辉、舒霞、谷曼、秦永强等参加会议。会上大家积极献言献策，施家山转达了老一辈热学会领导们对学会工作的关注和关心，对新一代热处理工作者和热学会成员的工作给予了肯定，也寄予了希望。常务理事张文斌、董灿等发言，希望学会成

员研发出先进的技术和产品，积极实现科技成果转化，推动我省热处理行业发展。会议总结了 2019 年和 2020 年以来的主要工作，受疫情影响，学会集体活动相对较少，准备 2021 年 4 月底召开安徽省第十三届热学会大会和第十届理事会换届大会，会后即开始筹备工作；会上还商讨了组织参加上海主办的华东六省一市热处理年会、继续完善充实热处理纪念册内容等事宜。

2020 年 12 月 13 日下午，省热处理学会常务理事会议

12 月 22 日　教育部党组会议通过，决定吴玉程同志（安徽省热处理学会理事长）调回合肥工业大学工作，担任党委常委、副校长（正厅级），31 日结束在山西省教育厅工作。

2.3　学会荣誉

　　学会及秘书处的工作人员认真负责，全心全意为学会及其理事、会员们服务，并积极组织开展调研活动，为企业解决技术难题，学会工作成果丰硕，取得多种上级学会的表彰，仅选择以下作为代表。

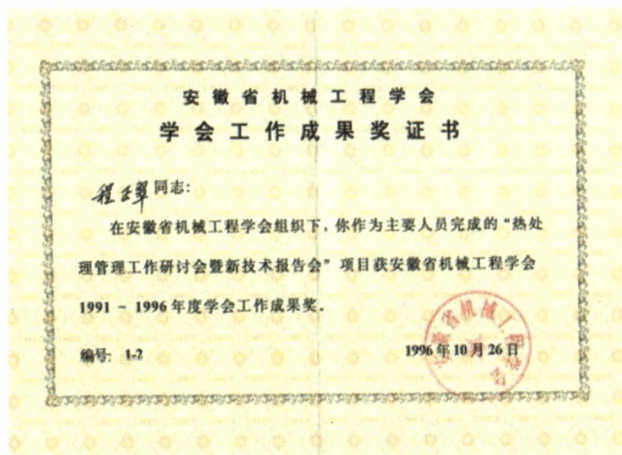

1991—1996 年度学会工作成果奖

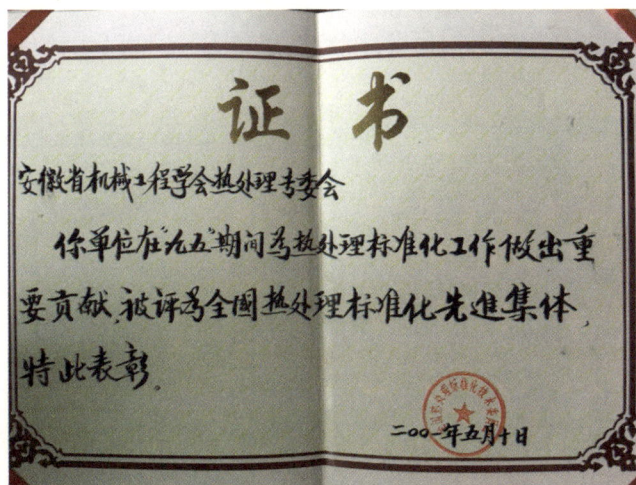

全国热处理标准化先进集体证书

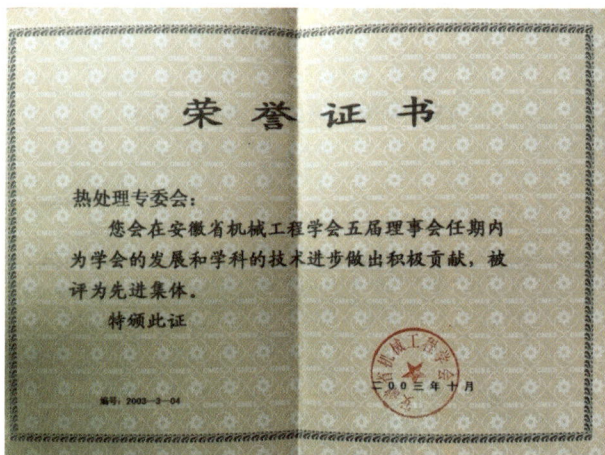

2003 年 9 月，先进集体荣誉证书

学会优秀工作成果

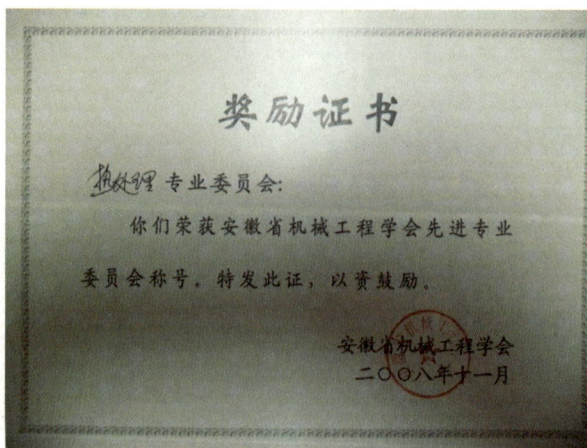

2008 年，荣获先进专业委员会称号奖励证书

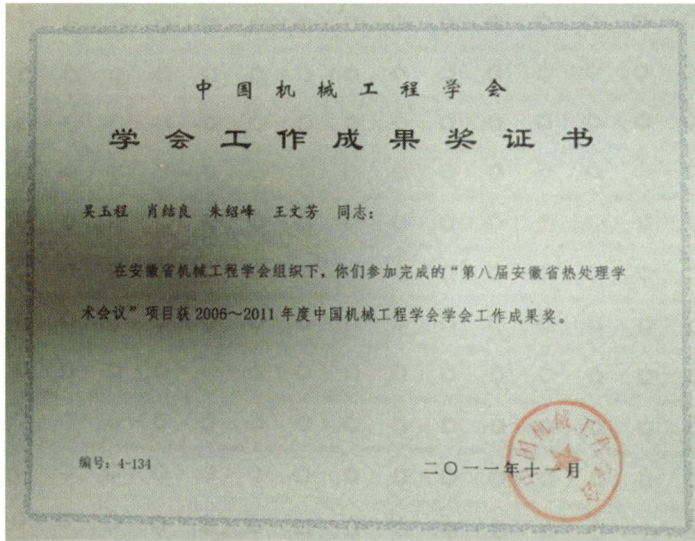

2011年，学会工作成果奖证书

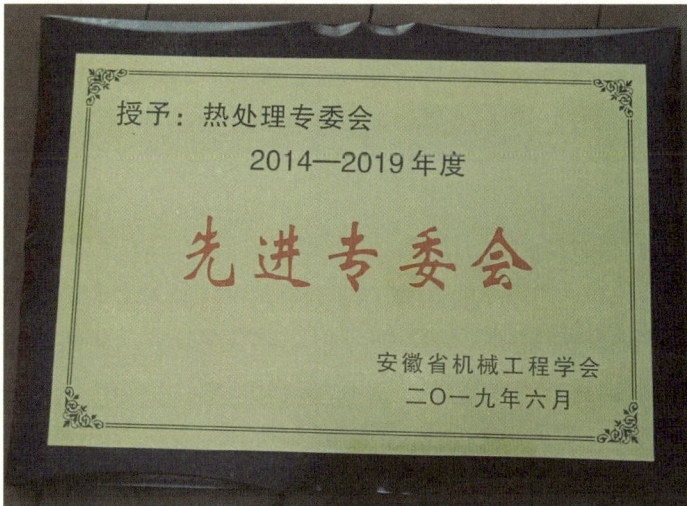

2019年，荣获先进专委会

第三篇　学术交流与现场经验

绪　　论

吴玉程[1,2,3]

(1. 合肥工业大学 材料科学与工程学院；2. 有色金属材料与加工国家地方联合工程
研究中心；3. 先进功能材料与器件安徽省重点实验室 合肥 230009)

随着新一轮科技革命、产业变革和全球竞争日益加剧，正出现以信息网络、智能制造、新能源和新材料为代表的技术创新浪潮。2011 年 6 月，美国政府启动"先进制造业伙伴关系"计划，随后于 12 月 12 日宣布设立白宫制造业政策办公室，旨在进一步强化相关制造业计划，使制造业成为本轮经济复苏的重要推动力，重塑"美国制造"；2011 年 10 月，英国政府宣布未来 6 年将投入 1.7 亿英镑建立 7 大先进制造研究中心（2013 年前全部建成），以提升英国制造业竞争力水平；2013 年，德国推出"工业 4.0"战略，推动工业领域新一轮革命性技术研发与创新，以引发制造工程的变革性飞跃。在国际金融危机的影响下，美、日、欧等发达国家和地区纷纷凭借在技术、标准、资本等方面的优势，力图在高端装备、网络信息等高技术、高附加值产业领域寻求突破，促进传统制造业向先进制造业升级转变。

2015 年，中国政府提出制造业是中国优势产业，实施"中国制造 2025"，主攻智能制造战略高地，尽快从制造大国向制造强国迈进。随后，推进国家制造业创新中心建设、智能制造、工业强基、绿色制造、高端装备创新等"五大工程"，旨在实现长期制约制造业发展的关键共性技术突破，提升我国制造业的整体竞争力。《中国制造 2025》要求瞄准新一代信息技术、高端装备、新材料、生物医药等战略重点，引导社会各类资源集聚，推动优势和战略产业快速发展。同时，强调要优先发展两个核心基础产业，即新一代信息技术产业和新材料产业。新材料产业要着力突破一批重点应用领域急需的先进钢铁材料、石化材料等先进基础材料（如轴承钢、工业陶瓷等），攻克一批高端装备用特种合金、高性能纤维等关键战略材料（如高温合金、碳纤维、稀土功能材料等），加强超导材料、纳米材料和石墨烯、生物基材料等前沿材料提前布局和研制。

我国新材料产业总产值由 2012 年的 1 万亿元增加至 2016 年的 2.65 万亿元，年均增速 27.6%。在部分先进基础材料、关键战略材料、前沿新材料等领域，我国实现了与国际先进水平"并跑"甚至"领跑"。目前我国新材料在产业政策的促进下，将保持良好的增长势头，预计到 2025 年产业总产值将达到 10 万亿元，并保持年均增长 20%；到 2035 年，我国新材料产业总体实力将跃居全球前列，新材料产业发展体系基本建成，并能为 21 世纪中叶实现制造强国提供基础支持。

金属材料作为国家经济发展和基础建设的重要支柱行业，在机械制造中具有非常重要的作用。金属热处理是金属加工过程中不可或缺的工艺环节，在整个机械制造流程中占据重要地位。由于热处理一般保持机械部件的形状外观、不改变整体的化学组成，通过材料发生相变或转变，改变其内部显微组织结构或表面化学成分等使部件具有期望的物理性能、化学性能、力学性能、机械性能等，改善工件的内在质量，因此它具有其他工艺无法比拟的优势，这是热处理工艺的最大魅力。据不完全统计，在汽车、拖拉机、机床等制造中，需要热处理的金属零件多达 70%～80%，在石油化工、航空航天、汽车制造业等产业中发挥着重要作用。为了使金属的热处理工艺更好地服务于机械制造业，除合理地选择金属材料，熟练掌握各种成型的热处理工艺外，还需要对材料物理及其相关新技术进行不断地发现、研究、利用，并加强热处理技术改善，以进一步提高机械制造的质量，使金属热处理工艺更好地应用于基础工业——机械制造业。

热处理与表层改性赋予先进材料极限性能，赋予关键构件极限服役性能。热处理与表层改性是先进材料和机械制造的核心技术、关键技术、共性技术和基础技术，属于国家核心竞争力。《中国热处理与表层改性技术路线图》针对我国关键构件可靠性差、寿命低和结构重三大问题，提出通过热处理使关键构件服役寿命提高 10 倍至 100 倍的任务，制定了"精密—高效—经济—清洁—产业"的发展目标，并着重强调攻克"三大问题"的关键：①表层硬化技术；②表层改性技术；③真空热处理；④感应热处理；⑤高能束热处理；⑥特大件热处理；⑦精密热处理；⑧虚拟热处理；⑨淬火冷却技术；⑩热处理和表层改性传感器；⑪热处理和表层改性装备；⑫热处理和表层改性产业化；⑬热处理和表层改性专业人才培养。这项技术领域的创新对于中国从材料大国走上材料强国、从机械制造大国走上机械制造强国的进程具有举足轻重的作用，它将为热处理行业实施"中国制造2025"奠定坚实的基础。针对《中国热处理与表层改性技术路线图》中热处理发展目标和重点技术发展领域，结合经济发展的大环境和制造业转型升级的发展要求，现代热处理技术的发展可以归结为"绿色化、精密化、智能化、标准化"。

经过多年努力，安徽省初步建成了门类较为齐全的制造业产业体系，有力推动了全省工业现代化建设。改革开放以来，全省大力实施工业强省战略，安徽工业迈上了发展快车道。2014 年，规模以上工业增加值达到 9530.9 亿元，是 2005 年的 6.4 倍；工业化率由 2005 年的34.3% 提升到 46%；制造业增加值占工业和 GDP 比重分别上升至 86.2% 和 39.4%，工业尤其是制造业已成为安徽经济发展的主导力量。到 2020 年，基本实现工业化，制造业强省地位初步建立。制造业增加值占 GDP 比重达到 40% 左右。创新能力进一步增强，掌握智能装备、新能源汽车、新材料等一批重点领域的关键核心技术，产品附加值进一步提高。到 2025年，制造业整体水平大幅提升，迈入制造业强省行列。制造业增加值占 GDP 比重达到 43%左右。制造业产业结构明显优化，劳动生产率水平不断提高。重点产品质量水平达到国内先进行列，形成一批国内竞争力较强、具备国际影响力的知名企业和产业基地。

当前，新一轮科技革命和产业变革孕育兴起，以跨界融合为特征的"互联网＋"时代已经到来，先进信息技术与制造业融合渗透，网络化、绿色化和智能化制造模式逐渐推广普及，迎接发达国家再工业化、发展中国家加速工业化和资源环境约束不断增强等考验。未来十年，安徽省紧抓新一轮科技革命和产业变革的历史机遇，深入贯彻实施《中国制造2025》，迎接技术创新挑战，突破技术发展瓶颈，努力实现安徽制造业做大做强做优，走出一条安徽制造业转型升级的新路径。热处理作为机械制造的核心主要工艺手段，也会按照"四化"方向发展，为安徽制造业再上新台阶提供保障。

3.1　安徽省热处理行业发展状况

肖结良[1]　李明喜[2]　滕召勇[3]　陈国瑞[4]

(1. 安徽合力股份有限公司合肥铸锻厂，合肥 230022；2. 安徽工业大学，
安徽 马鞍山 243002；3. 马鞍山方圆精密机械有限公司，
马鞍山 243041；4. 安徽鑫宏机械有限公司，淮南 232000)

　　热处理是装备制造业的重要组成部分和关键基础工艺。通过加热-冷却控制相变、微观结构、残余应力场，可以满足不同零部件的服役要求，起到提高产品使用性能、延长疲劳寿命的作用，确保整机的稳定性和可靠性。热处理是赋予材料极限性能和关键构件极限服役性能的技术，热处理是国家核心竞争力。

　　热处理技术欠发达已制约我国制造业向高层次发展。原全国热处理学会理事长潘健生院士指出"热处理——我国制造业发展的瓶颈"。后来，他又多次指出热处理对制造业做大做强的重要性。

　　安徽省热处理业的发展也明显滞后。一方面，安徽省特别是合肥市的制造业快速发展，新企业如雨后春笋般上马；另一方面，主要工序的热处理业发展不足，制约着装备制造业企业走精品之路。

　　本文旨在呼吁加快安徽省热处理行业高质量发展。企业要立足长远，重视人才培养和新设备新技术的投入运用；高校和行业学会，要在人才培养和"产学研用"结合上，为企业补短板、壮实力。

1　安徽省热处理行业发展现状

1.1　主要工业城市热处理行业发展状况

　　合肥市的制造业具有较大的规模。汽车、工程机械、水泥机械、制砖机械、锻压机械、化工机械、电工机械、冶金机械、仪器仪表、环保设备、自动化装备、电子信息装备、航空设备、新型医疗器械以及汽车、轮胎、电机、水泵、家电企业等快速发展，需要热处理的零件的产量越来越大。因此，合肥市热处理行业发展相对省内其他城市有一定的优势。

　　安徽合力股份有限公司合肥铸锻厂是安徽省铸造行业的中心企业，也具有较强的热处理工艺技术开发能力，在铸铁热处理（图 1）、合金钢清洁化热处理方面走在安徽省前列，现有大型台车式电阻炉、超音频淬火设备等。理化手段完备，化学成分分析、机械性能试

验、金相检查、超声波探伤等一应俱全。安徽合力股份有限公司桥箱事业部有两条多用炉生产线，有高频、中频、超音频等热处理设备，主要为叉车装载机零件做热处理配套（图2）。

安徽省合肥汽车锻件有限公司拥有汽车半轴、前轴等国内先进水平的锻造生产线，该企业充分运用余热淬火技术，对锻件实施生产线上调质处理，取得良好经济效益。

合肥锟擎科技有限责任公司，专业研发金属表面等离子淬火技术及设备的企业（图3），同时也对外承揽加工，如汽缸套、凸轮轴、曲轴、齿轮、大型模具、柱塞、铸铁导轨、导卫的导辊等表面淬火（图4）。

图 1 批量出口的高牌号球铁行走轮

图 2 安徽合力股份有限公司多用炉生产线

图 3 等离子弧表面淬火设备

图 4 大型柱塞表面硬化

合肥市的专业化热处理企业起步较早，逐步积累，形成了一定的规模。合肥大成热处理有限公司有两台多用炉，主要处理桥梁锚具；合肥中信热处理有限公司主要有箱式炉、渗碳炉和高中频等设备；合肥三杰热处理有限公司有井式炉、箱式炉、渗碳炉和高中频等设备，在长轴类零件正火及调质处理方面有一定优势；合肥潜焱金属科技有限公司的特色是大型焊接件去应力，可对升温速度实行精确控制，是一些要求严格的外资企业的长期合作伙伴；合肥市翔发热处理公司可对超大型轴类零件进行调质，主要为水泥设备企业配套。

还有一些公司针对自身产品上马了一些特色设备，江航飞机装备公司、合肥博一流体公司有真空淬火炉；合肥锻压有气体氮化炉；合肥市富华精密制造有限公司、合肥实华管件有限公司、合肥永升机械有限公司、安徽安鑫货叉有限公司有大型台车炉等。

马鞍山是一座以钢铁为经济支柱的重工业城市，也是我国重要的钢铁工业基地，为国内外提供了大量的优质钢铁材料。近几十年来，马鞍山以马钢钢铁产业为龙头，带动一大批相关产业的发展，金属热处理技术也得到深入研究和应用。

马钢、方圆等企业引进了欧洲、日本、美国等先进的智能化装备，通过将先进的热处理工艺和热处理设备相结合，促使该市很多关键零部件及产品质量得到保证。例如，马钢的高速车轮、博望的金属刀具及方圆公司的回转支承等。

马鞍山市在激光热处理、表面涂层、真空低压渗碳技术、感应淬火、锻造余热淬火等方面具有较强的实力。该市有一大批环型件生产企业（如马钢、同盛环件等），这些企业利用锻造余热进行调质热处理，锻造、淬火、回火生产线进行流水线设计，缩短了生产周期、提高了生产效率，节约了能源，且产品的力学性能有保障。

淮南凯盛重工有限公司（原淮南煤矿机械厂）主要产品有系列掘进机、带式输送机等，其热处理车间有大型氮化炉，尺寸 $\phi1200 \times 1600mm$，200kW 辉光离子氮化炉等。安徽鑫宏机械有限公司，是一家从宁波搬迁到淮南的精密铸造企业，采用先进的熔模铸造工艺，有高温台车炉等热处理设备，有金相显微镜及拉力试验机等完善的检测手段。

芜湖新环热处理有限公司坐落在芜湖经济技术开发区发电厂内，是一家具有较大规模的专业化热处理企业，建筑面积 $4000m^2$，电力容量 2000kW，总投资 2000 多万元。特色设备是 3 台易普森（IPSEN）多用炉、铝合金淬火炉、$\phi2000mm$ 的大型可控气氛气体渗碳炉。芜湖旭鸿真空热处理有限公司，特色设备是两台高真空气淬炉、保护气氛回火炉、渗碳炉、氮化炉、时效炉等。

安庆庆华精工制造有限公司是一家在当地有较大影响的热处理专业化企业，特色设备有 200kg、1000kg 的真空淬火炉各一台。另外，还有高频淬火设备、气体氮化炉、箱式炉等。模具的真空淬火在省内有一定优势。

蚌埠行星工程机械有限公司、安徽方圆机电股份有限公司、蚌埠液力机械有限公司、蚌埠新奥压缩机有限公司等企业有小型热处理设备，总体规模较小。

六安市的江淮汽车集团六安齿轮制造有限公司有多用炉，为自身齿轮渗碳及碳氮共渗配套。

1.2　目前热处理业态形式

目前热处理业态有三种，部分大型国有整机企业保留了部分热处理车间或工段，针对自身产品，设备投入力度大，退火、调质、表面淬火、化学热处理等工艺手段齐全，检测手段完备，但人才流失也较为严重，材料热处理技术开发能力并不强。少数独资、合资企业或规模较大、实力较强的民营企业在热处理上投入了一定资金，但选用设备仅针对自己的产品，由于对外协作效益不高，兴趣不大；有的开工率低，不能连续生产，造成单位能耗高，这种购置了先进设备，占用了场地，配备了人员，但开工不足的企业，实质上造成了很大浪费，加之缺少高水平的专业热处理人才，形成不了创新能力。民营专业化热处理企业尽管机制灵活，但是由于资金有限，规模较小，技术力量薄弱，行业竞争激烈，承揽加工价格低廉，加之安全环保职业健康压力巨大，尚未形成规模化的良性发展态势。

2 安徽省热处理行业发展探讨

2.1 安徽省热处理行业存在的不足

2.1.1 人才缺乏，技术力量薄弱

热处理专业技术人员严重匮乏。多数热处理企业缺少热处理工程师或技师，相当数量的操作工人（农民工）未经过专业培训，操作技能低。有些企业雇用六七十岁的退休工充当技术人员，新工艺新技术得不到应用，创新能力弱。这样的企业在专业化程度高的浙江省根本接不到活，因为委托单位考察时首先看企业有没有热处理工程师，质量有没有保障。

没有完善的人才队伍，产品质量得不到有效保证。检测手段落后，企业只能检查硬度。有些企业配备了金相显微镜，但没人操作，形同摆设。有些小公司只好靠低价在市场抢夺货源，打价格战。

缺乏材料热处理工艺技术开发能力，这对装备制造业整机性能的提升形成了短板。

2.1.2 投入不足，加工能力有限

普通的小型电阻炉、通用的价格低廉的高中频设备较多，价格昂贵的大型真空炉、大型高温电阻炉、多用炉生产线投入少，因此在工模具真空淬火、大型铸锻件调质、大型焊接件去应力、化学热处理（尤其渗金属、多元共渗）等方面能力薄弱。很多工模具真空淬火、大型铸锻件调质需要到江苏无锡、张家港等地协作。

2.1.3 环境污染，安全环保压力大

一些小型热处理企业或整机厂的热处理工段，到处弥漫油烟，氮化炉旁氨气刺鼻，中频淬火机床边淬火介质恣意横流，箱式炉炉门不能贴合，高温炉膛向外散发热量，渗碳炉马弗罐与电阻丝之间密封不严，通红的电阻丝一览无遗，地上油迹斑斑，到处堆放着或粗大笨重或扭曲变形的工装，等等。安全环保和职业健康意识亟待提升。

2.1.4 缺少协作，专业化程度低

一些独资、合资企业或国有大型企业，资金实力强，投入了专用的热处理设备，但只处理本公司的产品，不对外协作，开工率低，对提升本地区整体热处理水平作用有限。

2.2 安徽省热处理行业发展建议

2.2.1 加快人才队伍建设，增强企业发展后劲

企业必须引进智力，从高校和行业学会引进技术顾问，这样可快速见效，解决遇到的技术难题；但从长远看，还应培养自己所需的扎根于企业的人才。热处理工程技术人员的

继续学习应侧重相变理论、热处理工艺学、金相及机械性测试等，要走出去，鼓励多参加行业学术活动，解决问题，结交名流，扩大视野。人才的成长是终生学习的过程。学习—实践—改进—理论升华—创新，反复磨炼，才能出一流工程师。

一线操作员工培训重点是金属材料及热处理工艺、热处理设备及操作规程，结合典型零件详解热处理工艺，对迅速提高一线工人水平作用很大。行业学会和大学的技师学院可以合办热处理技师班，利用各自优势培养一线技能人才。

2.2.2　形成独特技术优势，走可持续发展之路

围绕零部件质量的稳定性、可靠性及节能减排来开展热处理的技术创新并运用最新的技术成果。新型热处理必须走一条科技含量高、经济效益好、能源消耗低、环境污染少的可持续发展道路。

（1）改变目前行业内普遍使用的笨重的热处理工艺装备，减少吸热量；采用耐热钢工装夹盘，尽管一次投入多一点，但重量轻，吸热少，又经久耐用。

（2）用碳氮共渗代替渗碳，用球墨铸铁的低温完全奥氏体化正火替代高温正火，以降低处理温度，节约能源。

（3）用离子氮化替代常规的气体渗氮。传统的气体渗氮工艺时间太长，从进炉到出炉动辄一个星期，不符合快速的市场需求，而且对不锈钢的氮化有局限性。离子氮化的特点是渗速快、易控制，热效率高、节约能源，而且无烟雾、废气污染。

（4）真空热处理和高压气淬技术的应用。

（5）应用计算机程序控制技术，优化热处理工艺过程，以实现精确热处理，满足高端需求。

（6）中碳合金钢，如 40Cr、35CrMo、42CrMo 等用水冷淬火替代传统工艺的油或淬火液淬火，减少污染。

（7）应用等离子淬火等高效节能环保热处理方法，对大型模具实施表面硬化处理，以替代传统的火焰淬火技术。

（8）热处理管理创新，实施柔性化及精益生产，杜绝浪费。

参考文献

[1] 潘健生. 抓好热处理是我国制造业由大变强的必由之路 [J]. 金属热处理，2011，31（1）：3-4.

3.2 安徽省金属材料及热处理专业教育简况

吴玉程[1] 朱绍峰[2] 吕　珺[1] 杜晓东[1]
徐光青[1] 王　岩[1] 崔接武[1] 舒　霞[1]

（1 合肥工业大学材料科学与工程学院，合肥 230009
2 安徽建筑大学材料与化学工程学院，合肥 230601）

材料科学是 21 世纪四大支柱学科之一，而金属材料工程是材料科学中一个重要的专业方向。众所周知，金属工具的制造和使用标志着人类文明的一个重大进步。从青铜到钢铁，再到当今形形色色的合金材料，人类在自身不断进步的同时，从未放松过对金属材料的研究和开发。金属材料工程是国家重点支持的研究方向，每年都有大量的资金投入，成果也很显著。该专业研究范围很广，可以说所有的金属元素都在其研究范围之内。目前，国内主要侧重于铁合金、铝合金及其他一些特种金属材料的研究开发。金属材料工程专业是一门实用性很强的专业，通过对金属材料制备工艺及其原理的探索，研究成果可以直接应用于现实生产，所取得的进展和人民群众的日常生活密切相关。从广阔的理论研究空间和金属材料的制备工艺中演化出计算材料学，利用计算机模拟各种原子、分子的相互作用，从而设计出符合要求的材料，对现实生产有着极其重要的指导作用。近年来，在许多新的领域得到发展，如储氢材料、摩擦材料以及和纳米技术相结合的协同材料等。

1　金属材料工程专业简介

学科：工学。

门类：材料类。

专业名称：金属材料工程专业。

培养目标：本专业培养具备金属材料科学与工程等方面的知识，在冶金、材料结构研究与分析、金属材料及复合材料制备、金属材料成型等领域从事科学研究、技术开发、工艺和设备设计、生产及经营管理等方面工作的高级工程技术人才。

培养要求：本专业学生主要学习材料科学的基础理论，掌握金属材料及其复合材料的成分、组织结构、生产工艺、环境与性能之间关系的基本规律。通过综合合金设计和工艺设计，提高材料的性能、质量和寿命，并开发新的材料及工艺。毕业生应获得以下几方面的知识和能力。

掌握材料科学的基础理论；

掌握金属材料的专业基础理论知识；

掌握金属材料的成型和加工工程的专业知识及技术经济管理知识；

掌握金属材料制品的检测、产品质量控制和防护措施的基本知识和技能；

具有金属材料的设计、选用及正确选择生产工艺及设备的初步能力；

具有本专业必需的机械、电工与电子技术、计算机应用的基本知识和技能；

具有研究开发新材料、新工艺和设备的初步能力。

主干学科：材料科学与工程。

主要课程：材料热力学、金属学、材料力学性能、材料分析技术、金属材料学、材料成型加工工艺与设备、计算机在材料工程中的应用。

实践教学：金工实习、生产实习、课程设计、专业实验、计算机应用及上机实践、毕业设计。

修业年限：4 年。

授予学位：工学学士学位。

原专业名：金属材料与热处理（部分）、金属压力加工、粉末冶金、复合材料（部分）、腐蚀与防护、铸造（部分）、塑性成形工艺及设备（部分）。

本专业培养能在冶金、材料结构研究与分析、金属材料复合材料制备、金属材料成型等领域从事科学研究、技术开发、工艺和设备设计、生产及经营管理等方面工作的高级工程技术人才。就业方向多在冶金、机械、电子、化工、军工、航空航天、仪表等行业的公司、厂矿、科研设计单位，可以在高校从事同材料有关的科研、设计、开发，对新型材料的生产的管理，以及教学等工作。

2　国内外金属材料工程专业教育发展史

对于金属材料的研究，我国古代就已经开始，但作为专业设立的科学来进行研究，最早应该是西方在 17 到 18 世纪设立的专门冶金、铸造学科专业，其中包含材料的内容。我国在 19 世纪建立的一些工科院校也大多包含与材料有关的内容，如北洋大学、湖南大学等。在此初期最具有影响力的人物有毕业于英国 Sheffield 大学冶金学院获博士学位的李薰。当时由于国内实验设备简陋，这一时期的科研成果较少。新中国成立后，面对我国急需发展工业，尤其是钢铁工业的情况，国家于 1952 年正式成立金属材料专业，并由华北大学工学院、唐山交通大学、北洋大学、西北工学院、山西大学组建成北京钢铁工业学校。在该校正式成立金属材料专业，使该校成为新中国建立后在冶金和材料领域最具影响力的院校。除此以外，东北大学、清华大学、西安交通大学、哈尔滨工业大学、西北工业大学等重点院校在金属材料专业领域也有较大的影响力。在这一领域比较知名的人士有东北大学的邱竹贤教授（工程院院士）、陆钟威教授（工程院院士），北京科技大学的柯俊教授（工程院院士）、肖继美教授（科学院院士）、陈维先教授（工程院院士），北京钢铁研究总院的王崇愚教授（科学院院士），清华大学的李恒德教授

（工程院院士）。该专业点长期处在国家下达、企业委托，以及国家科学基金资助的科学研究领域，成果颇多，仅北京钢铁学院 1985 年一年的研究项目就约为 100 项，其中包括国家的"六五"、"七五"科技攻关及军工新材料的研究，出版过教材及学术专著 30 余部。清华大学材料系也承担了多项"八五"、"九五"科技攻关项目，在材料科学领域取得具有国际先进水平的科技成果，获得国家专利 40 余项。该专业每年的招生人数现在略有增加。北京科技大学每年的本科生招生 100 人左右。但"文革"期间，科技的发展受到严重的影响，所出成果也较少。

目前国际上该专业的发展较为迅速，许多知名的大学设有该专业。如剑桥大学、牛津大学、麻省理工学院、普林斯顿大学、巴黎大学等，其拥有一流的设备和实验手段，条件要比国内的实验条件先进许多。国外的院校着重对学生动手能力的培养，并设有完全开放的实验室，培养了大量的高素质人才，而且每年还招收大量的国外研究生。

改革开放后，国家注重对高校高素质人才的培养，尤其是金属材料加工行业。由于其对国民经济的发展十分重要，国家十分重视该专业的发展，并积极对该专业进行支持。金属材料专业也得以更加完善，所涉及的范围越来越宽。但我国同国际上该专业方面的技术水平相比，还有很大的差距。为尽快赶上国际先进水平，国家十分支持对该专业的投入。例如，给材料科学专业大量的经费进行支持，建立了多个国家重点实验室，更新实验设备，改善实验条件。近年来，为推动冶金行业的发展，国家对冶金部门也作出相应的调整，对冶金的相关专业进行了改革划分。金属材料工程调整之后的任务已不局限于对金属材料的研究，而是对金属材料的整个加工过程，以及过程处理之后材料性能控制等方面进行研究，以满足工程上对金属材料多方面性能的要求。目前，国际上对金属材料的研究主要侧重于对特殊情况下特种材料的研究。由于国外的教育面向市场状况而言，因而对金属材料专业的人才需求并不是很大。在金属材料方面，传统知识人才需求的状况基本保持供需平衡；国际上对于材料人才的培养趋于素质型的教育和对能力的培养。对于一些高新技术的研制，这方面人才市场上需求量较大，因而国际上在对材料高新技术的研究方面投入的费用也较大，如隐形飞机材料、航天局所需的特种材料的研究等。就国内而言，由于专业设置不合理，对于传统的知识人才，即对于本科生这种知识层次的人才而言，供求已基本平衡，而高新技术层次课题研究急缺人才。在这一领域，由于我国高校的实验设备落后，对于新型材料的研制技术远落后于西方国家。我国加入 WTO（World Trade Organization，世界贸易组织），受到严重冲击的两大行业一是高新技术行业，如我国电信；二是传统工业，如钢铁行业。钢铁行业受到冲击势必会对金属材料专业的发展带来一定的影响：很可能会减少本科生层次知识水平的人才，而对于硕士和博士等高知识水平的人才数额放宽，很可能会加大对该专业实验费用的投入。对于一般的金属材料来说，我国加工技术基本还跟得上，而且对于工业来说主要还是如何实现工控自动化，以尽量节省能源。对特种金属材料的研制，尤其研究所所需的高级工程人员和高级技术人员仍十分缺乏。例如，航天所用材料的研制，多项复合材料的研制，纳米材料的研制，生物医用材料、环境能源材料以及机敏材料的研制等，这些特种材料大多是以金属材料为基础的。虽然我国从金属材料产量上已成为世界材料大国，但是在生产技术水平、品质、质量等方面还与世界先进水平有很大差距，因此在未来的一段时间内我们还需要材料科技方面的高级人才。对于材料专业的人才，培养也在逐步由专业型向素质型转化。只有综合提高学生的全面素质，才能使材料专业适应社会的发展。

3　国内金属材料工程院校分布情况

四川理工学院、西华大学、贵州大学、昆明理工大学、西安建筑科技大学、兰州理工大学、首钢工学院、河北工程大学、河北工业大学、河北理工大学、河北科技大学、燕山大学、太原理工大学、内蒙古科技大学、内蒙古工业大学、沈阳工业大学、辽宁科技大学、辽宁工程技术大学、辽宁工业大学、沈阳大学、长春工业大学、佳木斯大学、哈尔滨理工大学、上海大学、南京化工大学、江苏大学、山东大学、河南科技大学、武汉科技大学、湘潭大学、广东工业大学、武汉大学、河海大学、武汉理工大学、江苏科技大学、中国石油大学、中北大学、沈阳理工大学、南京理工大学、西安工业大学、北京航空航天大学、南昌航空大学、西北工业大学、哈尔滨工业大学、北京科技大学、天津大学、大连理工大学、吉林大学、华东理工大学、东南大学、合肥工业大学、安徽工程大学、安徽工业大学、湖南大学、中南大学、重庆大学、四川大学、沈阳航空工业学院、大庆石油学院、石家庄铁道学院、青岛科技大学等91所。

4　金属材料工程专业学生就业状况及趋势

金属材料工程专业的毕业生主要从事科学研究和工程建设，就业方向多在冶金、机械、电子、化工、军工、航空航天、仪表等行业的公司、厂矿、科研设计单位，包括研究助理——在研究机构或高校实验室做辅助工作，材料研发人员——研发新材料或材料性能改进，器件研发工程师——研发与新材料有关的器件，质管工程师——原料和产品性能检测等岗位。

材料专业毕业生在对新材料的开发与研究过程中，需要更加广阔的知识面和更深的知识层次，因此将有大量的学生选择读研读博的道路，在高校和科研机构中从事同材料有关的科研、设计、开发工作，也有部分人员选择同本专业相关的教学和管理工作。

材料领域的竞争十分激烈，提高现有材料的性能和开发新型材料迫在眉睫，现在我国各行业对于金属材料领域的人才仍供不应求，但这仅限于高层次的技术开发。我国目前有几十家与金属材料有关的研究院所，几百家包括国有合资、独资的大中型企业，每年都需要大量的科技人才和工程技术人才，而且该专业的出国比例占很大比重。我国加入WTO后，为使材料领域能够经得住冲击，国家加强了对材料科学方面的经费投入，拓展了该专业研究生、博士生的招生量，并且对该专业的课程设置也向以培养学生的能力和素质为主进行改革。

5 安徽省金属材料及热处理专业教育

专业教育的机构为高等学校，含高等专科、大学本科和研究生教育。目前全国开设金属材料工程专业的院校有 90 多所，安徽省有 5 所，为合肥工业大学、安徽工程大学、安徽工业大学、安徽建筑大学和铜陵学院。下面分别介绍：

5.1 合肥工业大学

合肥工业大学是教育部直属全国重点大学、国家"双一流"学科建设、"211 工程"和"985 优势学科创新平台"重点建设高校。学校创建于 1945 年，具有"以工为主、理工结合、文理渗透"的多学科专业结构，有 3 个国家重点学科、1 个国家重点培育学科、28 个省级重点学科、1 个国家重点实验室、1 个国家工程实验室、3 个国家地方联合工程研究中心、46 个省部级重点科研基地。教职工 3700 多人，全日制本科生 3.1 万余人，硕士、博士研究生 1.3 万余人。

5.1.1 金属材料工程专业概况

（1）历史沿革

专业前身是合肥工业大学"金属材料及热处理专业"，始建于 1958 年，1974 年经机械电子工业部批准正式以"金属材料及热处理专业"向全国招生，1978 年恢复高考时作为全日制四年本科面向全国招生，现有从本科到硕士、博士、博士后的完整人才培养体系。专业下设金属材料强韧化、复合材料、材料表面工程、功能材料、纳米材料等多个研究方向。经过多年的发展，本专业逐渐在高性能金属、材料表面工程、金属基复合材料方向形成了特色。

1958 年：成立金属材料及热处理专业，五年制；1970 年起招收三年制学生；

1977 年：金属材料及热处理专业，四年制；

1986 年：获批准金属材料与热处理专业硕士点；

1987 年：获批准机械工业部重点学科；

1999 年：更名为金属材料工程专业；

2002 年：获批准金属材料工程专业工程硕士学位授权点；

2002 年：获批准材料学二级学科博士点；

2002 年：材料学、材料加工学科被评为安徽省重点学科。

2006 年：获批准材料科学与工程一级学科博士点；

2007 年：获批准设立材料科学与工程一级学科博士后流动站；

2008 年：获批准自主设立复合材料二级学科博士点；

2012 年：通过教育部工程教育专业认证；

2018 年：通过教育部工程教育专业认证复评；

2019 年：获批准为全国第一批国家级一流本科专业建设点（双万计划）。

（2）专业规模

本专业的人才培养以高层次复合人才为目标，年招收本科生 3 个班约 135 人，年招收硕士研究生 50 名左右，博士研究生 10 名左右。年授予博士学位、硕士学位的人数与招生规模大致相当。

（3）专业定位

紧密围绕国家战略需求，依托安徽省产业特色和区域经济社会发展优势，着力培养适应社会、经济、科技发展需要，德智体美劳全面发展，具有社会责任感、良好职业道德、综合素质和创新精神、国际视野开阔，具备金属材料工程专业的基础知识和专业知识，能在材料、机械、汽车、航空航天、冶金、化工、能源等相关行业，特别是在高性能金属材料、复合材料、材料表面工程等领域从事科学研究、技术与产品开发、工程设计、生产与经营管理等工作的科学研究与工程技术并重型高级专门人才。近年来，主动适应学校办学思路与办学特色，在中国工程教育理念和新工科建设背景下，坚持以学生为中心、产出为导向，改革人才培养模式；结合外部评价与内部联动，坚持持续改进，保障人才培养质量。凝练专业特色，理清专业建设思路，加强内涵建设，提升专业建设水平。

（4）专业特色

依托有色金属与加工技术国家地方联合工程研究中心、先进能源与环境材料国家国际科技合作基地、清洁能源新材料与技术高等学校学科创新引智基地（111 计划）、教育部铜合金及成形加工工程研究中心、安徽省粉末冶金工程研究中心等高水平国家级、省部级科研基地平台，践行"立德树人、能力导向、创新创业"三位一体的教育教学体系，彰显"工程基础厚、工作作风实、创业能力强"的人才特色。坚持"以本为本"，推进"四个回归"，确保"四个服务"，把人才培养的质量和效果作为检验一切工作的根本标准。围绕创新型人才需求，系统推进金属材料工程专业建设和改革，主动适应新工科建设，培养综合素质优良的金属材料工程专业高级人才。

（5）近期成果

2012 年通过国家工程教育专业认证（全国第 1 个通过国家工程教育专业认证的材料类专业，有效期 6 年）；

2018 年再次顺利通过国家工程教育专业认证复评（有效期 6 年）；

2019 年获批准为全国第一批国家级一流本科专业建设点（双万计划）；

2021 年获得安徽省教学成果特等奖 1 项（"创新驱动、产出导向、多维协同"的材料类专业人才培养模式改革与实践）。

5.1.2　师资队伍

金属材料工程专业拥有一只年富力强、学术水平高、职称和学历层次高，教学经验丰富、结构合理的师资队伍，现有专职任课教师 26 人，实验教学人员 3 人；有教授 11 人，其中博导 9 人，副教授（高级工程师）14 人，具有博士学位的教师 27 人，硕士学位的教师 2 人，有博士学位的教师占任课教师总数的 93%，教师队伍的学历层次明显高于全校的平均水平。

金属材料工程专业的教师具有良好的职业素质和业务能力，2000 年以来有 2 人被评为

"安徽省模范教师"，3人被评为学校"师德先进个人"和"三育人先进个人"。有1人被评为"省级教学名师"，有2人被评为"校级教学名师"，有4人被评为省级"教坛新秀"，有5人次被评为校"最受欢迎的教师"，建有"名师工作室"。近八年有6人获得"院青年教师讲课比赛第一名"，1人获得"校青年教师讲课比赛"二等奖，5人获得"校青年教师讲课比赛"三等奖。有国家教育部材料类专业教学指导委员会委员1人、国家工程教育专业认证委员会委员1人。在历年的学生调查中，金属材料工程专业教师都受到好评。2010年以来，金属材料工程系教师共主持科研项目经费8000余万元，发表高水平学术论文300余篇，获授权国家发明专利80余项。

5.1.3 教学实验条件

本专业现拥有实验室面积约3000m^2，拥有各类教学实验仪器260台套，拥有多媒体教学与学术活动室及设备，拥有计算机教学与设计实践的条件，各类材料制备、加工设备、测试等教学仪器及设备总价值约2000万元。能够满足学生进行科技创新的实践活动和研究生及本科生的接近实际条件下的科学实验。实验室可承担本专业及相关专业学生的教学实验、实习操作、毕业设计、科研实践、技能培训等实践性教学科研活动。

本专业有专职实验教师3人，其中具有高级职称的2人，能满足本专业的实验教学的要求，同时还可满足本院以及全校机械类专业相关课程的实验教学的要求。金属材料工程专业实验教师具有丰富的教学经验和敬业精神，在历年的年终考核中，均获得优秀和称职。

5.1.4 人才培养质量

由于本专业对学风建设工作思想重视，有规划、有制度，目标明确，措施得力，学风建设取得了良好效果。学生勤奋进取，求知欲强，学习氛围较浓，主动学习蔚然成风。

2013年9月—2016年7月，全专业共有253名同学获校级奖学金；9名同学获国家和社会捐资奖学金；76名同学获得"校三好学生、优秀学生干部称号；4名同学获"安徽省三好学生、优秀学生干部"称号。在学校每年组织的高数英语竞赛、数学建模比赛中，同学们表现较好，多名同学获奖。学生的国家英语四级通过率也在逐年提高。

2016年8月，首次参加全国大学生金相技能大赛，即获得优异成绩，3位参赛学生选手全部获奖，共获得1个一等奖，2个二等奖，在全部参赛学校（共133所高校）中排列第一，三位教师均获得优秀指导教师。近五年本专业学生连续参加中国大学生材料热处理创新创业大赛、全国大学生金相技能大赛等高水平创新创业赛事，均获得优异成绩。

毕业生就业率逐年上升，列学校前列；考研录取率逐年上升，而且考取的学校多是清华、浙大、中科院金属所等名牌院校和研究所；毕业生在用人单位广受好评，工作成绩突出许多用人单位连续多年引进本专业毕业生。

5.1.5 最新发展现状

目前，金属材料工程专业现有在读博士20多名，硕士100多名，工程硕士80多名，全日制在校学生700多人。近年来，已经完成在研的国家攻关项目、国家自然科学基金及省部级攻关项目50多项，获得原机械工业部科技进步二等奖2项、安徽省科技进步一等奖2项、安徽省科技进步二等奖2项、安徽省科技进步三等奖5项、安徽省教学成果特等奖 1 项、中国有色金属工业科学技术一等奖 1 项等多项奖励。建有有色金属与加工技术国家地方联合工程研究中心、先进能源与环境材料国家国际科技合作基地、清洁能源新材料与技术高等学校学科创新引智基地、教育部铜合金材料及成形加工工程研究中心、机械工业铜合金及成形加工重点实验室、安徽省有色金属成形加工工程实验室、安徽省粉末冶金工程技术研究中心、安徽省先进功能材料与器件重点实验室等国家级、省部级科研平台。并与国内著名大学、研究所建立了长期的学术交流和科研合作关系。

40 多年来，教育部高等教育本科专业目录多次调整，合肥工业大学金属材料工程专业的专业名称几经变更，但始终坚持"以金属材料合金化及其相变理论为基础、金属及金属基功能复合材料制备及其强韧化为主线"作为专业特色，把"培养具有工程实践能力的金属材料工程专业人才"作为培养目标。历经了创业、充实、提高、发展等过程，充分利用本专业教师科研能力突出的特点，将教师科研与教学有机结合起来，已将"金属材料工程"专业建设成了具有国内知名、国际影响、人才辈出的工科专业。

5.1.6 社会评价

本专业的毕业生就业面向全国，从用人单位的反馈意见来看，本专业毕业生在工作中的表现普遍良好，有良好的敬业精神和踏实肯干的工作作风，有较强的创新精神和实际工作能力，专业知识扎实，知识面广，动手能力强，适应工作的能力普遍较强，综合素质高，具有从基层开始循序渐进的耐心和毅力。大部分毕业生毕业几年后在单位成为骨干和核心。

本专业在国内具有良好学科声誉和影响力。

5.2 安徽工程大学

5.2.1 学校介绍

安徽工程大学坐落在国家级开放城市芜湖，是一所以工为主的省属多科性高等院校和安徽省重点建设院校。学校办学始于 1935 年，2010 年更名为安徽工程大学。

学校坚持"质量立校、人才强校、特色与和谐兴校"的办学理念，坚持"立足地方、服务安徽、辐射长三角"的服务面向，不断深化校地、校企合作。现有全日制在校本科生22000 余人，教职工近 1300 人。学校聘请一批包括中科院院士、工程院院士在内的国内外知名学者担任兼职教授，引进高层次人才担任学科领军人才。本科生培养方面，有 70 个本科专业，其中国家级、省级特色专业 14 个，国家级、省级综合改革试点专业 15 个，国家级、省级卓越人才教育培养计划专业 12 个；建有国家级大学生校外实践教育基地。研究生培养方面，有 12 个一级学科，7 个硕士专业学位授权类别，5 个工程硕士领域。学校有控制科学与工程省级重大建设学科，以及机械制造及其自动化、检测技术与自动化装置、纺织工程、发酵工程、管理科学与工程、设计艺术学等 6 个省级重点学科，15 个省级以上科技创新平台。

5.2.2 学科专业介绍

机械与汽车工程学院现下设机械工程系、材料科学与技术系、车辆工程系、仪器科学与技术系基础教学部和实验中心。学院现有专任教师 131 人，其中教授 17 人、副教授 49

人，具有博士学位教师 53 人。目前学院设置机械设计制造及其自动化等 10 个本科专业，在校本科生 3900 余人，在校研究生共 182 名。机械与汽车工程学院拥有"材料科学与工程"和"机械工程"两个一级学科硕士点，拥有"材料工程""机械工程"领域专业硕士学位授权点。其中，材料成型及控制工程为省卓越人才教育培养计划立项专业。

材料科学与工程一级学科作为校博士点支撑学科进行重点建设，下设"材料学"和"材料加工工程"两个二级学科，其中"材料学"于 2003 年获硕士学位授权点，于 2008 年被批准为校重点学科；材料科学与工程一级学科于 2005 年获批硕士学位授权点；2011 年自主设立"材料学"和"材料加工工程"两个二级学科硕士点，2011 年获得"材料工程"专业学位授权点。2016 年学术型硕士按材料科学与工程一级学科招生，专业硕士按"材料工程"招生。专职教师 28 人，其中教授 3 人，副教授 15 人，博士学位 12 人，拥有安徽高性能有色金属材料省级实验室、安徽鼎恒再制造产业技术研究院和安徽工程大学再制造表面工程技术研究中心等学科建设平台。依托材料科学与工程一级学科，设置建设了"材料成型及控制工程""金属材料工程"和"材料科学与工程"三个本科专业。

学科实验室拥有分析型扫描电镜、X 射线衍射仪、扫描探针显微镜、大型精密直读光谱仪、透反射型系统金相显微镜、高温电子蠕变松弛试验机、台阶仪、热膨胀仪、高频碳硫分析仪、三维扫描仪、3D 打印机、摩擦磨损试验机、各类型热处理炉，以及专业计算机仿真软件如华铸 CAE、DYNAFORM、MSC. SUPERFORGE 和金属材料热力学与动力学分析软件（PANDAT 2014 版）等材料制备、加工、热处理、分析软件或检测设备 200 余台套，能满足材料制备、表面处理、微观组织结构分析、成分分析及性能测试等研究需要，为科学研究和人才培养提供了良好条件。经多年建设与发展，形成了纳米材料及功能材料、材料表面工程技术、材料成形及模拟仿真技术、合金材料制备及其加工技术、金属基陶瓷复合材料的制备及应用五个研究方向。

其中"材料表面工程技术"研究金属材料堆焊、热喷涂、电化学沉积、电火花表面强化，以及非金属材料如玻璃涂覆成膜制备特种玻璃等；研究金属材料腐蚀和防护、金属材料耐磨和磨损等理论及其工艺。"合金材料制备及其加工技术"研究高性能有色金属合金，包括高强高导、超塑性铜合金、锡磷青铜、电子超薄铜箔等的制备及其加工技术，以及金属材料的强韧化、新型高强韧金属材料的设计和轻型合金材料设计研究与应用等。"金属基陶瓷复合材料的制备及应用"研究陶瓷材料的高硬度、高熔点和高温强度等性能，使之能满足特殊工作环境要求；研究制备金属基陶瓷复合材料的技术可行性、制备工艺以及材料性能，分析研究工艺参数与材料性能之间的关系，实现陶瓷材料性能的最优化。

近五年，学科成员主持了国家自然科学基金 3 项；参加了国家自然科学基金 1 项；主持了"电子行业用高强超薄精密铜带产品的研发""超塑性铜合金制备工艺"安徽省科技计划项目；主持了安徽省自然科学基金、安徽省优秀青年科技基金、安徽省高校自然科学基金和芜湖市项目 20 余项，产学研项目 40 多项；获得省级科技成果 5 项；获安徽省科技进步三等奖 1 项；获发明及实用新型专利 40 多项；发表学术论文 200 余篇，其中 SCI/EI 收录 80 余篇。

学科团队在现有铜合金（如黄铜和青铜）基础上，在熔炼阶段运用熔体过热理论和超塑预处理工艺，制备高强、耐蚀、耐磨、超塑性能的铜合金新材料；在生物医学钛合金材料研究方面，开发出 TA2/NiCr 复合发热振动新材料；在金属材料再制造表面工程方面，通过超音速喷涂、等离子体喷涂、激光融覆和三维扫描与打印等手段，开发出系列增材材料、工艺和设备；学科团队在金属材料耐磨、耐热和耐腐改性，以及成型工艺等方面，设计研制出金属型、金属液过滤器、离心浇注机、结晶振动器、铸型循环水冷装置和采用垂直链传动等关键装置，以及级配优化方案和可视化技术应用，实现优质磨球的连续铸造、磨球级配和可视化应用技术等技术水平达到国内领先、国际先进。

5.2.3 安徽工程大学金属材料工程专业指导性培养方案

专业培养目标：本专业培养德智体美全面发展、诚信实干、基础扎实、实践能力强、综合素质高、具有创新精神，具备金属材料基础理论、铸造及热处理、表面工程等专业方向相关的工程技术知识，能在冶金、金属材料的制备、金属材料的铸造成型及热处理、材料结构研究与分析、材料表面处理等领域从事科学研究、技术与产品开发、工艺和设备设计、生产和经营管理等方面的应用型高级工程技术人才。

基本要求：

（1）热爱社会主义祖国，拥护中国共产党的领导，树立正确的人生观、世界观和价值观，具有良好的思想品德、社会公德和职业道德；

（2）掌握专业所需的基础科学理论知识，掌握本专业扎实的专业基础理论及必要的专业知识，具有本专业所必需的基本技能，具有良好的业务素养；

（3）掌握科学的思维方法，具有创新能力和较强实践能力，具有较强的终身学习能力、获取及处理信息能力；

（4）具有良好的心理素质和适应能力，掌握科学锻炼身体的基本技能，受到必要的军事训练与拓展，达到国家规定的大学生体育健康和军事训练与拓展合格标准；

（5）掌握金属材料的铸造成型及热处理、材料表面处理、材料耐蚀与磨损的基础理论，以及表面处理、腐蚀与防护、耐蚀与磨损等方面的专业知识和技能；

（6）掌握金属材料铸造成型工艺及设备的设计与制造方法；

（7）具有本专业必需的机械、电工与电子技术、计算机应用的基本知识和技能；

（8）具有研究开发和应用新材料、新工艺和相关设备的初步能力；

（9）具有较强的创新意识及获取知识和运用知识解决实际问题的能力。

业务范围：

（1）从事金属材料的铸造成型及热处理、表面工程、材料的腐蚀与防护等行业的技术工作；

（2）从事金属材料的设计、制备、成型及其性能的检测与分析；

（3）从事材料生产组织、技术管理和材料性能的检测、缺陷分析等技术监督工作；

（4）从事金属材料生产技术管理、设备维护运行管理和经营销售等工作；

（5）从事金属材料工程方面的科研、教学等工作。

专业特色：

培养金属材料制备和成型一体化技术、金属材料改性及其表面处理、材料结构研究与分析、组织和性能检测等方面应用型高级专门人才，在重视专业理论教育的同时注重创新思维训练、知识视野拓宽、实践环节训练。学生毕业后可在生产企业从事金属材料改性、金属材料成型、金属材料表面处理、材料结构研究与分析、性能检测、工艺开发和装备设计等方面工作。

学制：本科四年，修业年限：3～6年，授予学位：工学学士。

学分总体要求：规定毕业总学分：196学分（含实践教学环节、综合素质学分）。

主干学科：材料科学与工程。

主要课程：大学英语、高等数学Ⅰ、画法几何及机械制图Ⅰ、马克思主义基本原理、工程力学Ⅱ、毛泽东思想和中国特色社会主义理论体系概论、机械设计基础Ⅱ、电工学Ⅱ、材料成型原理、金属学原理、电化学原理、材料力学性能、表面工程学、合金熔炼原理与工艺、金属材料学、热处理原理及工艺。

主要实践环节：生产实习、专题综合设计/实验、专业方向课程设计、毕业设计（论文）。

5.3 安徽工业大学

5.3.1 学校介绍

安徽工业大学坐落马鞍山市，是一所以工为主，工、理、经、管、文、法、艺七大学科门类协调发展，具有鲜明行业特色的多科性大学。学校前身是创建于1958年的马鞍山钢铁工业学校，1978年在与安徽商业高等专科学校合并的基础上组建安徽工业大学。设有17个教学院部，71个本科招生专业，17个一级学科硕士点，8个专业学位类别，21个专业学位授权点，2个一级学科博士点，1个博士后科研流动站。现有教职工2029人，全日制本科生21749人，各类研究生2792人，留学生380人，宝钢大专班学生211人，各类继续教育在籍学生5286人。安工大人传承"团结、求实、勤奋、创新"优良校风，铸就"精工博学、厚德敏行"校训精神，探索出一条"强化实践注重创新、政产学研紧密结合"的特色发展之路。

发挥学校办学优势，积极加强学科专业建设的支撑度。学校围绕能源环境、原材料和材料加工业、制造业、社会与市场服务业，形成了工学集成度高、学科链与产业链关联度高、学科布局与地方主导产业吻合度高的办学优势，冶金、材料、化工、机械和自动化等一批优势学科专业在国家战略性新兴产业规划的7个领域中拥有5个，在安徽省8大主导产业中拥有6个。

5.3.2 学科专业介绍

材料科学与工程入选省属高校"世界一流学科"项目，材料科学、工程学、化学3个学科居全球ESI排名前1‰，在2018年中国大学ESI高被引论文排行榜600强中，跻身第85位，居省属高校第一。材料科学与工程学院下设金属材料系、无机非金属材料系、材料物理与化学系、材料加工工程系。其中金属材料系从1978年开始本科招生，所在的学科拥有材料科学与工程一级学科博士学位和硕士学位授予权、材料学和材料加工工程省重点学科以及金属材料与加工省级重点实验室，已形成了本、硕、博完整的多层次人才培养体系。2015 年以来安徽工业大学材料学科 ESI 排名进入全球前 1％。

金属材料系下属的金属材料工程专业一直是安徽工业大学的传统和优势专业，目前也是国家级卓越工程师培养计划专业和省级专业综合改革试点专业。师资力量雄厚，共有教师 21 人，其中教授 10 人，具有博士学位 17 人，具有海外留学背景 10 人。近年来，主持完成国家自然科学基金、国防 973 计划和"863"项目、科技部国际合作项目、教育部留学回国人员项目、人社部留学人员科技活动项目、安徽省自然科学基金等国家级、省部级科研项目近 50 项，发表高水平 SCI 论文百余篇；与宝钢、马钢、济钢、南钢、梅钢等国内大型钢铁企业以及中航工业、江淮汽车等航空、汽车领域开展了广泛的产学研合作。金属材料系坚持以"培养创新意识和实践动手能力强的高素质工程技术人才和注重培育拔尖的研究型人才"并重的培养目标，着眼于学生综合素质的提高及可持续性发展能力的培养。专业老师指导学生获得了"创青春"全国大学生创业大赛金奖、银奖、铜奖各一项，承担国家级、省级等大学生创新创业训练计划项目 50 余项。

金属材料专业的主要课程有材料科学基础、材料工程基础、物理化学、材料分析方法、材料物理性能、材料力学性能、材料热处理、金属材料学、材料腐蚀与保护、金属表面工程学及复合材料学等。

金属材料专业培养在金属材料领域专业基础知识扎实、工程实践能力强的高素质人才，为金属材料及其复合材料制备、材料成型、材料保护、热处理、表面工程技术等领域的高等院校、科研机构、企业等提供科研、技术开发、工艺和设计、生产及经营管理方面的工程技术人才。培养的毕业生遍布全国各冶金、汽车、再制造及新材料相关企业及高校科研院所，一大批毕业生已走上了管理及技术领导岗位。多年来毕业生就业率一直稳定在98％以上，考研录取率达 30％以上，已经成为冶金、汽车、再制造等行业本科人才重要培养基地之一。

5.4　安徽建筑大学

安徽建筑大学材料与化学工程学院现有无机非金属材料工程、高分子材料与工程、应用化学、化学工程与工艺、金属材料工程等 5 个本科专业。学院拥有材料科学与工程、化学两个一级学科学术硕士学位授权点和建筑与土木工程领域（材料工程方向）专业硕士学位授权点；其中材料学和化学学科为安徽省重点学科；材料科学与工程学科是安徽省博士学位授权立项建设学科。学院师资力量雄厚，现有教职员工 86 人。专任教师中，具有正高职称教师 20 人、副高 23 人；具有博士学位教师 58 人。学院现有国家级教学团队 1 个、省级教学团队两个；省级教学名师两人，安徽省高校学科拔尖人才 1 人，安徽省学术和技术带头人两人。

学院坚持以学科建设为龙头，带动专业建设和发展。结合学科发展和社会经济对人才的素质和能力要求，注重科学过程素质和工程实践能力教育，营造严谨治学、知行合一、自强不息的人才培养环境，毕业生具有良好的发展前景。2009 年，学院荣获"全国教育系统先进集体"荣誉称号。

安徽建筑大学为顺应专业改造以及国家和地方经济发展的需要，从 2013 年开始金属材料工程专业的筹备建设工作，2016 年获得教育部批准设立，2017 年开始招生，首届学生 86 人。

金属材料工程专业培养具有良好的社会责任感、职业道德及人文素养；具备良好的团队合作能力、沟通表达能力和工程项目管理能力；具备创新精神、可持续发展理念和国际化视野；能在涉及冶金、材料结构与分析、金属材料与复合材料制备、金属材料成型、先进材料保护等领域的高等院校、科研机构及企业从事科学研究、技术开发、工艺和设备设计、生产及经营管理方面的应用型工程技术人才。

金属材料工程专业师资由专业基础教师和专业教师共 22 人组成，其中教授 10 人，副教授 6 人，博士 16 人，是一支具有材料科学与工程学科理论知识扎实、实践能力强、具有多学科方向交叉融合的高水平师资队伍。

金属材料工程专业依托安徽建筑大学化学实验中心、材料实验中心、机械实验中心等平台为学生提供良好的实验条件。校化学实验中心 2003 年被安徽省教育厅批准为首批省级基础课实验教学示范实验中心，2010 年被省教育厅批准为基础化学实验开放实训基地。化学实验中心现有仪器设备价值 800 余万元，固定资产总值 1000 余万元，实验室现有面积 2600 m²，开展化学相关的基础实验和专业实验。校材料实验中心现有固定资产约 2000 万元，开展材料科学基础以及无机非金属材料工程、高分子材料与工程、金属材料工程专业基础实验和相关专业实验教学。校机械实验中心现有设备可以为金属材料工程专业基础实验提供有力保障。此外，金属材料工程专业还可依托安徽省先进建筑材料重点实验室和功能分子设计与界面过程校级重点实验室为专业教学实验工作提供支持。目前重点实验室拥有全自动压汞仪、等温微量热仪、场发射扫描电子显微镜、粉末 X 射线衍射仪、X 射线荧光光谱仪、超导核磁共振波谱仪、气相色谱、液相色谱、综合热分析仪、红外光谱等大型仪器，设备总值约 3000 万元。

金属材料工程专业主干课程包括材料科学基础、金属材料学、材料力学性能、材料分析方法、材料力学、物理化学、无机及分析化学、材料成型原理与工艺、腐蚀与防护工程、无损检测原理与技术等。

实践性教学环节包括基础实践教学环节（军事训练、入学教育等）、专业实践环节［大类学科与专业基础课程实践环节包括基础化学实验（Ⅰ、Ⅱ、Ⅲ、Ⅳ）、物理实验、工程训练、金工实习、金属材料学实验、材料分析方法实验、材料物理/力学性能实验、金属腐蚀与防护综合实验、无损检测综合实验等］和综合实践环节（认识实习、生产实习、毕业论文等）。

学制四年，学生可在 3～6 年修完本专业规定学分。

在学校和学院的大力支持下，金属材料工程专业的师资和实验条件将会进一步增强，学生的综合能力发展将会得到更大的提升。

5.5 铜陵学院

铜陵学院机械工程学院源自 1958 年安徽省铜官山矿冶专科学校机械专业，历经六十多年的发展，现拥有机械设计制造及其自动化、材料成型及控制工程、金属材料工程、机械电子工程、汽车服务工程、机器人工程等六个本科专业，全日制在校学生 1620 人。学院现有教职工 50 人，其中，教授 6 人，副教授、高级实验师 13 人，讲师、实验师 20 人，助教 11 人；博士 10 人，硕士 32 人。

学院下设机械设计制造及其自动化、材料成型及控制工程、金属材料工程、机械电子工程、汽车服务工程、机器人工程、工程图学与力学等七个教研室，一个金属材料及工艺研究所，一个机械工程实训（实验）中心。拥有"工程液压机器人安徽普通高校重点实验室""铜陵学院-博世力士乐气液电创新实验中心"，以及图形与几何计算、力学、机械原理与设计、机械设计与创新、材料高性能计算、液压、数控技术、金相分析、金相数码互动、热处理、材料性能、轧制与测试、模具加工、发动机拆装、汽车电子等三十余个实验（实训）室，仪器（设备）1000 余台（套），实验仪器设备总值 2600 余万元。

近年来，本院教师教学、科研等工作成绩显著，主持国家自然科学基金项目 5 项、省级和厅级各类科研项目 30 余项，主编和参编各类教材 10 余部，发表论文 150 余篇，被 SCI、EI 收录 60 余篇，拥有发明专利 4 项。

学院注重学生的应用动手能力和创新能力的培养，推行毕业证书和职业资格证书"双证"并举。近年来，本院学生在全国大学生"挑战杯"课外学术科技作品竞赛、全国大学生金相技能大赛、全国大学生数学建模竞赛、全国大学生机械创新设计大赛、全国三维数字化创新设计大赛、周培源力学竞赛等国家级赛事中成绩斐然。

学院毕业生普遍得到用人单位的认可与好评，就业率一直保持在 95% 以上。近年来，本院毕业生考研录取率保持在毕业生总数的 15% 左右，其中 60% 以上的学生被清华大学、中国科技大学、西安交通大学、东南大学、中南大学、重庆大学、山东大学、北京科技大学、南京航空航天大学等国内"双一流"高校录取。

金属材料工程专业培养具有扎实的金属材料科学基础知识，能在金属材料制备、加工、材料结构性能研究与分析、材料表面改性及腐蚀与防护等领域从事工艺设计、技术开发、实验研究、产品质量管理和经营销售等方面的工作的高级应用型专门人才。

主要课程：高等数学、大学英语、计算机应用基础、机械制图（含计算机绘图）、大学物理、理论力学、材料力学、普通化学、物理化学、机械设计基础、金属学及热处理、材料科学与工程概论、电化学理论、焊接原理、金属塑性变形理论、金属材料学、材料力学性能、材料分析与测试技术、热处理工艺学、焊接工艺、金属腐蚀学、金属凝固原理、材料科学进展等。

学制四年。符合学士学位授予条件者，授予工学学士学位。

结束语

新材料作为"中国制造 2015"十大领域之一，以特种金属功能材料、高性能结构材料、功能性高分子材料、特种无机非金属材料和先进复合材料为发展重点，将加快研发先进熔炼、凝固成型、气相沉积、型材加工、高效合成等新材料制备关键技术和装备，加强基础研究和体系建设，突破产业化制备瓶颈，加快基础材料升级换代。制造业是国民经济的主体，打造具有国际竞争力的制造业，是我国提升综合国力、保障国家安全、建设世界强国的必由之路。然而，与世界先进水平相比，中国制造业仍然大而不强，在自主创新能力、资源利用效率、产业结构水平、信息化程度、质量效益等方面差距明显，转型升级和跨越发展的任务紧迫而艰巨。"中国制造2025"是在新的国际国内环境下，中国政府立足于国际产业变革大势，作出的全面提升中国制造业发展质量和水平的重大战略部署。力争通过三个十年的努力，到新中国成立一百年时，把我国建设成为引领世界制造业发展的制造强国，为实现中华民族伟大复兴的中国梦打下坚实基础。

3.3 安徽省表面工程与热处理技术发展（一）化学镀表面处理

吴玉程 张 勇

（合肥工业大学材料科学与工程学院，合肥 230009）

1 化学镀概述

化学镀（Electroless Plating or Auto‑Catalytic Chemical Deposition）是指在无电源条件下，利用还原剂在具有催化性质的基体表面沉积出金属或合金，这些金属或合金又具有自催化作用，使金属离子连续不断地从液相向液固两相界面析出和沉积的一种表面处理过程，可以有效地提高金属等材料表面的耐磨性、耐腐蚀性、抗高温氧化性以及获得其他物理特性。

早在 1844 年，Wurtz 提出以次亚磷酸盐作还原剂用于镀液。1944 年，美国国家标准局的 Brenner 和 Riddell 获得了较为稳定的化学镀镍溶液，并在 1947 年提出了沉积非粉末状镍的方法，使化学镀镍技术的工业应用成为可能。20 世纪 60 年代初期，具有实用性的专利性化学镀 Ni 工艺进入了美国市场。到了 70 年代，随着科学技术的进步和工业的发展，化学镀镍以及其他金属或合金的化学镀技术得到了迅速发展。

化学镀技术具有镀层均匀、针孔小、不需直流电源设备、能在非导体上沉积和具有某些特殊性能等特点。另外，化学镀技术废液排放少、对环境污染小以及成本较低，是一种环保型的表面处理工艺。目前，化学镀技术已在电子、阀门制造、机械、石油化工、汽车、航空航天等工业中得到广泛的应用。

2 化学镀机理

化学镀是一个金属或合金的自催化过程，镀液的基本成分由主盐、还原剂、络合剂、缓冲剂和稳定剂组成。化学镀反应进行的必要条件是镀液中还原剂的氧化电位必须低于金属离子（如 Ni^{2+}）被还原的电位，满足这一条件的常用还原剂有次磷酸钠、肼、氨基硼烷和硼氢化钠等。依据氧化还原反应原理，利用强还原剂将溶液中的金属离子还原成金属而沉积在各种材料表面形成致密镀层。在化学元素周期表中具有催化性质的金属是有限的，大部分集中在元素周期表中第八族，如钴、镍、铁、钯、铑、铀等元素以及有些贵金属如金、银等元素。

2.1 化学镀单金属机理

关于化学镀机理，有 Brenner 和 Gutzeit 提出的原子氢催化模型、Lukes 的水合阴离子模型以及 Brenner 和 Ishibashi 提出的电化学机理，其中普遍为人们所认同的是 Gutzeit 所提出的原子氢催化模型，以化学镀镍为典型代表，该理论基本过程如下：

（1）通过周期表中Ⅷ族金属的催化作用，次亚磷酸根在水溶液中脱氢形成亚磷酸根，同时析出初生态原子氢。

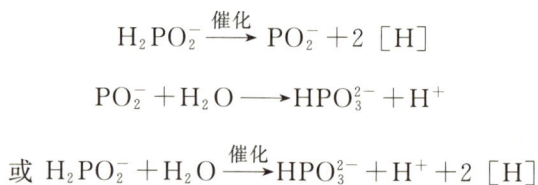

$$H_2PO_2^- \xrightarrow{催化} PO_2^- + 2\,[H]$$

$$PO_2^- + H_2O \longrightarrow HPO_3^{2-} + H^+$$

$$或\ H_2PO_2^- + H_2O \xrightarrow{催化} HPO_3^{2-} + H^+ + 2\,[H]$$

（2）初生态原子氢被吸附在催化金属表面上使其活化，使溶液中的镍阳离子还原，在催化金属表面上沉积金属镍：

$$Ni^{2+} + 2\,[H] \longrightarrow Ni^0 + 2H^+$$

（3）催化金属表面上的初生态原子氢使次亚磷酸根还原成磷；同时，由于催化作用，次亚磷酸根分解，形成亚磷酸和分子态氢：

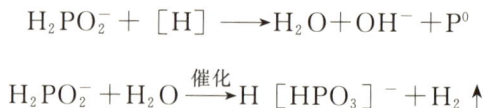

$$H_2PO_2^- + [H] \longrightarrow H_2O + OH^- + P^0$$

$$H_2PO_2^- + H_2O \xrightarrow{催化} H\,[HPO_3]^- + H_2\uparrow$$

由此镍盐被还原，次亚磷酸盐被氧化。

其总反应为

$$Ni^{2+} + H_2PO_2^- + H_2O \longrightarrow HPO_3^{2-} + 3H^+ + Ni^0$$

（4）镍原子和磷原子共沉积，并形成镍磷合金层：

$$Ni + P \longrightarrow Ni\text{-}P 合金（固溶体或非晶态）$$

对于有催化特性的金属比如铁、钴、镍、钯、铂及其合金基底，可以直接沉积镍磷合金，反应一旦开始，由于镍的自催化作用，氧化还原反应就会在镀件各处连续不断地进行下去，从而获得一定厚度的镍磷合金镀层。若要到沉积无催化作用的金属基底如铜，需要在槽液中与能进行活化沉积的试样相接触，或者瞬时地通以直流电使成阴极。而对于非导体材料，则需要先对其表面进行活化后，再进行沉积。

2.2 化学镀合金机理

对于合金化学镀，主盐含有两种或两种以上的金属离子，以镍铜磷合金为例，其主要反应式为：

$$[Ni/CuXn]^{2+}+H_2PO_2^-+3OH^- \xrightarrow{cat} Ni/Cu+HPO_3^{2-}+2H_2O$$

式中，$[Ni/CuXn]^{2+}$ 表示络合的镍或铜离子。另外，还有三个副反应，分别如下。

次亚磷酸根的水解：

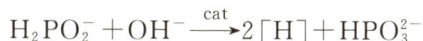

$$H_2PO_2^-+OH^- \xrightarrow{cat} 2[H]+HPO_3^{2-}$$

氢的析出：

$$2[H] \xrightarrow{cat} H_2\uparrow$$

P 的析出：

$$H_2PO_2^-+[H] \xrightarrow{cat} H_2O+OH^-+P$$

析出的 P 与 Ni、Cu 组成了三元合金镀层。由于 Ni^{2+} 和 Cu^{2+} 在沉积液中的析出电位不同，且相差较大，因此在沉积液的配方中要通过控制 Ni^{2+} 和 Cu^{2+} 的浓度比，使其达到共同沉积。

2.3　复合化学镀机理

复合化学镀是在镀液中加入一些惰性固体颗粒，使之与基质金属共沉积，从而制备具有特殊性能的复合镀层。最早是由德国的 Metzger 研制了 Ni-P-Al$_2$O$_3$ 复合镀层。随后微米颗粒的复合化学镀逐渐兴起，通过加入不同的微米颗粒（Al$_2$O$_3$、SiC、CaF$_2$、石墨、PTFE 等）获得性能各异的镀层。

复合镀层的基本组成包括基质金属和惰性颗粒。基质金属通过还原反应而形成镀层，为均匀的连续相；而惰性粒子弥散地分布在基质金属里，形成一个不连续相。所以复合镀层属于金属基复合材料。以 Ni-P-固体颗粒的复合化学镀为例：在镀液中加入的颗粒应具有很强的化学稳定性，施镀过程中它不参与任何化学反应，只是与 Ni 和 P 共同沉积在基体表面。根据 Guglielmi 模型，镀液中的颗粒要实现共沉积，首先必须吸附在镀面上，而在吸附过程中起作用的主要有重力、机械搅拌力及静电引力等。静电吸附与机械搅拌吸附在颗粒沉积过程中同时存在，共同起作用。有了机械作用，粒子静电吸附概率增大；而静电引力的存在，又可加强机械吸附的效果。镀件表面状态也影响颗粒的吸附。由于表面各处的微观几何形态和物理状态不同，某些位置利于颗粒附着，当搅拌速度一定时，颗粒的吸附与脱落最终会达到动态平衡。根据以上分析，Ni-P-固体颗粒复合化学镀的机理可描述如下：在表面活性剂作用下，固体颗粒均匀地悬浮在镀液中；在搅拌力作用下，悬浮液流动，颗粒被带到试样表面在静电力及机械碰撞作用下被试样表面俘获；此时，沉积的 Ni-P 合金及时将颗粒包覆起来，在重力及流动溶液冲刷作用下，部分颗粒会脱离表面，镀面俘获固体颗粒的概率及 Ni-P 的有效包覆决定了颗粒的沉积量。接着，新的固体表面又吸附接踵而来的颗粒，使前述共沉积过程重复进行，最终得到分布均匀的 Ni-P-固体颗粒复合镀层。以往复合镀层中的化合物颗粒尺寸大多在 $1\sim5\mu m$ 范围，有些竟达 $8\sim10\mu m$，而工业应用的复合镀层厚度一般为 $25\mu m$ 左右。在有限的厚度内只能复合几层化合物颗粒，所以镀层的复合量难以提高，极大地制约了复合镀层的发展。如果将颗粒尺寸减小到纳米量级，理论上将可以大幅度提高镀层中的化合物复合量。在制备耐磨复合镀层加入的 SiC、Al$_2$O$_3$ 等微粒物质尺寸较大时，在长期的摩擦过程中镀覆在材料表面的微粒颗粒会很容易脱落，这时脱落的微粒不但不会起到耐磨作用，反而会加剧材料的磨损，甚至会损坏材料的表面。而当加入纳米颗粒时，耐磨复合镀层的使用寿命将大大提高。人们寻求用纳米颗粒来代替微米颗粒，取得了很大的成功，目前纳米材料作为复合相已成为复合镀的一种发展趋势，这种趋势也促成了表面化学复合镀研究的进一步深入。更重要的是，纳米颗粒的引入将有可能给镀层性能带来意想不到的跃变。这一性能的跃变将可能更多地体现在功能特性上。

3　化学镀层的结构和类型

按照结构特点，化学镀层可以分为非晶态镀层、晶态镀层、纳米晶镀层和复合镀层等。化学镀层的性能与镀层的组织结构密切相关。

3.1　非晶态镀层

当组成物质的原子、分子的空间排列不呈周期性和平移对称性，原子之间不存在长程有序只存在小区间内的短程有序，在近邻和次近邻原子间的键合（如配位数、原子间距、键角、键长等）具有一定的规律性，这类物质状态称为非晶态材料。非晶合金镀层中原子的杂乱排列赋予了它一系列全新的特性。1947 年，美国标准计量局的 Brenner 等，首先采用这种方法制备出 Ni-P 和 Co-P 的非晶态薄层用于工件的表面处理，并将此工艺推广至工业生产。

研究表明，镀层的类金属元素 P（B）含量越高，镀层金属的非晶化程度越高，组成膜层的单元金属晶粒的平均尺寸越小。可以认为类金属原子在晶体形成中起抑制剂的作用。随着 P 含量或 B 含量的增加，化学镀层的结构会产生由晶态向非晶态的连续过渡。典型的非晶态化学镀层为 Ni-P 合金、Co-P 合金和 Co-B 合金。在磷含量高于 9% 时会获得非晶态 Ni-P 合金，在 P 含量为 5%～15% 时，可以获得非晶态 Co-P 合金。由于在非晶态镀层表面产生 P 的富集可以形成钝态，因此可以获得优异的耐腐蚀特性。而对于非晶态 Co-B 合金，随着 B 含量的变化会对其磁学性能产生调制。非晶态化学镀层在化学、食品、油气、汽车、航空、航天、电子、印刷、纺织、模具铸造等工业中具有极其广泛的应用。

3.2　晶态镀层

晶态合金镀层中的原子呈长程有序的周期性排列，具有通常的晶体材料的物理与化学性质。通过控制镀层中类金属原子的含量，可以使 Au、Ag、Cu、Pt、Pd、Ni-P、Ni-B 等镀层都显示出晶态特征。邓宗钢等对比研究了晶态和非晶态镀层的耐磨性。结果显示，化学沉积镍磷合金层的晶体结构与磷含量有关，随着磷含量增加，其结构变化是一个连续的过程，可划分为：晶态（小于 4.5%）→晶态＋微晶（5%～6%）→微晶（7%～8%）→微晶＋非晶态（9%）→非晶态（大于 9%）。由于磷原子半径和镍原子半径相差约为 12%，在磷含量低时，镍与磷形成含磷的过饱和置换固液体，随着磷含量的增加置换固溶体产生越来越大的晶格畸变，使得镀层显微硬度增高。当磷含量进一步增高时，其显微硬度反而降低。因此，磷在镍中的过饱和置换固溶体比微晶或非晶态镍磷合金层具有更高的硬度值。另外，磷含量对镀层耐磨性有很大影响，镀层的磷含量越高，其磨损体积越大，耐磨性越差，因此高磷化学沉积镍磷合金层耐磨性较差。非晶态结构原子间结合力较晶态原子间结合力小，在磨损过程中原子极易发生转移，使磨损加剧。因此，晶态低磷镍磷合金层比微晶或非晶态的高磷合金层具有更优良的耐磨性。

3.3　纳米晶镀层

当晶粒尺寸处于纳米量级（1～100nm）时，由于量子尺寸效应、小尺寸效应、表面效应和宏观量子隧道效应，从而展现出许多与常规粗晶材料迥然不同的特性，在磁介质、催化、滤光、光吸收、医药等方面具有广泛的应用，同时也推动着基础研究的发展。纳米晶材料的制备方法可分为物理和化学方法。相对于过程较为复杂的物理方法，化学镀不受工件形状的限制，可以在大面积形状复杂的工件上得到均匀、致密的纳米晶薄膜，且成本低、设备简单，是一种较为理想的纳米晶制备方法。吴玉程等合成了化学镀 Co－B、Co－Ni－B、Co－Ni－P 等纳米晶化学镀层，研究了晶粒尺寸、热处理温度和内应力等因素对镀层矫顽力和比饱和磁化强度的影响，发现钴基纳米晶合金具有优良的磁学特性。随着电子技术高速发展，化学沉积纳米晶材料的研究将得到越来越多的重视。

3.4　复合镀层

按用途划分复合镀层可以分为化学装饰与防护性镀层、耐磨损镀层、减磨与自润滑镀层、热处理分散强化合金镀层等。应用最广泛的为耐磨、减磨与自润滑复合镀层。耐磨性镀层以镍基合金为基质，复合硬质相粒子，如三氧化二铝（Al_2O_3）、二氧化钛（TiO_2）、二氧化锆（ZrO_2）、氮化钛（TiN）、碳化硅（SiC）和金刚石等，起到抗磨作用。自润滑镀层一般复合石墨、二硫化钼（MoS_2）和高分子聚合物等，可减小摩擦系数，故减摩性能特别好。

用于化学复合镀的复合材料微粒必须满足如下要求：①保证自催化反应能持续、正常的进行；②不能使用有自催化性的金属微粒，以免激发镀液的自发分解；③微粒材料中的其他杂质要经清洗净化工序除去。

4　化学镀层的性能

化学镀层具有独特的机械性能、耐蚀性能和物理性能，在对工件的表面处理和修饰上有着广泛的工业应用。

4.1 机械性能

硬度和耐磨性是评估化学镀层机械性能的两个重要指标。硬度是指材料对外力引起局部永久变形或压痕的抵抗强度，尽管硬度不能与材料强度直接关联，但能准确地反映材料耐磨程度。邓宗钢等对 Ni-P 镀层的研究结果显示，随着 P 含量的增加，镀层的硬度逐渐降低。热处理温度对硬度和耐磨性的影响是至关重要的。镀态 Ni-P 层在 300℃热处理约 100min 后，其硬度值从 550kg/mm^2 升至约 1000kg/mm^2，如果热处理时间再延长，硬度值则会降低；如果在更高温度下即使保温时间较短，也会造成硬度降低。吴玉程等对铸铁表面 Ni-6.0%P 化学镀的研究发现，随着温度升高，合金中的磷原子扩散偏聚，偏聚区的晶体结构与镍固溶体相同，会引起晶格畸变，增加位错运动的阻力，硬度值上升。当温度继续升高，则会析出与基体保持共格或部分共格关系第二相 Ni$_3$P。Ni$_3$P 系金属间化合物，呈弥散均匀分布，会增加镀层抗塑性变形能力，增加硬度值，400℃时达到最高硬度；温度高于 400℃后，共格关系破坏，畸变消失，Ni$_3$P 聚集长大，硬度下降。Ni-6.0%P 合金的强化表现出典型的沉淀硬化机制。镀层硬度将随加热温度的升高而逐渐降低，且磷含量越高，硬度降低越缓慢。产生这种现象的原因是镀层的组织结构发生了变化，镀态下含磷过饱和置换固溶体在加热过程中析出金属间化合物，它与镍固溶体具有共格关系，即 $(111)_{Ni}$ // $(110)_{Ni_3P}$ 引起共格沉淀硬化作用，故使硬度不断增加。研究显示，固溶体（4%P 和 6%P）镍磷合金层的耐磨性变化规律与硬度和热处理温度的关系曲线是一致的，即达到硬度峰值之前，硬度随加热温度的升高而提高，耐磨性也随之提高。因此，化学沉积镍磷合金固溶体的硬度越高，耐磨性也越好。高磷（8.5%P 和 10%P）镍磷合金层的耐磨性，在达到最大硬度值之前，提高热处理温度会使硬度增大，耐磨性也会提高。此时，镀层的耐磨性与其硬度值成正比。高温加热有利于消除镀层的内应力，提高镀层和基体的结合力，改善镀层的塑性，减轻裂纹形核和裂纹扩展的可能性。这些对提高化学沉积镍磷合金层在高温加热后的耐磨性都是有贡献的。

为了提高耐磨性，可以在化学镀液中掺杂硬粒子，如 SiC、金刚石等，它们形成与另一表面的主接触面，从而减少了黏着磨损。黄新民和邓宗钢制备了化学镀 Ni-P-SiC 复合镀层，由于 SiC 颗粒可以提高镀层硬度，细化基体组织以及 SiC 本身抗显微切削能力好，因此其耐磨性显著高于 Ni-P。另外，黄新民等采用超声分散再加上表面活性剂制备了 Ni-P-TiO$_2$ 复合镀层，从而获得比 Ni-P 合金涂层更高的硬度和高温抗氧化性能。

朱绍峰等研究了化学镀 Co-P-Al$_2$O$_3$ 复合镀层的耐磨性能，结果显示复合镀层与金属对磨时有较强的抗黏着能力，并且 Al$_2$O$_3$ 颗粒在高温下仍然能保持弥散分布，使复合镀层在高温下仍然能保持较高的硬度。但是，如果这些硬粒子从复合材料中脱出，将会由于表面的相互运动产生磨料磨损。

4.2 耐蚀性能

化学镀镍层（如 Ni-P、Ni-B）具有孔隙率低、厚度均匀的优点，能够起到有效的防护作用。这就要求基体预处理和实际镀覆过程中要确保镀层良好的结合力和连续性。镀层与基体的电位差、腐蚀剂的性质都会影响镀层的耐蚀性能。例如，电解槽中，镀镍层在大多数环境下相对铝或钢铁为阴极，如果镀层存在孔隙，基底（阳极）就会有部分裸露而产生较大的腐蚀电流。倘若化学镀层没有全部覆盖基体，铝或钢铁基体的腐蚀电位差将会维持在 300mV，此时化学镀镍层会作为牺牲阳极，阳极面积较大时，电流密度即腐蚀速度相对较低。

吴玉程等在酸性溶液中制备了高磷（10％P）镍磷合金非晶态镀层，发现在腐蚀介质中，非晶态合金具有不同于晶态合金的一些独特的性质。非晶态合金表面膜中的金属离子浓度高，且能产生自发钝化；不存在晶界、位错等缺陷，成分均一，钝化膜形成速度快且均匀。在腐蚀过程中，非晶态镍磷合金表面存在磷化物迁移，使抗蚀性大大提高。通过低温热处理可以消除镀层内残留氢气，提高致密度，改善结合，可以提高镀层耐蚀性。另外，镍磷合金镀层形成保护的钝化膜有利于提高耐蚀性，当热处理温度超过 450℃ 时，（一般在 500～650℃），耐蚀性甚至超过镀态，这是由于高温下热处理可以在镀层表面形成一层厚而坚固的氧化膜，从而对镀层和基体起到保护作用。同时磷化物聚集粗化，镀层应力消失，减小了腐蚀敏感性。高磷合金经 600℃ 热处理后，可以显示出良好的耐硝酸腐蚀特性。何素珍和黄新民在 Ni-P 合金中添加了 Cu，经 300℃ 热处理获得了 Ni_3P 和 Ni-Cu 固溶体，从而有效改善了镀层的抗腐蚀性能。

在很多应用环境严酷的领域，比如石油及天然气生产设备和化工设备，含有高浓度的 CO_2、H_2S 等腐蚀介质，设备零件易受严重腐蚀与磨损，使可靠性降低，服役时间缩短。镍磷合金镀层应用在石油化工设备上，可充当设备零件屏障保护层作用，延长设备零件的使用寿命。优越性表现在：①镍磷合金抗蚀性能优良，在温度高、介质浓度大的情况下，比塑料涂层、普通钢材寿命长；②耐蚀能力可以和高合金钢相比，替代不锈钢等贵重材料，降低成本，有很大的经济价值，并且可以提高设备及零件的可靠性。

4.3 磁性能

由于工艺优势，化学镀合金薄膜在电子工业领域已逐渐占据重要地位，如用于印刷线路板（Cu）、磁记录材料（Co）、薄膜电子元件和打印机的热磁头（Ni）等。钴基化学镀合金薄膜作为新兴的磁性材料已经引起广泛的关注。虽然其美观性、耐蚀性、硬度和耐磨性不比化学镀镍层，但最大优点是其良好的磁学性能。根据类金属原子的种类不同，钴镀层可显示软磁、硬磁和超顺磁特性。比如 Co-B 合金显示典型的软磁特性，而 Co-P 合金薄膜具有良好的磁记录特性。吴玉程等以 DMAB 为还原剂在酸性条件下制备了 Co-B 纳米晶合金薄膜，薄膜厚度为 $0.59\mu m$ 时，Hc 达到 2.8Oe，随后在 140℃ 退火 1 小时，Hc 降到了 2.3Oe，其软磁特性得到进一步提升。这是因为在沉积过程中拉应力，使磁弹性能、畴壁能和退磁能增加很多，在低温热处理后，沉积层的拉应力得到松弛，应变-磁致伸缩各向异性减小，晶格畸变程度减弱，从而使畴壁移动和磁畴转动的阻力变小，使矫顽力减小。而 Co-P 合金膜磷的质量分数在 2％～6％ 镀膜的结构是 P 在 Co 中的固溶体，它的磁性能可以通过镀液组成及工艺参数变化予以调整。Co-P 合金膜的矫顽力随晶粒大小取向及膜厚等在较大范围内变化。Co-Ni-P 三元合金镀层是一种高密度磁性膜层，该合金兼具了 Ni-P 合金和 Co-P 合金的优点，具有较高的矫顽力、较小的剩磁和优良的电磁转换性能，制成的磁盘线密度大、镀膜硬度高、耐磨性好，为大容量化提供了可能。

Co-Fe-P合金镀层也有较好的电磁性能，镀层的矫顽力和合金中的铁含量有密切关系，通常随镀层中铁含量增加，矫顽力明显下降。Co-W-P合金薄膜材料具有良好的耐蚀性、耐磨性和磁性，可以在不改变剩磁条件下提高矫顽力。化学镀Co-Cu-P合金以化学镀Co-P合金为基础，由于铜的加入，合金的导电性变好，并有极低的残磁性，可用于金属材料的表面防护磁盘磁记忆底层及电磁屏蔽层等。化学镀钴在磁性材料领域具有比较广泛的应用前景。

4.4 电磁屏蔽/吸波性能

在人类进入信息化的今天，电磁波作为一种资源已在 $0\sim400GHz$ 的宽频范围内广泛应用于电子设备中，但是随之而来的电磁干扰则会给运行中的设备和人类健康带来危害。目前很多国家已经制定了严格的法规限制来自电子和电磁仪器的电磁干扰，以金属隔离的原理来控制电磁波由一个区域向另外一个区域感应或传播，也就是电磁屏蔽。

一般在电子设备的外壳上使用金属外罩、屏蔽镀层、真空淀积金属等方式来屏蔽电磁辐射，采用屏蔽镀层的方式成本较低、工艺简单、屏蔽效果好。屏蔽镀层要有良好的导电、导磁性能。通常表面电阻小于 $1\Omega/cm^2$ 的镀层可作为电子和电磁仪器防电磁干扰的屏蔽层。在众多金属镀层中，镀镍层的电磁屏蔽性能最为出色。对电磁屏蔽要求比较高的场合常常采用先化学镀铜再进行化学镀镍的方法，两者结合起来后电磁屏蔽效果更好。另一方面微波吸收材料在广播电视、雷达通讯和隐身技术等方面有着重要用途，理想的吸波材料要求薄、宽、轻、强。然而，目前广泛研究使用的电磁波吸收剂主要是传统的金属和铁氧体超微粉，大多存在面密度大、吸收频带窄等缺点，研制新一代轻质电磁波吸收剂成为当前吸波材料研发的一个热点。刘家琴等则在碳纳米管获得了厚度均匀的具有强磁性的非晶态 Ni-Co-P 镀层。

4.5 镀层性能的影响因素

影响镀层性能的因素有很多，包括镀层成分、热处理工艺和组织结构等。以 Ni-P 合金为例，邓宗钢等的研究表明磷含量直接影响化学镀镍磷合金的耐蚀性能，磷含量增加，镀层的钝化膜形成速率加快，腐蚀电位正移，耐蚀性能提高，当磷含量超过 8.5%，镀层为非晶态结构，耐蚀性能优异。对于 Ni-10.4%P 非晶态合金，200℃ 热处理可改善其耐蚀性能，经 300~500℃ 热处理，Ni₃P 相析出量增大，合金耐蚀性能呈下降趋势。

镀层硬度的关系与热处理温度曲线呈"钟罩形"，在 300~400℃ 热处理时，化学沉积镍磷合金层硬度值高，磷含量对镀层的最高硬度值影响不大。热处理时间对镀层硬度的影响与磷含量和热处理温度有关。在 200℃ 加热时，具有硬度峰值，磷含量越高峰值越低，在硬度峰值出现后，延长加热时间，硬度基本保持不变。在 400℃ 以上加热 10~15min 后，硬度随加热时间延长而降低，但磷含量越高，降低速度越缓慢。

化学沉积镍磷合金层的耐磨性也受到热处理温度很大的影响，在低于300℃热处理时，镀层的耐磨性均随热处理温度的升高而逐渐提高；在高于300℃热处理时，耐磨性与热处理温度的关系由镀层的磷含量决定：低磷镀层的耐磨性随热处理温度的升高而降低，高磷镀层的耐磨性随热处理温度的升高而提高。化学沉积镍磷合金层的耐磨性与硬度呈非线性关系。

虽然国内外资料报道了成分与热处理工艺对化学沉积镍磷合金层耐磨性有很大的影响，并提出了最佳磷含量和最佳热处理规范，但大多数人仅注意到磨损过程的力学行为。邓宗钢等率先提出磨损过程也必须作为组织结构的一种函数来研究。通过对含量 $4\%\sim 10\%$ 的四种磷含量的镍磷合金镀层研究，在低于或/和高于 $390\,^\circ\mathrm{C}$ 的温度下加热处理到相同的硬度。发现低于 $390\,^\circ\mathrm{C}$ 处理后的磨损体积明显大于 $390\,^\circ\mathrm{C}$ 以上处理的磨损体积。这充分说明，镀层的磨损体积不仅与其硬度有关，还与镀层的组织结构有关。通常在滑动摩擦时，磨损体积可表示为

$$dV = K\ (P/3H)\ dl$$

式中，dV 为磨损体积，P 为法向载荷，H 为硬度，dl 为滑动距离，K 是磨损系数。

由公式可知，材料的磨损率 dV/dl 与法向载荷成正比。如果 K 是常数，则镀层的磨损率应该与硬度成反比。但试验表明，镍磷合金层的 dV/dl 与硬度不成反比关系，说明 K 并不是常数，而与显微组织密切相关。它是不同磨损过程（亚表层变形、裂纹形核和裂纹传播）的函数，这些过程又受组织结构的控制。因此，凡是影响材料组织结构的因素，如合金成分和热处理温度等，都会影响磨损的这三个过程，最终影响材料的磨损率。因而可以认为，K 是下列因素的函数：K_1（亚表层变形、裂纹形核和裂纹传播），K_2（组织结构），K_3（化学成分、处理工艺、温度）。组织结构对 K 的影响，主要是显微组织对顺序发生的亚表层变形、裂纹形核和裂纹传播三个过程的影响，从而控制着 K 值的大小和磨损率 dV/dl。

根据以上分析，硬度相同时，两相机械混合物组织的耐磨性比单相固溶体的好。这是由于机械混合物组织的磨损系数比固溶体的小。机械混合物中第二相的大小和数量对磨损过程也有一定的影响。对于同样含磷量的镀层，在高于 Ni_3P 相的析出温度下加热时，如 $8.5\%P$ 镀层在 $500\,^\circ\mathrm{C}$ 和 $600\,^\circ\mathrm{C}$ 下加热后，两者的 Ni_3P 相体积百分数大体相同，但颗粒尺寸不相同，Ni_3P 相尺寸较大的组织状态具有较好的耐磨性。磷含量不同时，含磷量较高的镀层经热处理后，由于析出的 Ni_3P 相较多，所以耐磨性也较好。

5　化学镀层的工程应用

化学镀层耐磨、耐蚀、高硬度、焊接性好。硬度最大可超过 $HV1100$；耐磨性可以和硬铬镀层相媲美；抗腐蚀性优良，可耐各种腐蚀介质；$Ni-P$ 镀层的电阻率为 $60\sim 120\mu\Omega\cdot cm$，高于冶金纯镍（$9.5\mu\Omega\cdot cm$）；整体磁性增加，以 $Co-P$ 基镀层具有显著的磁记录特性，而 $Co-B$ 基镀层具有优良的软磁性能。因此化学镀层在工程技术领域具有广泛的应用。

5.1　化学镀镍的应用

5.1.1　表面强化应用

铝合金质量轻，比强度高，容易加工成型，是航天、军事、电子工业的重要结构材

料。但铝合金的耐蚀性、耐磨性和装饰性不佳，而化学镀镍层硬度高、镀层致密、耐腐蚀性好、镀层厚度均匀，可使铝制品表面获得强化使性能得到提高。钛及钛合金具有质量轻、强度高、耐蚀性好和耐高温等优异性能，但是表面容易擦伤、磨损，使疲劳性能降低，导电性、导热性、可焊性较差。因此，在钛基表面施镀 Ni-P 合金不仅能弥补上述缺陷，还能赋予钛基表面特殊的物理化学性能，以满足其实际应用的需要。

5.1.2　复合镀层的耐磨应用

化学复合镀层 Ni-P-SiC、Ni-P-Al$_2$O$_3$、Co-P-Al$_2$O$_3$、Co-P-ZrO$_2$、Ni-P-Cr$_2$O$_3$、Ni-P-TiN、Ni-P-B$_4$C、Ni-P-Si$_3$N$_4$、Ni-B-SiC、Ni-B-Al$_2$O$_3$、Ni-Zn-P-TiO$_2$ 等经适当热处理后，硬度可达 HV 1100~1400，具有较强的耐磨性，在汽车部件轻量化的进程中，扮演了重要角色，可用于制动油缸、空调压缩机、AT 变速器部件等，还可用于表面修饰模具、钻头和气缸套、活塞环等。

5.1.3　自润滑、减摩材料中的应用

化学镀 Ni-P-（CF）、Ni-P-CaF 及 Ni-Cu-P-PTFE 等复合镀层具有耐磨和自润滑性，在大气中抗擦伤性能优良，而且摩擦系数不随温度变化。在高温条件下仍然表现出较低的摩擦系数，是优异的耐磨干态润滑复合镀层，可用于发动机内壁、活塞环、轴承、机器的滑动部件以及模具等方面，尤其适用于高温下需润滑的部件。

5.1.4　防腐领域的应用

化学镀 Ni-Cu-P、Ni-W-P 及 Ni-Mo-P 合金层具有良好的抗蚀性和热稳定性，尤其 Ni-Cu-P 合金层还可作为硬盘磁记忆底层、电磁波屏蔽层以及高耐蚀表面保护层。Ni-W-P 和 Ni-Mo-P 合金层由于电阻系数受温度变化小，从而成为理想的薄膜电阻材料。

5.1.5　电子工业中的应用

随着电子线路高密度化的发展趋势，半导体封装的小型化和半导体芯片高密度封装技术的重要性日趋突出。现在手机和高速微型处理器很多是采用倒装芯片制作的。倒装芯片技术的核心在于芯片焊盘和凸点之间的金属过渡层的制作，可以通过溅射与化学镀的方法来防止焊球与铝元件基底或电路板的铜层之间发生扩散。印制电路板是用于电子元件连接为主的互连件。它是通过自身提供的线路和焊接部位，焊装上各种元器件。由于电子线路高密度集成的需求，采用化学镀方法制作的高密度印刷线路板，特别是多层的印刷线路板的需要显得更为重要。近些年来，化学镀镍/金镀层具有可焊接、可接触导通、可打线、可散热等功能，可满足更多种组装要求，在印刷线路板的制作上得到了迅速推广。采用化学镀方法制备薄膜电阻仅用于低阻范围。含磷和硼高的 Ni-P、Ni-B 镀层具有高的电阻值，但它们的温度系数较大，电阻率随温度波动大。为提高电阻薄膜的热稳定性，利用钼、钨、铬等金属与镍磷或镍硼共沉积的三元化学镀合金。可用于制造电阻薄膜的镀层有 Ni-P-B、Ni-W-P、Ni-W-B、Ni-Mo-P、Ni-Mo-B、Ni-Cr-P、Ni-Fe-P 等。用化学镀方法在电子工业中制取电致变色薄膜具有非常广泛的用途。Ni 与有机光颜料微粒共沉积，可获得与该荧光颜料相同色调的复合镀层，在紫外线的照射下，该镀层会发出强的荧光。某些半导体微粒、TiO$_2$、CdS 与金属镍形成复合镀层，在光的作用下，可以获

得电压和电流的响应，是一种具有光电转换效应的复合镀层。利用化学镀原理制得的过渡族金属氧化物非晶态薄膜镀层，由于电化学的氧化-还原反应，会发生电致变色。利用这类薄膜正在开发许多产品，如电解电容、固体电容、电致变色显示元件等。

5.1.6　电磁屏蔽上的应用

研究表明，在塑料上化学镀 Ni-P 合金，屏蔽效果达 67～78dB，经 56 天高温及湿热试验后，镀层电阻变化很小，保持在 $3.4～5.3\Omega/cm^2$，在 4～12GHz 频率内，屏蔽效果保持在 67～78dB 范围内。可见，化学镀镍层有优良的电磁屏蔽效果。

任何表面镀层都有对镀层结合强度的要求。镀层结合强度检测表明，化学镀镍的镀层结合强度良好。作为一项关键性能指标，取得良好的结合强度为化学镀技术的不断应用和发展奠定了重要基础。

5.2　化学镀铜的应用

自 1947 年 Narcus 首次报道了化学镀铜以来，化学镀铜已形成一种比较成熟的技术。这一技术主要应用于电子工业领域。近些年来，在玻璃工业中也逐渐开始应用化学镀铜技术。

5.2.1　在电子工业中的应用

随着微电子工业和计算机工业的迅猛发展，电子线路和器件要求结构微型化，缩小布线宽度，采用双面或多层印制线路板。利用化学镀铜生产印刷电路板时通孔金属化是电路板生产的主要工序。制作多层印刷线路板时，传统上需要在内层铜与绝缘树脂之间经黑化处理获得氧化铜来增强结合力，但氧化铜与具有耐热性和介电性优良的聚酰业胺、BT 树脂、PPE 树脂的亲和力不好并且容易被处理液溶解。采用化学镀铜工艺可以获得针状结晶镀铜层，来替代内层铜的黑化处理，并取得了很大的成功。铝一直是复杂电路和焊垫金属化的首选材料，但电阻大和散热差的缺点不利于精细化微电子制造和封装技术，而铜恰好具有这方面的优势。其中最突出的就是陶瓷电路衬底的金属化，光刻制作所需电路图形，可以克服以往采用的薄膜、厚膜、共烧以及直接覆铜工艺的弊端，满足封装对功率和散热的要求。另外，化学镀铜可以有效屏蔽电磁干扰，以往由于价格、重量等原因，电子元件的外壳都用塑料制成，但塑料的电磁干扰屏蔽不佳，而化学镀铜可以产生比较好的替代效果。

5.2.2　在玻璃工业中的应用

在玻璃生产工艺中添加有色元素用以生产彩色玻璃和表面喷涂有色物质及制备有机膜等，可大大丰富其表面装饰效果，但这些解决不了玻璃表面的导电性能、金属光泽以及镜面效果。采用离子镀法、阴极溅射法等生产镀膜玻璃，又会造成投资大、工艺烦琐、生产成本高等缺点。化学镀铜则可使其表面既具有良好的导电性，又具有较好的金属光泽和镜面效果。

5.3　化学镀钴的应用

化学镀钴基镀层沿着以 Co-B 系合金为代表的软磁合金和以 Co-P 系合金为代表的硬磁合金两个方向发展，是最有代表性的磁性合金薄膜。最常用的磁记录镀层有 Co-Ni-

P、Co－W－P、Co－Zn－P、Co－Mn－P、Ni－Co、Ni－Fe－P、Co－Ni－Re－P、Co－Ni－Zn－P、Fe－Ni－B等。

5.4 其他化学镀层的应用

电子工业中印制板镀金时，导线铜箔周边的绝缘基体上往往会析出金，容易发生镀金层溢出现象。含有阴离子型表面活性剂的置换型化学镀金液和还原型化学镀金液，可以使被镀金属周边的绝缘基体的 Zeta 电位呈负电位，抑制了镀液中的微细金粒子静电吸附到绝缘基材上，从而可以抑制镀金层外溢，特别适用于印制板尤其是高密度印制板的化学镀金，大大提高了印制板的可靠性。

电子工业中焊接性镀层主要用于分立元器件。陶瓷表面化学镀金、钯、镉具有较好的焊接性。由于金和钯太贵，而镉是一种对人体有害的化学元素，它们逐渐被其他复合镀层所取代。Sn－Ce、Sn－In、Sn－Pb、Au－Sn等合金镀层具有特别好的焊接性能和流动性，适合用于电子元件的低温焊接。

6 小 结

化学镀作为一种优秀的表面处理技术，获得的镀层具有硬度和耐磨性可调、耐腐蚀性好、厚度均匀、适合于复杂形状的零件、可焊接性、低电阻、扩散阻挡以及优良的物理性能等特点。如化学镀镍层的耐蚀性优于工业纯镍，与电镀铬相当，适合用于防腐，用以代替纯镍和镀铬，经济上要合算得多。对 Ni－P－SiC 复合镀层的磨损试验表明 Ni－P－SiC 镀层耐磨性比 Ni－P 镀层提高了 10 倍左右，也高于电镀 Ni－SiC 镀层，完全可以与硬铬相比，可以代替硬铬使用。对于物理性能来说，Cu、Zn、Nb、W、Mo、Fe 等化学镀镍三元合金镀层可以提供优良的耐蚀、耐磨、耐热及磁性能、电阻性等。已开发的具有低的低温电阻系数（TCR）及大范围薄膜电阻的 Ni－Cu－P、Ni－Fe－P、Ni－Cr－P 镀层，均可用于金属薄膜电阻器，在电子和计算机工业将会有巨大的应用前景。化学镀铜合金在未来新型基板电子工业上的发展具有独特优势。化学镀钴基镀层在以 Co－B 系合金为代表的软磁合金和以 Co－P 系合金为代表的硬磁合金上发展潜力巨大。因此，化学镀表面处理技术将在机械、电子、石油化工及航天工业等众多领域具有广泛的应用前景。

参考文献

［1］邓宗钢，吴玉程，黄新民，等. 化学沉积镍磷合金表面强化及其应用［J］. 金属热处理，1987，(6)：3－10.

［2］朱绍峰，邓宗钢. 化学镀钴－磷合金［J］. 材料保护，1990，(9)：17－19＋3.

［3］吴玉程，张立德，李广海，等. 纳米功能材料的材料设计与实现方法探讨［C］. 第三届中国功能材料及其应用学术会议论文集，1998：1200－1202.

［4］吴玉程，舒霞，张勇，等. 化学沉积钴基纳米晶合金涂层工艺［J］. 材料保护，2004，(1)：38－40＋67.

[5] 吴玉程，王莉萍，李云，等. 化学镀 Co-B 合金（Ⅱ）[J]. 电镀与精饰，2005，(6)：4-6.

[6] 吴玉程，黄新民，王政，等. 复合化学镀（Ni-Cu-P）-Al$_2$O$_3$ 的工艺研究 [J]. 电镀与精饰，1998，(6)：3-6.

[7] 王利，吴玉程，舒霞，等. 电沉积制备 Ni-W-Al$_2$O$_3$ 纳米复合镀层的初步研究 [J]. 电镀与涂饰，2007，(2)：16-18.

[8] 吴玉程，刘玉，郑玉春，等. 非晶态 NiP-Al$_2$O$_3$ 复合材料的沉积组织与特性研究 [J]. 合肥工业大学学报（自然科学版），1999，(1)：46-49.

[9] 黄新民，张胡海，刘岩，等. 化学复合镀 Ni-P-TiO$_2$ 纳米颗粒涂层功能特性 [J]. 应用化学，2006，(3)：264-267.

[10] 黄新民，钱利华，吴玉程，等. 纳米颗粒 TiO$_2$ 化学复合镀层的功能特性 [J]. 金属功能材料，2004，(2)：16-19.

[11] 黄新民，吴玉程，郑玉春. 纳米 ZrO$_2$ 功能涂层的制备与组织结构 [J]. 新技术新工艺，2000，(2)：31-32.

[12] 吴玉程，张立德，李广海，等. 化学沉积 Ni-P-Al$_2$O$_3$ 和 Ni-P-SiC 复合材料的微观组织与物理性能 [J]. 应用化学，1999，(1)：65-67.

[13] 吴玉程，邓宗钢. 非晶态 Ni-P-SiC 涂层的沉积机理与特性研究 [J]. 功能材料，1998，(3)：101-103.

[14] 吴玉程，魏纯金，邓宗钢. SiC 复合材料镀层的研究 [J]. 兵器材料科学与工程，1989，(12)：10 17.

[15] 黄新民，邓宗钢. 化学镀 Ni-P-SiC 表面抗磨材料 [J]. 金属科学与工艺，1992，(2)：30-35.

[16] 吴玉程，刘玉，魏纯金，等. 化学沉积 Ni-P-SiC 镀层 [J]. 电镀与精饰，1990，(5)：11-15.

[17] 吴玉程，黄新民，张立德，等. 添加金刚石对镍基合金的强化与磨损性能影响 [J]. 矿冶工程，1999，(1) 59-61.

[18] 吴玉程，叶敏，范文芳，等. 化学镀镍基金刚石复合材料涂层的制备与性能研究 [J]. 材料科学与工艺，1999，(3)：97-100＋108.

[19] 张信义，邓宗钢. 热处理对 Ni-P-金刚石复合镀层结构及性能的影响 [J]. 热加工工艺，1996，(3)：32-33.

[20] 吴玉程，黄新民，蒋劲勇，等. 化学复合镀（Ni-Cu-P）PTFE 工艺 [J]. 电镀与精饰，1999，(1)：10-11＋14.

[21] 吴玉程，魏纯金，邓宗钢. 化学沉积镍-磷合金及其应用 [J]. 设备管理与维修，1989，(7)：23-25.

[22] 吴玉程，邓宗钢. 铸铁表面化学沉积镍磷合金层的耐磨性 [J]. 机械工程材料，1991，(6)：28-32＋49.

[23] 吴玉程，魏纯金，邓宗钢. 镍-磷合金的组织与性能的关系 [J]. 材料保护，1990，(7)：8-11＋3.

[24] 黄新民，邓宗钢. 化学镀 Ni-P-SiC 表面抗磨材料 [J]. 金属科学与工艺，1992，(2)：30-35.

[25] 黄新民，吴玉程，谢跃勤，等. Ni-P-纳米 TiO_2 化学复合镀层 [J]. 中国表面工程，2001，(3)：34-36+3.

[26] 朱绍峰，张冰，邓宗钢. 化学镀 Co-P-Al_2O_3-复合镀层的特性 [J]. 表面技术，1998，(4)：7-8.

[27] 吴玉程，魏纯金，邓宗钢. 抗蚀性化学镀镍磷合金 [J]. 电镀与涂饰，1989，(4)：21-26.

[28] 吴玉程，邓宗钢，魏纯金. Ni-P 合金镀层材料的性能与应用 [J]. 兵器材料科学与工程，1989，(3)：17-22+52.

[29] 何素珍，黄新民. 热处理温度对化学沉积 Ni-Cu-P 涂层腐蚀冲蚀性能的影响 [J]. 材料热处理学报，2010，31 (6)：133-137.

[30] 刘家琴，叶敏，吴玉程，等. 空心微珠表面化学沉积 Co-P 合金研究 [J]. 功能材料，2008，(11)：1850-1852.

[31] 马杰，吴玉程，张勇，等. 化学沉积 Co-Fe-P 纳米涂层结构与磁学性能研究 [J]. 金属功能材料，2004，(1)：4-8.

[32] 刘家琴，叶敏，吴玉程，等. Ni-Co-P/CNTs 复合微波吸收剂的制备及表征 [J]. 兵器材料科学与工程，2009，32 (2)：21-24.

[33] 张信义，邓宗钢. 磷含量及热处理对化学镀镍磷合金耐蚀性能的影响 [J]. 表面技术，1994，(6)：255-259+294.

[34] 张信义，徐立红，邓宗钢，等. 化学镀镍磷合金在酸性介质中的腐蚀行为 [J]. 安徽化工，1995，(1)：36-39.

[35] 邓宗钢，王东哲，纪华青. 热处理对化学沉积镍磷合金层耐磨性的影响 [J]. 兵器材料科学与工程，1991，(1)：41-45.

[36] 邓宗钢，黄新民，魏纯金，等. 磷含量对化学沉积镍磷合金层组织和性能的影响 [J]. 机械工程材料，1988，(3)：8-12.

[37] 邓宗钢，吴玉程，黄录官，等. 组织结构对化学沉积镍磷合金层耐磨性的影响 [J]. 固体润滑，1987，(3)：147-152.

[38] 吴玉程，魏纯金，邓宗钢. 铝化学镀 Ni-P 合金 [J]. 新技术新工艺，1988，(6)：34-35.

[39] 吴玉程，郑玉春，魏纯金，等. 铝锭翼表面镀 Ni-P 合金 [J\Ⅱ] 纺织器材，1991，(2)：34-38+5.

[40] 吴玉程，魏纯金，邓宗钢. 铝及铝合金表面镀镍-磷合金 [J]. 轻金属，1989，(8)：54-56.

[41] 朱绍峰，张冰，邓宗钢. 化学镀 Co-P-Al_2O_3 复合镀层的特性 [J]. 表面技术，1998，(4)：7-8.

[42] 朱绍峰，吴玉程，黄新民. 化学沉积 Ni-Zn-P-TiO_2 纳米复合镀层及其性能研究 [J]. 热处理，2011，(26)：34-37.

[43] 朱绍峰，吴玉程，胡寒梅，等. 热处理对化学沉积 Ni Zn P TiO$_2$ 复合镀层的影响 [J]. 材料热处理学报，2011，32 (S1)：162-165.

[44] 吴玉程，邓宗钢. 化学沉积 SiC$_p$ 陶瓷复合镀层 [J]. 材料工程，1998，(2)：34-38.

[45] 邓宗钢，魏纯金，朱东明，等. 镍-磷-碳化硅化学沉积复合镀层耐磨性的研究 [J]. 金属热处理学报，1986，(2)：81-90.

[46] 吴玉程，邓宗钢. 镍磷合金碳化硅复合镀层的制备与磨损性能研究 [J]. 稀有金属，1998，(4)：15-19.

[47] 吴玉程，解挺，刘玉，等. 化学镀 Ni-P 合金复合 SiC 镀层的磨损性能 [J]. 润滑与密封，1997，(6)：25-28.

[48] 王艳文，邓宗钢，肖长庚. 化学镀 Ni-Cu-P 合金层的组织结构及抗蚀性能研究 [J]. 材料保护，1991，(3)：20-24+4.

[49] 谢跃勤，黄新民. 化学镀 Ni W P 三元合金工艺与性能研究 [J]. 机械工人，2006，(9)：26-28.

[50] 张信义，邓宗钢. 化学镀 Ni Mo P 合金阳极溶解行为的 XPS 研究 [J]. 电镀与精饰，1996，(4)：7-9.

（二）热处理技术在铸造生产中的应用

吴海平　　徐佩芬

（安徽省机械科学研究所，合肥 230022）

　　热处理技术在材料科学领域和机械制造业中占有十分重要的地位。在铸造生产中，科技工作者通过热处理来改变球墨铸铁的金属基体组织，从而提高它的机械性能和使用性能，促进了球墨铸铁的发展。

　　尽管在铸态下获得需要的组织和性能无疑是最经济和高效率的办法，但对于铸态组织不能实行准确和有效的控制时，为了得到一定的基体组织和性能的球墨铸铁，就需要进行各种热处理。例如，以获得铁素体基体高韧性球墨铸铁为目的的退火，以获得珠光体基体高强度球墨铸铁为目的的正火，需要有更高的综合机械性能、耐磨性能等就要采用调质、等温淬火和各种表面热处理工艺。

　　本文以球墨铸铁生产为例，浅谈热处理技术在铸造生产中的应用。

1　球墨铸铁的热处理工艺

1.1　退火

　　球墨铸铁进行退火处理的目的，主要是消除铸态组织中的游离渗碳体和获得高韧性的铁素体基体。

　　退火温度的高低取决于铸态组织中的游离渗碳体、磷共晶和磷共晶复合物数量的多少。当铸态球铁中渗碳体的体积分数不小于 3%，磷共晶体积分数不少于 1% 或出现磷共晶复合物时，均要进行高温石墨化退火。通常采用两阶段石墨化退火工艺，高温阶段是消除渗碳体、三元或磷共晶复合物；低温阶段是由奥氏体转变成铁素体，最终获得以铁素体为主的基体组织。

　　高温石墨化的保温时间和铸态组织中游离渗磷体的数量、退火温度、铸件的化学成分、铸件厚度等因素有关。

　　高温石墨化退火的典型工艺如图 1 和图 2 所示。

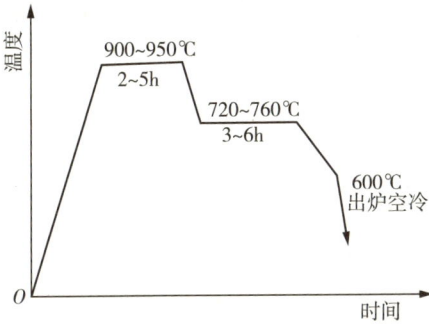

图 1　高温石墨化两阶段退火工艺

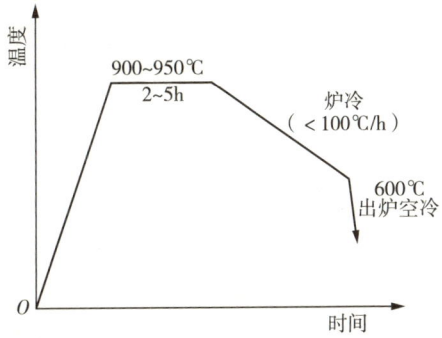

图 2　高温石墨化随炉缓冷退火工艺

　　当铸态组织中渗碳体的体积分数小于 3％，无三元或磷共晶复合物，铁素体量小于 85％或低于图纸规定要求时，可采用低温石墨化退火，以使珠光体分解，改善塑性和韧度，其典型工艺如图 3 所示。

　　球墨铸铁经过石墨化退火后所获得的基体组织为铁素体，如图 4 所示。机械性能：σ_b ＝400～550MPa，δ＝10％～28％。

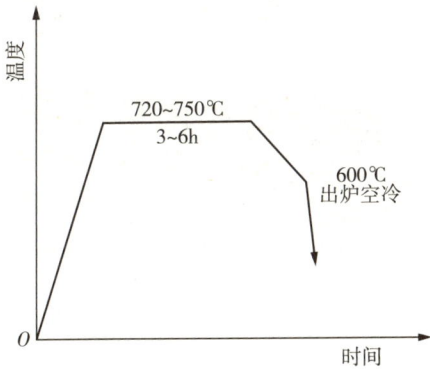

图 3　低温石墨化退火工艺

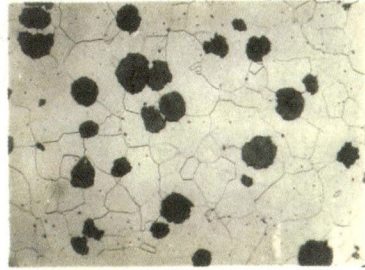

图 4　球墨铸铁石墨化退火组织

1.2　正火

1.2.1　普通正火

　　球墨铸铁的铸态组织通常为珠光体＋铁素体的混合组织。普通正火的目的是获得珠光体或索氏体球墨铸铁。QT800－2、QT700－2 的牌号性能常用正火工艺来达到。

　　当铸态组织中没有游离渗碳体、三元或复合磷共晶时，可采用如图 5 所示的正火工艺；有渗碳体、三元或复合磷共晶时，则采用如图 6 所示的正火工艺。

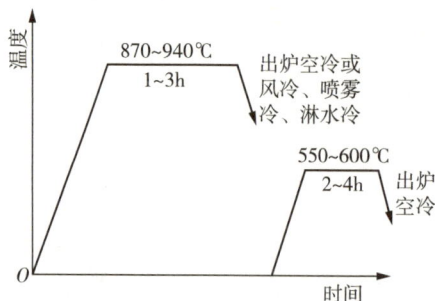

图5　无渗碳体时的正火工艺

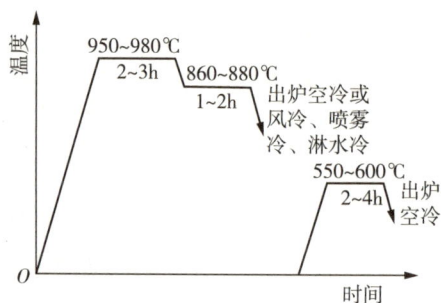

图6　有渗碳体时的正火工艺

球墨铸铁正火后要进行回火，以改善韧度和消除应力。回火温度为550～600℃，回火温度低于550℃，有可能进入回火脆性区；高于600℃，有可能使强度和硬度下降过多。

普通正火后的基体组织为珠光体＋少量铁素体（牛眼状），如图7所示。机械性能：$\sigma_b = 700 \sim 900$MPa，$\delta = 2\% \sim 4\%$。

1.2.2　部分奥氏体化正火

部分奥氏体化正火目的与普通正火相似，即获得珠光体基体组织，但部分奥氏体化正火是通过控制破碎铁素体的数量改善韧度。它所采用的奥氏体化温度在共析转变温度范围内，使之发生部分奥氏体化，沿晶界形成破碎状铁素体（图8）。

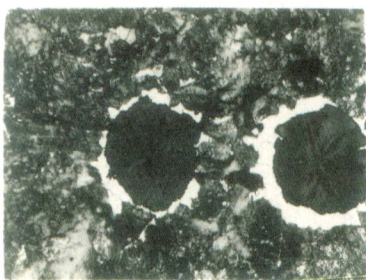

图7　球墨铸铁普通正火后的基体组织

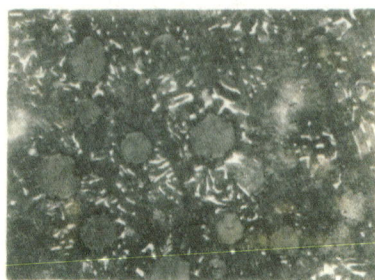

图8　球墨铸铁部分奥化体正火后的基体组织

当铸态组织中无渗碳体、三元或磷共晶复合物时，采用如图9所示的正火工艺；当铸态组织中有较多的游离渗碳体、三元或磷共晶复合物时，则采用如图10所示的正火工艺。

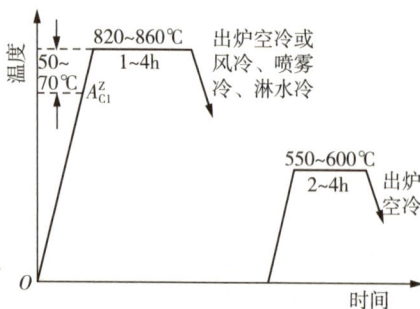

图9　无渗碳体时部分奥氏体化正火工艺

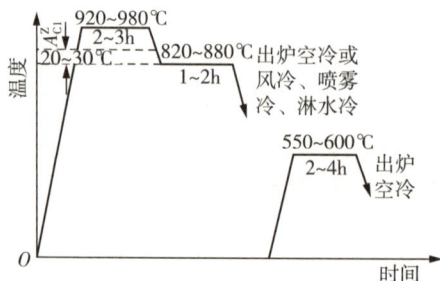

图10　有渗碳体时部分奥氏体化正火工艺

部分奥氏体化正火的基体组织为珠光体＋破碎状铁素体。机械性能：σ_b＝700～800MPa。

1.3　淬火与回火

球墨铸铁经过淬火＋回火处理（又称调质处理）后，可获得强度、塑性、韧度综合性良好的机械性能。

当铸态组织中没有游离渗碳体、三元或复合磷共晶，且具有细小均匀的共晶团铸件时，可进行淬火＋回火处理。若铸态组织中含有不小于3%的游离渗碳体，存在有三元或复合磷共晶、共晶团粗大、组织不均匀的铸件时，首先应进行高温石墨化退火或正火，使其成为均匀的铁素体或珠光体组织后，再进行淬火＋回火处理。

1.3.1　淬火

采用860～920℃保温（保温时间视铸件壁厚而定，每25mm保温1小时）进行奥氏体化以后，在淬火介质（通常用柴油）中淬火，获得马氏体基体组织。球墨铸铁件典型的淬火＋回火处理工艺如图11所示。

1.3.2　回火

回火的目的是促使马氏体和残余奥氏体转变成具有较好综合机械性能的组织，并消除残余内应力。

（1）低温回火

140～250℃回火，保温2～3h后空冷或风冷。对于厚大铸件可延长回

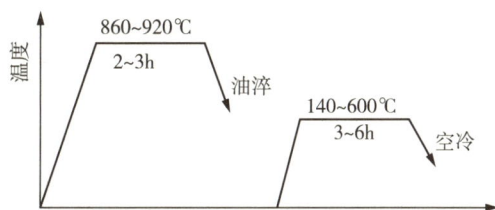

图11　球墨铸铁件的淬火＋回火工艺

火时间，获得回火马氏体＋残余奥氏体组织，硬度HRC46～50，具有良好的强度和耐磨性。低温回火温度不应超过250℃，因为在250～300℃回火将出现低温回火脆性。

（2）中温回火

350～450℃回火，保温2～4h后空冷或风冷，获得回火屈氏体和残余奥化体组织。硬度HRC42～46，具有较好的耐磨性，并保持一定的韧性。中温回火应避免在450～510℃回火或慢冷而有可能出现的高温回火脆性。

（3）高温回火

淬火后采用550～600℃高温回火（又称调质处理），保温2～4h后空冷或风冷，获得回火索氏体和残余奥氏体组织，硬度HBS250～330，具有高强度和良好韧度的综合力学性能。

图12、图13、图14分别为920℃淬火，250℃、350℃、600℃回火的金相组织。

图12　920℃淬火，250℃回火的基体组织

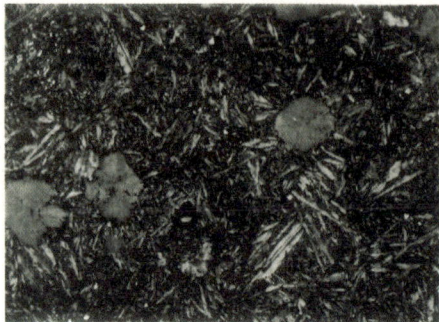

图 13　920℃淬火，350℃回火的基体组织

图 14　920℃淬火，600℃回火的基体组织

1.4　等温淬火

等温淬火技术在球墨铸铁生产中的应用是在 20 世纪 70 年代中期发展起来的。等温淬火球铁（ADI）被称为新型工程材料，并制定了相应的国家标准（GB/T 24733—2009）。ADI 在实际生产中获得广泛应用，主要产品有齿轮、曲轴、工程构件、抗磨耐磨件等。

ADI 的生产工艺流程如下：铸造球铁铸件→粗加工→高温奥氏体化加热→等温淬火→清洗→精加工→成品。从工艺流程中可以看出，要获得合格的等温淬火球墨铸铁件必须注重两个关键技术。一是要获得健全、合格的铸件，铸件的铸态组织：球化良好（球化等级 1～2 级）、共晶团细小（石墨尺寸 6 级）、无游离渗碳体；二是要制定合理的等温淬火处理工艺，确保热处理后有良好的综合机械性能及金相组织。

1.4.1　奥氏体化加热温度及保温时间

奥氏体化温度对机械性能有很大影响。奥氏体化温度越高，奥氏体含碳量也越高，形成上贝氏体的下限温度越低，有利于形成上贝氏体和稳定奥氏体。铸件原始组织中，珠光体含量较多，晶粒细小，转变为奥氏体的速度和奥氏体均匀化的速度就较快。上贝氏体组织采用较高的奥氏体化温度，通常为 AZ C1＋（70～80℃），根据含硅量而定，硅量高时取上限。下贝氏体组织的采用略低于上贝氏体奥氏体化温度，即 AZ C1＋（30～50℃）。如果采用部分奥氏体化等温淬火，奥氏体化温度略低于 AZ C1。铸件奥氏体化加热最好在高温盐浴炉或可控气体保护炉中进行，以防铸件表面氧化脱碳。

奥氏体化温度的保温时间视铸件壁厚而定。资料［1］认为，每 25mm 壁厚保温 1h；资料［3］认为，应按 40～45/mm，同时还认为在有气体介质炉中加热，保温时间应延长 2～3 倍。

1.4.2　等温淬火温度及保温时间

等温淬火通常在盐浴炉中进行。等温焠火处理温度的选择对于产品要求的机械性能和金相组织至关重要，并影响奥氏体的稳定性。等温时间决定奥氏体的转变程度和最终组织。球铁的等温淬火是在贝氏体转变区（230～450℃）进行。该转变区分为上贝氏体转变区和下贝氏体转变区。一般认为，350～450℃是上贝氏体转变区，230～350℃是下贝氏体转变区。图 15 是上贝氏体等温淬火＋回火典型工艺，图 16 是下贝氏体等温淬火＋回火典型工艺。

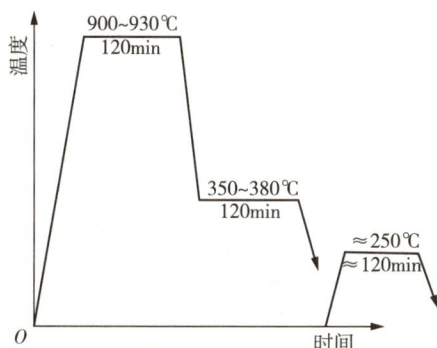

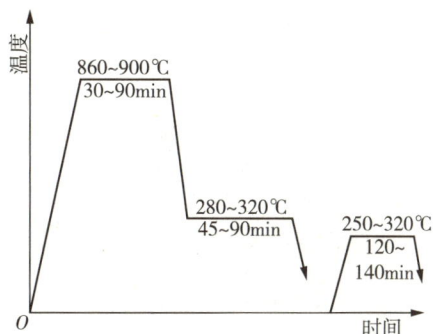

图 15　上贝氏体等温淬火＋回火典型工艺　　　图 16　下贝氏体等温淬火＋回火典型工艺

在上贝氏体转变区进行等温淬火，目的是获得上贝氏体和一定数量的（25％～40％）高碳稳定奥氏体组织，如图 17 所示。机械性能应符合如下指标：$\sigma_b \geqslant 1000\text{MPa}$，延伸率 $\delta \geqslant 10\%$，无缺口冲击韧性 $a_k \geqslant 80\text{J/cm}^2$，硬度 $\geqslant 30\text{HRC}$，具有良好的冲击韧性和疲劳强度。在下贝氏体转变区进行等温淬火，目的是获得下贝氏体组织（伴有少量残余奥氏体和马氏体组织），如图 18 所示。机械性能应符合如下指标：$\sigma_b \geqslant 1200\text{MPa}$，延伸率 $\delta \geqslant 2\%$，$a_k \geqslant 30\text{J/cm}^2$，硬度 $\geqslant 38\text{HRC}$，具有良好的耐磨性和较高的疲劳强度。等温淬火后进行回火，可促进残余奥氏体转变成下贝氏体，马氏体转变为回火马氏体。

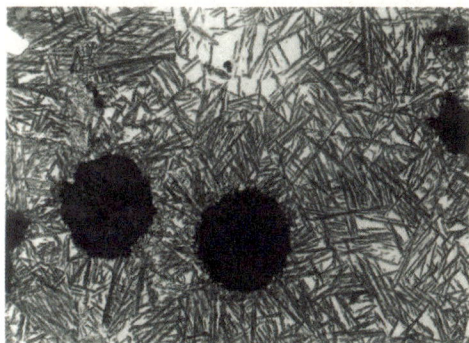

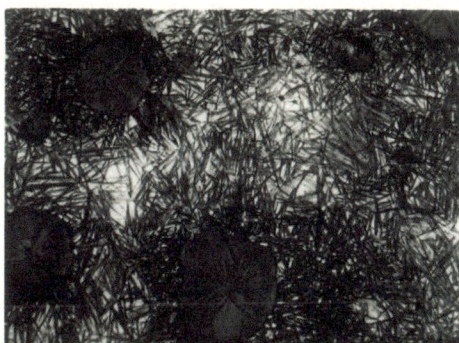

图 17　920℃/30'→380℃/60'基体组织　　　　图 18　920℃/30'→260℃/60'基体组织

2　表面热处理

为提高球墨铸铁零件的表面硬度、耐磨性、结构疲劳极限和耐蚀性，可进行表面淬火处理和表面化学热处理。

2.1 表面淬火处理

球墨铸铁零件在进行表面淬火时通常采用感应加热方式。表面淬火时的冷却介质通常为水或混合液。图 19（a）为高频表面淬火，表面区的组织为细针状马氏体；图 19（b）为过渡区组织：马氏体＋屈氏体；图 19（c）为心部组织：索氏体。

（a）　　　　　　　　　（b）　　　　　　　　　（c）

图 19　高频表面淬火基体组织

球墨铸铁零件的表面淬火工艺应根据具体零件及性能要求而定，表面淬火时应避免发生淬火裂纹。

2.2 表面化学热处理

表面化学热处理在球墨铸铁生产中应用的有氮化、硫化、渗铝等工艺。本文仅将氮化工艺作简单介绍。

球墨铸铁零件的氮化介质可采用氨气流和液体氮化介质。图 20 为球墨铸铁零件经过调质后再进行氮化的基体组织，氮化工艺如下：510～520℃保温 20h，550～560℃保温 20h，然后炉冷至 250℃出炉。渗层的组织为索氏体＋脉冲氮化物，心部为索氏体。

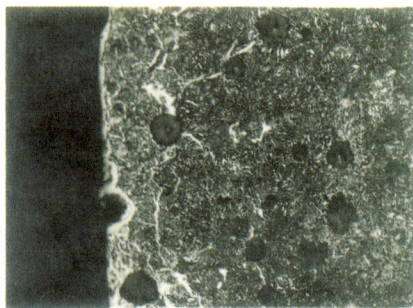

图 20　球墨铸铁氮化后的基体组织

3　结　语

在球墨铸铁中，根据零件的不同要求，采用相应的热处理技术，改变了基体组织，提高了相应的综合机械性能和使用性能，拓宽了球墨铸铁应用范围，促进了球墨铸铁生产工艺的发展。

作者简介：吴海平（1963.6—），正高级工程师，安徽省铸造学会秘书长，主要从事铸造合金材料、金相检测和失效分析工作。

徐佩芬，曾任安徽省机械工程学会秘书长、安徽省机械科学研究所总工程师。

参考文献

[1] 吴德海，钱立，胡家骢. 灰铸铁球墨铸铁及其熔炼 [M]. 北京：中国水利水电出版社，2006.

[2] 曾艺成，李克锐，张忠仇. 我国等温淬火球铁（ADI）生产应用及发展前景 [J]. 现代铸铁，2007，(1)：13-19.

[3] 管胜敏，龚文邦，余靖，等. 高性能奥贝球铁件的生产工艺过程 [C]. 第八届 21 省（市、自治区）4 市铸造学术年会论文集，宜昌，2006：120-121+134.

（三）金属陶瓷材料及热处理

刘　宁

（合肥工业大学 材料科学与工程学院 合肥 230009）

1　金属陶瓷材料发展简史

WC 基硬质合金早在 20 世纪 20 年代就已研究成功，在材料发展的进程中，人们自然会想到性能比 WC 更优越的 TiC。TiC 的熔点（3250℃）高于 WC（2630℃），密度只有 WC 的 1/3，抗氧化性远优于 WC，而且都能被 Co 润湿，可用来替代目前广泛使用在切削刀具工业中的 WC - Co 基金属陶瓷且大大降低成本，因而引起了人们极大的兴趣。TiC 基金属陶瓷的研究取得很大的成功，如奥地利 Metallwerk Plansee 公司生产的 WZ 系列、英国 Hard Metal Tools 公司生产的 HR 系列、美国 Kennametal 公司生产的 K 系列和美国 Firth Sterling 公司生产的 FS 系列都是成功的例子。另外，TiC - Co、TiC - Ni、TiC - Cr 等金属陶瓷可做成高温轴承、切削刀具、量具、规块等。

为了制得性能优良的金属陶瓷，首要问题是找到好的黏结剂。有研究发现，Al、Pb、Be、Mg、Sn 、Bi 等金属不润湿 TiC，只有 Ni、Co、Cr、Si 等少数几种金属能黏接 TiC，其中 Ni 和 Co 最好。Ni 和 Co 能在 TiC 颗粒周围形成极薄的金属层，Cr 虽然能润湿 TiC，但不形成连续网络而生成 Cr_3C_2。Co 和 Ni 的抗氧化性不好，强度也不高。为了改善这一情况，常在 Ni 和 Co 中加入一些其他金属，如 Mo、W 等，加入这些金属后，提高了黏结相的高温强度，同时改善了润湿性。20 世纪 50 年代，在 TiC - Ni 金属陶瓷中加入 Mo 使力学性能大大提高，是金属陶瓷生产技术的一次飞越。

Ti（C，N）基金属陶瓷是在 TiC 基金属陶瓷基础上发展起来的一种具有高硬度、高强度、优良的高温和耐磨性能、良好的韧性以及密度小、导热率高的新型金属陶瓷。在 TiC 金属陶瓷中引入 N 不仅可以细化晶粒，提高强韧性，还降低了金属陶瓷的摩擦系数，提高了耐磨性，是金属陶瓷生产技术的第二次飞越。其主要成分是 TiC - TiN，以 Co - Ni 为黏结剂，以其他碳化物为添加剂，如 WC、Mo_2C、（Ta，Nb）C、Cr_3C_2、VC 等。Ti（C，N）基金属陶瓷的物理性能和机械性能可以在一定范围内调整。由于加入了各种碳化物添加剂，并以 Co - Ni 为黏结剂，从而大大改善了金属陶瓷的综合性能。加入一定量的高熔点的 TaC、NbC 可改善合金的抗塑性变形能力，

VC可提高合金的抗剪强度，改善合金的机械性能。Mo_2C 可提高 Co - Ni 黏结剂的强度，并在碳化物、氮化物和黏结剂间起连接作用。在相同的切削条件下，Ti（C，N）基金属陶瓷刀具的耐磨性远远高于 WC 基及涂层金属陶瓷。在高速下，Ti（C，N）基金属陶瓷比 YT14、YT15 合金的耐磨性高 5～8 倍，比 YC10 合金高 0.3～1.3 倍，比涂层金属陶瓷高 0.5～3 倍。

2　金属陶瓷的制备工艺、组织和性能

金属陶瓷可用粉末烧结、浸渍法等工艺制备，其中粉末烧结即粉末冶金法是目前采用最多的制备金属陶瓷材料的方法。粉末冶金是用金属粉末（或金属粉末与非金属粉末的混合物）作为原料，经过成形和烧结制造制品的工艺过程。其工艺流程如图 1 所示。WC 含量对于 Ti（C，N）基金属陶瓷组织的影响如图 2 所示，可见金属陶瓷经典硬质相组织为黑芯、断续白壳、连续灰壳，金属相为硬质相之间不规则亮色，还有一些无芯的硬质相。已有的研究表明，黑芯为 TiC 或 Ti（C，N），断续白壳是固相烧结时形成的（Ti，Mo，W）（C，N）、连续灰壳是液相烧结时形成的（Ti，Mo，W）（C，N），由于液相烧结时形成的灰壳中 Mo、W 含量低于固相烧结时形成的白壳，因而在背反射模式颜色更暗。已有的研究表明，Ti（C，N）基金属陶瓷的强度和硬度也符合著名的 Hall - Petch 公式，随着晶粒的细化，材料的强度和硬度升高，但断裂韧性 K_{IC} 降低。常规的 Ti（C，N）基金属陶瓷的抗弯强度依据成分和制备工艺不同，一般为 1000～2800MPa，硬度为 HRA87～93。

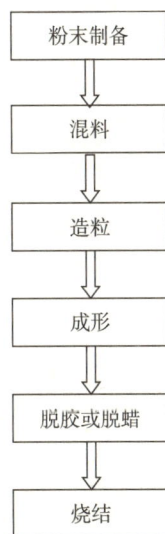

图 1　金属陶瓷粉末冶金法生产流程图

粉末制备 → 混料 → 造粒 → 成形 → 脱胶或脱蜡 → 烧结

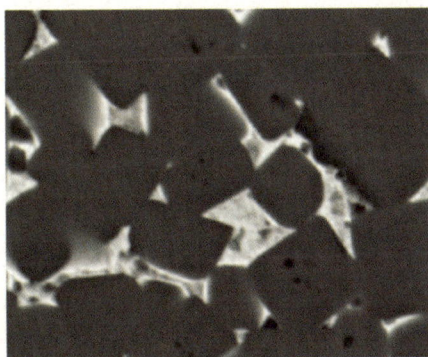

（a）0WC

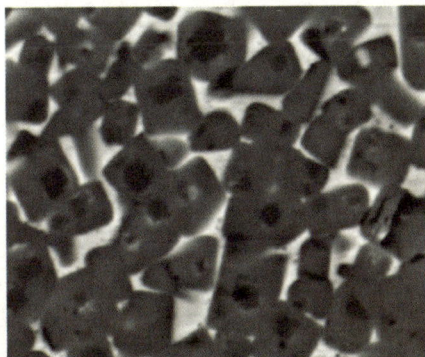

（b）5WC

（c）10WC

（d）15WC

（e）20WC

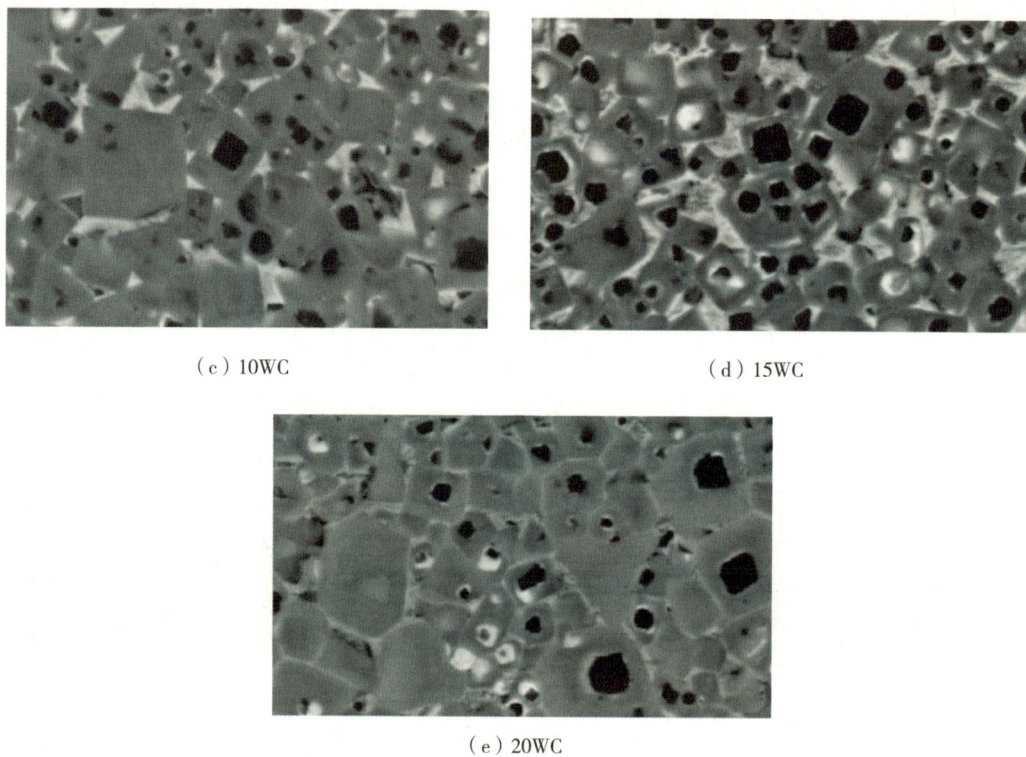

图 2　不同 WC 含量（质量分数）对于 Ti（C，N）基金属陶瓷组织影响 SEM 照片

3　热处理对金属陶瓷组织和性能的影响

固溶和时效对 Ti（C，N）基金属陶瓷的抗弯强度的影响如图 3 所示，可见固溶处理可以提高金属陶瓷的抗弯强度。随着固溶温度的升高，抗弯强度提高，1150℃抗弯强度最高。时效可以进一步提高金属陶瓷的抗弯强度，850℃×8h 效果最佳。850℃时效后接着在 750℃进行二次时效无法提高金属陶瓷的抗弯强度。

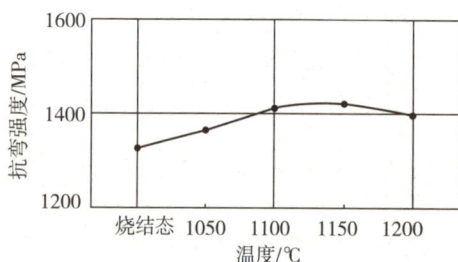

（a）固溶处理对抗弯强度的影响

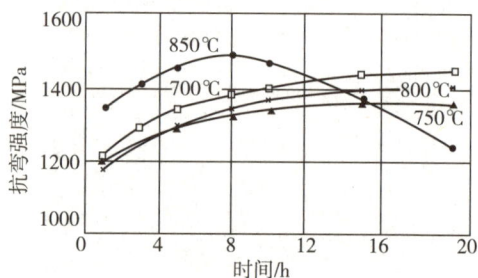

（b）时效对抗弯强度的影响

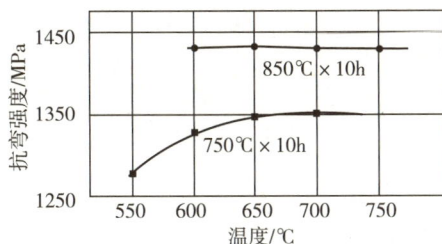

（c）两次时效对抗弯强度的影响

图 3　热处理对金属陶瓷抗弯强度的影响

4　添加 AlN 对金属陶瓷组织和性能的影响

添加 Al 或 AlN 能提高含氮金属陶瓷的硬度，特别是 Al 或 AlN 含量较高的情况下，会使材料的强度和硬度同时提高，其原因是其在黏结相中形成了有序相 γ 即 Ni_3（Al，Ti），使黏结相得到强化。加入 AlN 对金属陶瓷抗弯强度的影响如图 4 所示。可见，随着添加 AlN 量的增加，金属陶瓷的抗弯强度表现为先升后降的规律，强度峰值对应的 AlN 加入量为 1.75%，其抗弯强度高达 2200MPa，比未加 AlN 的抗弯强度提高近 300MPa。金属陶瓷中添加 AlN 后的烧结过程中，特别是黏结相熔化

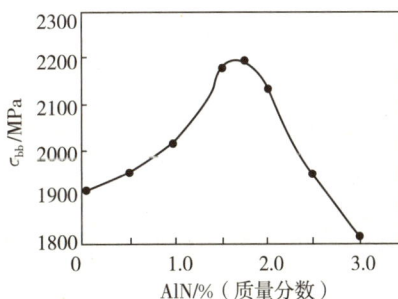

图 4　AlN 含量
对金属陶瓷抗弯强度的影响

后，AlN 会发生分解，分解后的 N 可能会进入硬质相 Ti（C，N）中，也可能挥发出试样被炉气抽走；而 Al 则在黏结相中会形成强化相 γ 即 Ni_3（Al，Ti）。有序相 γ 粒子分布在黏结相中，成为位错运动的障碍：位错通过 γ 粒子继续滑移会留下位错环，因而必须克服 γ 粒子所产生的阻力；如果位错切过 γ 粒子，则会在滑移面上产生反相畴界，反相畴界能高于粒子与基体间的界面能。此外，切过 γ 粒子时还增加了粒子与基体间的界面面积，这需要相应的能量。由于 γ 粒子与基体保持共格关系，γ 粒子周围的弹性应力场会与位错产生交互作用，对位错的运动有阻碍作用。以上因素的综合作用，使金属陶瓷的黏结相得到强化，从而提高了金属陶瓷的强度和硬度，这可以很好地解释图中强度随 AlN 的加入量增加而增加的现象。因为 AlN 添加量增加时，黏结相中 γ 粒子的数量增加，因而对位错运动的阻碍能力更大。但当 AlN 加入量过多时，黏结相大部分转变为相，由于 γ 相的脆性大于黏结相，故随 AlN 加入量的继续增加，抗弯强度又开始降低。

5 结 语

目前，Ti（C，N）基金属陶瓷应用于加工领域已成现实，并制成各种微型可转位刀片，用于精镗孔和精孔加工以及"以车代磨"等精加工领域，且由于 Ti（C，N）基金属陶瓷有低密度、低摩擦系数、高耐磨性、良好的耐酸碱腐蚀性能和稳定的高温性能的优点。可用于各类发动机的高温部件，如小轴瓦、叶轮根部法兰、阀门、阀座、推杆、摇臂、偏心轮轴、热喷嘴以及活塞环等，也可用于石化工业中各种密封环和阀门，还适合做各种量具，如滑规、塞规、环规。

（四）钢结硬质合金热处理

杜晓东

（合肥工业大学 材料科学与工程学院 合肥 230009）

1　安徽钢结硬质合金热处理研究历史

安徽省最早开始硬质合金研究是在 20 世纪 80 年代，研究主要集中于钢结硬质合金。合肥工业大学金属材料及热处理专业部分教师组成课题组，承担了国家"七五"攻关课题，和国内相关单位一起开展钢结硬质合金的研究。

钢结硬质合金是以 WC、TiC 为硬质相，以钢为粘接相的复合材料。我国所生产的钢结硬质合金有碳化钛和碳化钨两种类型，基体多数为高碳铬钼钢（0.6%～1.0%C，15%～30%Cr，15%～36%Mo），碳化物质量百分数一般为 30%～50%。

钢结硬质合金可通过退火以改善切削加工性，又可通过淬火、回火提高硬度和耐磨性，但钢结硬质合金生产难度较大。在烧结和后续加工过程中，由于碳化物和钢基体相互溶解，复杂碳化物再次析出，容易形成连续的化合物相。这类似于莱氏体组织，会严重影响钢基体成分和性能。此外，其热处理也较为复杂，不能以合金配方中钢基体的化学成分作为制定热处理工艺的依据。因此，根据分工，合肥工业大学热处理教研室就主要负责钢结硬质合金热处理的研究。

1.1　高碳铬钼钢结硬质合金热处理研究

20 世纪 80 年代初，合肥工业大学热处理教研室通过对钢结硬质合金热处理的研究得出以下结论：钢结硬质合金通常采用球化退火工艺，冷却方式采用连续冷却或等温冷却方式。正确的退火组织应该是索氏体＋碳化物。对于 50% WC 的高碳铬钼钢，钢结硬质合金的退火硬度为 40HRC 左右。由于硬度偏高，切削加工存在困难，为此有些单位采用延长加热时间的方法来达到进一步降低硬度的效果，有的采用多次反复加热、降温退火，时间长达数十个小时。对于含有大量碳化物的合金材料来说，退火加热时间过长，不仅会造成碳化物聚集、组织粗大，更严重是有可能出现大量稳定碳化物相，甚至出现石墨化过程，将显著降低热处理效果与产品质量。因此，这种处理工艺是不合适的。

合肥工业大学课题组经大量研究后认为，如果采用等温退火，则加热温度不宜过高，保温时间也不能过长，以防止碳化物颗粒聚集粗化与稳定化而造成淬火过程困难。根据高碳铬钼钢结硬质合金的"S"曲线，珠光体转变完成约需 2h。因此，含 50％WC 的高碳铬钼钢结硬质合金的退火应采用如下工艺：（820～850℃）×（2～3h）＋（730～740℃）×（3～4h）。操作时，要准确控制等温温度及时间，以保证奥氏体充分分解，获弥散度适当的索氏体组织，同时又防止碳化物颗粒聚集粗化与稳定化。

钢结硬质合金热传导性能稍低，加热过程中应先预热，保温时要透烧，特别是淬火温度的选择尤为重要。早期钢结硬质合金的淬火温度范围取得相当宽，若单纯以淬火硬度为准似乎看不出有多大差别。在 960～1100℃ 的淬火温度范围内硬度均可达 67 HRC 以上。然而试验结果证明，以硬度作为衡量淬火工艺优劣的唯一标准是不恰当的。

在淬火加热过程中，二次碳化物的溶解是十分重要的。由于合金组织中已经存在大量碳化物相（TiC 或 WC），因此过多的二次碳化物存在将引起碳化物聚集、联结等现象，使合金的韧性下降。必须采用高温淬火加热方能使之溶解。烧结或高温淬火过程中，若出现一次碳化物"团化"则效果更佳。50％ WC 高碳铬钼钢结硬质合金经 1180℃ 淬火＋650℃ 回火后的显微组织中六方晶体的多角形 WC 已产生"团化"趋势。

钢结硬质合金的淬火变形很小，且淬透性好，淬火过热倾向亦小。为了保证碳化物充分溶解，通常采用盐浴加热，保温时间为一般工具钢的一倍。可参照一般高合金工具钢进行冷却，可用热油（40℃）直接淬火，也可根据零件截击大小和形状采用分级或等温淬火。采用马氏体等温淬火法（200℃，45min）能显著提高冷挤压模具的耐磨性。

钢结硬质合金回火的目的不仅是消除淬火应力，稳定组织，而且可以适当地调节组织与性能。课题组曾对 50％ WC 高碳铬钼钢结硬质合金做了系统的回火试验，发现钢结硬质合金具有较高的回火稳定性，同时发现经不同温度回火后合金的硬度、强度与韧性都发生了相应的变化。回火基本过程包括 ε 碳化物析出—回（M·Fe）3C 析出—合金碳化物析出—火马氏体分解与残余奥氏体转变等几个阶段。

从冲击试验的结果来看，50％ WC 高碳铬钼钢结硬质合金低温回火与高温回火的冲击值相差不大，经高温回火后的冲击值甚至更低些。这种现象不同于一般的合金钢。经相分析发现，高温回火后显微组织中有过多的碳化物析出且发生联结现象，严重影响了冲击性能。

针对钢结硬质合金生产过程中比较困扰的一次碳化物（WC）的溶解与析出问题。1983 年左右，游兴河等对 WC 系钢结硬质合金热处理中硬质相的行为进行了研究，探讨了硬质相在 WC 系钢结硬质合金热处理中的行为，即硬质相与钢基体的相互作用及其对热处理相变、组织结构及性能的影响。这将引起钢基体化学成分的变化，从而影响其热处理。

研究发现：合金在液相烧结和淬火加热过程中，由于 Fe 的扩散溶入的结果，出现铁含量不同的两种硬质相，其中"贫铁"硬质相，颜色深且相界面清晰，"富铁"硬质相则颜色较浅，相界面不太清晰，硬质相中 Fe 的分布以及钢基体相中 W 的分布是不均匀的。

不同热处理状态的金相组织分析结果显示，普通退火后的钢基体组织为片层状珠光体，球化退火后的钢基体组织为粒状珠光体，合金退火态钢基体的金相组织属于共析组织，而不再是原始配方成分的 50CrMo 钢的亚共析组织。

WC 系钢结硬质合金在液相烧结和热处理时，硬质相与黏结相钢基体发生相互溶解作用。对于 WC - 50CrMo 钢结硬质合金，烧结态钢基体相中固溶有 6.1% 的 W，在 960℃ 淬火态固溶有 1.65% W，在 1210℃ 淬火态固溶有 1.65% W。钢基体中的铁扩散溶解 WC 相后，出现两种含铁量不同的硬质相，即"贫铁"硬质相和"富铁"硬质相，相互溶解后的钨和铁分别在钢基体相和硬质相中的分布是不均匀的。硬质相与钢基体相相互溶解的结果，是钢基体不再保持原始配方时钢的化学成分。钢基体中含有钨并增加了碳含量，从而对 WC 系钢结硬质合金的热处理工艺、组织结构和性能产生影响。因此，合金退火采用球化退火工艺及淬火回火中会出现二次硬化现象。

1.2　GJW50 钢结硬质合金热处理研究

20 世纪 80 年代中期，合肥工业大学硬质合金项目组通过艰苦努力，研发出了一种新牌号的钢结硬质合金，即 GJW50 钢结硬质合金，其由 50% 质量分数（33%，体积分数）的碳化钨与中碳低合金钢钢基体组成，表现出良好的机械性能与工艺性能，适用于冷变形模具。钢基体的成分是 0.50%C、1.0%Cr 和 0.5%Mo。碳与合金元素均低于当时流行的钢结硬质合金。这种新牌号合金代用某些常用冷变形模具材料，如工具钢、钨钴合金、模具寿命明显提高，其工艺性能如可锻性、切削加工性也有所改进。针对新合金，在原来积累的钢结硬质合金研究经验的基础上，热处理教研室研究小组对 GJW50 的组织、热处理等进行了系统研究。

研究发现：GJW50 合金在 1020℃ 奥氏体化＋200℃ 等温淬火过程中发生了等温马氏体转变，该状态组织与 1020℃ 淬火＋200℃ 回火态相比，残余奥氏体量显著。GJW50 合金经 1020℃ 奥氏体化＋200℃ 等温淬火后的 HRC、a_k 值均明显高于 1020℃ 淬火＋200℃ 回火态。但前者的 K_{IC} 值略低于后者。200℃ 等温过程中，剩余奥氏体中由于大量 ε 碳化物的析出，超细等温马氏体的形成，是 GJW0 合金马氏体等温淬火强化的主要因素。1020℃ 奥氏体化、200℃ 等温淬火组织中较多的残余奥氏体是其 a_k 值显著高于 1020℃ 淬火＋200℃ 回火态的主要原因。

1.3　钢结硬质合金的表面处理研究

20 世纪 80 年代中后期，刘圣明等还对 GJW50 等合金进行了硼硫复合渗等表面改性处理。GJW50 钢结硬质合金经硼硫复合渗后，可获得一层厚 40~60μm 的硫化物与硼化物复合层。该复合层最外层是硫化物，往里是硼化物层，再往里是碳富集的过渡区。这种复合结构能明显地提高工件的耐磨性和抗咬合性。复合层中，渗硼层是基础，渗硼层的组织结构对提高耐磨性起决定性作用。GJW50 钢结硬质合金材料经渗硼处理后，可得到由硼化物包围 WC 颗粒的渗硼层，与常规处理相比，除有高硬度外，还可减小黏结相与硬质相 WC 之间的硬度差，增加相界面的结合强度，提高裂纹扩展的阻力，避免 WC 颗粒剥落，减小磨粒磨损，提高耐磨性。

GJW50 钢结硬质合金渗硼硫复合层后形成的渗硫层有减摩与润滑作用，渗硼层有极高的硬度，在摩擦过程中还能被氧化形成一层较厚的可降低摩擦系数的 B_2O_3 氧化膜，从而大大地提高耐磨性和抗咬合性。

某标准件厂用 Cr12MoV 钢制成 M8×15mm 非标准细牙螺栓冷镦模，冷镦材料为 AY

3F（硬度 85～90HB），在速度为 60 件/min 的 Z12-8 双击自动冷镦上使用时，每副模具的平均使用寿命只有 1.5 万件，一般由于模腔磨损超差或拉毛而失效。改用合肥工业大学研发的 GJW50 钢结硬质合金材料制造并经常规处理后使用时，使用寿命为 28 万件，可提高近 18.5 倍。经硼硫复合处理后使用时，冷镦 38 万件后未出现磨损超差、表面拉毛与落剥现象，仍可继续使用。比原 Cr12MoV 钢模具的使用寿命提高 25 倍以上，经济效益明显。用 GJW50 钢结硬质合金制的螺栓冷镦模经硼硫复合渗后的使用寿命与 Cr12MoV 钢制模具相比，可提高 8 倍以上。

在这一阶段，从事钢结硬质合金研究与开发的老师有王成福、游兴河、黄禄官、刘圣明、丁厚福、李合琴、尤显卿等，众多成果有力地推动了当时钢结硬质合金理论与生产。由于研究内容及研究成果丰富，在此不再一一赘述。

2　安徽钢结硬质合金后期的拓展与改性

在钢结硬质合金及其热处理研究基础上，我省在电冶钢结硬质合金、表面熔覆钢结硬质合金熔覆层及其热处理、改性等领域进行了新的拓展，并处于国内领先水平。

2.1　DGJW 系列钢结硬质合金合金的开发与热处理

尤显卿、郑玉春、杜晓东、刘宁等系统研究了电冶熔铸 DGJW40、DGJW30 等自主开发的钢结硬质合金的显微缺陷、微观组织、退火、淬火、回火、锻造。开展了组织评价、摩擦磨损特性与机理研究、热疲劳性能与机理研究、稀土改性、微合金化对组织性能的影响及性能之间的关联性，并将成果应用于线材轧辊、导位辊等产品，取得了技术进步。

2.1.1　DGJW 系列合金的组织特点

钢结硬质合金自 20 世纪 50 年代问世以来，已得到了很大发展，但碳化物颗粒的偏聚和产品的致密化问题仍是困扰钢结硬质合金进一步发展的两大因素。为了解决这类问题，在普通烧结法的基础上研究成功了一些新的成形与烧结方法，如热压成形法、热等静压法、定向结晶法等。但这些方法仍存在一定的局限性，如热等静压法设备复杂，定向结晶法只适用共晶成分或接近于共晶成分的合金。因此，生产钢结硬质合金目前还没有一种完美的方法。本文中的 DGJW40 试样，系采用一种新工艺所制取的 WC 钢结硬质合金，以期能解决上述问题，从而开辟一条新的生产钢结硬质合金的途径。

对硬质合金材料而言，特别是烧结态硬质合金，孔隙一般是无法消除的。孔隙作为一种存在于材料内部的孔洞，将降低合金的强度、耐磨性及其他性能。粉末冶金产品的抗拉强度、延伸率、冲击值、疲劳强度等都将因孔隙存在所产生的应力集中而显著下降，可认为粉末烧结体的多孔性除了可贮存润滑油从而提高材料的减磨性，对其他机械性能完全没有好处，而且孔隙度越大，这种负面影响越大。因此，工艺上总是力求制造出尽可能致密甚至无孔隙的硬质合金。采用新工艺所制成的 DGJW40 硬质合金材料，其孔隙度可明显低于烧结法，利于机械性能的提高。

因为新工艺采用多步骤制成样品，整个过程不需压制，所以带入灰尘及杂物的可能性很小；在制样过程中，微量的灰尘及杂物被烧损或排出，使制成的试样出现脏孔的可能性也变得更小。采用新工艺制取硬质合金，高温停留时间相对很短，故 WC 溶入基体较少，基体碳含量不会太高，石墨化倾向也较小。新工艺方法高温停留后可直接空冷甚至水冷，冷却速度大大提高。原钢结硬质合金烧结一般是在气体保护炉甚至是真空炉中进行，冷却常为随炉冷却，速度很慢，故石墨化的可能性相对较大。DGJW40 的制取工艺很好地解决了钢结硬质合金致密化问题。通过采用新的工艺方法并适当控制实验参数，既实现了液相烧结，又不会在冷凝后出现 WC 偏聚，且孔隙度大为降低，致密度明显提高。前述测试结果已证实，无论是孔隙度还是最大孔隙尺寸，采用新工艺制成的钢结硬质合金均优于普通烧结态钢结硬质合金。

硬质相的均匀分布与否是影响钢结硬质合金质量的重要因素。碳化物的过分聚集乃至桥接现象的存在将很容易在碳化物聚集区和桥接面处萌生裂纹，并且裂纹也容易沿其交界面扩展。因此，保持钢结硬质合金中硬质相粒子的相对独立和均匀分布，对材料性能至关重要。由于 WC 密度的实测值为 $15.6g/cm^3$，钢基体密度以 $7.8g/cm^3$ 计，两者相差近一倍，在基体熔化状态下，WC 易发生成分偏析；同时，由于钢基体对 WC 的湿润性差，WC 粒子间聚集的自由能较低，故在显微组织中往往会出现 WC 偏聚现象，加之普通烧结过程中烧结时间长，这类偏聚往往容易发生。新工艺因采用特殊方法，虽然硬质相也会因与基体密度有差异而发生偏聚，但其偏聚程度较小，且因基体处于高温熔融状态的时间相对于液相烧结而言很短，故 WC 颗粒来不及下沉或聚集。如采用新工艺所制成的棒状试样，其中间部分的 WC 颗粒分布很均匀，且两端偏聚程度也很小。DGJW40 中 WC 颗粒分布均匀，与普通烧结法相比孔隙度大为减小，游离石墨含量大为降低，具有明显的质量优势。此外，新工艺方法操作周期短，设备简单，能耗少，参数容易控制，并可用于较大件的生产，因此为一种可以取代普通烧结法的生产钢结硬质合金的新工艺。

2.1.2　DGJW 系列合金的稀土改性

上述 DGJW 钢结硬质合金，是一种组织性能较优的复合材料。试验结果表明，新合金具有致密度高、显微缺陷少，机械性能较高的优点，但也存在碳化物部分桥接等缺陷。研究人员尝试将稀土引入 WC-钢基合金中，希望借助稀土的作用进一步改善合金的组织与性能，取得了较理想的效果。

通过对 RE-钢结硬质合金及未加稀土的钢结硬质合金显微组织、显微缺陷的观察分析和摩擦磨损特性的研究发现：

（1）RE-钢结硬质合金孔隙率明显低于未加稀土的钢结硬质合金，与普通烧结态钢结硬质合金相比，RE-WC 钢结硬质合金中未观察到脏孔和游离石墨。

（2）RE 的介入对钢结硬质合金中 WC 颗粒分布状态无明显影响，但可减少 WC 颗粒之间的桥接，WC 颗粒的孤立度提高。

（3）由于萌生于硬质颗粒偏聚区交界面上的裂纹的扩展导致剥落坑的产生是 RE-钢结硬质合金磨损的原因，而稀土元素减少 WC 颗粒桥接的作用从而抑制了硬质颗粒偏聚区交界面上裂纹的产生，因此 RE 改性钢结硬质合金在滑动摩擦条件下的耐磨性优于未加稀土的合金。

2.1.3 DGJW 系列合金的成型与热处理

上述 DGJW40 钢结硬质合金是以中碳钢为黏结剂的 WC 钢结合金。其组织与普通烧结法有所不同，根据上述研究结果，组织特点具体体现在：普通烧结法制成的合金孔隙率高、杂质含量高、存在游离石墨、硬质相偏聚，而新方法制成的合金组织致密，气孔、杂质、孔隙少、无游离石墨，硬质相分布均匀，性能方面很有提高潜力。原始组织中，合金碳化物呈块状和细小鱼骨状。经适当的热处理后，上述组织虽有所改善，但碳化物仍存在桥接，未完全分离，桥接处易成为裂纹源，降低韧性和耐磨性，对性能有较大危害，加入微量稀土元素也未根本改变这些缺陷。项目组通过适当锻造，使合金中块状和鱼骨状合金碳化物有所破碎，并沿变形方向分布，碳化物均匀细小，改善了合金组织，相应地带来性能的变化。其后，通过适当热处理，其耐磨性等性能又有所改善。

锻造前原始组织中基体为索氏体组织，合金碳化物为细小鱼骨状，淬火、回火后的组织是回火马氏体基体上分布着鱼骨状及细小颗粒状的合金碳化物和硬质颗粒相互桥接的白色块状硬质相粒子。锻后组织发生了变化，块状和鱼骨状碳化物破碎，沿变形方向呈带状分布，碳化物细小、分布均匀，淬火后的基体是马氏体上分布着细小、分散的合金碳化物，其数量较未锻造合金为多，尺寸较小，块状硬质相碎化，相互分离。

锻造前后合金经 1150℃ 加热淬火、150℃×2h 回火的试样测量其磨损量，所得锻造后合金耐磨性与锻造前耐磨性相比明显提高。

由于锻造改善了硬质相的存在状态，相互桥接被破坏，硬质相相互独立、分布均匀，硬质相桥接处成为裂纹源的可能性显著降低，不易产生裂纹，硬质相颗粒不易剥落，故耐磨性得以提高。实验结果显示锻造后试样的剥落坑明显小于未锻造合金，剥落现象比锻造前轻得多。

由硬度和冲击韧性试验结果可知，锻前原始组织的硬度是 HRC56，冲击韧性是 3.43J/cm^2，淬火、回火后硬度值是 HRC65～67，冲击韧性是 5.88J/cm^2；锻造后淬火前的硬度是 HRC36～39，冲击韧性是 12.00J/cm^2，淬火、回火后的硬度是 HRC64～66，冲击韧性是 10.00J/cm^2。

可见，锻造前后的硬度基本无变化，但冲击韧性值在锻造前后相差很大，而冲击韧性与裂纹萌生及扩展是相互关联的。虽然钢结硬质合金的硬度与耐磨性存在一定的对应关系，但试验合金的耐磨性好坏更取决于合金的韧性。冲击值在冲击功相差不大时，可间接反映材料韧性好坏，反映裂纹形成与扩展的难易程度。冲击韧性好，有利于缓解裂纹前端的应力集中，与此相对应的是裂纹不易产生与扩展，硬质相不易沿与基体的界面与基体发生分离而剥落，合金耐磨性好。因此，冲击韧性试验结果也验证了锻造对合金组织及耐磨性改善的贡献。根据组织观察结果，由于鱼骨状碳化物在锻造过程中产生碎化，在基体上分布更均匀，在淬火加热时，碎化的碳化物未完全溶入基体中，使基体中未溶碳化物弥散度明显增加，锻后合金的淬、回火组织中，马氏体基体上分布的合金碳化物较未锻合金更细小、更弥散。这些细小、弥散粒状碳化物对基体有强烈的强化作用，促进了合金耐磨性的提高。合金锻后经不同温度淬火、后经 150℃×2h 回火后的磨损试验结果显示，1150℃ 淬火后 150℃×2h 回火仍是推荐的最优热处理工艺。

2.2　表面熔覆钢结硬质合金

考虑到钢结硬质合金成本过高，为节约材料成本，同时又能有效利用钢结硬质合金的高性能，合肥工业大学杜晓东、王连超、尹延国等先后开展了表面熔覆 WC-钢复合材料的研究、开发工作，在工件表面采用各种手段熔覆上表面熔覆 WC-钢复合材料，由于所采用的合金熔覆粉为钢的成分，故所形成的熔覆层实际就是钢结硬质合金。

2.2.1　表面熔覆钢结硬质合金技术的开发

（1）组合重熔技术用于表面熔覆钢结硬质合金。

最初表面熔覆 WC-钢复合材料曾尝试采用改进的电弧喷涂技术和氩弧重熔工艺在45♯钢基体上制备 WC-钢基复合熔覆层。复合涂层制备采用改进的 ZPG-400B 型电弧喷涂设备，在喷涂前试样经喷砂和除油处理。喷砂处理后的试样应立即喷涂，以免再次氧化。将欲喷涂粉末称取适量放入表面皿中，在烘干炉中 150℃下烘干 1h，除去其中水分，以免喷涂后在涂层中产生气孔。喷涂前需将 45♯ 钢加热到 100～150℃进行预热。工艺参数如下：喷涂电压 40V，喷涂电流 200～210A，喷涂距离 150～180mm，雾化压力 0.5～0.7MPa，涂层厚度为 0.3～0.9mm。对制得涂层采用钨极氩弧焊方法进行加热重熔，电流 70A，焊速约 130mm/min，氩气流量为 10L/mim，为保证电弧较稳定、熔化效率高、熔层深而窄、工件收缩应力和应变小，氩弧采用直流正接进行搭接烧熔。

图 1 是经重熔后的熔覆层与基体结合界面的显微组织。图 1（a）显示碳化物相中的一种为块状碳化物，另一种为棱角状碳化物。从形态分析后者为原始粉料的 WC 颗粒，而前者可能已溶入一定量的 Fe、Cr、Mn 等元素。这是因为在氩弧熔覆过程中，涂层吸热熔化而 WC 在 Fe 中的溶解度较大，WC 颗粒的局部溶解（主要是尖锐的棱角溶解），使 WC 颗粒棱角钝化，被溶解的 WC 在随后冷却过程中原位析出，形成含 Fe、W、Mn、Cr 等合金元素的复式碳化物；而棱角状碳化物与基体之间仅有微量原子交换，形态亦基本保持了原始粉料的状态。

图 1（b）显示基体、热影响区、熔覆层三者之间界面连续，结合良好，熔覆层与基体的结合为冶金结合，熔覆层与基体交界区组织存在平面晶，而熔覆层由从熔池底部指向顶部的树枝晶组成。熔覆层具有这种组织形态主要与熔池中极高的温度梯度和凝固速度有关，由于在熔池底部，温度梯度最大，凝固速度最小。首先以在基底上通过晶体外延生长的方式凝固，生长出一层平面晶；随着固/液界面的推进，温度梯度逐渐减小，凝固速度逐渐增大，凝固组织变为树枝状晶。但由于有大量碳化物的存在，在凝固过程中，这些碳化物使大的枝晶细化，当快至表层，则为细小晶粒。

熔覆层硬度试验显示：在基体区显微硬度最低；熔覆层区域硬度最高。表层的高硬度值来源于 WC、W2C 硬质相的强化作用和溶入钢基体中 W 等合金元素的细晶强化作用。在过渡区硬度变化较为平缓，梯度分布良好，表明重熔的效果较理想，熔覆层和基体的组织、性能较为连续，结合良好。

电弧喷涂层由堆积的变形粒子组成，与基体为机械结合，涂层具有层状叠加组织结构，其中孔隙较多。重熔后所得熔覆层中弥散分布着强化相粒子，与基体为冶金结合，组织致密，缺陷少；熔覆层磨损机制主要为微切削和轻微剥落。

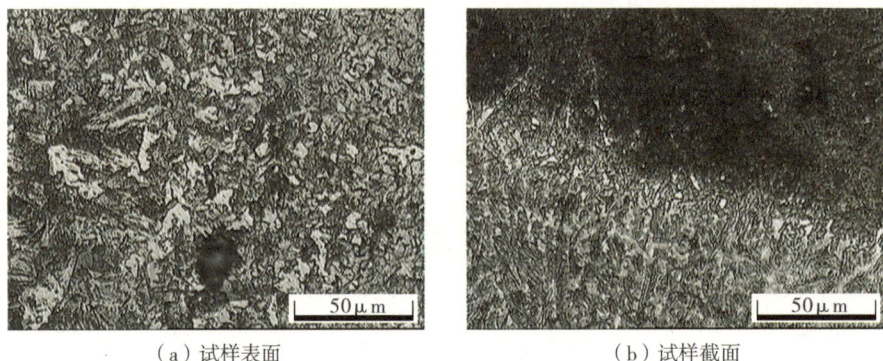

（a）试样表面 （b）试样截面

图 1　熔覆层与基体结合界面的显微组织

（2）用于表面熔覆钢结硬质合金的等离子熔覆技术开发。

等离子熔覆技术是表面工程领域的核心技术之一，它能够在零部件的表面熔覆一层性能优异的涂层，针对零部件进行表面强化、预保护及修复，以达到延长其服役时间或重新恢复使用的目的。杜晓东等将等离子熔覆技术与钢结硬质合金材料相结合，通过等离子熔覆技术在工件表面制备 WC 等颗粒增强的表面熔覆层。

工艺试验研究表明，通过优化等离子喷焊技术，在 45♯ 钢基材上获得了表面光滑且连续性好、无宏观裂纹的 WC 颗粒增强 Fe 基合金涂层。涂层厚度达 3mm，WC 颗粒主要分布在涂层表面附近，在涂层中部和底部有少量的 WC 颗粒，并且分布比较均匀。

对喷焊层截面进行显微硬度检测，结果显示涂层表层硬度偏低，涂层中部硬度较高，总体分布比较均匀。涂层表面由于等离子弧对合金元素的烧损，其硬度有所下降，表层硬度低于近表层硬度。

2.2.2　表面熔覆钢结硬质合金的稀土改性

未加稀土熔覆层组织 WC 颗粒直径达 $20\mu m$ 左右，在 WC 颗粒外围存在大量细鱼骨状共晶结构，如图 2（a）所示，这些组织的存在都是由 WC 颗粒的溶解所致。图 2（b）为加稀土后熔覆层组织中局部 WC 颗粒特征，可见 WC 颗粒直径达 $15\mu m$，且颗粒表面光滑

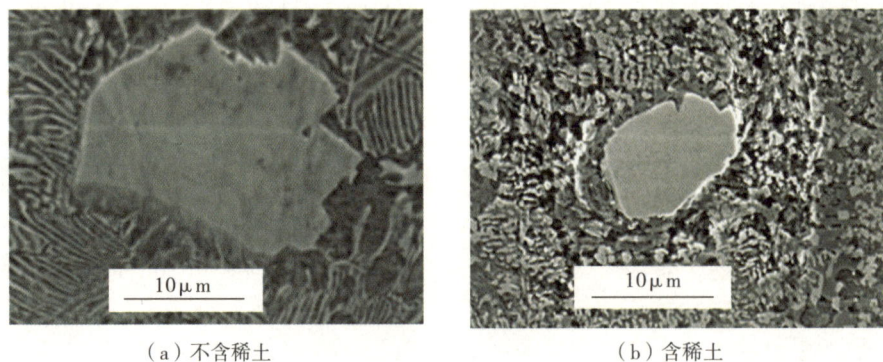

（a）不含稀土　　（b）含稀土

图 2　熔覆层组织中局部 WC 颗粒特征

无缺陷，但在 WC 颗粒周围出现了众多分布均匀的细小颗粒，无鱼骨状共晶组织存在。从图 2 对比图中明显发现，WC 颗粒周边组织形态上存在很大的差异，不含稀土的出现了大量鱼骨状共晶组织，而含稀土的则以颗粒状存在，说明稀土的加入抑制了鱼骨状共晶组织的形成，而促进了细小均匀颗粒状组织的析出。

2.2.3 用于表面熔覆钢结硬质合金涂层组织控制

对钢结硬质合金而言，普通的等离子熔覆方法存在 WC 比重偏析、WC 溶解量大，基体成分与组织因 C 的溶入而难以控制的问题。杜晓东等研究人员采用同步送粉和后送粉两种方式对 WC 送粉，系统性地研究了不同送粉条件下等离子堆焊 WC 增强复合涂层的组织结构特点，对比分析了后送粉方式对制备 WC 颗粒增强表层复合材料具有的优势和作用。

（1）在同步送粉和后送粉条件下，通过等离子堆焊可以制备出 WC 增强 Ni 合金复合涂层。复合涂层显微组织为未溶 WC 颗粒和结晶碳化物分布于亚共晶组织基体之上。

（2）后送粉时 WC 避开了等离子弧，送入温度较低的熔池尾部，WC 颗粒溶解较少；涂层组织中细长针片状 WC、W2C 初晶碳化物数量较少、组织较细，共晶含 W 碳化物含量较低；WC 与基体界面元素分布梯度相对较大。同步送粉时 WC 溶解较多，导致 WC、W2C 初晶碳化物数量较多、组织也较粗；同时较多 W、C 使液相成分偏向共晶点，凝固形成初生相 γ 较少，共晶组织较多，共晶含 W 碳化物也较多。

（3）相对于同步送粉，后送粉制备颗粒增强复合涂层具有明显的优势。

2.2.4 用于表面熔覆钢结硬质合金涂层的外加磁场改性

杜晓东等还通过外加磁场的方法进一步改善钢结硬质合金熔覆层的组织和性能。外加磁场的日的是利用磁场对熔覆层的电磁场搅拌效应，使涂层中正在结晶的枝晶破碎以形成更多的形核质点，从而达到细化晶粒的效果。外加的磁场按照电流属性可分为稳恒磁场和交变磁场，按照磁场方向与等离子弧方向的位置关系可分为横向磁场和纵向磁场，它们均对涂层具有良好的改性效果。研究发现：外加的磁场能够有效细化涂层的晶粒，改善涂层的摩擦磨损及耐蚀性能。外加的磁场中通入交流电产生的交变磁场的改性效果强于通入直流电产生的稳恒磁场的改性效果，无论是直流横向磁场还是纵向磁场，它们都对熔覆层的性能有所改善，其中横向磁场对提升堆焊层硬度效果明显，而纵向磁场对提升堆焊层耐磨性效果较为明显。

3 行业发展趋势及安徽努力方向

鉴于钢结硬质合金行业发展现状，为提高我省钢结硬质合金行业的整体水平，建议省内业界同行重点开展以下科技创新工作：

（1）强化钢结硬质合金领域应用基础理论研究，重点是钢结硬质合金结构理论与计算机模拟设计，原材料质量及组成、制造工艺对合金特性、使用性能的影响及涂层机理等；

（2）钢结硬质合金近净成形新技术及装备的开发研究；

（3）钢结硬质合金表面处理（包括表面改性、研磨、涂层和其他后处理技术）及其设备和使用技术的研究；

（4）稀土改性、外加磁场改性钢结硬质合金、陶瓷刀具和复合材料刀具的研制，高精度合金工具和模具的开发应用；

（5）表面熔覆钢结硬质合金复合涂层的研制开发；

（6）钢结硬质合金涂层材料与技术开发。

总之，钢结硬质合金有其自身的优点，也有一些较难克服的缺点。深入研究、合理开发，尤其是对其热处理理论与技术进行研究与开发，是值得本省同行，特别是热处理界同行去共同努力的。

参考文献

[1] 合肥工业大学热处理教研室. 对钢结硬质合金热处理的几点看法 [J]. 金属热处理，1978，(4)：57-60.

[2] 合肥工业大学钢结硬质合金小组. 钢结硬质合金热处理的研究 [J]. 合肥工业大学学报，1980，(2)：1-17.

[3] 丁厚福. WC溶解对钢结硬质合金组织的影响 [J]. 材料科学与工艺，1997，(1)：86-89.

[4] 杜晓东，尤显卿，郑玉春. DGJW40钢结硬质合金显微缺陷研究 [J]. 稀有金属与硬质合金，2000，(1)：22-25.

[5] 游兴河，李晓明，施绍明. WC系钢结硬质合金断裂过程与断裂机理研究 [J]. 粉末冶金技术，1988，(3)：141-147.

[6] 游兴河. 碳化钨钢结硬质合金GJW50的微观组织分析 [J]. 合肥工业大学学报（自然科学版），1989，(3)：39-48.

[7] 丁厚福. 钢结硬质合金的马氏体等温淬火研究 [J]. 热加工工艺，1996，(6)：29-31.

[8] 游兴河，杜永深. 从强韧性看钢结硬质合金的发展趋势 [J]. 金属热处理，1984，(7)：40-43.

[9] 尤显卿，游兴河. 热处理条件对GJW50钢结硬质合金热疲劳性能的影响 [J]. 稀有金属与硬质合金，1994，(4)：8-15.

[10] 邓志煜，王成福，游兴河，等. 热处理对GT35钢结硬质合金断裂性能的影响 [J]. 机械工程材料，1984，(1)：25-30.

[11] 黄录官，杨临裕. GW30钢结硬质合金的强韧化 [J]. 金属热处理，1983，(7)：35-40.

[12] 刘圣明. GJW50WC钢结硬质合金的硼硫复合渗 [J]. 金属热处理，1990，(9)：15-21.

[13] 丁厚福，吕珺，汤文明. GJW50合金的等温马氏体转变及其对性能的影响 [J]. 材料科学与工艺，1997，(3)：58-61.

[14] 合肥工业大学钢结硬质合金小组. WC-钢复合结构的D-B断口分析 [J]. 合肥工业大学学报，1981，(1)：83-91.

[15] 尤显卿，游兴河，郑玉春. 碳化钨钢结硬质合金表面热疲劳裂纹扩展的观察 [J]. 硬质合金，1994，(4)：193-199.

[16] 叶诚，杜晓东，李连颖，等. 稀土对 WC 颗粒增强铁基体复合涂层组织结构的影响 [J]. 中国稀土学报，2012，30 (1)：102-107.

[17] 宋自力，杜晓东，王家庆，等. 送粉方式对 WC 增强复合涂层的组织影响 [J]. 焊接学报，2012，33 (4)：13-16+113.

[18] ZHONG Y M, DU X D, WU G. Effect of powder-feeding modes during plasma spray on the properties of tungsten carbide composite coatings [J]. Journal of materials engineering and performance，2017，26 (5)：2285-2292.

[19] WANG F C, DU X D, ZHAN M J, et al. Microstructure and mechanical properties of Cr-SiC particles-reinforced Fe-based alloy coating [J]. Journal of materials engineering and performance，2015，24 (12)：4673-4680.

[20] ZHAN M J, DU X D, WANG F C, et al. Effect of rare earth on microstructure and carbides in WC-Fe composite coating [J]. Tribology-materials, surfaces & interfaces，2015，9 (3)：137-143.

[21] 石刚. 国内外硬质合金生产和产品现状、发展方向 [EB/OL]. (2021-11-17). https：//wenku. baidu. com/view/542ed45da75177232f60ddccda38376baf1fe06b. html.

[22] 周永贵，轴仿棱. 中国硬质合金工业的历史、现状与发展 [C]. 中国钨工业发展战略论坛文集，2004：67-73.

（五）等离子弧表面淬火处理技术及应用

王硕桂[1]　董　灿[2]

（1 中国科学技术大学 精密机械与精密仪器系，合肥 230027）

（2 合肥锟擎科技有限责任公司，合肥 230000）

等离子弧表面淬火处理技术始于 20 世纪 80 年代，由于具有传统加工技术所无法比拟的独特优势而受到世界各工业发达国家政府、科研机构、制造企业等的高度重视。美国、日本、俄罗斯及中国等国家纷纷开展了相关的研究和推广应用，促进了这项技术的发展。日本在 20 世纪 90 年代初开始研究等离子弧表面淬火的条件和组织，木村达夫和宫崎骏行用小孔径喷嘴进行碳钢的等离子弧淬火实验，证明等离子弧可以进行局部硬化。苏联成功地将等离子弧表面淬火方法应用于铸铁轧辊的强化，使轧辊的平均使用寿命提高了 1.46 倍；用等离子弧表面淬火局部硬化高碳钢工件，工件的平均工作能力提高了 2 倍，获得了很大经济效益；同时，对等离子弧表面硬化火车机车轮毂进行了大量的理论分析并实际应用。对发动机缸体进行等离子弧表面淬火，可使缸体耐磨性提高 3 倍以上；热轧钢板剪切机刃口淬火，与同等未处理的刃口相比寿命提高了一倍左右。

国内对等离子弧表面淬火技术的研究始于 20 世纪 80 年代，主要局限在一些高等院校，如中国科学技术大学、山东科技大学、沈阳工业大学等。90 年代初，中国科学技术大学研制出了一款适用于强化内孔表面的等离子弧表面淬火设备。随后，山东科技大学研制出了应用于工业生产的专用汽缸套等离子弧数控设备，并研究分析了铸铁等离子弧淬火区的特点。由于缺少集中投入和深入研究，特别是等离子弧表面淬火硬化深度的技术难以突破，研究单位越来越少，实际应用逐步萎缩，以至于掌握等离子弧表面淬火技术的人越来越少。本等离子弧表面淬火技术研发团队通过对等离子弧表面淬火技术的全面分析和评估，从 2008 年开始，对等离子弧表面淬火技术（包括设备研制、工艺试验等）进行了全面的研究、开发、推广和应用，已逐步使等离子弧表面淬火技术进入实用阶段。目前，等离子弧表面淬火技术处理的硬化层深度可根据实际需要控制在不同的深度，最大深度超过 2mm，处理的材料覆盖全部黑色金属材料，低碳钢材料等离子弧表面淬火后硬度为 HRC50 左右，应用的领域越来越广，如模具、大型柱塞、刮板输送机的中板、底板、槽帮、混凝土输送缸、轧钢导卫、机床导轨、截齿等。

1　等离子弧表面淬火的基本原理

等离子弧表面淬火的原理是以等离子弧作为热源对工件表面进行快速加热，使被加热部位的温度在极短的时间内达到相变温度以上，然后靠工件自身冷却和相变获得所需要的组织，从而使加热部位获得极高硬度、高耐磨性、抗疲劳性等性能，大幅度提高零件的使用寿命。

2　等离子弧表面淬火的特点

（1）等离子弧表面淬火处理马氏体，其晶粒细、位错密度高，硬度高，不脆，耐磨性好。

（2）变形极小，甚至无变形，适合于高精度零件处理，零件处理后可直接使用或仅需精磨。

（3）表面淬火处理后表面为压应力，不产生裂纹，能显著提高抗疲劳强度。

（4）硬度梯度非常小，硬度基本不随硬化层深变化而变化。

（5）适合的材料广泛，包括各种中高碳钢、工具钢、模具钢以及铸铁材料等。

（6）低碳、节能、环保，无须冷却介质，无废气废水排放。

（7）方便野外操作。

（8）工件表面淬火性能可控，操作容易，维护方便。

3　实验及测试

图 1 为炮钢材料等离子弧表面淬火处理后硬化区和基体的显微组织图，可以看出硬化区部分为细小的马氏体组织，基体为铁素体和珠光体组织，晶粒较硬化区粗大很多。

图 2 为等离子弧表面淬火处理 40Mn2 的硬化带形状，呈月牙形，其中月牙斑的宽度、深度及硬化区的硬度是等离子弧表面淬火处理的主要技术指标。

图 1　炮钢材料的显微组织（200 倍）

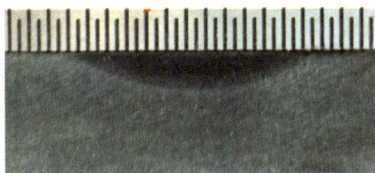

图 2　等离子弧表面淬火处理 40Mn2 的硬化带

图 3 为在同样磨损试验条件下，等离子弧表面淬火处理后的 40Cr 试样与 hardox450

耐磨钢板试样滑动磨损后表面磨痕对比图。试验单位为中国矿业大学，磨损试验报告结论：hardox450 耐磨钢板的磨损失重量、磨损速率分别为等离子弧表面淬火处理后 40Cr 钢的 7.59 倍和 6.18 倍。

40Cr等离子弧处理　　　　hardox450耐磨钢板

图 3　试样滑动磨损后表面磨痕对比

4　实际应用的例子

4.1　模具处理

用户认为，折弯模具的磨损部分在于模具的受力圆角处，所以只要求用等离子弧表面处理折弯模具的圆角部分，其余部分不处理。图 4 为等离子弧表面处理 4m 长折弯模具的现场，图 5 为根据用户要求等离子弧表面处理的受力圆角部分图，图 6 为折弯模具使用一年后的磨损状态。从中可以看出，受力最大、通常磨损严重的圆角部分经等离子弧表面处理，使用一年后光亮完好，但与之相邻的上表面和斜侧面因未经等离子弧表面处理，均出现严重的疲劳剥落现象并布满大量深浅不均的划痕。

图 4　等离子弧
表面处理 4m 长折弯模具

图 5 等离子弧仅表面处理长折弯模具的受力圆角部分

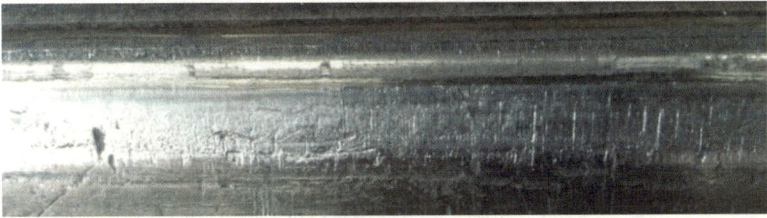

图 6 折弯模具使用一年后的磨损状态

4.2 轴类零件的处理

图 7 采用等离子弧表面处理轴类零件，柱塞轴精加工后，直接将车刀换为等离子弧发生器，利用加工车床的主轴和刀架运动，在柱塞轴表面形成螺旋状的等离子弧表面处理硬化带。

图 7 等离子弧表面处理大型柱塞轴

4.3 内壁的处理

图 8 采用等离子弧表面处理内壁零件，混凝土输送缸内壁精加工后，将等离子弧发生器伸入输送缸内壁，且随支撑机构直线运动，同时输送缸随旋转机构做旋转运动，在混凝土输送缸内壁表面形成螺旋状的等离子弧表面处理硬化带。

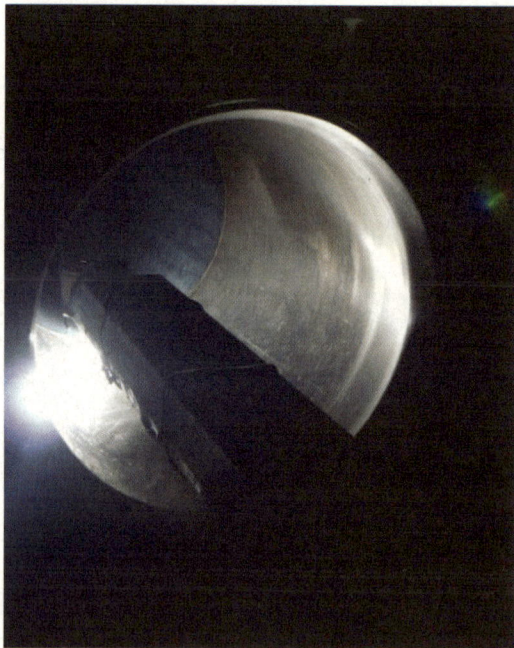

图 8 等离子弧表面处理混凝土输送缸内壁

5 结 论

（1）等离子弧表面淬火技术通过本研发团队的努力已产业化，从上面举的几个例子可以看出，等离子弧表面淬火技术能处理的工件范围非常广，操作很方便。

（2）等离子弧表面淬火技术处理的硬化层深度根据实际工件应用的要求不同，可以控制到不同的处理深度满足实际需要。在满足技术要求的条件下，也同时使加工成本及处理效率达到最优。

（3）等离子弧表面淬火技术能处理的材料覆盖全部黑色金属材料，各种钢材、铸铁等都可处理，低碳钢材料等离子弧经表面淬火后硬度为 HRC50 左右。

参考文献

[1] YAN M，ZHU W Z. Surface remelting of Ni‐Cr‐B‐Si cladding with a micro‐beam plasma arc [J] . Surface & coating technology，1997，92：157‐163.

[2] 木村达夫，宫崎骏行. 用小孔径喷嘴进行碳钢等离子弧淬火 [J]. 国外金属加工，1991，（2）：30‐35.

[3] 王硕桂. 等离子弧表面淬火实际硬化深度的工程计算 [J]. 机械研究与应用，2019，32（1）：48‐50+54.

（六）达克罗表面处理

朱绍峰

（安徽建筑大学 材料与化学工程学院 合肥 230601）

达克罗由"Dacromet"音译而来，又名锌铬涂层。1963 年，美国大洋公司研发了达克罗涂层，目的是解决汽车零件受到盐水、酸雨腐蚀问题。1972 年，美国人申请了达克罗专利。1976 年，日本、法国先后获得专利权。直到 1993 年，我国才从日本 NDS 公司引进达克罗，填补了新型防腐技术空白。

达克罗涂层在防护腐蚀方面性能良好，但传统的达克罗中六价铬含量较高，严重影响环境，因此阻碍了达克罗技术的应用和发展。目前，经过几十年的研究，出现了较多新型达克罗涂层，如无铬达克罗、利用纳米材料改进达克罗等。

1 达克罗涂层的特点

1.1 达克罗涂层的基本配方

达克罗涂层原料是由片状锌粉、铝粉、铬酐、钝化剂、分散剂、pH 调节剂、润湿剂、固化剂及其他助剂组成的混合液，依据产品用途和技术工艺不同，配方也不同。美国 MCI 公司、日本 NDS 公司、法国 DACRAL 公司和巴西 MCB 公司合作开发 Geomet 涂层，德国 Delta 公司推出了 Delta 涂层。Geomet 涂层价格昂贵，不利于大规模推广使用，Delta 涂层成膜剂的生产环境恶劣，也阻碍其推广。

一般较好的锌粉和铝粉是超细鳞片状，由于鳞片状锌粉和铝粉比球状的锌粉和铝粉防护性能更强。当达克罗涂液涂覆在金属表面时候，鳞片状锌铝涂层以最低的能量状态贴附在金属表面，孔隙率大大降低，致密性强，阻碍了外来介质的侵入。研究表明，锌粉越细，膜的耐腐蚀性越强，粒度小于 300 目的锌粉制得的达克罗膜耐腐蚀性优于传统的镀锌膜。

1.2 达克罗涂层的工艺特点

达克罗工艺处理是将零件浸入处理液中浸涂或喷涂、涂刷，取出零件后经过高温烧结固化获得无机转化膜的一种先进表面处理技术，远超传统电镀锌、热浸锌镀技术，具有其他表面处理无法比拟的优势和特点。

（1）具有超强抗腐蚀性。达克罗涂层与其他镀膜厚度相同的情况下，其盐雾腐蚀能力可达 1000h，是传统镀锌层的 5~10 倍，传统的电镀锌技术远不能达到。

（2）具有极好的耐热腐蚀性。达克罗涂层是在 300℃ 高温下烧结固化外观色彩不变，涂覆的零件呈亚光银灰色，可长久保持不变色，耐热腐蚀性能良好。

（3）无氢脆。达克罗工艺技术处理过程中不需要任何酸洗，只是在 300℃ 高温下烧结固化，不会有氢离子侵蚀金属的现象，杜绝了氢脆发生。

（4）具有优异的渗透性。达克罗涂层可以在复杂的零部件成膜（如管状零件内部），而传统电镀锌技术无法在零件的死角镀膜，即使镀膜很困难或者是膜的厚度达不到技术标准。

（5）具有良好的附着力。达克罗涂层经过多次涂覆烧结而成，满足零件表面的硬度，与钢铁基体的黏着力好，适用于钢、铁、铝、合金等金属表面保护，有利于溶液的涂覆。

（6）具有良好的环保性。达克罗被称为"绿色电镀"，其工艺处理过程无须酸洗，不排放有害物质废水，尤其是无铬涂层液体的推广使用，更有益于环境的保护。

达克罗工艺的缺陷是涂层比较软，不适合在活塞杆等运动零件上使用，其耐污迹性也较差。

1.3 达克罗涂层的防锈机理

达克罗无机涂层防腐蚀主要是由牺牲阳极、阴极保护、涂层自修复和物理屏蔽等对钢铁基体进行保护。

图 1 是达克罗涂层的构造示意图，达克罗涂层由几十层超细鳞片状（厚度 200nm 左右，直径小于 $20\mu m$）锌/铝粉和铬酸钝化物层叠而成，具有物理屏蔽作用，能够有效阻挡腐蚀介质的侵入。同时涂液中 CrO_3 能够在金属粉和钢表面形成致密的氧化膜，减缓锌和基体的腐蚀反应达到钝化屏蔽保护的作用。另外，腐蚀过程中难溶性腐蚀产物在涂层内部及表面的不断沉积，也会产生很好的封闭保护作用。

锌和铝的电位比铁低，当腐蚀介质侵蚀达克罗涂层时，鳞片状锌粉作为阳极逐步被消耗，而阴极的钢铁金属基体受到保护未被腐蚀。同时，涂层中的阳极鳞片状铝最先被腐蚀，抑制锌片的腐蚀，给钢铁基体提供了双层保护作用，可达到更好的防腐蚀效果。

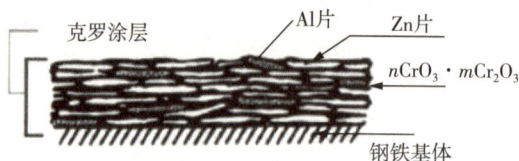

图 1 达克罗涂层的构造示意图

铬酸在固化过程中会被还原剂还原呈不溶性的三价铬化合物形式，涂层中还有少量的可溶性六价铬酸盐。当膜层划伤时，空气中的水分可以使膜层中六价铬溶解并对露出的锌铝片、基体重新钝化，形成新的保护膜，使刮伤后的膜达到自修复的抗腐蚀效果，对基体起到更好的防腐蚀保护作用。

2　新型达克罗涂层

2.1　无铬达克罗

达克罗涂层中含有毒性强、有致癌作用的六价铬，烧结固化涂层中还存在六价铬。无铬达克罗是指在涂料成分上不含有铬酸根，涂层中不含有六价铬。传统达克罗涂料中铬酐有钝化、络合功能，还原产物 $nCrO_3 \cdot mCr_2O_3$ 能够起到黏结剂作用，将锌铝片牢牢黏附在基体表面。无铬达克罗涂料的研发，是找到能够替代传统达克罗涂料中铬酐的物质。

无铬钝化剂中无机钼酸盐、硅酸盐、磷酸盐，有机植酸、柠檬酸盐、聚合物等均可代替铬酐。另外，有机聚合物硅烷偶联剂和树脂也可以固附在基体表面形成涂膜。

乔静飞通过在达克罗涂液中用硼酸和磷酸二氢钾取代部分铬酐，并加入适量的环氧树脂和硅烷偶联剂 KH-570，制得低铬达克罗，提高了涂层的耐腐蚀性能，增强了涂层的附着力。朱孝培等将钼酸铵替代铬酐，并发现当替代量为 20％ 时，其耐腐蚀性最好。鲁俊等将磷酸作为铬酸钝化作用的替代物，并加入适量稀土铈盐助剂，获得了具有优良耐蚀性的无铬达克罗涂层，其中铈盐的加入能够明显降低涂层的腐蚀电流。李庆鹏等研究了单独水杨醛、水杨酸及其复配三体系对达克罗涂液稳定性的影响，结果表明二者协同使用能够在不改变涂料耐盐雾性能的同时提高涂料的稳定性。

邰红红等用硅烷偶联剂、植酸和锰盐代替铬酐，并用正交实验优化配方制成无铬达克罗涂液，锌铝粉质量比 9：1，KH-550 3.5g，锰盐 2.5g，涂层外观连续均匀，中性盐雾测试耐腐性可达 5 级。江曼等采用环氧树脂作为达克罗涂膜的成膜物质，将 MnO_2 作为代替铬酸盐的氧化剂。经试验对比，确定拥有较好防腐性能的新型无铬达克罗涂液配比是：$w(Zn)=5\%$、$w(Al)=10\%$、$w(MnO_2)=20\%$、$m(环氧树脂)：m(聚酰胺)=1：0.8$。王全全等用聚氨酯改性环氧树脂作为胶黏剂，并通过大量试验对比确定出最佳的涂液配方和工艺参数，最终制备出一种具有 1 级附着力和中性盐雾试验可达 1200h 的无铬达克罗涂层。

2.2　纳米改性达克罗涂层

添加一些纳米颗粒可改善无铬达克罗涂层的耐腐蚀性能。乔静飞等通过电位极化测试、中性盐雾测试研究了无铬达克罗中掺杂不同含量氧化钇纳米颗粒对普通碳钢的防护作用，发现掺杂最佳含量为 20g/L，可增强涂层屏障性能，提高耐腐蚀性。王旭东等将 Al_2O_3 纳米粒子添加到达克罗涂层中对其进行改性，显著提高了涂层的硬度和耐蚀性。郑秋红等将 SiO_2 纳米微粒加入达克罗涂层中，制备出耐蚀性和硬度均有所提高的涂层。

纳米颗粒的加入可以强化细晶，使膜层组织均匀致密，从而提高抗腐蚀性能。涂层中纳米颗粒会分散在锌铝粉的细缝中，覆盖在鳞片状锌铝粉表面，抑制电极腐蚀，在阴极保护作用下，锌铝粉在腐蚀介质中腐蚀速率降低，延缓腐蚀，从而保护了基体。

2.3 达克罗有机无机复合体系

有机无机复合钝化比单独有机或者无机钝化效果更好。将达克罗作为底涂层，在基体表面再涂覆一层复合涂层，能够更好解决耐磨抗刮、耐酸碱问题。目前有机无机复合可分为无机盐-硅烷钝化、无机盐-树脂钝化及其无机盐-植酸钝化等。

4 展 望

无铬达克罗是理想的防腐蚀涂料，是金属表面处理工艺发展的重要方向。针对传统达克罗涂层含六价铬的问题，大量研究表明替代铬酐的选择多样。同时，还可以通过寻找性能更加优良的有机无机钝化体系来实现高性能无铬钝化。进一步研究降低涂层烧结固化温度，缩短固化时间，有效降低能耗、提高生产效率。

参考文献

[1] 曲志敏，黄金玲. 达克罗技术的应用研究概况 [J]. 上海涂料，2005，（9）：30-31.

[2] 段利中，范宝安，吴保全，等. 新型无铬达克罗技术的研究进展 [J]. 应用化工，2013，42（8）：1496-1498.

[3] 于兴文，李自松，曹楚南. 锌粉粒度对锌铬膜耐腐蚀性能影响的研究 [J]. 电镀于涂饰，2000，（5）：4-6+20.

[4] 周次心，周雅. 达克罗涂层的现状及发展 [J]. 南昌航空大学学报（自然科学版），2014，28（2）：43-49.

[5] 王青，裴政，童鹤，等. 达克罗涂层技术进展研究 [J]. 兵器材料科学与工程，2013，36（2）：138-142.

[6] 舒屹，林兵. 达克罗（Dacromet）涂层的研究 [J]. 重庆师范学院学报（自然科学版），1997，（4）：31-36.

[7] 刘建国，龚高平，严川伟. 3.5% NaCl 中达克罗涂层的耐蚀机理 [C]. 2004 年腐蚀电化学及测试方法学术论文交流会论文集，2004：256-261.

[8] 宁丽君，许立坤，杜爱玲等. 环氧富铝/锌涂层在 NaCl 溶液中的腐蚀行为研究 [J]. 腐蚀科学与防护技术，2012，24（6）：468-472.

[9] 乔静飞，张明明，李文超，等. 一种低铬达克罗涂层的制备工艺及性能 [J]. 腐蚀与防护，2016，37（3）：241-244+248.

[10] 朱孝培，赵麦群，陈雪婷，等. 钼酸铵/硼酸/磷酸替代铬酐对达克罗涂层性能的影响研究 [J]. 兵器材料科学与工程，2017，40（6）：87-91.

[11] 王典，刘建国，严川伟，等. 不同添加剂对锌粉的析氢抑制及无铬达克罗稳定性的影响 [J]. 腐蚀科学与防护技术，2009，21（2）：176-178.

[12] 李庆鹏，艾瑞东，刘建国，等. 不同钝化剂对锌铝混合粉的析氢抑制及无铬达

克罗性能影响 [J]．腐蚀科学与防护技术，2011，23（2）：121-124.

[13] 邵红红，余益楠，刘雪丽，等．无铬达克罗涂层的制备及其耐腐蚀性能 [J]．材料保护，2014，47（11）：43-44，53，8-9.

[14] 江曼，毕渭滨，毛钢红，等．新型无铬达克罗防腐材料 [J]．西北大学学报（自然科学版），2010，40（2）：215-218.

[15] 王全全，柯昌美，胡永，等．无铬达克罗涂液配方及工艺条件的研究 [J]．涂料技术与文摘.2010，31（11）：31-37.

[16] 乔静飞，张明明，张小麟，等．氧化钇纳米颗粒对无铬达克罗涂层耐蚀性能的影响 [J]．属热处理.2016，41（7）：178-181.

[17] 王旭东，周伟峰，孙冬柏，等．Al_2O_3纳米粒子增强锌铝基耐蚀涂层的制备及性能研究 [J]．材料保护，2006，（8）：4-7+71.

[18] 郑秋红，李小红，宋新民，等．二氧化硅纳米微粒对达克罗涂层性能的影响 [J]．材料保护，2006，（11）：14-17.

（七）碳纳米管和空心微珠的表面改性与微波吸收性能

刘家琴[1]　薛茹君[2]　吴玉程[1]

（1. 合肥工业大学　合肥 230009，2. 安徽理工大学　淮南 232001）

　　科技快速发展，人们在享受现代科技进步成果的同时，也受其负面效应的侵害。强发射源的电磁波辐射、移动通信中的微波辐射及家用电器微波炉、电磁炉在使用时的电磁辐射等，均对人类健康产生严重威胁。随着 5G 时代的到来，电磁污染正在加剧。微波吸收材料是能够有效吸收或大幅衰减其表面入射电磁波并将电磁能转换成热能耗散掉，从而减少电磁波干扰的一类功能材料。微波吸收剂作为吸收电磁波的主体，除了应该具有强大的微波吸收性能，还需具备吸收频带宽、厚度薄、稳定性好和质轻等特性。

　　目前，广泛研究和使用的电磁波吸收剂主要是金属和铁氧体，其次是介电材料、铁电材料和导电高分子材料等。研究方法主要是根据目标材料的性能要求，通过调整材料的合理配比获得满足性能的电磁参数或者调整电磁参数，通过理论计算和材料调控制备，获得一定频段范围内性能优良的吸波材料。然而，大多吸波材料存在面密度大、吸收频带窄等缺点，因此，世界各国都积极致力于开发新型轻质高性能吸波材料。

　　纳米吸波材料因其特有的结构特征及效应，不仅具备良好吸波性能，而且具有吸波频带宽、兼容性好、质轻等优势，易于满足吸波材料"薄、轻、宽、强"的要求。一方面，纳米材料比表面积大，表面原子比例高，不饱和键和悬挂键多，大量悬挂键的存在使界面极化、吸收频带展宽，高的比表面积造成多重散射；另一方面，量子尺寸效应使纳米粒子的电子能级发生分裂，分裂后的能级间隔正好处于微波的能量范围，为纳米材料创造了新的吸波通道。此外，纳米材料的原子、电子在微波场的辐照下运动加剧，增加了电磁能转化为热能的效率，从而大幅提升电磁波的吸收性能。因此，将具有吸波能力的物质纳米化，能使材料对微波的吸收能力在原有基础上得到显著提升，纳米吸波材料表现出良好的发展和应用潜力。目前纳米微波吸收剂的研究主要集中在纳米金属与合金、纳米磁性氧化物、纳米过渡金属硫化物、纳米和纳米复合吸波材料等方面。其中，纳米复合吸波材料是该研究领域的热点和重点。

　　碳纳米管（carbon nanotubes，CNTs）兼有中空、质轻、导电性可调控、力学性能优异等特点，不仅具备吸波特性，还由于其特有的螺旋、管状结构，高的电、磁损耗正切角及独特的 AB 效应等，具有比其他纳米材料更优越和独特的电磁波吸收性能。将 CNTs 作为吸波剂引入聚合物基体中能够形成连续导电网络，实现组元材料的优势互补或加强。协同利用 CNTs 的独特吸波性能和其他特性，获得比常规炭黑、石墨填充到聚合物中更优异的吸波性能。同时，该复合吸波材料还具有重轻、导电性可调、高温抗氧化性强和稳定性好等特点，是一种很有前途的吸波材料。然而，CNTs 吸波剂无磁性，磁损耗很小，仅对电磁波产生介电损耗，虽然手征性也使其具有一定吸波性能，但需要较大的吸波涂层厚度。在 CNTs 表面包覆不同电磁参数的磁性金属层，可通过金属层的组分调控来调节电磁参数，从而尽可能满足匹配条件，且能将对不同频带吸收有利的电阻型损耗、介电损耗、磁损耗有效地结合在一起，达到宽频带强吸收的要求，同时满足轻质要求。毕红等研制的镀钴 CNTs/环氧树脂复合涂料在 5～25GHz 的最大反射率达 −30dB。沈曾民等将镀镍 CNTs 与环氧树脂混合制成吸波涂料，测试结果显示：基于镀镍 CNTs 的吸波涂层在厚度为 0.97mm 时，$R<10dB$ 的频宽为 2.23GHz，$R<5dB$ 的频宽为 4.6GHz。CNTs 表面镀镍后虽然吸收峰值变小，但吸收峰有宽化趋势，这种趋势有利于提高材料的吸波性能。因此，表面金属化改性 CNTs 被认为是新一代多频、轻质、智能的高性能纳米吸波剂。

粉煤灰空心微珠是燃煤电厂排出的一种具有中空、质轻、粒度小、高强、耐磨、耐高温、绝缘绝热等优异性能的球形颗粒状无机材料。空心微珠作为复合材料的填料不仅可以降低基体密度，而且能够提高基体的刚度、强度、绝缘性等，因而广泛应用于航天、机械、军事等领域。无机粉体的表面金属化改性能够赋予粉体新的功能。如果采用合适方法对空心微珠表面进行金属化改性，则有可能部分取代传统的金属和铁氧体吸收剂，成为新型轻质的微波吸收剂，有效地解决传统吸波材料存在的面密度大、高温性能差、抗氧化、耐酸碱能力差等缺点。葛凯勇等利用化学镀技术对空心微珠进行表面镀镍-磷改性并将改性微珠用作吸波剂，所制备的吸波材料表现出良好的吸波性能，在 16.6～18GHz 频段范围内小于 −10dB，最大吸收可达 −13.57dB，对应频率为 17.2GHz，并有望在更高频率下获得良好的吸波性能。

化学镀是通过溶液中适当的还原剂使金属离子在金属表面的自催化作用下还原进行的金属沉积过程，其过程可控，镀层均匀，且镀层具有很好的化学、机械和磁性性能。因此，化学镀作为简单而有效的材料表面金属化改性手段得到了迅速发展和广泛应用。本文以 CNTs 和粉煤灰空心微珠为芯材，采用化学沉积方法对其表面进行金属化改性，成功地制备出新型轻质微波吸收剂，进而选用高分子聚合物环氧树脂作为成膜树脂。同时加入适当的溶剂、固化剂和助剂制备纳米复合微波吸收涂料，并在 8～18GHz 范围内测试其微波吸收性能，通过调控吸收剂种类、添加量、涂层厚度等优化其微波吸收性能。

1 CNTs 及空心微珠的表面化学镀改性

CNTs 的高度石墨化结构使其表面反应活性低，无自催化活性，并且在镀液中分散困难，表面曲率大，很难被金属或化合物浸润，因此，CNTs 表面进行化学镀改性前需辅以氧化—敏化—活化—还原的预处理，并合理调整化学镀工艺以及对镀层进行适当的后处理，才能实现 CNTs 表面化学镀包覆镍、钴及其合金层，制备获得一维纳米磁性材料。同理，空心微珠的表面金属化改性也需在化学镀前进行适当的表面预处理。

1.1 CNTs 表面化学镀改性

1.1.1 CNTs 表面预处理

（1）氧化

CNTs 的氧化方法有气相氧化法和液相氧化法等。当 CNTs 在气相氧化时，从两端开始向中间进行，具有与 CNTs 类似结构的石墨微粒和多面体颗粒也将被氧化除去。由于六元环和五元环、七元环相比没有悬挂键，故而比较稳定，氧化时有较多悬挂键的五元环和七元环优先被氧化，而无悬挂键的六元环需要较长时间才被氧化，由六元环组成的管壁被氧化的速率十分缓慢。精确控制氧化温度和氧化时间，可使 CNTs 的封口打开，碳纳米颗粒被氧化而只剩下六元环构成的管壁。液相氧化法是采用具有强氧化性的浓酸（H_2SO_4 或 HNO_3 或 $H_2SO_4 + HNO_3$ 或 $H_2SO_4 + KMnO_4$ 等）对 CNTs 进行氧化，其中用 $H_2SO_4 + KMnO_4$ 的氧化效果最好。在氧化处理过程中，CNTs 表面结构发生了改变，产生了许多酸性官能团（—COO、C＝O、—COOH 等），这些酸性官能团将有利于使用金属对其进行表面修饰。精确控制氧化时间和氧化剂用量，可使 CNTs 两端封口打开，表面产生官能团。此外，气相法的氧化时间难以控制，氧化作用不均匀，得率低。

因此，本文采用液相氧化法对 CNTs 进行氧化处理，氧化液为 0.38mol/L K_2CrO_7 + 4.5mol/L H_2SO_4，液固比 60mL/g，60℃下反应 6h。

（2）球磨

CNTs 具有大的长径比，易缠绕而难以在镀液中均匀分散。为此，在氧化处理后进行球磨减小其长径比，球料比一般取值 20～30，球磨时间为 10～20h。本文选取球料比 20，球磨时间 10h，即在球磨罐中加入 10g CNTs 和 200g 钢球，以 600r/min 球磨 10h，球磨效果基本达到分散要求。

（3）敏化-活化

氧化后 CNTs 表面上产生—OH、—COOH 或 C＝O 等含氧基团，在 $SnCl_2$ 敏化液中能够吸附 Sn^{2+}，在随后的水洗过程中，Sn^{2+} 会水解为 $Sn(OH)Cl_{ad}$，用 $PdCl_2$ 溶液活化时发生如下反应：

$$Sn(OH)Cl_{ad} + Pd^{2+} =\!=\!= Pd_{ad} + Sn^{4+} + OH^- + Cl^-$$

敏化液组成为 $SnCl_2 \cdot H_2O$ 10g/L + HCl 40g/L，活化液组成为 0.5g/L $PdCl_2$ + 20g/L H_3BO_3 + 0.2mol/L HCl，取液固比 100mL/g，室温下分别敏化、活化 30min。

（4）还原

镀覆之前，再用 3％ NaH_2PO_2 溶液将 Pd^{2+} 还原为 Pd，以保证镀液的稳定。

每步操作均在超声分散状态下进行，完成后将 CNTs 离心分离，洗涤干燥备用。表面预处理的 CNTs 形貌如图 1 所示，经过预处理后，

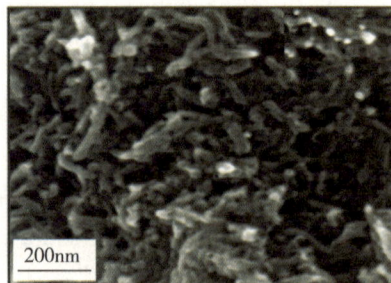

200nm

图 1 活化 CNTs 的 SEM 形貌纳米碳管化学镀

大量金属 Pd 粒子弥散吸附在 CNTs 表面，成为后续化学镀的催化活性中心。

1.1.2 CNTs 表面化学镀改性

CNTs 表面化学镀 Ni-P、Co-P、Ni-Fe-P 和 Ni-Co-P 的镀液配方及工艺条件见表 1 所示。量取 300mL 镀液预热至预定温度，用 $NH_3 \cdot H_2O$ 调节 pH 值，加入 CNTs 分散液（含 0.5g CNTs 粉体），在缓慢机械搅拌下反应 30min。离心分离，蒸馏水和丙酮洗涤，置于 50℃真空干燥 12h。

表 1 CNTs 表面化学镀改性的镀液配方及工艺条件

成分及工艺条件	Ni-P	Co-P	Ni-Fe-P	Ni-Co-P 配方
$NiSO_4 \cdot 6H_2O$/(g/L)	28		15	15
$CoSO_4 \cdot 7H_2O$/(g/L)		20		20
$FeSO_4 \cdot 7H_2O$/(g/L)			15	
$NaH_2PO_2 \cdot H_2O$/(g/L)	26	25	25	20
$Na_3C_6H_5O_7 \cdot 2H_2O$/(g/L)	15		30	80
$(NH_4)_3C_6H_5O_7$/(g/L)		24		
$KNaC_4H_4O_6$/(g/L)		60		
$C_3H_6O_3$（乳酸）/(g/L)			10mL	
H_3BO_3/(g/L)		5	4	
$(NH_4)_2SO_4$/(g/L)		34	30	60
$NaC_2H_3O_2 \cdot 3H_2O$/(g/L)	18			
稳定剂及表面活性剂	微量	微量	微量	微量
pH 值	4.5~5.0	9.0~10.0	8.5~10	8.8~9.0
温度/℃	30~35	35~45	35~45	20~30

所制备的 Ni-P/CNTs 在 H_2 气氛中 400~450℃进行 60~90min 热处理，Co-P/CNTs 和 Ni-Fe-P/CNTs 在 H_2 气氛下 500~600℃进行 60~90min 热处理，Ni-Co-P/CNTs 在 H_2 气氛中 420~450℃进行 60min 热处理以增强镀层结合力，改变镀覆的合金层晶态。

1.1.3 CNTs 表面化学镀工艺优化

采用尽可能低的反应速率是在 CNTs 表面获得良好镀层的关键，因此需要对传统镀液配方进行可控优化。化学镀溶液由主盐、还原剂、络合剂、稳定剂等成分组成，盐/次比（金属离子浓度与 $[H_2PO_2^-]$ 浓度之比）、次亚磷酸盐浓度及反应温度影响化学镀的反应速度。镀速随镀液中金属离子浓度、$[H_2PO_2^-]$ 增大而加快，金属离子浓度过低时不能形成良好的镀层；金属离子浓度高时镀速快，易使形成的镀层粗糙并诱发镀液分解。故金属离子浓度不宜过高，硫酸盐浓度在 14～20g/L 适宜。$[H_2PO_2^-]$ 浓度低时还原速度太慢；$[H_2PO_2^-]$ 浓度过高，镀液易分解，出现亚磷酸盐沉淀，$[H_2PO_2^-]$ 浓度选择在 0.22～0.23mol/L 为最佳。实际操作时通过控制 $[H_2PO_2^-]$ 浓度来调整盐次比，当盐次比＜0.26 时，次磷酸盐利用率降低；盐次比＞0.6 时，镀速很慢，盐次比为 0.4～0.5 时可获得较佳的镀层含磷量和镀速，且镀液稳定性高。随着反应的进行，亚磷酸盐不断生成，当含量达到一定程度时就会沉淀析出，这是镀液分解的一个主要原因。使用络合剂可以稳定金属离子、提高亚磷酸盐溶解度，从而提高镀液稳定性。络合剂的种类不同，其络合能力也不同，酸性镀液中用乳酸、碱性镀液中用柠檬酸盐作络合剂可以有效地阻止沉淀生成。单一络合剂对镀液的稳定效果不如复配络合剂的好，在施镀过程中受温度和 pH 值的影响较大。本文实验中采用了浓度较高的络合剂以降低镀速，但络合剂含量不宜过高，否则会降低次磷酸盐的利用率。

pH 值、缓冲剂浓度及稳定剂影响镀液的稳定性。由化学镀机理可知，pH 值增加，镀速增加，但亚磷酸盐溶解度下降，镀液容易分解，故镀液的 pH 值不可太大。温度升高也使镀速加快，但会使镀液变得不稳定，自然分解倾向增加，尤其当 pH 值大时温度更不可高，温度波动应控制在 ±2℃。随施镀时间的延长，镀液的 pH 值会有所下降，应以 NaOH 溶液进行调整。缓冲剂的作用是保持镀液 pH 值的稳定性，维持镀速和提高镀液的利用率。不同缓冲体系的缓冲范围及缓冲能力不同，应根据需要选用。

表面活性剂、装载量及搅拌速度影响 CNTs 在镀液中的分散。将 CNTs 表面充分润湿并使其均匀悬浮于镀液中是在整个 CNTs 表面得到同一性能镀层的必要条件。表面活性剂加强 CNTs 的润湿与分散，有助于 CNTs 的化学镀。当装载量大、搅拌速度＜100r/min 时，CNTs 不能均匀分散、易团聚，难以对 CNTs 表面进行施镀；当搅拌速度＞600r/min 时，易引起镀液分解，同时镀液对粉末的冲击力很大，金属也难以沉积在 CNTs 表面，300～400r/min 的搅拌速度最好。

虽然 CNTs 上镀态的镀层比较疏松、结合力较差，包覆层有缝隙，不够连续致密，但通过热处理可以改变镀层质量。CNTs 表面镀层在镀态时是非晶态的，热处理过程中 P 扩散迁移，引起晶格畸变。达到一定温度后，固溶体脱溶分解，均匀弥散分布，增强了镀层的塑变抗力，镀层得以强化，硬度提高。温度＞450℃后，畸变逐渐消失，硬度降低，但镀层的延性和韧性进一步改变，结合加强，因此热处理后的包覆层变得连续致密光滑。

1.1.4 CNTs 表面镀层的表征分析

利用日立 SU8020 扫描电子显微镜（SEM）、H - 800 投射电子显微镜（TEM）和牛津 INCA ENERGY X 射线能谱仪（EDS）对目标样品进行形貌观察和成分分析，使用日本理学 D/MAX2500VL/PC 进行物相分析。

化学镀 Ni - P、Co - P、Ni - Fe - P 和 Ni - Co - P 后 CNTs 的 EDS 表征结果如图 2 所示，XRD 结果如图 3 所示。分析可知，CNTs 表面有金属 Ni - P、Co - P、Ni - Fe - P 和 Ni - Co - P 合金沉积。Ni - P/CNTs 表面上 Ni、P 含量（质量分数）分别约为 19.66% 和 5.14%，Co - P/CNTs 表面上 Co、P 含量分别约为 38.17% 和 3.88%，Ni - Fe - P/CNTs 表面上 Ni、Fe、P 大致含量分别约为 27.69%、21.29% 和 5.74%。Ni - Co - P/CNTs 表面上 Ni、Co、P 的含量分别约为 19.98%、21.62% 和 3.28%。

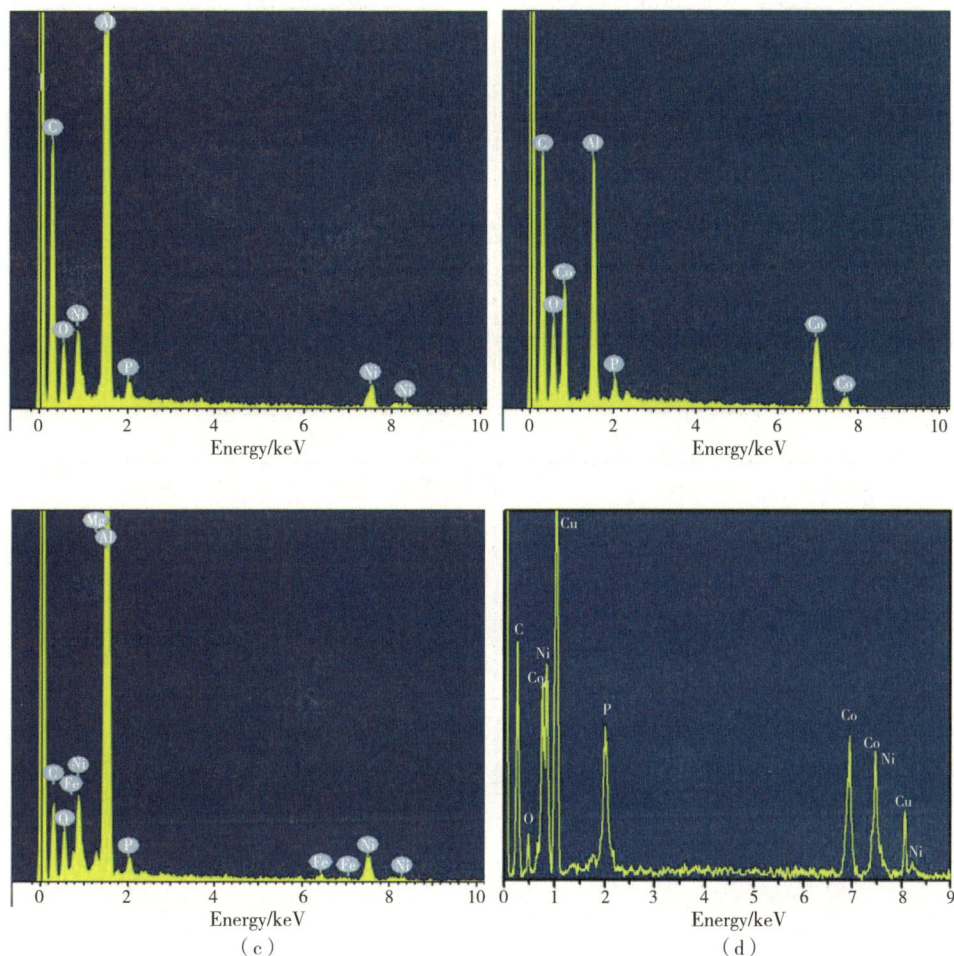

图 2　Ni‐P/CNTs、Co‐P/CNTs、Ni‐Fe‐P/CNTs 和 Ni‐Co‐P/CNTs
的 EDS 图谱（Al、O 峰由样品托架而致，Mg 由杂质而致）

　　图 3（a）中镀态 Ni‐P/CNTs 在 $2\theta=36°\sim55°$ 出现馒头峰，表明镀态下 Ni‐P 镀层为非晶态；经过（H_2，400℃，1h）热处理后，"馒头"峰消失，出现了 Ni_3P（41.82°、43.70°、46.68°）、立方 Ni（44.50°、51.88°、76.38°）、Ni_8P_3（45.30°、46.12°、47.40°）、Ni_5P_4（30.26°、36.42°、52.80°）、$Ni_{12}P_5$（37.68°、46.68°、48.30°和 NiP_3（36.42°、51.88°）特征峰。图 3（b）中镀态 Co‐P/CNTs 的 XRD 曲线出现了六方 α‐Co 的微晶衍射峰（47.52°、44.36°、41.70°），热处理后出现了很强的立方 β‐Co 衍射峰（44.36°、51.64°）、较小的 Co_2P 衍射峰（40.86°、43.42°、52.18°）和弱的六方 α‐Co 衍射峰。由此可以看出，CNTs 表面上镀态的 Co 是六方 α‐Co 微晶，这是因为 Co‐柠檬酸络合物较稳定，镀液中易被还原的游离 Co^{2+} 少，使镀层析出的晶粒容易成为微晶。经过热处理后镀层转变为晶态的立方 β‐Co 和 Co_2P 合金。为使重结晶完全，温度须高于 500℃，保温时间需要 1h 以上。图 3（c）中镀态 Ni‐Fe‐P/CNTs 在 41°～50°出现了"馒头"峰，表明 Ni‐Fe‐

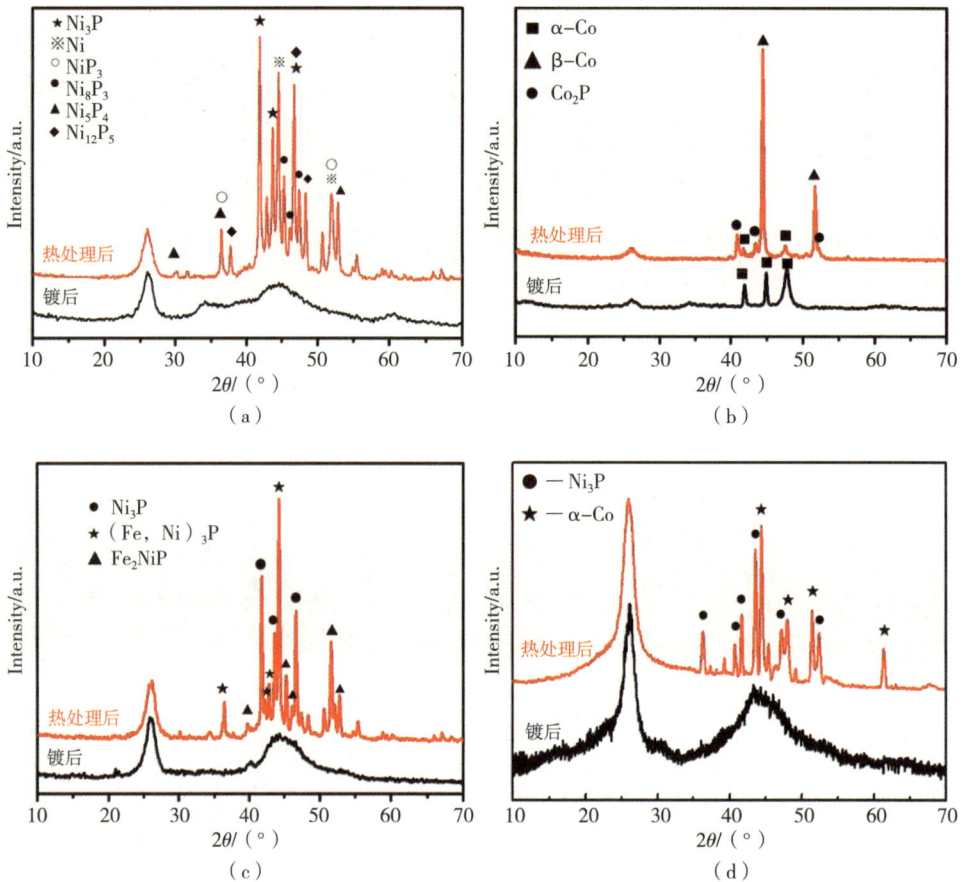

图 3　Ni-P/CNTs、Co-P/CNTs 和 Ni-Fe-P/CNTs 的 XRD 曲线

P 为非晶态；经（H_2，500℃，1h）热处理后的衍射线（b）中"馒头包"消失了，出现了尖锐的 Ni_3P（41.76°，43.64°，46.64°）、$(Fe，Ni)_3P$（36.40°，42.20°，42.82°，44.24°）和 Fe_2NiP（39.70°，45.24°，46.10°，51.56°，52.04°）的衍射峰。图 3（d）中镀态 Ni-Co-P/CNTs 在 $2\theta=45°$ 左右时出现了非晶"馒头"峰，热处理后（H_2，450℃，1h）"馒头"峰消失，除了 CNTs 衍射峰，出现了 Ni_3P（36.3°、41.8°、42.7°、43.7°、46.6°和52.8°）和 α-Co（44.4°、47.3°和51.7°）特征峰。因此，热处理使镀层由非晶或微晶态转变为结晶态。

CNTs 表面镀层的形貌以 Ni-Fe-P/CNTs 和 Ni-Co-P/CNTs 作为代表进行 SEM 和 TEM 观察。图 4（a）是化学镀 Ni-Fe-P/CNTs（热处理后）的 SEM 形貌，可以看出，在 CNTs 表面上镀层光滑均匀，仅有很少瘤状物，但 CNTs 的长/径比过大以至于 CNTs 纠结在一起，可以进一步通过调节球磨条件如转速、球磨时间及球料比来改善其分散状况，并且在镀液中添加适量表面活性剂来改善。图 4（b）是 Ni-Co-P/CNTs 复合粉体 TEM 形貌，可以看出 CNTs 表面较完整均匀、连续致密地包覆 Ni-Co-P 合金层。

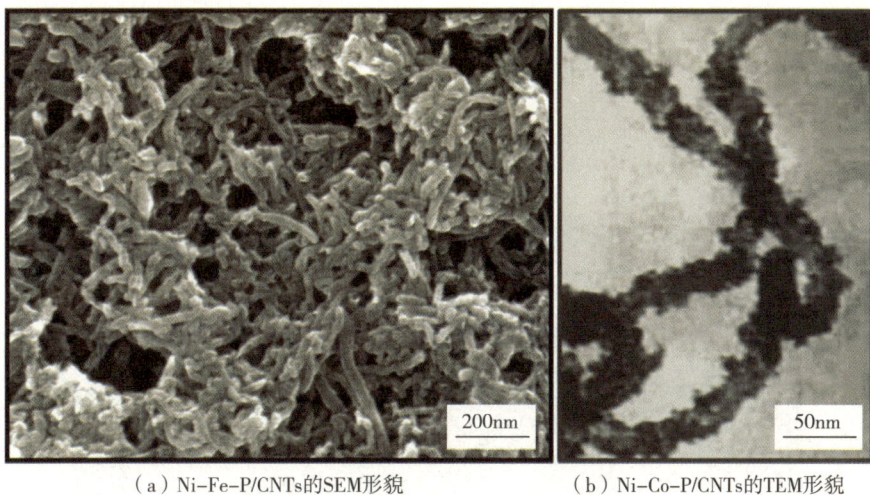

（a）Ni-Fe-P/CNTs的SEM形貌　　　　　　（b）Ni-Co-P/CNTs的TEM形貌

图4　CNTs表面镀层形貌

1.2　空心微珠表面化学镀改性

1.2.1　空心微珠表面预处理

粉煤灰空心微珠和CNTs属于无机非金属材料，必须通过在其表面预沉积本征催化活性的金属层，使其表面具有催化活性后引发化学沉积。本文采用粗化—敏化—活化—还原的预处理工艺在空心微珠表面预沉积具有催化活性的贵金属Pd层，工艺如图5所示。

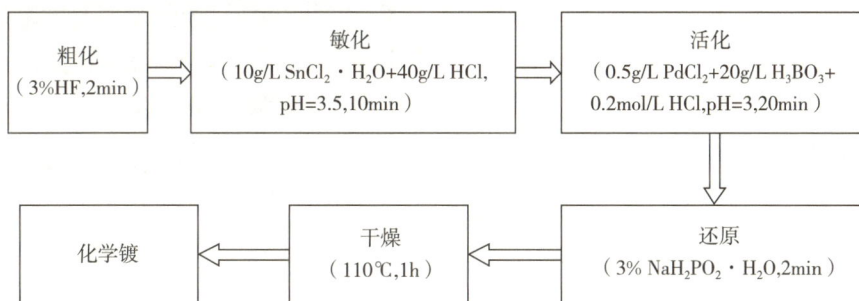

图5　空心微珠表面预处理工艺流程

（1）粗化

粗化是利用合适的化学试剂将空心微珠表面组分部分溶解，使微珠表面呈凹凸不平状而具有抛锚作用，同时在其表面引入亲水基团如羟基、羧基等使其表面由憎水性变为亲水性。本文研究采用的粗化剂是2%～4%HF，具体粗化工艺见表2所列，空心微珠粗化前后的表面形貌如图6所示。如果粗化液选择不当或者浓度过大，粗化时间过长，都会造成空心微珠珠壁的碎裂（图7）。

表2　空心微珠粗化工艺

粗化剂	浓度/%	粗化温/℃	粗化时间/min
NaOH	3～5	20～40	2～4
HF	2～4	20～40	2～6

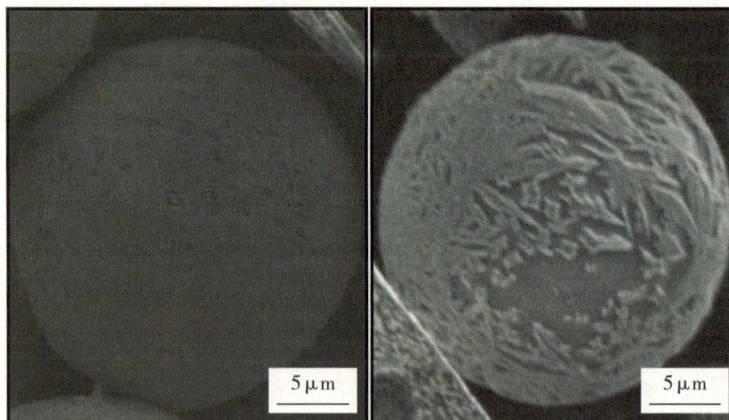

图6　空心微珠粗化前后的表面形貌

（2）敏化

敏化液组成为 $SnCl_2 \cdot H_2O$ 10g/L＋HCl 40g/L，室温敏化10min。

（3）活化

活化液组成为 0.5g/L $PdCl_2$ ＋20g/L H_3BO_3 ＋0.2mol/L HCl，液固比100mL/g，室温活化30min。

（4）还原

采用3% NaH_2PO_2 溶液对活化后的微珠进行还原，将残留的 Pd^{2+} 还原为Pd，以防止带入镀液，导致镀液不稳定。

各预处理工序均在超声分散和机械搅拌下进行，微珠加入量为10g/L。每步处理后，均用去离子水洗涤样品。

图7　粗化不当造成的空心微珠珠壁破碎的SEM形貌

1.2.2　空心微珠表面化学镀 Ni-P/Co-P/Ni-Co-P

考虑到沉积速率及镀层外观要求，利用正交实验法确定最佳沉积工艺及参数。通过调整pH值和沉积温度来降低沉积速率，从而使空心微珠表面的合金镀层完整均匀，镀层结合力良好。

（1）空心微珠表面化学镀 Ni-P

工艺配方：

$NiSO_4 \cdot 6H_2O$ （solt）　　　　　　　　25～30g/L

NaH$_2$PO$_2$·H$_2$O (reducer)	24~28g/L
Na$_3$C$_6$H$_5$O$_7$·2H$_2$O (complexing agent)	12~18g/L
NaC$_2$H$_3$O$_2$ (buffer agent)	15~20g/L

操作条件：

温度：80~85℃；pH：4~5；时间：15~20min；搅拌条件：（超声＋机械）

反应结束后，样品抽滤、洗涤并干燥待用。

（2）空心微珠表面化学镀 Co-P

工艺配方：

CoCl$_2$·6H$_2$O (solt)	25~28g/L
NaH$_2$PO$_2$·H$_2$O (reducer)	20~22g/L
Na$_3$C$_6$H$_5$O$_7$·2H$_2$O (complexing agent)	60~65g/L
NH$_4$Cl (buffer agent)	60~63g/L

操作条件：

温度：85~95℃；pH：9~10；时间：20~25min；搅拌条件：（超声＋机械）

（3）空心微珠表面化学镀 Ni-Co-P

工艺配方：

NiSO$_4$·6H$_2$O (solt)	12~16g/L
CoSO$_4$·6H$_2$O (solt)	20~22g/L
NaH$_2$PO$_2$·H$_2$O (reducer)	20~22g/L
Na$_3$C$_6$H$_5$O$_7$·2H$_2$O (complexing agent)	80g/L
(NH$_4$)$_2$SO$_4$ (buffer agent)	60~70g/L

操作条件：

温度：70~80℃；pH：9.0~9.5；时间：15~20min；搅拌条件：（超声＋机械）

1.2.3　Ni-P、Co-P、Ni-Co-P/空心微珠复合粉体的表征分析

图8为空心微珠化学镀 Ni-Co-P，Co-P 和 Ni-P 前后样品的 XRD 曲线。分析可知，空心微珠以结晶相出现的有莫来石（JCPDS：15-776）和石英（JCPDS：33-1161），矿物组成中主要物相为非晶体质玻璃体（主要成分是 SiO$_2$ 和 Al$_2$O$_3$）。空心微珠化学镀 Ni-Co-P 后在 42°~55°之间出现了非晶馒头峰，经450℃氢气保护气氛中热处理1h后，出现 Ni$_3$P（JCPDS：34-501）和 α-Co 单质（JCPDS：01-1254）特征峰，莫来石和石英的衍射峰强度明显减小，主要由于表面包覆 Ni-Co-P 合金层削弱了衍射峰衬度。空心微珠化学镀 Co-P 前后的 XRD 谱线表明［图8（b）］：由于 Co-P 合金的结晶温度较低，镀后的 Co-P 合金层呈结晶态，经标定为密排六方 α-Co 单质（JCPDS：01-1254）。空心微珠化学镀 Ni-P 后在 40°~52°之间有非晶的馒头峰，经450℃热处理1h后，出现了新的晶化相 Ni$_3$P（JCPDS：34-0501）的衍射峰。

EDS表征结果表明：空心微珠中氧、铝和硅三种元素质量分数之和为96.15%，只含有微量的钠、钾、铁等元素，不含 Ni、Co 和 P 元素［图9（a）］。化学镀 Ni-Co-P 后，EDS谱图中出现 Ni、Co 和 P 元素峰［图9（b）］，质量分数分别为22.93%、10.77%和2.28%，由此表明利用氯化钯作活化剂的空心微珠表面金属化改性的工艺路线是切实可行

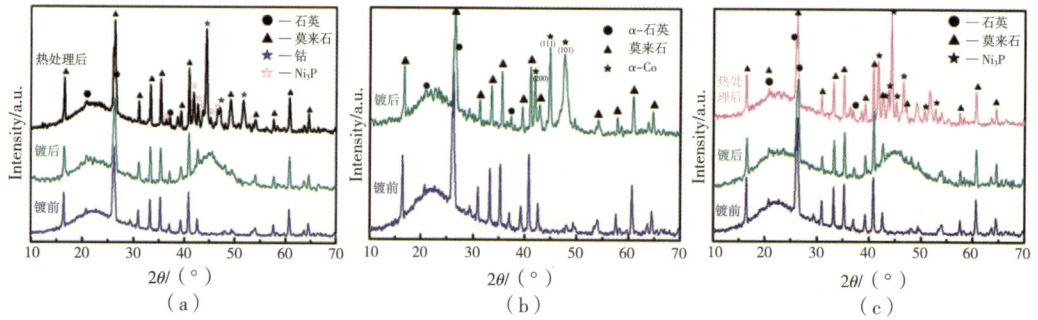

图 8　空心微珠化学镀 Ni‐Co‐P、Co‐P、Ni‐P 前后 XRD 曲线

的。由于镀层较薄，仍能出现微珠基体中 Al、Si、O 等元素的谱线。空心微珠化学镀 Co‐P 和 Ni‐P 后的 EDS 谱图［图 9（c）和（d）］同样表明，利用表面预处理结合化学镀工艺在空心微珠表面均匀包覆了 Co‐P 和 Ni‐P 合金层。

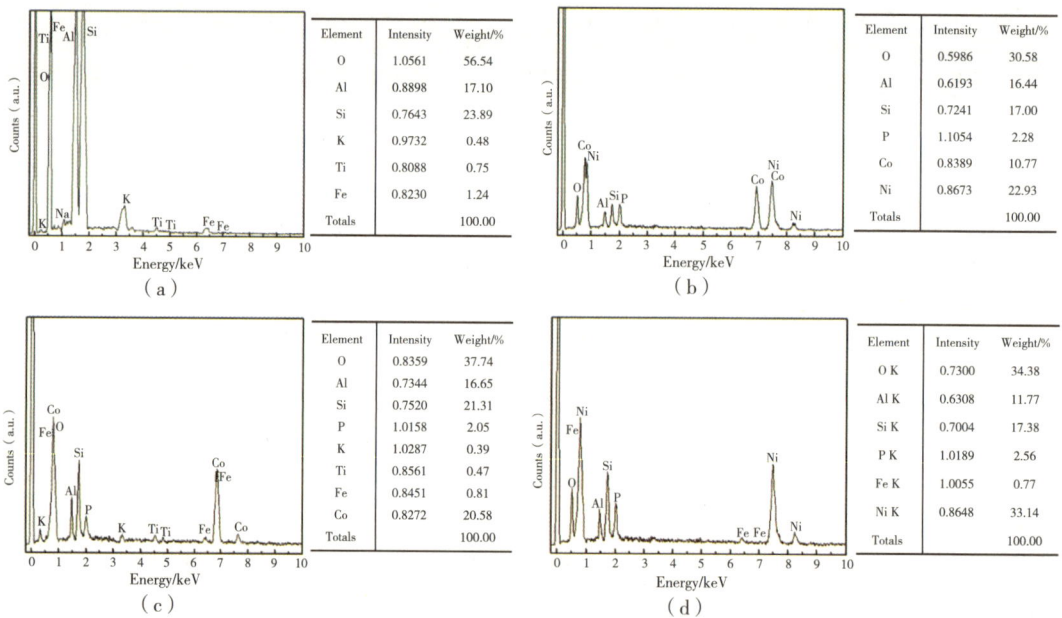

图 9　空心微珠（a）及其化学镀 Ni‐Co‐P、Co‐P、Ni‐P（b‐d）的 EDS 图谱

　　为了更直观地观察镀层形貌，将样品用双面胶均匀粘在载玻片表面，利用金相显微镜（西德 MM6 型）观测样品的表面形貌，如图 10（a）所示。表面金属化改性后的空心微珠表面呈现银白色或银灰色金属光泽，镀层完整且光亮均匀，只是附有少量的瘤状物，这是由于镍和钴生长速度不均匀而出现少量突起或是微珠和游离的合金微粒吸附而形成的。此外，将镀后样品与环氧树脂进行镶嵌抛光后，利用金相显微镜观测其截面形貌如图 10（b）所示。由于抛光时镶嵌块表面的空心微珠被抛去一个球冠，截面显微照片表明空心微珠呈中空结构，中间灰白色部分即为空心微珠的珠壁，壁厚约为微珠直径的 1/4。珠壁周

围呈银白色金属光泽部分是 Ni‐Co‐P/Co‐P/Ni‐P 合金层，镀层均匀、光滑、包覆完整，镀层较薄，为 2～4μm，两层的交界处呈现凹凸不平状，这是预处理时粗化的结果。

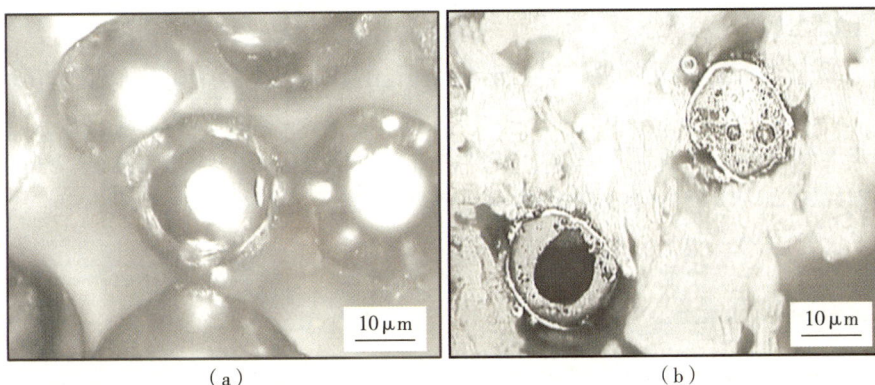

图 10　表面金属化改性后空心微珠表面与截面形貌

2　纳米复合吸波涂料的制备及性能

微波吸收材料（简称 RAM）是一种能够吸收电磁波而反射、散射和透射都很小的功能材料。RAM 主要可分为结构吸波材料和涂层吸波材料。

涂覆型吸波材料主要由吸收剂（填料）和胶黏剂两部分组成，其中吸收剂提供吸波涂层所需要的电磁性能，而胶黏剂则是吸波涂层的成膜物质，起黏结吸收剂及其他填料的作用，决定吸波涂层的物理力学性能和耐环境性能，这类材料要求达到薄（厚度）、轻（质量）、宽（频带）、强（力学）的要求。一般来说，制备薄而轻的涂覆型吸波材料在技术上不难实现，但同时又要达到宽频且较高力学性能的涂覆型吸波材料则比较困难。

本文研究将表面金属化改性后的 CNTs 和空心微珠作为微波吸收剂，以有机聚合物环氧树脂为基体材料制备纳米复合吸波涂料，并在 8～18GHz 范围内测试其微波吸收性能，通过改变吸收剂的种类、添加量、涂层厚度等影响因素来控制其微波吸收性能。

2.1　吸波特性的表征

定量描述吸波材料吸波性能的参数主要有：

（1）反射率：定义为

$$R = 20\lg (E_i/E_r) = 10\lg (P_i/P_r) \ [dB]$$

式中：E_r 和 P_r 分别为入射波的场强和功率；

　　　E_i 和 P_i 分别为反射波的场强和功率；

　　　E_i/E_r 和 P_i/P_r 分别为电压反射系数和功率反射系数。

（2）频带宽度：反射率低于某一给定值的频率范围。

（3）入射角敏感性：反射率对入射角变化的依赖关系，对于谐振型薄膜涂层而言，当

入射角大于 $30°$ 以后，吸波性能将迅速下降。

（4）极化特性：电场相对于入射平面（即入射方向与平板法向构成的平面）的指向，电场矢量在入射平面内则称为平行极化，反之则称为垂直极化。显然，在垂直入射 θ 时不存在极化问题，但随着 θ 的增大，RAM 的吸波特性将因极化而异。

（5）品质因数：吸波材料所能覆盖的最大波长与其厚度之比，比值越小说明材料的性能越好。

材料吸波性能的表征一般用材料对入射电磁波的反射率来表示。若从外界发射来的电磁波的入射功率为 P_1，材料所反射电磁波的功率为 P_2，则吸波材料的功率反射率为 $R_p = P_2/P_1$。以分贝 dB 为单位的反射率为 $R(dB) = 10 \lg R_p$，反射率越小，吸波性能越好。

2.2 填料表面处理

2.2.1 填料表面干燥

由于使用的微波吸收剂粒子（Ni-P/CNTs、Co-P/CNTs、Ni-Fe-P/CNTs 和 Ni-Co-P/CNTs 粉体和 Ni-Co-P、Co-P、Ni-P/空心微珠粉体）的粒径小，比表面积大，在空气中极易吸附大量的气体和水。涂料在固化时，填料表面吸附气体的逸出致使涂层表面产生气孔，吸附的水使填料和树脂之间的亲和力降低。因此，为了提高涂层的质量，消除它们对涂料的物理机械性能及电磁性能所带来的负面影响，必须对填料进行烘干处理。一般有真空加热和电热鼓风干燥两种方法。

本文研究采用电热鼓风干燥法，于 $110℃$ 下干燥 1h，有效地去除填料粒子的表面吸附物。

2.2.2 填料表面有机化改性

1）有机化改性的必要性

填料粒径小则比表面积大，表面原子比例高则活性强。表面包覆后层的物理化学缺陷多，填料粒子易形成松散的团聚体以达到稳定状态。在涂料的制备过程中，如何提高粒子的分散性是制备吸波性能良好的涂料的关键。无机刚性的填料粒子属于极性物质，将其与弱极性或非极性的聚合物树脂混合后，它们之间以较弱的范德华力相结合，二者的结合力较弱。为了改善粒子与聚合物之间的界面结合状态，提高粒子在聚合物中的分散性，必须对粒子进行适当的表面有机化处理。

2）金属化 CNTs 的有机化改性

（1）金属化 CNTs 表面偶联处理

① 偶联处理原理

表面偶联剂，是一种增加无机填料和有机聚合物之间亲和力的有机物质。大多数无机填料属亲水性，与高分子聚合物难以相容，如果不经过偶联处理，它们会造成相间分离，经过偶联处理后，偶联剂在填料之间通过物理和化学的作用使自身的一个键与聚合物相连，另一个键与填料相连，使它们紧密相连。

偶联处理能有效地改变无机填料与高分子聚合物之间的界面结合状态，提高填料在有机体系中的分散性和利用率，还能使体系的黏度大幅度下降，增加流动性，改善加工工艺性。减少溶剂用量，增加填料的填充量，从而整体提高涂料的性能。

② 偶联剂选择

偶联剂按其化学结构有硅烷系、钛酸脂系、络合物系等几类。表面偶联处理中，既要防止偶联剂的用量不足，导致填料的包覆不完整而降低其抗氧化性，又要防止偶联剂过量，导致填料表面的有机层过厚，降低填料粒子的电磁性能。本文研究选用硅烷 KH570 型偶联剂对金属化改性 CNTs 填料进行表面偶联处理。

③ 偶联处理工艺

偶联剂的使用方法有两种：一种是直接将偶联剂加入混合体系中，该方法是工业上普遍使用的工艺，缺点是偶联剂用量大，并且在粒子表面的偶联作用不完全，容易发生偶联剂和聚合物的反应导致副作用；另一种是首先用偶联剂的稀溶液处理填料粒子，然后将溶剂挥发，目的是在粒子的表面获得均匀的偶联剂单分子膜，该方法溶剂消耗多，易造成环境污染。本文研究采用溶液法对金属化 CNTs（Ni－P/CNTs、Co－P/CNTs、Ni－Fe－P/CNTs 和 Ni－Co－P/CNTs）进行偶联处理，具体工艺是：将适量偶联剂 KH570 溶解于乙醇溶剂中，用草酸调节 pH 为 3~4 使之在室温下水解 1h；将水解的偶联剂加入已预分散的填料中，在 N_2 保护下加热反应一定时间，使偶联剂在填料表面充分发生偶联反应；然后抽真空过滤、丙酮洗涤、50℃真空干燥，获得偶联剂修饰的金属化 CNTs，偶联反应条件见表 3 所列。

表3　CNTs 及金属化 CNTs 有机化改性的工艺条件

样品号	原料	偶联条件	复合接枝条件
OTG1	CNTs	$l/s=40$，5.5%，65℃，3h	
ZTG2	CNTs		$l/s=50$，0.01g/mL，5.5mL/g，75℃，8h
ZTG3	Ni－P/CNTs		$l/s=50$，0.005g/mL，5.0mL/g，75℃，7h
OTG4	Ni－Co－P/CNTs	$l/s=40$，7.3%，70℃，3h	
ZTG5	Co－P/CNTs		$l/s=40$，0.008g/mL，5.0mL/g，75℃，7h
OTG6	Co－P/CNTS	$l/s=60$，11.0%，70℃，3h	
OTG7	Ni－Co－P/CNTs	$l/s=45$，6.0%，70℃，3h	
OTG8	Ni－Fe－P/CNTs	$l/s=60$，8.0%，70℃，3h	

（2）金属化 CNTs 表面聚合物包覆改性

以甲苯为溶剂，以过氧化苯甲酰（BPO）为引发剂，用悬浮聚合法进行聚合物包覆改性。在甲苯溶剂中加入预分散的金属化 CNTs 甲苯溶液，加入适量甲基丙烯酸甲酯单体和引发剂，在 N_2 保护下加热反应一定时间；然后抽真空过滤、丙酮洗涤、50℃真空干燥，得聚合物包覆的金属化 CNTs 复合粉。聚合反应条件同见表 3。

（3）金属化 CNTs 有机化改性的结果

① 热分析（DSC-TGA，N₂气氛，10℃/min）

CNTs 及金属化 CNTs 有机化改性后的 DSC-TGA 热分析结果如图 11 所示。

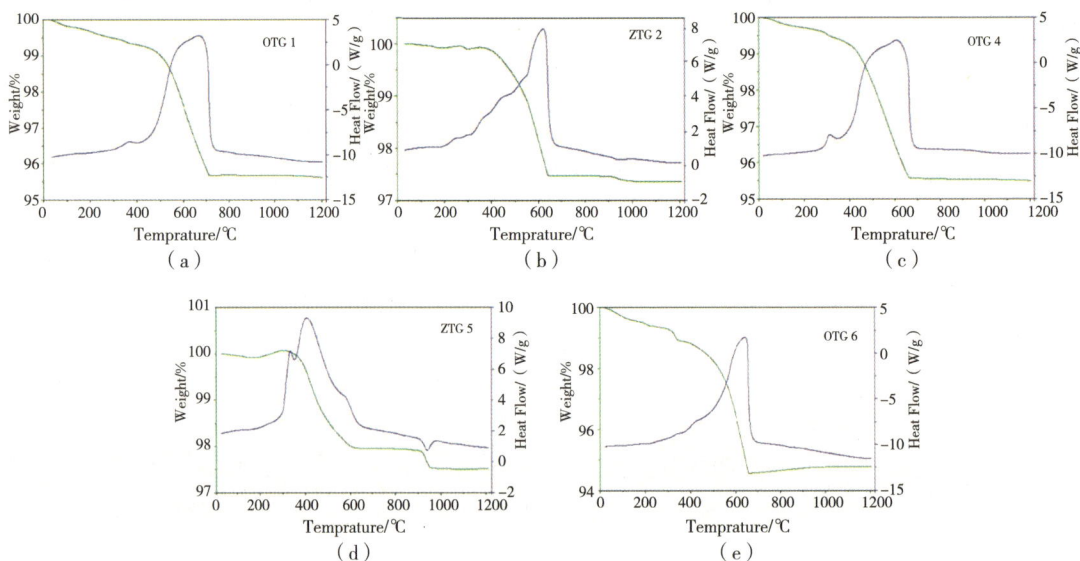

图 11　有机化改性 CNTs 及其金属复合物的 DSC-TGA 曲线

OTG1 是偶联剂改性 CNTs，在 450℃以前少量失重是由于吸附的极少量有机溶剂的氧化，放热很少；450~700℃的失重为偶联剂氧化，对应大量放热。因此，其偶联剂接枝率约为 3.7%。ZTG2 是聚合物包覆改性 CNTs，在 400~640℃失重 2.5%，对应大量放热，此为聚合物的氧化，故聚合物包覆率约为 2.5%。由此可知，采用偶联剂对 CNTs 进行有机化改性比聚合物包覆改性好。OTG4 和 OTG6 是偶联剂改性的金属化 CNTs，在 400℃以前的少量失重是由于吸附的极少量有机溶剂的氧化，放热很少；400~640℃的失重对应大量放热，为偶联剂的氧化。因此，其偶联剂接枝率分别约为 3.8%和 4.3%。ZTG5 是聚合物包覆改性的金属化 CNTs，在 380~600℃的失重对应大量放热，是聚合物的氧化。因此，其聚合物包覆率约为 2.0%。金属化 CNTs 的有机化改性也是偶联剂改性比聚合物包覆改性好，因此，CNTs 宜采用偶联剂改性。

② IR 分析（KBr 压片法）

有机物改性 CNTs 及金属化 CNTs 的 IR 分析结果如图 12 所示，ZTG2 为聚合物包覆空白 CNTs，OTG4 为偶联剂接枝金属化 CNTs。比较两者可见 CNTs 经氧化及偶联剂接枝改性后，在 3462cm⁻¹处有—OH 吸收峰、2927、2854cm⁻¹处有—（CH₂)₃吸收峰、1607cm⁻¹处是与 C=O 共轭的 C=C 键的吸收峰、1421cm⁻¹处有甲基的 C—H 键吸收峰、1290cm⁻¹处有 C—O 的吸收峰。

③ 有机化改性对 CNTs 及金属化 CNTs 分散性能的影响

有机化改性后，金属化 CNTs 的分散性能得到明显改善，分散稳定性也得到提高，并且采用偶联剂改性改善 CNTs 的分散性效果比聚合物改性更优。其原因是有机化改性能够

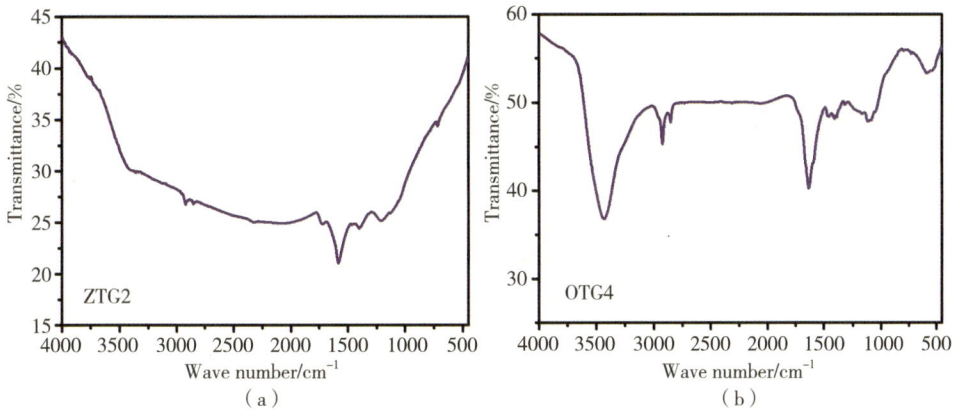

图 12　有机物改性的 CNTs 及金属化 CNTs 的 IR 曲线

在 CNTs 复合物表面形成有机物膜层，使其与液体石蜡有较好的相容性，故其分散性能得到改善；偶联剂包裹在 CNTs 复合物外面，形成较大的空间位阻，阻止了金属化 CNTs 团聚，从而改善其稳定性，减少沉降的发生。

3）金属化空心微珠的有机化改性

选用硅烷偶联剂 KH550 对金属化空心微珠进行表面偶联处理后，具体工艺过程如下：将适量偶联剂溶解于乙醇溶剂中，利用草酸调节 pH 为 3～4 使之在室温水解；将水解的偶联剂加入已预分散的填料中，充分搅拌使粒子完全被偶联剂浸润；待溶剂挥发完全后，加热使偶联剂在粒子表面充分偶联反应；过滤、丙酮洗涤、干燥并密封保存。

2.3　纳米复合吸波涂料的制备与性能

2.3.1　基于金属化 CNTs 的吸波涂料的制备与性能

（1）涂料的制备

室温下，将经过偶联处理的金属化 CNTs 填料加入丙酮溶剂中并用超声波分散均匀，加入 E-44 型环氧树脂，超声分散加机械搅拌一定时间，再加入固化剂即可得到吸波涂料（可加入适量溶剂调整涂料浓度），将涂料成品密封包装待用。

填料和环氧树脂的质量比为 2∶25，环氧树脂和固化剂的质量比为 25∶4。

（2）涂料的涂覆

将铝板（180mm×180mm×1mm）用无水乙醇清洗干净、烘干。将制好的吸波涂料浇铸到铝板上，置于 40℃烘箱中预烘，使大部分溶剂挥发，然后取出在室温下进行固化。每块铝板上涂敷 1～2 层吸波涂料，涂覆 2 层涂料的涂层厚度为 1mm。

（3）性能测试

本文研究采用标量网络分析系统分别测试纳米复合涂层样品在 2～18GHz 范围内微波反射率与频率之间的关系曲线（即 R-F 曲线），来定量表征各涂层样品的微波吸收性能。实验参数：入射角 $\theta=8°$，垂直极化，测试装置如图 13 所示。

（4）性能测试结果与讨论

由表 4 中数据可看出，无论在 CNTs 上镀何种金属，金属化 CNTs 的吸波性能都比

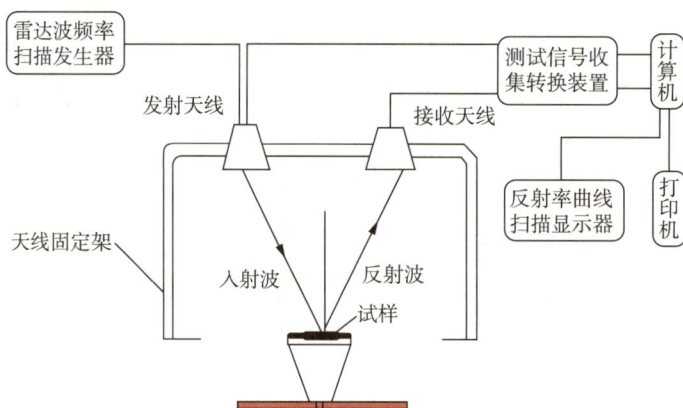

图 13　微波反射率测试系统装置图

CNTs 的好，涂敷 1 层即可接近涂敷 2 层 CNTs 的效果；若同样涂敷 2 层，吸波剂含量减少到 5.4% 的涂料的吸收依然可达到 CNTs 涂料的效果。若吸波剂含量和涂敷层数不变，则金属化 CNTs 吸波涂料的吸收率增加，并且吸收向低频移动，Ni‐Fe/CNTs 使涂料最大吸收向低频移动的趋势更大。

表 4　基于 CNTs 和金属化 CNTs 涂料的吸波性能参数

样品	吸波剂	吸波剂含量/%	涂敷层数	吸波性能
1 号	CNTs	8	2（2mm）	18GHz，−14.02dB
2 号	OTG4	7	1（1mm）	18GHz，−11.62dB
3 号	OTG4（Ni‐Co‐P）	8	2	16GHz，−19.05dB
4 号	OTG8（Ni‐Fe‐P）	5.4	2	15.6GHz，−15.02dB
5 号	OTG6（Co‐P）	6.4	2	16.3GHz，−17dB

吸收损耗是导体材料中的电偶极子或磁偶极子与电磁场作用的结果。吸收损耗与 μ_r 和 ε_r 的乘积大小有关，在一定的电磁波频率和材料厚度下，材料导电率增加，反射损耗和吸

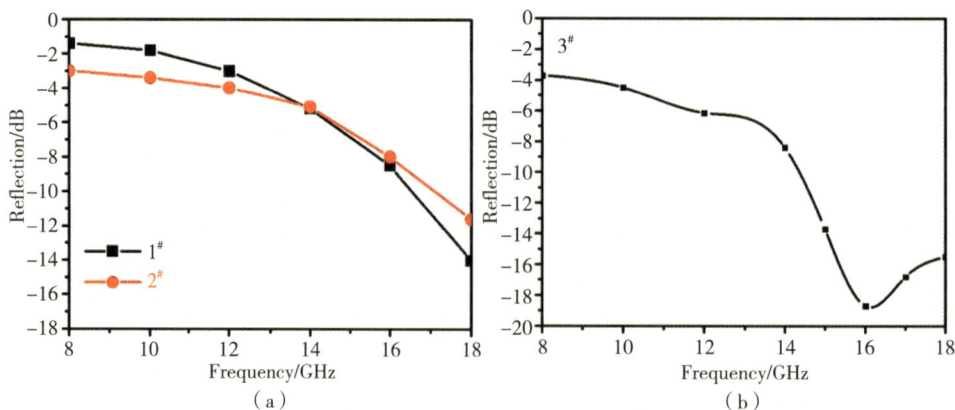

（a）

（b）

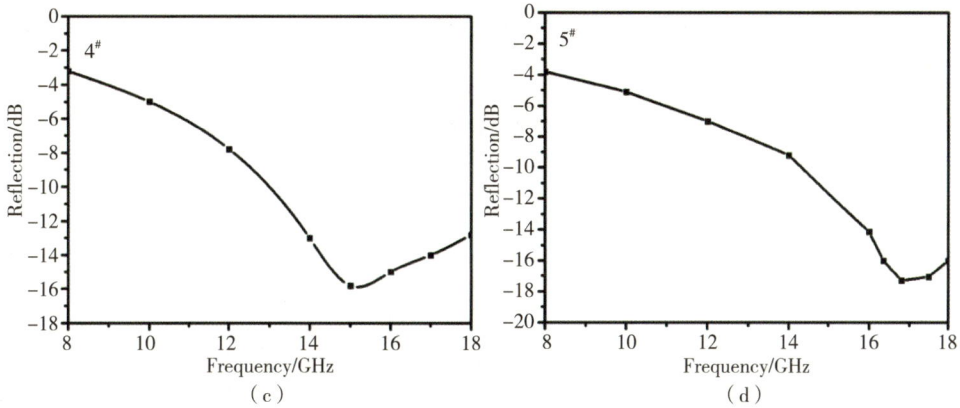

图 14   基于 CNTs 和金属化 CNTs 的吸波涂料的 R－F 曲线

收损耗都增加，总的电磁波能量衰减增加；材料磁导率增加，一方面使吸收损耗增加，另一方面使反射损耗减小。二者叠加总的电磁波能量衰减效果是先减小后增大，故电导率和磁导率大的材料其衰减损耗大。因此具有较大磁导率的镍铁高导磁合金具有良好的吸收电磁波的性能。材料厚度增大可以减小磁畴壁，从而增加磁导率，因此涂层越厚，吸收损耗也就越大。

2.3.2 基于金属化空心微珠的吸波涂料制备与性能

1）涂料的制备

基于金属化空心微珠的吸波涂料制备工艺基本同于上述基于金属化 CNTs 的吸波涂料制备工艺。

2）涂料的涂覆

将金属化金属空心微珠的涂料成品涂覆于尺寸大小为 112mm×82mm×8mm 的塑料薄板上。涂覆之前必须对基体表面进行预处理处理，先使用细砂纸将塑料薄板表面打毛，清除细灰后，使用无水乙醇将基体表面反复清洗 3 次，放入烘箱中干燥 20min 后待用。这样做的目的，一方面可保持表面无油污或塑料脱膜剂，以免影响涂层与基体的结合；另一方面，适当增加基体表面的粗糙度，以保证涂层的附着力。

将涂料成品涂刷塑料板表面，刷涂面应尽量保持水平，一般刷 2～3 遍。涂覆过程中控制涂层厚度较为重要。涂层太薄会达不到较好的吸波效果，然而随着涂层厚度的增加，不仅涂层的附着力等物理性能下降，而且涂料的消耗量大。涂层厚度必须在满足吸波性能要求的同时，尽量降低成本。

3）性能测试

采用标量网络分析系统测试涂层样品在 8～18GHz 范围内微波反射率与频率之间的 R－F 曲线。

4）性能测试结果与讨论

根据吸波材料对电磁波的损耗机制可知，吸波性能与微波吸收剂（填料）的种类、含量、涂层厚度以及树脂和溶剂等多种因素密切相关，因此为了详细比较各种因素对涂料吸波性能的影响，实验制备并测试了多种涂层样品的 $R-F$ 曲线，见表5，其中吸波效能是指填料种类及含量确定的条件下，不同厚度的涂层样品所测得的最佳值，相应样品涂刷层数下加有下划线。

表5　涂层样品所含吸收剂种类和含量、涂层厚度及吸波效果

样品	填料种类及质量	涂层厚度	吸波效能
1 号	60% Ni-Co-P、Co-P、Ni-P/空心微珠吸收剂	1/2/3 层	−7.80dB
2 号	65% Ni-Co-P、Co-P、Ni-P/空心微珠吸收剂	1/2/3 层	−11.20dB
3 号	70% Ni-Co-P、Co-P、Ni-P/空心微珠吸收剂	1/2/3 层	−13.40dB
4 号	75% Ni-Co-P、Co-P、Ni-P/空心微珠吸收剂	1/2/3 层	−13.70dB
5 号	Ni-Co-P/CNTs 复合粉体	涂刷一层	−12.0dB
6 号	Ni-Co-P/CNTs 复合粉体	涂刷三层	−16.4dB
7 号	Ni-Co-P/CNTs 复合粉体	涂刷四层	−21.7dB
8 号	60% Ni-Co-P/CNTs 复合粉体＋空心微珠改性粉体	1/2/3 层	−12.5dB
9 号	65% Ni-Co-P/CNTs 复合粉体＋空心微珠改性粉体	1/2/3 层	−14.8dB
10 号	70% Ni-Co-P/CNTs 复合粉体＋空心微珠改性粉体	1/2/3 层	−17.5dB

注：8～10 号样品中 Ni-Co-P/CNTs 复合粉体与空心微珠改性粉体的质量比为 1：10，由于 Ni-Co-P/CNTs 复合粉体的制备量少，制备 5～7 号涂层样品时是根据填料的量来确定树脂和溶剂等的加入量的。

（1）填料粒度对涂层吸波性能的影响

研究中所制备的 Ni-Co-P、Co-P、Ni-P/空心微珠吸收剂的平均粒径是微米级，为 $20～25\mu m$，Ni-Co-P/CNTs 吸收剂的管径是纳米级的，一般为几十纳米。研究表明，掺和型的涂料中填料粒子与周围其他粒子相互接触的数量与微粒的总表面积成正比，相同质量的纳米级的 Ni-Co-P/CNTs 吸收剂粒子比微米级的表面改性的空心微珠吸收剂的粒径小，总的比表面积大，在其他条件相同的情况下，纳米级填料粒子在高分子树脂中更容易形成密集的导电网络。另外，纳米粒子界面原子所占比例大，具有较大的晶格畸变和更多的悬挂键，因此具有较大的界面能。根据热力学理论，填料粒子与树脂间的界面效应导致粒子的界面能越高，越有利于导电网络的形成。

以上分析表明：填料粒子的粒径越小，越有利于涂层中导电网络的形成。但是纳米粒子比微米粒子的比表面积大，比表面能高，更易团聚。在树脂中的分散程度不高，涂料的均匀性降低，不易形成较均匀密集的导电网络，从而又降低了吸波涂料的吸波性能。

比较表5中各涂层样品的微波反射率，同样表明：以纳米 Ni-Co-P/CNTs 复合粉体作为吸收剂的涂层样品比以微米级 Ni-Co-P、Co-P、Ni-P/空心微珠作为吸收剂的涂层样品的吸波效果好，其中 7 号样品在 12.1GHz 处的反射率峰值为 −21.7dB，而以 Ni-Co-P、Co-P、Ni-P/空心微珠作为吸收剂，并且填料含量为 75% 的涂层样品的反射率也低于 −14.0dB。

因此，如何从工艺上提高纳米粒子在高黏度、低表面能聚合物中的分散性是进一步提高纳米粒子填充吸波涂料微波吸收性能的关键。涂铭旌采用三辊机研磨的方法来制备高黏

性细分散的涂料，并通过控制研磨的时间来调整填料的分散和提高涂料的均匀性，取得了很好的效果。

（2）填料含量对涂层吸波性能的影响

由表 5 可知，1～4 号样品分别是将偶联处理后的 Ni－Co－P、Co－P、Ni－P/空心微珠吸收剂分别按照填料 60％、65％、70％和 75％的质量比与树脂和其他溶剂、助剂等调制成涂料制备的涂层样品。分别测量不同填料含量，厚度均为 1mm 的涂层的 R-F 曲线，其中 1 号和 4 号的 R-F 曲线分别如图 15 所示。

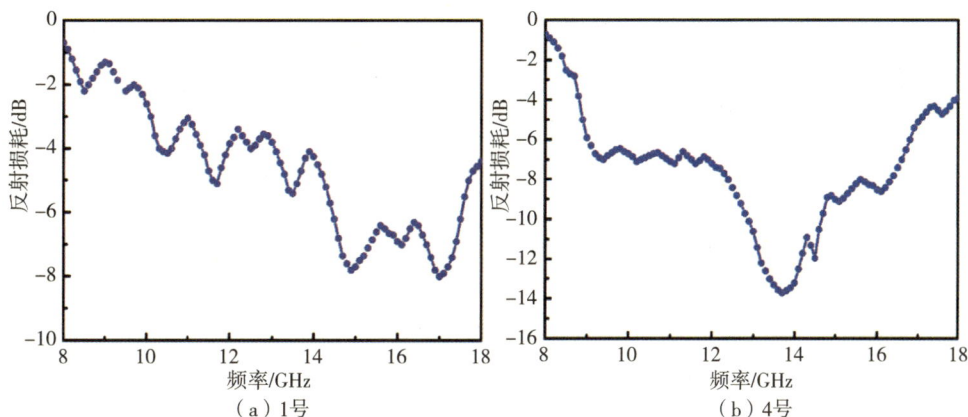

图 15　1 号和 4 号涂层样品的 R-F 曲线

测试结果表明：随着填料含量的增加，1 至 4 号涂层样品的反射率值是逐渐增大的，位于 13.8GHz 附近的反射率峰值分别为－7.80dB、－11.20dB、－13.40dB 和－13.70dB［图 16（a）］。随着填料含量的增加，反射率先增大得较快，大于 70％后，反射率增加较为缓慢。究其原因是：当填料含量较少时，吸收剂粒子间的相互接触较少，粒子间距较大，不利于微观导电网络的形成，即不易在涂层中形成传导电流，而传导电流引起的电磁场能量的损耗就是材料所吸收的微波能量，所以涂层的微波反射率较低。随着填料含量的增加，涂层中单位体积的导电粒子增加，导电粒子之间的相互接触也随之增加，间距减小，导电网络逐渐形成，整个涂层的电导率增加。但是当填料含量大于一定值时（如本试验中 70％含量），由于导电网络已经完全形成并且密度较大，再增加填料含量对降低电阻率的效果将不明显。

由以上填料含量对涂层反射率影响的分析可知：以 Ni－Co－P、Co－P、Ni－P/空心微珠复合粉体作为吸波涂料的填料，当填料含量为 70％～75％时，涂层样品的吸波效果较好。

8～10 号样品的微波反射率值也同样表明：当其他条件相同时，填料含量的增加有利于提高涂层的微波反射率。以 Ni－Co－P/CNTs 复合粉体和表面改性后空心微珠的混合粉体作为吸波涂料的填料，当填料含量达 70％时，涂层具有较高的微波反射率，达到－17.5dB。

（3）涂层厚度对吸波性能的影响

为了考察涂层厚度对吸波性能的影响，实验中将制备的 Ni－Co－P 包覆 CNTs/环氧树脂涂料分别在塑料薄板基体上涂刷一层、三层和四层，制备出5～7号涂层样品。使用数显万用表测量间距为1cm的两点间电阻，通过比较涂层厚度与涂层表面电阻率的关系[图16（b）]，定性得出涂层厚度对涂层吸波性能的影响。然后，测定三个样品的 $R-F$ 曲线（图17），定量反映涂层厚度对涂层吸波性能的影响。

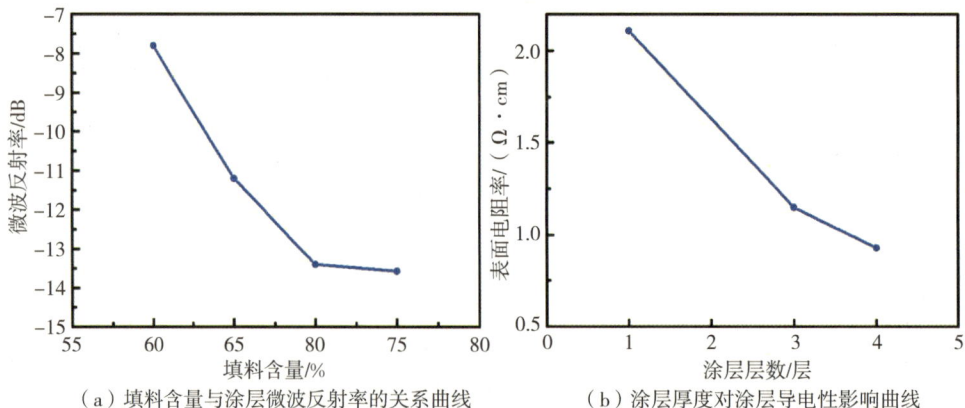

（a）填料含量与涂层微波反射率的关系曲线　　（b）涂层厚度对涂层导电性影响曲线

图16　涂层厚度与吸波性能

从图16可以看出，刷涂一层的样品（5号）表面电阻率较大，随着涂刷层数的增加，电阻率下降，当涂层达到一定厚度后，涂层表面的电阻率下降缓慢。根据涂层的吸波机理可知，涂层的导电网络是三维立体的空间结构，当涂层厚度较薄时，填料粒子难以在三维空间中形成较为完整的立体网络，不利于形成传导涂层，因而影响涂料对电磁场能量的耗损。当涂层达到一定的临界值厚度时，粒子之间在厚度方向上的接触得到增加，形成完整的导电网络，使电阻率迅速下降。如果继续增加涂层厚度，对改善涂层的吸波性能不太明显。

5～7号涂层样品的 $R-F$ 曲线（图17）也同样表明：在其他条件相同的情况下，随着涂刷层数的增加，涂层的微波反射率峰值由 -12.0dB（一层）增大到 -16.4dB（三层），涂刷四层的7号样品的反射率峰值增大到 -21.7dB。另外，以 Ni-Co-P/CNTs 粉体作为吸收剂的吸波涂层吸收峰位于 -12.0GHz 附近。

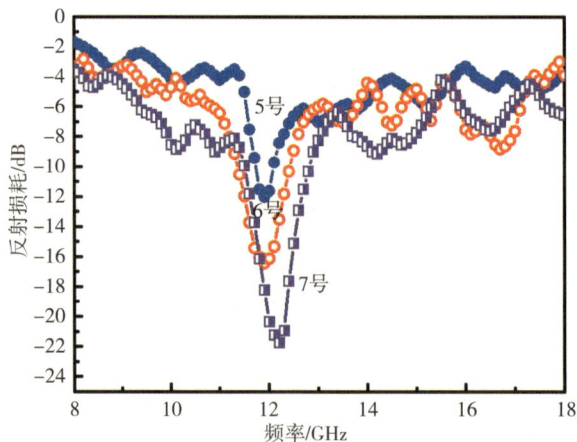

图17　5～7号涂层样品的 $R-F$ 曲线

以上分析可知：涂层厚度对涂层的吸波性能有着重要的影响。应当通过调整涂刷层数控制最佳涂层厚度来获得最大微波反射率。

（4）树脂和溶剂对吸波性能的影响

① 树脂的影响

树脂在涂层中起基体骨架的作用，树脂除了应该满足涂料的黏度、附着力、干燥性和成膜性等一般要求，还必须考虑其作为特殊功能性涂料的成膜树脂，其分子量大小、固化温度的高低、与填料的润湿性，对填料粒子的吸附性和黏结性对填料粒子之间接触状态的影响，从而影响涂料的整体吸波性能。

成膜树脂的分子量过小，将影响涂层的强度和其他物理机械性能。分子量过大，涂层的韧性降低，脆性大。另外，理论研究表明：分子量的增加容易造成填料粒子之间树脂隔膜厚度的增加，破坏涂层中导电网络的形成。

吸波涂料在未固化时几乎没有吸波效果，随着涂层的固化，才能吸收衰减入射波。树脂的固化温度决定了涂层固化时间的长短。固化温度较高时，溶剂挥发快，固化时间短，但是由高温引起的溶剂急剧挥发，易使涂层内部出现许多孔装缺陷，涂料中含有的水分也会气化逸出使涂层表面出现较多气孔，从而造成填料粒子之间的接触受阻。因此，吸波性能下降。固化温度过低，固化时间较长，填料粒子的沉降作用，使涂层出现分层。树脂浮于涂层表面，严重影响涂层的均匀性，从而影响涂层的整体吸波效果。因此，选择固化温度适中的树脂至关重要。

树脂与填料粒子的润湿性关系到涂层吸波性能的优劣。润湿过强，树脂将填料粒子完全包覆，影响涂层中导电网络的形成；润湿性过小，涂层中填料粒子与树脂的结合过弱，稍加外力，填料粒子易脱落。因此，必须使成膜树脂与填料粒子的润湿性适中。

② 溶剂的影响。

溶剂的加入，主要是为了溶解树脂，调节涂料黏度，并且在一定程度上控制涂料的固化速度。涂料从液态固化过程中，粒子在重力、溶剂挥发所致的基料收缩力、化学反应所产生的涂膜收缩力的作用下从分散的状态克服聚合物基料的黏滞力逐渐相互趋近。

如果溶剂加入量过大，涂料黏度小，填料粒子会发生严重的沉降，导致涂料均匀性下降，涂层导电性的不均匀性增加；溶剂过多增加了粒子之间间距，粒子难以聚合物收缩时而聚集。溶剂加入量过小，树脂溶解不充分固化时，树脂易于向填料表面析出，妨碍粒子之间的接触和涂膜的收缩，也会降低涂层的吸波性能。溶剂加入量的原则是在保证涂料黏度适宜施涂的条件下，尽可能地降低溶剂加入量。

3 总 结

CNTs 中空、质轻、导电性可调、力学性能强、化学性能稳定，其手征性赋予其一定吸波性能，因此 CNTs 是一种有潜力的微波吸收剂。然而，CNTs 磁损耗小，仅对电磁波产生介电损耗。粉煤灰空心微珠是一种具有中空、质轻、粒度小、高强、耐磨、耐高温等优异性能的球形颗粒材料。本文研究以 CNTs 和空心微珠为芯材，利用化学镀方法对其表面进行金属化改性，在 CNTs 表面均匀包覆 Ni－P/Co－P/Ni－Fe－P/Ni－Co－P 合金层，在空心微珠表面也完整地包覆 Ni－P/Co－P/Ni－Co－P 合金层，成功地制备出新型轻质微波吸收剂；进而对两种微波吸收剂粒子进行表面有机化改性，选用高分子聚合物环氧树脂作为成膜树脂，加入适当的溶剂、固化剂和助剂制备出纳米复合微波吸收涂料，并将涂料涂刷于基板上制备吸波涂层样品并在 8～18GHz 范围内测试其微波吸收性能。研究结果表明：采用"氧化（粗化）—敏化—活化—还原"的工艺对 CNTs 和空心微珠进行表面预处理，再进行表面化学镀覆，可以获得优质的合金镀层。镀层连续、均匀、包覆完整，镀层呈非晶态，后续热处理可使镀层由亚稳的非晶态或微晶态转变为稳定的晶态。吸波剂粒子表面的偶联处理能够有效提高填料在有机体系中的分散性和利用率。无机微纳结构表面多元磁性金属复合改性使其对微波吸收向低频移动，并且吸收峰有宽化趋势，可以实现电磁波宽频吸收，同时满足轻质要求。以金属化 CNTs 和金属化空心微珠混合粉体作为微波吸收剂的纳米复合微波吸收涂层具有良好的微波吸收性能，通过减小吸收剂粒度、提高吸收剂含量和分散性、调控涂层厚度以及选择适当的树脂和溶剂及其加入量能够可控提升涂层微波反射率。

金属化改性的 CNTs 和空心微珠作为新型轻质的电磁波吸收剂，在民用和军事领域都有着广泛的应用前景。今后，如何优化非金属材料表面的化学沉积工艺，实现沉积速率和镀层成分、含量、尺寸、组织、电磁性能的精准调控以及实现多层和纳米量级包覆，来满足作为优质电磁波吸收剂的综合性能要求，还有待于人们的探索和研究。

参考文献

［1］刘雪飞．移动通信基站的电磁辐射水平及其对人体健康的影响［J］．科技视界，2019，（20）：54－55.

［2］刘元军，赵晓明，李卫斌．吸波材料研究进展［J］．成都纺织高等专科学校学报，2015，32（3）：23－29.

［3］李玉坤，许志远，曹洁，等．耐高温宽带吸波超材料的设计及实验研究［J］．武汉理工大学学报，2018，40（8）：1－7.

［4］黄巨龙，周亮，陈萌，等．碳基材料吸波性能研究进展［J］．中国材料进展，2020，39（2）：138－145.

［5］李海燕，张世珍，桂林，等．新型纳米吸波材料研究进展［J］．现代涂料与涂装，2010，13（7）：25－27＋33.

［6］刘伟，张捷，张婷，等．磁性碳纳米复合吸波材料的研究进展［J］．安全与电磁兼容，2017，（5）：65－70.

［7］于永涛，王彩霞，刘元军，等．吸波复合材料的研究进展［J］．丝绸，2019，56（12）：50－58.

［8］曹茂盛，高正娟，朱静．CNTs/Polyester 复合材料的微波吸收特性研究［J］．材料工程，2003，（2）：34－36.

［9］李俊燕，陈平．结构型吸波复合材料的研究进展［J］．纤维复合材料，2012，29（2）：11－14.

［10］毕红，吴先良，李民权．镀钴碳纳米管环氧树脂基复合材料的制备及其微波吸收特性研究［J］．宇航材料工艺，2005，（2）：34－37.

［11］李桂金，白志民，马忠诚，等．镍铁氧体/粉煤灰空心微珠复合粉体的制备及电磁性能［J］．硅酸盐学报，2015，43（2）：231－236.

［12］王静．粉煤灰空心微珠基复合粉体的制备、表征及机理研究［D］．太原：太原理工大学，2018.

［13］李志广，王建江，米伟娟，等．表面改性空心微珠吸波材料的研究进展［J］．材料导报，2013，27（9）：33－37.

［14］葛凯勇，王群，毛倩瑾，等．空心微珠表面改性及其吸波特性［J］．功能材料与器件学报，2003，（1）：67－70.

［15］NAKAMURA S，YOSHIDA K，KAMADA K，et al．Bonding between resin luting cement and glass infiltrated alumina－reinforced ceramics with silane coupling agent［J］．Journal of oral rehabilitation，2004，31（8）：785－789.

［16］陈小华，颜永红，张高明，等．NiCo 合金包覆碳纳米管的研究［J］．微细加工技术，1999，（2）：19－24.

［17］刘家琴，叶敏，吴玉程，等．NiCoP/CNTs复合微波吸收剂的制备及表征［J］．兵器材料科学与工程，2009，32（2）：21－24.

［18］FENG Y，YUAN H L．Electroless plating of carbon nanotubes with copper［J］．Chinese journal of chemical engineering，2004，（5）：136－139.

［19］何宝临，吴玉程，叶敏，等．碳纳米管上化学镀镍钴磷合金及其表征［J］．电镀与涂饰，2008，（9）：13－15＋28.

［20］叶勤军，苏勋家，毕松，等．碳纳米材料化学镀镍的研究进展［J］．电镀与环保，2017，37（4）：71－74.

［21］孟胜皓，闫军，汪明球，等．碳纳米管表面改性及其应用于复合材料的研究现状［J］．化工进展，2014，33（8）：2084－2088.

［22］蔡晓兰，冯敏，周蕾，等．碳纳米管化学镀的研究现状［J］．粉末冶金技术，2016，34（2）：135－140.

［23］MA X C，LUN N，WEN S L．Formation of gold nanoparticles supported on carbon nanotubes by using an electroless plating method［J］．Diamond and related materials，2005，14（1）：68－73.

［24］ZHAO Q，TAN S，XIE M，et al．A study on the CNTs－Ag composites prepared based on spark plasma sintering and improved electroless plating assisted by ultrasonic spray atomization［J］．Journal ofalloys and compounds，2018，737：31－38.

［25］ZHAO Q，XIE M，LIU Y，et al．Improved electroless plating method through ultrasonic spray atomization for depositing silver nanoparticles on multi－walled carbon nanotubes［J］．Appliedsurface science，2017，409：164－168.

［26］KONG F Z，ZHANG X B，XIONG W Q，et al．Continuous Ni－layer on multiwall carbon nanotubes by an electroless plating method［J］．Surface and coatings technology，2002，155（1）：33－36.

　　[27] 费锡明，李苏，黄正喜. 化学镀钴沉积规律的研究 [J]. 黄石高等专科学校学报，2001，（4）：11－13＋29.

　　[28] 屠振密，李宁，黎德育，等. 化学镀钴-磷基多元合金的研究现状 [J]. 表面技术，2003，（1）：15－18＋21.

　　[29] 李宁，屠振密. 化学镀实用技术 [M]. 北京：化学工业出版社，2004.

　　[30] 张健，张文彦，奚正平. 隐身吸波材料的研究进展 [J]. 稀有金属材料与工程，2008，37（S4）：504－508.

　　[31] 邢丽英. 隐身材料 [M]. 北京：化学工业出版社，2004.

　　[32] 阮颖铮. 雷达截面与隐身技术 [M]. 北京：北京国防工业出版社，2001.

　　[33] 步文博，徐洁，丘泰. 吸波材料基础理论的探讨及展望 [J]. 江苏陶瓷，2001，（2）：1－4.

　　[34] 刘安华. 涂料技术导论 [M]. 北京：化学工业出版社，2005.

　　[35] 张立德，牟季美. 纳米材料与纳米结构 [M]. 北京：科学出版社，2001.

　　[36] 武利民. 涂料技术基础 [M]. 北京：化学工业出版社，2004.

　　[37] 何益艳，杜仕国. 偶联剂在涂料中的应用 [J]. 化工时刊，2002，（2）：3－7.

　　[38] 吴行，陈家钊，涂铭旌. 电磁屏蔽涂料填料的表面偶联处理研究 [J]. 功能材料，2000，（3）：262－264.

　　[39] 季光明，陶杰. 偶联剂对纳米 ZnO 粒子在聚丙烯中的分散性影响 [J]. 南京航空航天大学学报，2004，（2）：262－266.

　　[40] 施冬梅，鲁彦玲，杜仕国. 偶联剂对铜环氧电磁屏蔽导电涂料的影响 [J]. 中国涂料，2005，（6）：16－18＋55.

　　[41] 胡传炘. 隐身涂层技术 [M]. 北京：化学工业出版社，2004.

　　[42] WU L Z, DING J, JIANG H B, et al. Particle size influence to the microwave properties of iron based magnetic particulate composites [J]. Journal of magnetism and magnetic materials, 2005, 285（1－2）：233－239.

　　[43] 解思深. 纳米材料体系物理简介 [J]. 现代科学仪器，1998，（Z1）：5－7.

　　[44] 管登高，黄婉霞，陈家钊，等. 10kHz～1GHz 镍基电磁波屏蔽复合涂料的研制及其在 EMC 中的工程 [J]. 电讯技术，2000，（6）：13－18.

　　[45] 毛倩瑾，于彩霞，周美玲. Cu/Ag 复合电磁屏蔽涂料的研究 [J]. 涂料工业，2004，（4）：8－10＋62.

　　[46] 管登高. 镍基电磁波屏蔽复合涂料的研究及其在 EMC 的工程应用 [D]. 成都：四川大学，2001.

　　[47] 黄婉霞，管登高，陈家钊，等. 镍基电磁波屏蔽涂料在 EMC 中的应用 [J]. 中原工学院学报，2003，（S1）：102－104.

（八）功能电镀表面处理

舒　霞[1,2]　黄新民[1,2]　郑玉春[1,2]　刘　玉[1,2]　吴玉程[1,2]
（1. 合肥工业大学材料科学与工程学院，
2. 先进功能材料与器件安徽省重点实验室，合肥 230009）

2016 年，《中国制造 2025》由文件编制进入全面实施新阶段，一批重大标志性项目推进实施，高端装备发展取得系列重大突破，一连串"卡脖子"问题将得到解决。电镀是表面处理的主要技术之一，是高端技术和现代机械制造业体系不可或缺的组成部分，是航空航天、电子、仪表、通信、计算机、石油、五金工具等机械制造业的基础工艺之一。电镀（学术上也叫电沉积）按照沉积方式，可分为直流电镀、脉冲电镀、喷射电镀、滚镀、电刷镀等；按照沉积金属分类，可分为单金属电镀、合金电镀和复合电镀等。电沉积还是制备完全致密的功能镀层材料的最有前途的方法之一；将纳米技术与电化学镀、脉冲电镀等传统的镀层制备技术相结合而发展起来的功能电镀的设计和应用已得到迅速发展，开发了许多有特殊特性的功能镀层。

本文结合多年的科研和技术实践，专注金属镍电沉积，着重纳米晶镍基合金电沉积和镍基复合电沉积的工艺技术与理论研究，并结合生产实践加以说明。

1　镍基合金纳米晶电镀

与单金属镀层相比，具有特殊表面性能的合金镀层越来越受到关注。合金镀层的出现大大扩大了镀层的品种范围，电沉积纳米晶体材料有镍、铜、钴等，其中镍是研究最多的材料。电沉积镍基合金镀层具有优良的物理、化学和机械性能，在工程应用中越来越受到重视。例如，Ni-W 合金硬度高，耐蚀型好，可代替铬镀层，用于模具、活塞环、钟表机芯、石油容器等；Ni-Fe-P 合金具有优异的软磁性能，可用于高速开关、读写磁头材料和屏蔽材料等。合肥工业大学吴玉程课题组在化学镀镍和镍基金属的基础上从 2001 年开始致力于镍基合金纳米晶电沉积的研究，并逐步形成体系。

1.1　Ni-W 合金和 Ni-Fe 合金镀层

首先以获得较高的沉积速率、较高的显微硬度和优质的外观为综合评价指标，通过正交实验对电沉积制备镍基合金纳米晶进行配方、工艺优化，并详细分析工艺条件对沉积速率、镀层显微硬度、耐腐蚀性能等的影响。在实验的基础上分别得到了制备 Ni-W 合金和 Ni－Fe 纳米晶合金镀层优化的工艺方案。Ni－W 和 Ni－Fe 合金纳米晶镀层的电镀工艺配方见表 1。

Ni－W 和 Ni－Fe 合金纳米晶的表面形貌都为胞状形态，如图 1 所示。

表 1　Ni－W 合金和 Ni－Fe 合金镀层优化工艺方案

组成及工艺条件	Ni－W 合金镀	Ni－Fe 合金镀
$NiSO_4 \cdot 6H_2O$/（g/L）	10～15	180～220
柠檬酸/（g/L）	50～70	
Na_2WO_4/（g/L）	10～30	
氨水/（g/L）	30～100	
$FeSO_4$/（g/L）		10～40
NaCl/（g/L）	2～10	20～30
柠檬酸三钠/（g/L）		25～35
十二烷基硫酸钠		0.1～0.3
硫酸		0～20
缓冲剂		50～60
稳定剂		1～3
应力消除剂		3～4
pH 值	6～7	2.5～4
温度/℃	60～70	50～60
阴极电流密度/（A/dm²）	12～15	3～5
阳极	纯镍板	高密度石墨棒

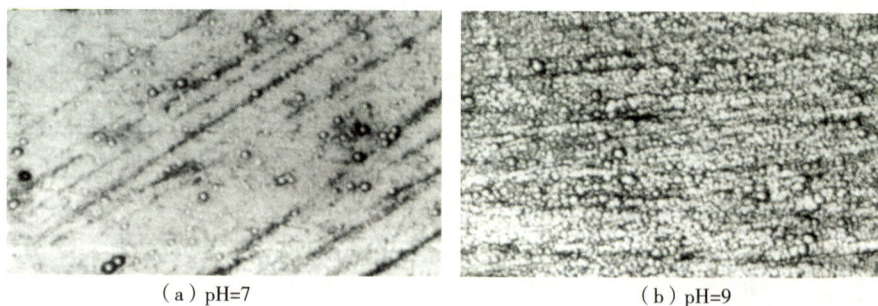

（a）pH=7　　　　　　　　　　（b）pH=9

图 1　Ni－W 合金镀层的表面形貌（150 倍，沉积时间均为 60min，
温度均为 80℃，Na_2WO_4 40g/L，电流密度 D_k＝15A/dm²）

W 的质量分数分别为 43.30％ 和 51.20％ 的 Ni－W 合金镀层分别为晶态和晶态与非晶态之间、以非晶态为主的微晶结构，晶粒平均尺寸为 26.48nm，短程有序范围为 17.65～29.40nm。对 Ni－W 电沉积的显微硬度影响最大的因素是 pH 值，pH 值等于 7 或 8 时，

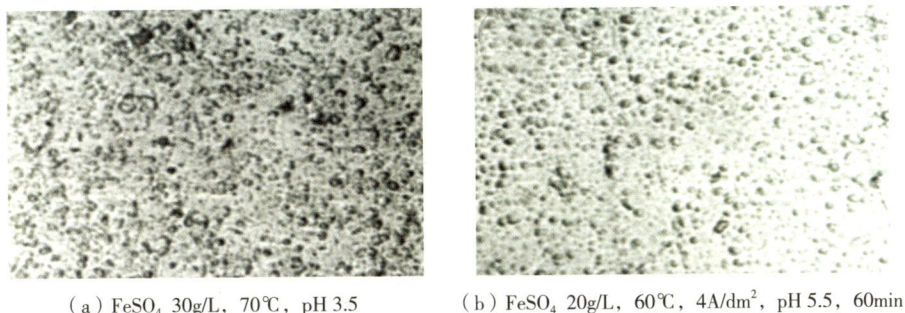

（a）FeSO₄ 30g/L，70℃，pH 3.5　　　　　（b）FeSO₄ 20g/L，60℃，4A/dm²，pH 5.5，60min

图2　Ni-Fe合金镀层的表面形貌（×150，沉积时间均为60min，4A/dm²，60min）

镀层显微硬度高达HV700以上；Ni-W非晶态合金镀层具有良好的热稳定性，在450℃以下热处理，保持非晶态结构不变；超过450℃热处理后，非晶态的Ni-W合金镀层发生非晶晶化，显微硬度明显增大，可由HV647.40增大到HV1132.88。

获得的Ni-Fe镀层表面亮白细腻，色泽均匀，无明显的阴阳面；温度高，表面质量也较好。Ni-Fe合金电镀层为晶态结构，镀层的含Fe量为13.41%～33.72%（质量分数），属于面心立方晶格的γ相固溶体，电子衍射图为纤细的衍射环或星状亮点围成的细光环，是典型的多晶结构；晶粒尺寸为6.8～9.2nm，镀层由纳米级微晶构成。对Ni-Fe电沉积的显微硬度影响最大的因素是FeSO₄的浓度，显微硬度最高达HV500以上。

1.2　Ni-W-P、Ni-Fe-P合金镀层

在电沉积Ni-W合金镀液的基础上引入次磷酸二氢钠（NaH₂PO₂），获得Ni-W-P三元合金镀层。研究表明：随着次NaH₂PO₂含量的增加，Ni-W-P合金镀层的沉积速率基本上呈现下降趋势。但有一最大值，且与Ni-W合金沉积相比较，Ni-W-P的沉积速率较低，约为Ni-W电沉积速率的2/3。

在电沉积Ni-Fe合金的基础上引入不同磷含量获得Ni-Fe-P三元合金镀层，研究结果表明：随着NaH₂PO₂含量的增加，Ni-Fe-P合金镀层的沉积速率基本上呈现抛物线的趋势，有一最大值，Ni-Fe-P的沉积速率与Ni-Fe合金沉积速率相当。次磷酸二氢钠的加入影响镀层的组成和结构，P含量大于8%（质量分数）的镀层结构为非晶态。

Ni-W-P和Ni-Fe-P两种合金电沉积层的表面形貌仍为胞状，XRD图谱都只有一个宽化的衍射峰，位置在2θ为45°左右。说明含P沉积层的显微结构介于晶态和非晶态之间，以非晶态为主，为微晶结构，短程有序范围分别为20.22nm和28.36nm。Ni-W-P非晶态合金镀层经550℃热处理后显微硬度明显增大，由HV473.60增大到HV825.24。

1.3　耐腐蚀性评价

采用浸泡腐蚀失重实验定性地研究镀层的耐腐蚀性，结果表明：在1mol/L NaCl溶液中，按耐蚀性排序依次为Cr→非晶态Ni-W→Ni→Ni-W-P→Ni-Fe→晶态Ni-W镀

层；Cr 镀层不耐硫酸腐蚀，镍基合金镀层具有耐酸性，在 0.5mol/L 的 H_2SO_4 溶液和 1mol/L 的 HNO_3 溶液中，Ni-Fe 的耐蚀性最好；在 3.5%（质量分数）NaCl 溶液中 Ni-W 镀层表面迅速生成一层彩色的钝化膜，使腐蚀速度减慢。分析阳极极化曲线表明，在 3.5%（质量分数）NaCl 溶液中，Ni-W、Ni-W-P 和 Ni-Fe 镀层具有一定的耐腐蚀性，且非晶态镀层在过了钝化区后的再次溶解速度较低，腐蚀速度减慢。

2　镍基合金复合电镀

现有的单一材料已难以满足工业发展的特殊要求，开发各种新型结构与功能材料是目前材料科学的一个重要研究方向。复合功能镀层材料以其独特的物理、化学、生物、机械性能成为复合材料的一个重要分支。

2.1　Ni-W-ZrO₂复合电镀

二氧化锆（ZrO_2）具有耐酸碱性、抗氧化还原性、良好的热稳定性、抗高温氧化和机械强度等，将 Ni-W 和 ZrO_2 微粒共沉积可以获得性能良好的 Ni-W-ZrO_2 复合电沉积层。

电沉积 Ni-W-ZrO_2 复合电沉积层的优化工艺：Ni-W 基础镀液中 ZrO_2 添加量为 10～20g/L，pH 为 7，镀液温度 60～70℃，电流密度为 15A/dm²。将 ZrO_2 粉末用少量蒸馏水润湿并超声分散 30min 后倒入镀液中，再超声 30min 以上。用恒温水浴锅加热盛装镀液的烧杯至规定温度，在电沉积时采用电动搅拌器连续搅拌，使 ZrO_2 微粒悬浮在镀液中。

显微硬度的变化与镀层表面质量有关，尤其是粒子的分布状况。ZrO_2 的添加量为 10～15g/L 时，镀到基体上的微粒分布较为均匀且非常细小，微粒添加量为 10g/L 时，显微硬度达到最大值。当 ZrO_2 的添加量大于 20g/L 时，由于镀液中粒子浓度增大，发生团聚，镀层中的微粒发生堆积，而且附着力差，极易脱离镀层。微粒添加量的继续增大也会降低镀液的导电性，影响合金的共沉积，所以沉积速率降低（图3）。

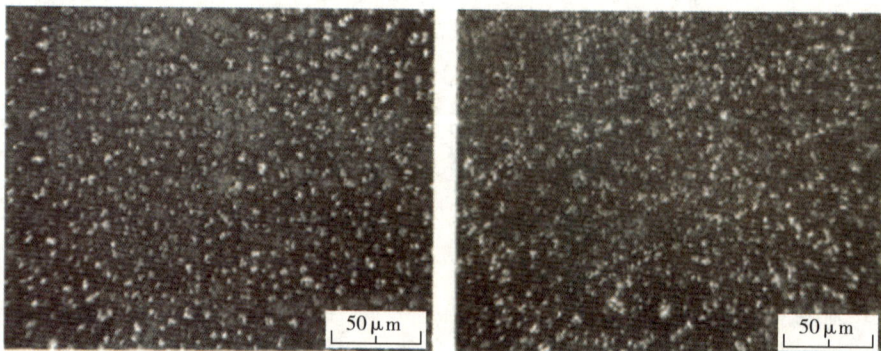

（a）10g/L　　　　　　　　　　（b）15g/L

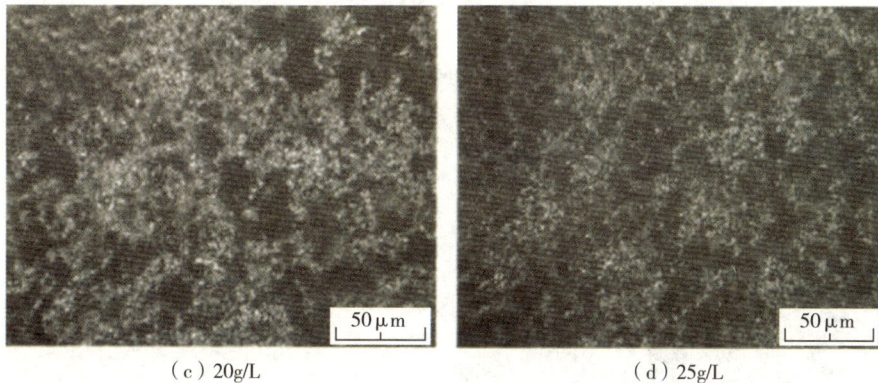

（c）20g/L　　　　　　　　　　　　　　（d）25g/L

图3　不同 ZrO_2 添加量下的镀层表面形貌

采用线性扫描的方法在 3.0%（质量分数）NaCl 溶液中测得的 Ni-W 和 Ni-W-ZrO_2 复合电沉积层的阳极极化曲线。对比发现，Ni-W-ZrO_2 镀层的钝化区较 Ni-W 镀层宽，钝化区域的极化电流偏大，因此 Ni-W-ZrO_2 复合电沉积层的致密性及镀层与基体金属的结合力还有待提高。

2.2　Ni-SiC 复合电镀

随着国内外汽车、摩托车、电动车行业日益发展和内燃机的轻量化的要求，铝合金气缸大量应用。已有的铝合金气缸内表面的处理工艺有内镶合金铸铁缸套和松孔镀铬两种方式，前者加工工艺要求高、传热效果不好；后者由于镀液中含有 Cr^{6+}，六价铬进入土壤和水体易造成环境污染，因此，铝合金气缸内表面的处理方法急待解决。吴玉程课题组与企业联合进行了铝合金气缸内壁镍陶镀层（即 Ni-SiC 复合镀层）的研发，重点解决 SiC 微粒在电镀液中的分散问题。

基础镀液配方如下：$NiSO_4 \cdot 6H_2O$：280～320g/L，$NiCl_2 \cdot 6H_2O$：50～70g/L，H_3BO_3：50～80g/L，糖精：0.5～1g/L。SiC 微粒的粒径为 0.1～5μm，选取的 SiC 晶型为立方晶型的 β-SiC，和金刚石同属一种晶型，较 α-SiC 而言，有更高的硬度，莫氏硬度达 9.5 以上，同时具有更好的韧性和优越的磨削性能。SiC 微粒作为硬质相存在于合金镀层中，起到弥散强化镀层的作用。

采用非离子型聚氧乙烯醚类表面活性剂 OP-10，用量为 0.4～0.7mL/L；微米级无机非金属颗粒粒径为 0.8～6μm，用量为 20～45g/L。用移液管移取表面活性剂，用 10 倍体积的蒸馏水稀释后倒入已称量好的 SiC 微粒中搅拌均匀，使 SiC 微粒表面经预处理后被表面活性剂充分包覆。向经预处理的微粒容器中加入用量为微粒体积 2～3 倍的基础镀液，搅拌均匀，超声分散半小时以上，再均匀撒入基础镀液槽中，搅拌至镀液充分熟化，加水之规定体积。

采用合适的工装在铝合金气缸内壁进行复合电沉积 Ni-SiC 镀层以改善耐磨性能。图 4 为铝合金气缸内壁复合电沉积 Ni-SiC 后的实物图和镀层截面金相图。铝合金气缸经除油、碱蚀、出光、浸锌、闪镍后装挂入槽，进行复合电镀。电流密度 5～6A/dm^2，镀液

pH 值为 6～7，温度为 55℃，时间为 60min，阳极为纯镍，采用空气搅拌和机械搅拌。电沉积后热处理工艺条件为空气炉 200℃保温 1.5h。Ni－SiC 镀层沉积态的外观色泽均匀，磨后表面光亮、无剥落、结合好；镀层中粒子分布均匀、含量适中、组织致密；镀层硬度可达 HV500～550，热处理后镀层最终硬度为 HV580～595。

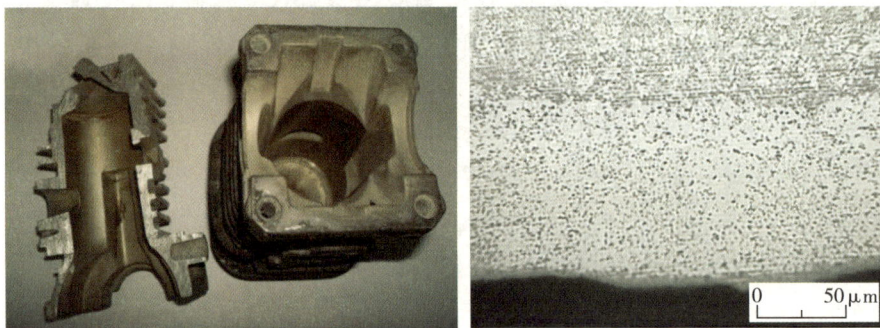

图 4　铝合金气缸内壁复合电沉积后的实物图和镀层金相图

基础镀液也可以是其他镍基合金镀液，如镍-钴、镍-钴-磷合金镀液，添加的微粒可以为碳化硅、氮化硅、氧化锆，从而获得不同性能的镍陶镀层。该工艺有广泛的调整空间，可满足不同的使用要求。上述研发成果详见授权发明专利（ZL 2009 10116611.1）——电沉积镍陶镀液及其配制方法。

3　电子封装体多层金属化

3.1　概述

电子封装是为了保护电路芯片免受周围环境的影响（包括物理、化学的影响），电子器件封装体的表面金属化是一种有效屏蔽电磁干扰的方法，在封装体的表面沉积一层金属导电层的方法有多种，如真空蒸发镀膜、溅射镀膜、离子镀膜、气相沉积等。电镀和化学镀由于成本低廉、镀层均匀、连续、工艺兼容性好，不受零件尺寸及其形状的影响而受到重用。

3.2　环氧树脂胶封装元件多层金属化工艺

合肥某电子研究所希望采用金属化方法为采用 HT6305 导热型环氧树脂胶封装的存储器，镀上 Ni/Cu/Ni/Au 多层金属，实现屏蔽效果。但是表面同时存在 Al_2O_3、环氧树脂和 Ni－Fe 合金等材料，同时镀覆的难度相对较大，合肥工业大学黄新民等对此提出了解决方案。

所采用的工艺路线：引脚保护→除油→热水洗、冷水洗、次蒸馏水洗→粗化→中和→

热水洗、冷水洗、蒸馏水洗→超声清洗→蒸馏水洗→浸酸、预敏、活化→流水清洗→解胶→冷水洗、蒸馏水洗→加速、化学镀镍→蒸馏水洗→电镀铜→蒸馏水洗→电镀镍→烘干和镀金。主要工序配方和工艺条件见表2所列。

表2　环氧树脂胶封装元件多层金属化工序配方和工艺条件

工序名称	配方		工艺条件	
	试剂	含量	参数	数值
除油	氢氧化钠	20～30g/L	时间	10～15min
	磷酸三钠	40～60g/L	温度	50～60℃
	碳酸钠	20～40g/L		
	OP-10乳化剂	5～10mL/L		
粗化	铬酸	200～250g/L	时间	6～15min
	硫酸	200～250g/L	温度	60～70℃
	氢氟酸	55～10mL/L		
敏化	37%HCl	30～50mL/L	时间	5～12min
	氯化亚锡	5～15g/L	温度	室温
	锡粒	3～5g/L		
活化	37%HCl	250～300mL/L	温度	26～28℃
	氯化亚锡	6g/L	时间	3～10min
	胶体钯 Actpp950	6～12mL/L		
化学镀镍	Ni_2SO_4	10～20g/L	pH 值	8～9
	NH_4Cl	20～30g/L	温度	40℃
	柠檬酸三钠	20～30g/L	时间	10min
	次亚磷酸钠	10～20g/L		
电镀铜	五水硫酸铜	200～240g/L	温度	室温
	硫酸	55～75g/L	阳极	磷铜板
	盐酸	30～80mg/L	电流密度	$1.5～8.0A/dm^2$
	开缸剂	4mg/L	时间	10～20min
	光亮剂	0.4ml/L		
电镀镍	$NiSO_4$	280～300g/L	电流密度	$4A/dm^2$
	$NiCl_2$	35g/L	温度	60℃
	H_3BO_3	40g/L	时间	5～15min
	光亮剂	0.5～1mL/L		
	湿润剂	1～3mL/L		
	走位剂	8～10mL/L		

3.3　环氧树脂封装电子元件多层金属化应用实例

通过对表 2 所列工艺的严格执行和细节把控，最终在元件表面实现了多层金属化，实现两端触点与引脚连接导通，效果如图 5 和图 6 所示。该电子元件为军工用产品，对表面金属化的要求非常苛刻。多层金属化针对触点的材质和电子元件的功能要求设计了 Ni/Cu/Ni/Au 复合电沉积层，并通过对工艺步骤的精心调整，成功解决了触点周围漏镀和抢镀问题。最终所生产的产品表面金属化膜完整致密，并装机通电检测合格，取得了很好的技术效果。

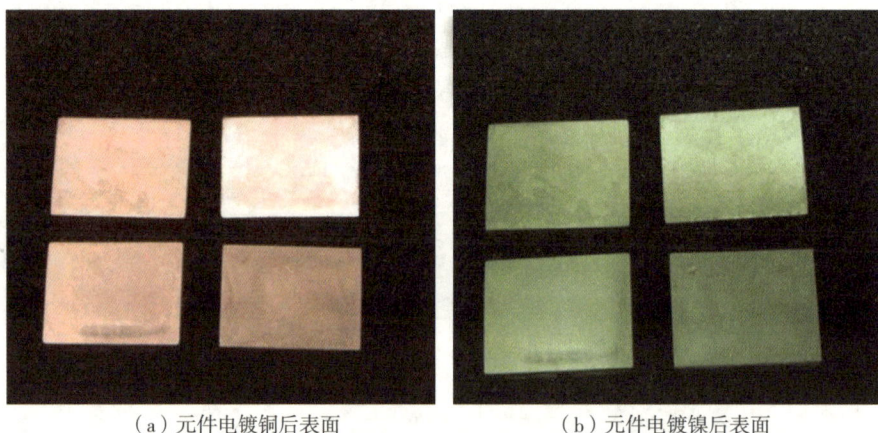

（a）元件电镀铜后表面　　　　　　（b）元件电镀镍后表面

图 5　样品图片

图 6　镀金后端面刻蚀电路的电子元件样品

4　结　语

我国的电镀行业随着制造业在历经了 20 多年的高速发展之后，正处于积极的转型升级过程中，淘汰了很多无法生产和落后工艺的电镀企业，在电镀行业环保标准压力重重的大环境下，企业从独立的电镀生产环境搬迁到了统一规划的电镀园区进行管理。根据环球电镀网从全国排污许可证管理信息平台截至 2019 年 10 月 17 日统计，全国电镀企业拿到新排污许可证的仅有 3940 家。近 5 个月全国新增 501 家，其中挂靠在电镀园区与电镀厂名下的电镀厂占三分之一，平均每家挂靠的电镀厂就有 5～50 家（年产值普遍在 500 万～1000 万）。在电镀行业"环保革命"的大环境下，能生存下来的电镀企业尤为珍贵。与此同时，电镀行业正朝着生产自动化、智能制造数字化、清洁生产的电镀工艺创新的方向二次冲锋。

为推进制造强国战略实施，工信部于 2016 年 2 月启动了"中国制造 2025"城市试点示范创建工作，计划通过 3～5 年时间，在全国率先建成一批新型制造业强市和强区，以点带面示范推广，加快制造业整体素质的提升。2017 年 6 月 13 日，工信部批复合肥为"中国制造 2025"试点示范城市，标志着合肥市跻身制造业"国家队"。

近年来，合肥市坚持实施工业立市、制造强市和质量兴市战略，推动资源要素向制造业集聚、政策向实体经济倾斜，逐渐形成了以战略性新兴产业为先导、高新技术产业和传统优势产业为主导的先进制造业体系。目前，合肥市已成为全国重要的先进制造业基地，拥有 37 个工业行业、200 多个工业门类、2000 多种大宗工业产品。未来 3 年试点期，该市将立足"中国制造 2025"试点示范新起点，全面落实"制造强省"部署，力争建成全国性产业创新中心，打造具有国际竞争力和国际影响力的制造强市。

表面处理行业生产过程中会产生大量的废气、废水以及固废，严重威胁社会环境和人身健康，表面处理行业是环保部门的首要管理、监察对象。加强表面处理行业污染物控制和环境治理，推行清洁生产尤为关键。表面处理行业必须立足工业配套服务，关注生态环保科技进步，秉承国家创新战略，开创现代表面处理产业新时代，振兴行业、服务于企业。目前，在合肥已关停并转了很多小型的表面处理厂，进行行业整合，成立了几家大型综合的表面处理工业园区，如 2013 年成立舒城联科环境科技有限公司，注册资金 8000 万元，一直致力于难处理水的设备研发与应用，尤其在电镀废水、PCB 废水、印染废水和高浓度高盐废水等领域拥有国家重点推广工程技术和专利产品，是集环保、科研、电镀污水综合治理、工业园区管理为一体的高新技术企业。目前厂房总建筑面积 70000 多平方米，污水池面积近 4000m²，日污水处理能力达 8000t，投资规模达 3.5 亿元。公司研究人员占总人数 35%，拥有国家发明专利 16 项，实用新型专利 6 项，且专利数量在逐年增长；同时与安徽环境科学研究院、中国科学院合肥物质研究院、合肥工业大学等高等院校和科研单位建立产学研基地，进行新技术、新工艺研发与应用。2009 年成立的安徽丰乐金属表面处理有限责任公司搬迁至安徽舒城，位于联科工业园内。整个园区项目建设占地 173 亩，囊括包括镀金、银、铜、铬、镍、锌和阳极阳化、电泳、蚀刻等众多表面处理工艺。总建筑面积 121535m²，其中厂房面积 104720m²，办公楼 10320m²，污水处理厂及配套设施 6495m²，一期建设每天污水处理能力达 8000t 污水处理厂。经安徽省环保厅批准并认可，基于舒城电子产业园的环境配套，建立污水处理中心，对表面处理企业进行集中管理、污水集中处理。拥有自主知识产权的污水处理技术，对各种生产废水采取分质收集、分质处理和分质回收的原则，理念超前，技术领先国内。通过 CASS 周期循环活性污泥法，生产废水分类收集处理均达到《电镀污染物排放标准》（GB 21900—2008）中表 3 标准，基本实现重金属回收再利用、重金属污染物的零排放，符合国家节能减排最高标准。入驻产业园的企业，不必再预处理，直接纳管排放至污水处理中心，集中处理达标排放。2014年12月，"中国制造2025"这一概念被首次提出。2015年5月19日，国务院正式印发《中国制造2025》，坚持"创新驱动、质量为先、绿色发展、结构优化、人才为本"的基本方针。为贯彻这一方针，表面处理行业需要既保证产品质量，又减少污染物的排放。通过工艺改进、科学管理、引进科学的处理方法，推行清洁生产，保障污染控制和环境治理，实现经济效益、社会效益和环境效益共赢。

参考文献

[1] 徐滨士，刘世参．表面工程［M］．北京：机械工业出版社，2000．

[2] 川崎元雄，小西三郎，土肥信康，等．实用电镀［M］．徐清发等译．北京：机械工业出版社，1985．

[3] 肖沪卫．走进前沿技术［M］．上海：上海科学技术文献出版社，2002．

[4] 林忠夫．日本电镀技术的发展［J］．电镀与精饰，2002，24（1）：39-44．

[5] 舒霞．电沉积镍基合金纳米晶及组织结构与性能研究［D］．合肥：合肥工业大学，2004．

[6] 杨防祖，曹刚敏，郑雪清，等．镀液组成对Ni-W合金电沉积的影响［J］．材料保护，1999，32（8）：1-3．

[7] 曹楚南，张鉴清．电化学阻抗谱导论［M］．北京：科学出版社，2002．

[8] 林志平．镍基功能陶瓷镀层的制备、性能及添加剂影响机制的研究［D］．合肥：合肥工业大学，2009．

[9] 吴玉程，黄新民，舒霞，等．电沉积镍陶镀液及其配制方法：200910116611.1［P］．2010-12-08．

[10] 方明，王爱琴，谢敬佩，等．电子封装材料的研究现状及发展［J］．热加工工艺，2011，40（4）：84-87．

[11] 赵贵梅，张立功，李思振，等．一种环氧树脂基复合材料表面金属化镀层的制备方法：201010297892.8［P］．2011-02-09．

[12] 王洪波，贾成厂，郭宏．电子封装用Diamond/Cu复合材料的化学镀镍［J］．功能材料，2011，42（2）：233-236．

（九）硬面涂层技术生产、研究进展

徐光青 吕 珺

（合肥工业大学材料科学与工程学院 合肥 230009）

随着材料科学基础的发展，许多新材料、新工艺、新技术层出不穷，为机械密封的设计、制造及应用等开拓了新的领域，尤其是对一些特殊工况下工作的球阀，如高压、高温、高速、高黏度、气相、真空和含腐蚀性介质等，正确选用摩擦副材料和技术尤为重要。在某些特殊工况介质场合，如含有大量固体颗粒的介质、高温和高压条件下，金属硬面密封耐磨球阀是目前被普遍认可的一种阀门，也是近年来技术发展最快的阀类之一。随着硬面技术的广泛应用，金属硬密封球阀的应用领域与范围将更加广泛。球体及阀座表面的硬化技术是该阀门的主要技术难点，而硬面技术及硬面材料的发展也将进一步推动球阀应用领域的拓展。早期的球阀广泛采用表面镀硬铬、表面热处理、表面化学渗氮及堆焊硬质合金等技术以提高密封面的耐磨及耐腐蚀性能。目前在高性能球阀上这些技术已经很少使用，而广泛采用热喷涂技术、激光熔覆技术以及气相沉积技术。

1 堆焊技术

堆焊是一种熔焊工艺，目的是对金属材料表面进行厚膜改质，即在零件上堆敷一层或几层具有优良性能的材料，可以使用合金，也可以使用金属陶瓷。目前，可进行多种性能的高合金钢、镍基合金、钴基合金、铜基合金以及超硬的碳化钨金属陶瓷的堆焊。

堆焊作为材料表面改性的一种经济而快速的工艺方法，越来越广泛地应用于各个工业部门零件的制造修复中。为了比较347不锈钢和690镍基合金的电化学腐蚀性能，陈峰等成功地通过钨极氩弧焊堆焊技术在347不锈钢钢板表面堆焊了690镍基合金，并对其电化学腐蚀性能进行了研究。结果表明，690镍基合金堆焊层的耐蚀性较好，347不锈钢基体的腐蚀速率约为堆焊层的8.4倍，堆焊接头的耐蚀性最差，其腐蚀速率约为堆焊层的11.8倍，且堆焊后基体腐蚀加剧的主要原因是堆焊层在熔合区附近对基体中Cr含量降低了。另外，韩剑等用1Cr13材料对MC3冷轧辊辊颈通过激光堆焊和氩弧堆焊两种方式进行修复，并对比分析了这两种不同修复方式的堆焊接头的组织和性能。结果表明，使用激光堆焊可以获得细密的堆焊层以及更窄的热影响区，且热影响区无粗晶现象，因此焊后可不除应力，仅需焊后保温缓冷，而弧焊成本较低，适合对较大面积及较深范围缺陷的修复。此外，为了系统比较国内耐磨堆焊合金材料的研究成果，孟媛媛等讨论了影响堆焊层耐磨性能的主要因素，如硬质相的种类和形态、合金元素种类、基体组织等，并指出获得高耐磨性堆焊层的关键在于基体相、合金元素及硬质相三者的合理组配。

2 热喷涂技术

热喷涂技术是利用某种热源（如电弧、等离子体或燃烧火焰）将不同形状的金属或非金属材料加热到熔融或半熔融状态，然后借助焰流本身或压缩空气以一定的速度喷射到经过预处理的基体材料表面，沉积而形成具有特定功能的表面涂层的一种技术，包括火焰喷涂、超音速喷涂、电弧喷涂和等离子喷涂等。由于喷涂过程中熔融粒子对基体粗糙表面的不完全填充、粒子间的不完全结合，尤其是温度和速度较低的粒子流动性差，粒子间隙得不到填充而产生孔隙。同时，液相中析出的气体来不及溢出而形成气孔。孔隙、气孔及氧化物夹杂的存在破坏涂层的连续性，降低涂层自身的强度及界面结合强度。涂层与基体的结合以机械结合为主，冶金和物理结合为辅。机械结合强度较低，与基体表面粗糙度和熔融粒子与基体表面间的润湿性有关，喷涂前对基体表面进行粗化以及喷涂后的重熔处理可以提高涂层性能以及与基体结合的强度。

20世纪初期，瑞士素普博士通过改进雾化装置并进行喷涂试验，发明了首个金属喷射装置，涵盖了热喷涂技术的基本喷涂原理和过程，在1913年提出了电弧喷涂的方案，并利用这一方案发明了世界上第一台线性喷枪。

20世纪20年代，日本以交流电弧为热源发明了新型金属喷涂技术装置。德国改用直流电弧替代交流电弧为热源，电弧喷涂得到进一步发展。20世纪40年代末，火焰棒材喷涂技术得以发展，采用氧-乙炔为热源研制出火焰喷涂装置。

1950年，粉末喷焊作为一种新型热喷涂技术，人们研发出一种喷焊用的具有自熔性能的合金粉末，使热喷涂技术在工业上的应用迈向了新台阶。同年，American Union Cabid Company研制出了高品质的陶瓷涂层，这种碳氧化物的陶瓷涂层广泛应用于航天工业中。

20世纪70年代，热喷涂技术设备要求具有高能、高速、高效的性能，因此具有高能、低压的等离子喷涂设备相继研制成功。

20世纪80年代，电脑系统控制的超音速火焰喷涂装置成功问世，热喷涂技术走上了高质量、精密化的道路。在20世纪末期，热喷涂技术以等离子喷涂为主，超音速火焰喷涂技术的高速发展，其市场比例在较短的时间内达到25%。

我国的热喷涂技术应用始于20世纪50年代初，于20世纪60年代研制了用于零件表面修整的封闭式喷嘴固定式电弧喷枪；20世纪70年代，中国航空航天621所研发了爆炸喷涂设备；1995年，西安交通大学研发了我国首个超音速火焰喷涂系统，沈阳工业大学也研发了自己的HVOF系统；2000年以来已经能够成熟运用热喷涂技术，并进行了进一步的开发。

2.1 氧-乙炔火焰喷涂

氧-乙炔火焰喷涂属于传统的普通喷涂技术，利用氧-乙炔火焰为热源，加热喷涂材料成高塑性甚至熔融状态，设备简便、节能、成本低，并且易于推广，尤其适用于设备零件的现场维修，可以喷涂熔点低于 2800℃ 以下的金属、合金及陶瓷粉末材料。

王涛等采用氧-乙炔火焰喷涂技术在 Mg - 8.5Li 合金表面制备 Al_2O_3/TiO_2 涂层，研究了涂层的组织形貌、抗热振性能和抗中性盐水腐蚀性能，所制备的陶瓷涂层致密度高、与基体结合力强并且具有良好的抗腐蚀能力。韩婷婷等采用氧-乙炔火焰喷涂技术在 AZ31B 镁合金表面制备了不同组分的 $Al - Mg_3Sb_2$ 复相涂层，并对其组织结构及耐蚀性能进行了研究。

采用氧-乙炔喷涂方法修复工件时，最大特点是热输入量较低，不会引起工件变形和残余应力，尤其是在修复圆环状工件时，效果特别明显，因此特别适合圆形磨损零件的修复和加工过量零件的修补。童少飞采用氧-乙炔火焰喷涂技术对某滚齿机床主轴进行再制造修复，并对涂层组织及性能进行了表征。

火焰喷涂可以手工填丝，也可以利用喷枪自动送粉，工艺适应性好；工艺较为成熟，可喷涂材料种类众多，包括金属、陶瓷和复合材料，能为基体提供耐磨、耐蚀、耐高温等特性；工艺操作灵活，对场地要求低，投资少。火焰喷涂的缺点也较为明显：涂层为层状组织，孔隙率大，涂层形成过程中产生较多的氧化物和气孔，且未熔化的粉末状喷涂材料颗粒也镶嵌在涂层中，导致涂层致密性不够，与工件的结合力较差。

2.2 超音速火焰喷涂

超音速火焰喷涂（图1）是 20 世纪 80 年代才出现的高能火焰喷涂方法，气体燃料在燃烧室中与氧混合点燃发生强烈气相反应，膨胀气流经喷嘴受约束形成超音速高温焰流。火焰速度可以达到 1500～2000m/s，气体温度超过 2760℃，喷涂粒子可被加速至 300～500m/s，从而获得结合强度高、致密耐磨的高质量涂层。

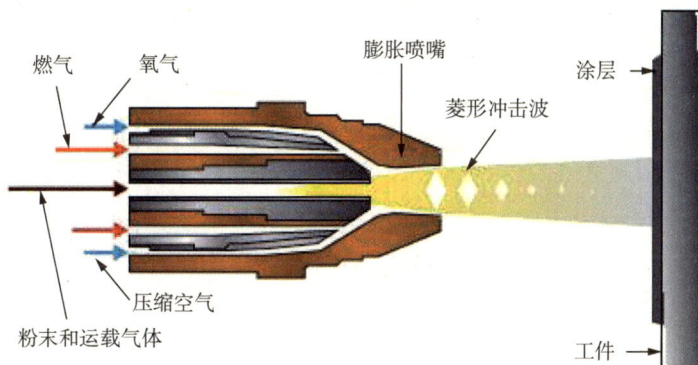

图 1　超音速火焰喷涂工艺示意图

超音速火焰喷涂焰流速度快，粉末粒子对基体冲击力大，使涂层具有更好的基体结合力，涂层均匀致密。粉末粒子快速由喷嘴喷到工件表面，加热时间短，产生氧化和分解程度轻，特别适合 WC 等在高温下容易分解的金属陶瓷。喷涂的距离限制小，可在较大范围内调节，适合用于大型球阀的加工。

张伟等为实现石油化工管线上使用的 316 不锈钢球阀，采用超音速火焰喷涂在球阀表面喷涂 WC-Co 硬质合金涂层，表面硬度达到 HV1200~1300，耐磨粒磨损和冲蚀磨损性能比修复前提高了 3~5 倍。

Tahar 等采用超音速火焰喷涂技术制备了 Cr_3C_2-NiCr 和 WC-Co 涂层，研究发现 WC-12Co 涂层硬度可达 HK605，而 Cr_3C_2-25NiCr 涂层硬度可达 HK696。Diao 等采用超音速火焰喷涂工艺分别喷涂两种 WC-10Co-4Cr 涂层，对比由烧结结块和烧结破碎两种工艺所制备涂层的微观结构和力学性能，发现采用烧结结块粉体制备的涂层整体性能明显优于烧结破碎粉体所制备的涂层。李莉莉所在的课题组以 45 钢为基体通过超音速火焰喷涂技术使用 Cr_3C_2-NiCr 和 Mo 的混合粉末制备了具备优良性能的 Cr_3C_2-NiCr/Mo 复合涂层，极大地提高了 45 钢的耐磨、耐腐蚀性能。对于金属密封球阀，由于其使用工况条件恶劣，张立宏和茅岭峰通过超音速火焰喷涂技术制备了金属陶瓷涂层，其结合强度、表面硬度高，孔隙率小，能够有效提高金属密封球阀的耐冲刷性能和耐磨损性能，并由此研制出了带剔刀阀座的金属密封球阀，结果表明产品性能稳定，可靠性高。

2.3 电弧喷涂

电弧喷涂是从喷枪中送出两根带有一定夹角的金属丝，两根金属丝之间保持绝缘并分别接上电源形成一定的电压，在两根金属丝逐渐靠近的过程中产生电弧，引燃的电弧迅速产生大量的热将金属丝的端部熔化。在高速气流的作用下熔融金属从喷枪中喷射出并雾化，高速冲击待沉积基体，并在基体表面形成喷涂层，其原理图如图 2 所示。

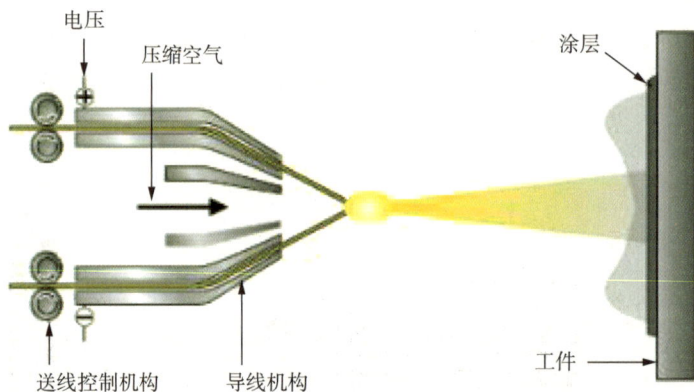

图 2　电弧喷涂工艺示意图

电弧喷涂是一种较为精密的喷涂手段，在保证喷涂材料完全融化的基础上对基材的加热程度低，在不提高工件温度、不使用贵重底材的情况下获得厚度较大、结合强度高的涂层，其涂层与基体的结合强度一般为火焰喷涂的 2 倍以上。电弧喷涂生产效率高，能源利用率高，设备简单，投资小，工艺适应性强，在制备耐磨、耐蚀及耐高温氧化涂层方面具有独特优势，广泛应用于耐磨零件表面的强化及损伤部件的修复等方面。

通过对电弧喷涂进行优化，提高其雾化气体压力和流速，缩短喷涂粒子飞行时间，减轻其氧化程度，从而具有更高的电弧稳定性、喷涂效率、沉积效率和涂层质量，经济性和实用性意义重大。

王婷婷采用高速电弧喷涂技术在 Q235 基材上喷涂 Fe/Cr 系、FeBCrAlNi/B_4C 系、FeCrBSi（Mo/W）系和 FeCrMoWCuNiAl（Co）/B_4C 系四种铁基涂层，研究了涂层成分、组织与性能之间的关系，对比了不同成分合金涂层的硬度、高温抗氧化性、抗热振性能和耐高温冲蚀磨损性能。Xu 等采用高速电弧喷涂技术在 Si_3N_4 基体上制备了 Fe-Al 和 Fe-Al/WC 涂层，并对其微观结构和摩擦行为进行了研究。

相比较而言，电弧喷涂采用电弧作为热源，温度比火焰高，喷涂效率高，尤其适合大面积喷涂；喷涂材料熔化充分与基体润湿性好，结合力强；设备简单操作容易，维护方便成本较低。

电弧喷涂的喷涂材料必须具有良好的导电性，在喷涂材料的选择方面具有一定的局限性；电弧喷涂的温度相比等离子喷涂温度低，对很多高熔点的喷涂材料不适用；喷涂过程中由于电弧引起的各种元素蒸发和氧化比较严重，在使用相同的喷涂材料时，电弧喷涂得到的涂层中合金元素损耗较大，从而影响涂层质量。

2.4 等离子喷涂

等离子喷涂采用由直流电驱动的等离子电弧作为热源，通过热收缩效应、机械压缩效应和自磁压缩效应等离子弧柱收缩，能量高度集中，产生极高的温度，将基材加热到熔融或半熔融状态，并以高速喷向经过预处理的工件表面而形成附着牢固的表面层。图 3 为等离子喷涂工艺示意图，等离子喷涂是以高温高速的等离子射流为热源进行喷涂的。由于等离子射流高温区的温度可达 20000K 以上，能熔化所有固体物质，一般的陶瓷和金属材料都可以通过等离子喷涂来形成涂层，基体受热损伤小；喷涂层的质量高于火焰喷涂和电弧喷涂，可达理论密度的 85%～98%；可在空气、低压（或真空）、高压、惰性气氛甚至水下环境使用，容易实现连续生产，可以实现大面积高质量涂层的连续生产，完成工件表面加工、强化、修复或工件再制造等工作。

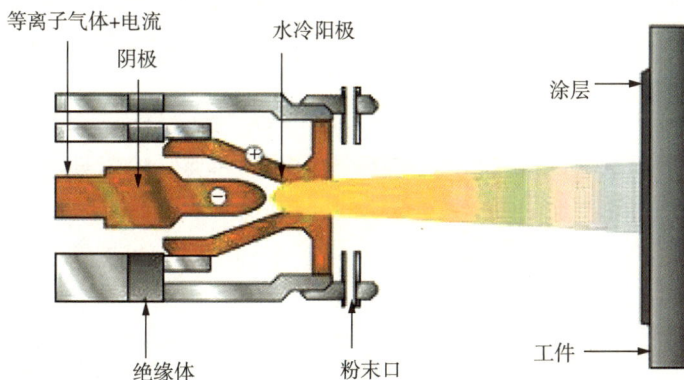

图 3 等离子喷涂工艺示意图

沈杰等采用等离子喷涂技术成功在 304 不锈钢表面沉积了 TiN 涂层，并通过动电位极化曲线、电化学阻抗谱技术比较了涂层与基体在模拟电池环境中耐蚀性。结果表明，涂层的自腐蚀电位明显高于基体的自腐蚀电位，且腐蚀电流密度下降明显下降，这与所制备

厚约 $20\mu m$ 涂层的均匀致密性有关。张小锋等采用等离子喷涂-物理气相沉积技术在 SiC/SiC 复合材料表面依次沉积 Si（底层）、$3Al_2O_3-2SiO_2$（中间层）Yb_2SiO_5（面层）环境障涂层（EBC），研究了喷涂粉末与高温等离子体的相互作用并探讨了 EBC 涂层的沉积机制。所制备的 EBC 涂层表面无裂纹，结构致密。

等离子喷涂设备结构和起弧过程复杂、成本较高，一次性投入大，工作过程中气体消耗大、气体纯度要求高，使用成分较高。同时等离子喷涂对喷涂材料质量要求高，送粉量大造成粉末的利用率较低，涂层中孔洞和未熔颗粒增多，涂层质量下降；送粉量较低又会降低生产效率，同时粉末过热会产生涂层开裂等现象。

3　激光熔覆技术

激光熔覆亦称激光包覆或激光熔敷，是一种新的表面改性技术，其利用高能激光束作为热源使熔覆材料和基体材料的表面熔化并重新凝固形成新的具有特殊功能的熔覆层。为了研究 Q235 钢表面激光熔覆钛涂层的显微组织、物相组成及耐蚀性能，王培和叶源盛先利用激光熔覆技术在 Q235 钢材表面制备出镍金属层作为过渡层，再通过激光熔覆技术制备出钛的表面层。结果表明，引入过渡层能够有效改善钢材和钛连接处材料界面的状况，并能抑制脆性金属间化合物的生成从而显著改善涂层的表面成型质量，且制备的涂层的耐蚀性明显优于比基体材料。另外，为了提高球阀的使用寿命，张野等通过激光熔覆技术在 304 钢基体上制备 Ni28＋WC 涂层，并研究 WC 含量和激光器功率对涂层表面性能的影响。结果表明，随着 WC 含量升高，涂层硬度显著提高，稀释率逐渐降低，另外增加激光输出功率可以促进 WC 颗粒融化从而提高稀释率。

4　气相沉积技术

物理气相沉积技术是在真空条件下，采用物理的方法（蒸发、溅射等）将靶材气化成原子、分子或部分电离形成等离子体，并沉积在基体表面，形成具有某种特性的致密薄膜。采用物理气相沉积技术可以在球阀表面沉积多种金属（Ti、Zr、Cr、W 等）的碳化物和金属（Ti、Zr、Cr 等）的氮化物以及其他二元或多元合金的氮化物、碳化物纳米涂层，从而在球阀表面获得超高硬度的耐蚀涂层，显微硬度≥HV2000，可大幅提高构件的使用寿命。基于物理气相沉积技术的阴极电弧法、真空蒸发镀膜、磁控溅射镀膜、离子镀膜等 PVD 技术的广泛应用，可制备出不同性能的膜层，广泛应用于各个领域。新技术的应用使物理气相沉积不仅能沉积低熔点的单金属薄膜，还可以沉积各种复合涂层以及硬质合金、陶瓷涂层。

离子镀是镀膜与离子轰击膜层同时进行的物理气相沉积技术，通过离子轰击可以改善膜层与基体之间的结合强度，细化膜层晶粒提高致密度，从而提高膜层性能。工业应用的离子镀技术主要是以蒸镀为基础的阴极电弧离子镀，通过以靶材为阴极，真空室作为阳极并接地，进行弧光放电。阴极靶材表面的弧斑处温度高达 8000～40000K，高温下喷出的物质有电子、离子、原子和液滴。通过偏压将离子输送到工件表面即可实现离子镀。

目前，工业上利用离子镀技术实现产业化的硬质涂层有氮化钛系列薄膜、氮化钛铝抗高温氧化膜、氮化铬耐蚀膜、氮化锆膜以及类金刚石和二硫化钼固体润滑膜等，这些陶瓷涂层的硬度一般可以达到 15～30GPa，在刀具、模具和各种机械零部件表面处理领域得到广泛的应用。为实现超硬涂层的综合性能，硬质涂层成分趋于多元化和复合化，如形成 TiN/TiCN、TiN/TiAlN 和 TiN/CrN 等多层膜，交替沉积的单层膜厚度一般为 5～15nm。多层膜层内及层间的位错运动受阻，导致其硬度进一步提高。

自 20 世纪 80 年代以来，国内企业和研究所通过引入国外技术和先进设备，吸收消化再创造，在物理气相沉积技术的推广和运用方面取得了长足的进步，但大部分引进镀膜设备的企业偏重于生产，对研究开发投入不足，难以推动工艺技术的进一步提高。2000 年，香港城市大学成立先进涂层应用研究实验室，致力于开发表面涂层新技术，改良材料特性，促进技术转移。先后开发了硬度超过 40GPa 的新型超硬涂层，如 nc-TiN/nc-AlN、nc-WN/a-SiN$_x$、nc-TiN/nc-BN 及 nc-TiN/a-CN$_x$ 等，并在纳米多层膜、纳米复合膜以及多组元膜等进行了广泛和深入的研究。

硬面涂层技术是密封摩擦副零部件的设计基础，其选用是否合理直接决定着部件的可靠性和使用寿命，因此，合适的摩擦副硬面材料的选择尤为重要。为了能够延长摩擦副的使用寿命，降低成本，在选择摩擦副硬面材料配对时，除了要考虑在实验室、实验台的影响因素，还必须考虑现场实际工况的影响因素。首先，需要了解材料的各项性能指数，因为即使是同一种品牌的材料，其性能也会存在一定的差异。只有充分了解和掌握材料的主要性能，才能根据工作环境合理选择材料，而且需要格外注意摩擦副硬面材料的配对性，才能使摩擦副的摩擦系数小，自润滑性得到改善；其次，选择的摩擦副硬面材料必须符合工作环境，即需要多方面考虑工件的工作环境因素，包括压力、温度、冲击、震动、是否具有腐蚀性等，只有这样才能延长工件的使用寿命。

参考文献

[1] 陈峰，刘国辉，林巧力，等.347 不锈钢表面堆焊 690 镍基合金电化学腐蚀性能研究 [J].动力工程学报，2016，36（4）：326-330.

[2] 韩剑，黄旭，许强，等.MC$_3$ 冷轧辊辊颈激光堆焊与氩弧堆焊修复的对比研究 [J].热加工工艺，2018，47（15）：246-249.

[3] 孟媛媛，任瑞晨，张乾伟，等.耐磨堆焊合金材料的研究进展 [J].材料保护，2016，49（2）：55-57.

[4] 王涛，赵淑金，鞠成，等.镁锂合金表面氧乙炔火焰喷涂 Al$_2$O$_3$/TiO$_2$ 涂层的研究 [J].轻合金加工技术，2013，41（4）：43-46.

[5] 韩婷婷，龙威，周小平.氧-乙炔火焰喷涂 Al-Mg$_3$Sb$_2$ 复相涂层的腐蚀磨损性能 [J].热处理学报，2018，39（3）：106-112.

[6] 童少飞.退役机床轴类零件热喷涂再制造工艺及涂层性能研究 [D].重庆：重庆大学，2014.

［7］张伟，郭永明，陈永雄．热喷涂技术在产品再制造领域的应用及发展趋势［J］．中国表面工程，2011，24（6）：1－10.

［8］SAHRAOUI T, FENINECHE N E, MONTAVON G, et al. Structure and wear behaviour of HVOF sprayed Cr_3C_2－NiCr and WC－Co coatings［J］. Materials & Design, 2003, 24（5）: 309－313.

［9］DIAO W X, WANG Z X, Gao J G, et al. Influence of different powderon properties of WC－10Co－4Cr coatings prepared by HVOF［J］. Journal of aeronautical materials, 2013, 33（3）: 39－45（7）.

［10］李莉莉．耐磨、耐蚀球阀用 Cr_3C_2－NiCr/Mo 复合涂层［D］．兰州：兰州理工大学，2016.

［11］张立宏，茅岭峰．金属密封球阀应用超声速喷涂技术研究［J］．通用机械，2018（4）：62－64.

［12］罗来马．高速电弧喷涂 FeMnCrAl/碳化物系涂层组织与性能及其机理研究［D］．杭州：浙江大学，2010.

［13］WU B, Fang L H, CHEN X L, et al. Fabricating aluminum bronze rotating band for large－caliber projectiles by high velocity arc spraying［J］. Journal of thermal spray technology, 2014, 23（3）: 447－455.

［14］田浩亮，魏世丞，陈永雄，等．高速电弧喷涂再制造曲轴用复合涂层的设计与研究［J］．材料科学与工艺，2013，21（5）：51－56.

［15］王婷婷．新型耐热耐磨高速电弧喷涂丝材的研究［D］．合肥：合肥工业大学，2017.

［16］XU B S, ZHU Z, MA S, et al. Sliding wear behavior of Fe－Al and Fe－Al/WC coatings prepared by high velocity arc spraying［J］. Wear, 2004, 257（11）: 1089－1095.

［17］沈杰，刘卫，王铁钢，等．304 不锈钢双极板表面 TiN 涂层的腐蚀和导电行为研究［J］．中国腐蚀与防护学报，2017（1）：63－68.

［18］张小锋，周克崧，刘敏，等．等离子喷涂物理气相沉积 Si/莫来石/Yb_2SiO_5 环境障涂层［J］．无机材料学报，2018，33（3）：325－330.

［19］王培，叶源盛．Q235 钢表面激光熔覆钛涂层［J］．应用激光，2018，38（3）：377－381.

［20］张野，王蔺，朱洪波，等．半导体激光熔覆高硬 Ni 基 WC 涂层［J］．长春理工大学学报（自然科学版），2016，39（2）：58－61.

［21］SHUM P W, ESCURSELL M, WONG T H, et al. Tribological and high speed turning performance in $Ti_{1-x}Al_xN$ coatings prepared by close－field unbalanced magnetron sputtering［J］. Acta metallurgica sinica（English Letters）, 2005, 18（3）: 254－260.

［22］SHUM P W, LI K Y, SHEN Y G. Improvement of high－speed turning performance of Ti－Al－N coatings by using a pretreatment of high－energy ion implantation［J］. Surface and coatings technology, 2005, 198（1－3）: 414－419.

［23］LU Y H, SIT P, HUNG T F, et al. Effects of B content on microstructure and mechanical properties of nanocomposite Ti – B$_x$ – N$_y$ thin films [J] . Journal of vacuum science and technology B: Microelectronics and nanometer structures, 2005, 23（2）: 449 – 457.

[24] LU Y H, SHEN Y G, WANG J P, et al. Structure and hardness of unbalanced magnetron sputtered TiB$_x$N$_y$ thin films deposited at 500℃ [J] . Surface and coatings technology, 2007, 201（16 – 17）: 7368 – 7374.

[25] LU Y H, WANG J P, TAO S L, et al. Effect of annealing temperature on microstructure, hardness and adhesion properties of TiSi$_x$ N$_y$ superhard coatings [J] . Applied surface science, 2011, 257（15）: 6380 – 6386.

[26] ZHOU Z F, ZHAO B, SHUM P W, et al. Mechanical behaviors of Ti – Si – N coatings deposited by bias sputtering [J] . Rare metal materials and engineering, 2012, 41（S1）: 18 – 23.

（十）阳极氧化与低维纳米材料的制备与研究进展

舒　霞[1,2]　王　岩[1,2]　崔接武[1,2]　张　勇[1,2]　吴玉程[1,2]

（1. 合肥工业大学材料科学与工程学院，
2. 先进功能材料与器件安徽省重点实验室，合肥 230009）

阳极氧化（anodic oxidation）是一种电化学氧化过程，将金属作为阳极，通电后阳极表面发生电解，形成金属氧化物薄膜。金属氧化物薄膜改变了金属表面状态和性能，如表面着色提高耐腐蚀性、增强耐磨性及硬度，保护金属表面等。阳极氧化法还是一种稳定、简便而高效的制备纳米结构材料的方法，通过阳极氧化能够制备出如 Al、Ti、Zr 等金属所对应的金属氧化物纳米管阵列多孔薄膜，纳米管垂直于金属基底表面，具有高度的规整性。通过调整阳极氧化过程中的参数（包括电解液成分、电流密度、电压、时间、添加剂等），能控制多孔膜中纳米管的直径、长度以及孔间距等；在氧化产物的生长过程中，改变电解电压的输出模式，还能制备出纳米管、纳米线、纳米片、纳米带、多层纳米管等不同形貌的薄膜。金属氧化物纳米阵列薄膜具有独特的化学、物理功能优势，已经被广泛应用到不同的领域。

阳极氧化法是制备大面积高度有序的纳米阵列薄膜的有效途径之一，所获得纳米阵列薄膜具有比表面积大、亲水性好的特点，可以作为模板材料或基体材料，结合其他方法构筑新型低维纳米结构和功能材料。其中模板诱导自组装制备各种纳米晶、纳米丝、纳米颗粒等低维纳米结构材料，组分可以是金属、化合物、氧化物、有机分子、无机纳米粒子等，带来崭新的整体协同效应，获得更多独特的优异性能已成为研究热点。

1　铝阳极氧化与低维纳米材料

铝（Al）是地壳中含量最多的金属元素，也是人们生活中使用最多的金属材料。铝是活泼金属，对氧有很强的亲和性，在空气中能与氧气发生反应，在金属表面生成一层厚度为 0.01～0.1mm 的氧化膜，其对铝材有一定的保护作用。但是该氧化膜薄而多孔，耐腐蚀性差，机械强度低。因此，人们不断对铝表面进行探索。在铝表面处理技术中，阳极氧化（anodic aluminum oxide，AAO）技术是应用最广、最成功的。

AAO 是指将铝放在电解液中，在一定的条件和外加电流的作用下，在铝金属表面形成氧化物薄膜的过程。根据 AAO 膜物理形态的形成条件的不同，可以把 AAO 膜分成两种：阻挡型 AAO 膜和多孔型 AAO 膜两类。阻挡型 AAO 膜在接近中性的电解溶液中形成，致密且无孔，通常厚度不超过 $0.1\mu m$，此氧化膜绝缘性较好，主要用于电化学电容器、电解电容器等方面。多孔型 AAO 膜一般是在酸性电解溶液中形成的，该膜由与铝基体相邻的薄且紧密的阻挡层和其上面生成的厚而疏松的多孔层两部分组成。

1953 年，Keller 等提出了蜂窝状结构模型，如图 1（a）所示，该模型提出多孔型 AAO 膜由阻挡层和多孔层两部分组成，阻挡层较薄且致密无孔，通常只有几十到几百纳米，阻挡层将铝基体和多孔层分隔开；多孔层是 AAO 膜的主体部分，膜层较厚，由相互平行、有序排列、且垂直于表面的空心六棱柱形单元组成，每一个六棱柱形单元中央有一个纳米级别的微孔，整个表面呈现蜂窝状。随着阳极氧化条件电压、温度、电解液种类、氧化时间等的变化，孔层的孔道形状、孔径和孔间距大小也会随之变化。1970 年，O'Sulliavan 和 Wood 在大量实验的基础上将蜂窝状结构模型中星型小孔修正为圆形的，并提出了阳极氧化膜的产生是不断氧化和溶解的过程，这是迄今为止最被人们接受的模型，结构如图 1（b）所示。

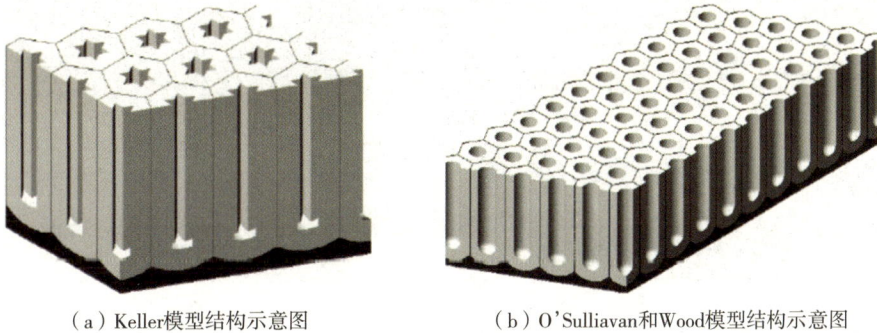

（a）Keller模型结构示意图　　　　（b）O'Sulliavan和Wood模型结构示意图

图 1　蜂窝状结构模型

1995 年，Masuda 和 Fukuda 在 *Science* 上首次提出使用两步阳极氧化法制备 AAO 膜，这种 AAO 膜高度有序，并且孔径的大小和膜的厚度可以通过改变氧化条件来进行调节，通过改变电解液成分和阳极氧化电压，能够制备出孔间距在 $50\sim420nm$ 的 AAO 膜。2006 年，Lee 等通过硬阳极氧化的方法制备了具有大孔径的 AAO 模板，这标志着 AAO 模板的研究进入了新的阶段。

这种高度有序排列微孔氧化膜耐高温、绝缘性好、制备工艺简单，是合成纳米材料的重要基体材料之一。在 20 世纪 90 年代发展起来的前沿技术——模板合成纳米结构材料中最常用的模板就是 AAO 的结构，作为模板衍生构筑拥有各种结构、性能的低维纳米材料，应用于等离子体器件、增透聚合物结构、光学设备、过滤和存储设备等领域。

合肥工业大学吴玉程课题组在这方面做了较多的研究工作。吴玉程等采用二次阳极氧化的方法，制备出了高度有序的氧化铝有序阵列模板。孔祥存等在此基础上，先是采用二次阳极氧化法制备高度有序、孔径可控的多孔阳极氧化铝模板，接着采用脉冲电化学沉积的方法在多孔氧化铝模板中组装 Ni、Co、Fe 单质磁性纳米线阵列。研究发现，制得的 Ni、Co、Fe 纳米线呈一维有序阵列排布，纳米线粗细均一，其直径与所用模板的孔径相当，均具有严格的择优生长方向。纳米线阵列具有垂直磁各向异性，并且随着纳米线直径的减小而增强，直径 40nm 的 Ni 纳米线阵列的矩形比达 0.94，而 80nm 的纳米线阵列没有明显的垂直磁各向异性。采用多孔氧化铝膜为模板，采用双槽脉冲电沉积方法制备的 Ni/Co、Co/Fe、Ni/Fe 等多层纳米线阵列，具有明显的两段式结构，每段均与相应的单质纳米线晶体结构和生长方向相同。多层纳米线同样具有良好的垂直磁各向异性，具有较大的矫顽力和矩形比，可用作高密度垂直磁记录材料。崔接武、惠佳宁使用两步阳极氧化法制备多 AAO 模板，并在此模板上的基础上利用电化学沉积的方法制备高度有序的金纳米线阵列，如图 2 所示，然后在 Au 纳米线表面采用交联法修饰葡萄糖氧化酶（GOx），从而得到了基于一维 Au 纳米线阵列的葡萄糖生物传感器。研究表明，该传感器对葡萄糖具有高的灵敏度和低的检测极限以及较宽的检测范围。同时金的化学惰性和交联液形成的生物保护膜都有利于提高传感器的稳定性。

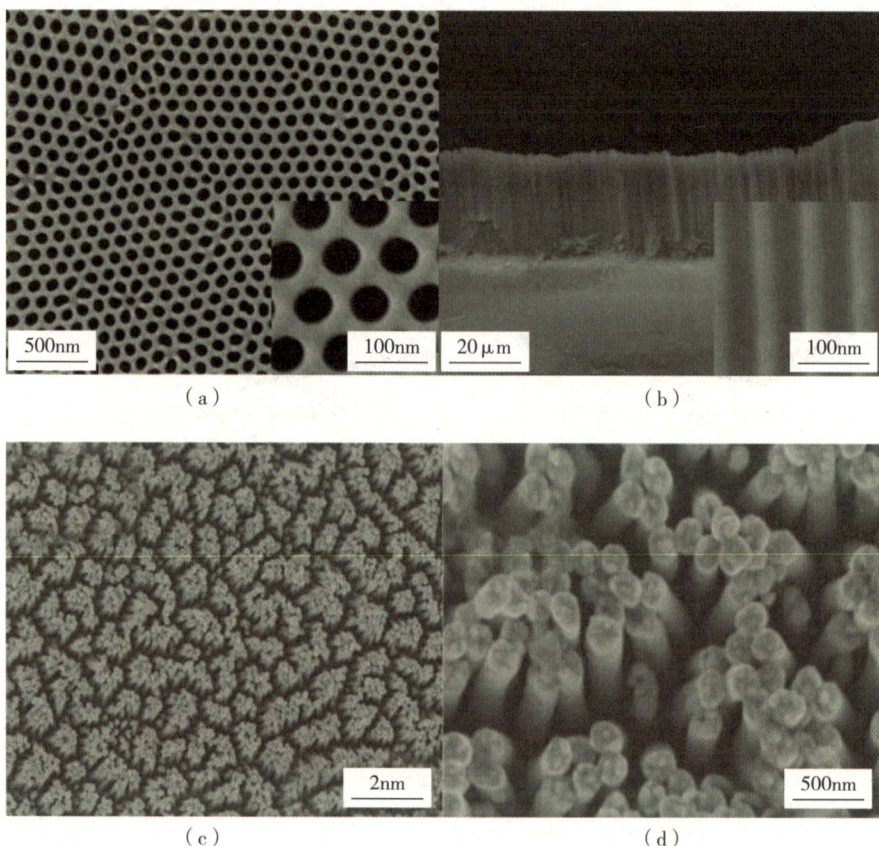

(a)　　　　　　　　　　　　　　　(b)

(c)　　　　　　　　　　　　　　　(d)

图 2　金纳米线阵列

近年来，AAO 模板在储能方面也获得了一些研究进展。浙江工业大学张钱献采用直流电阳极氧化法在高纯铝箔上制备了多孔 AAO 膜，制得的 AAO 膜的比表面电容值为 $5\mu F/cm^2$，使用电压范围为 $200\sim250V$。研究表明，多孔阳极氧化铝在中高压铝电解电容器的阳极箔上的应用存在着较好的前景。东北大学冶金学院李俊哲以两步阳极氧化法制备出高度密排六角阵列结构的 AAO 模板，并以此为铝源，以 LiNO₃ 为锂源，通过水热反应合成锂快离子导体 LiAlO₂，并通过溶胶凝胶法制备 LiFePO₄ 作为前驱体与 LiAlO₂ 复合制备纳米介孔复合 LiFePO₄/LiAlO₂ 正极材料。研究表明，加入 LiFePO₄ 复合制备的 LiFePO₄/LiAlO₂ 正极材料，改善了正极材料间的电子传输特性和离子传输特性，提高了循环容量，在 0.1C 倍率下，前 10 次平均放电容量可达 136.45mAh/g。多孔氧化铝膜作为制备低维纳米材料的模板、承载催化剂的载体等方面的应用研究还在进一步扩展中，未来将有更广泛的应用空间。

2 钛阳极氧化与低维纳米材料

TiO₂ 是一种重要的多功能无机材料，具有稳定的物理化学性质。阳极氧化 TiO₂ 纳米管阵列薄膜（ATO，TNAs），因其独特的有序特性、更大的比表面积、更有利于电子传输的几何特征、独特的光学和电学特性等优势在光催化降解有机污染物、染料敏化太阳能电池、光解水制氢、超级电容器、气敏元器件材料等领域具有很大的潜在应用价值。

2001 年，Grimes 团队首次报道了在含 0.5%～3.5%（质量分数）HF 的水溶液中，高纯钛片作为阳极，在 3～40V 直流电压条件下进行阳极氧化反应，表面生成了与多孔氧化铝形貌相似的均匀有序排列的 TiO₂ 纳米管阵列薄膜，开创了阳极氧化工艺制备有序 TiO₂ 纳米管阵列薄膜的时代。在以后的十余年中，阳极氧化工艺制备 TiO₂ 纳米管阵列的研究经历了低浓度 HF 电解液的常规阳极氧化、氟化物代替氢氟酸的快速阳极氧化、含水有机溶液体系的阳极氧化和二次阳极氧化四个阶段而不断得到优化。合肥工业大学王岩、袁宝、沈天阔对阳极氧化高度 TiO₂ 纳米管阵列工艺进行了系统的研究，包括氧化电压、NH₄F 浓度、丙三醇、乙二醇电解液体系的影响，获得了原位二次阳极氧化工艺，有效克服了常规二次阳极氧化工艺的固有缺陷，成功实现了大面积表面平整的 TiO₂ 纳米管阵列薄膜的制备。如图 3 所示为原位二次阳极氧化法所制备的 TiO₂ 纳米管阵列薄膜，薄膜具有良好的表面平整性，管径均匀，排列整齐。

阳极氧化可控制备的高度有序 TiO₂ 纳米管阵列薄膜具有许多独特的性质，但是 TiO₂ 纳米管阵列薄膜（锐钛矿型）带隙较宽（约 3.2eV），并且易出现载流子复合，制约了其优异性能的发挥；TiO₂ 纳米管阵列薄膜具有超大的比表面积，以其为模板或基体材料，进一步构筑低维纳米结构材料，可以拓展 TiO₂ 纳米管阵列的光谱响应范围，促进其在可见光范围内的光吸收利用率，促进光生电子-空穴对的产生及有效分离，并及时有效地将光生电子-空穴对从基体中导出等，因此对阳极氧化 TiO₂ 纳米管阵列薄膜的改性研究有着重要的意义。TiO₂ 纳米管阵列薄膜基低维纳米结构材料构筑方法包括金属/非金属离子掺杂、贵金属颗粒修饰、窄禁带半导体修饰、染料敏化等，合肥工业大学吴玉程教授课题组在这方面做了一系列研究。

沈天阔在常规阳极氧化法制备 TiO₂ 纳米管阵列的基础上，采用二次阳极氧化制备 TiO₂ 纳米管阵列，在去氧化膜的钛片基底上制备出了表面极度平整的改性 TiO₂ 纳米管阵列，且裂纹较少。之后，运用恒电压电沉积法制备了结构优异的 Cu₂O/TiO₂ 纳米阵列异

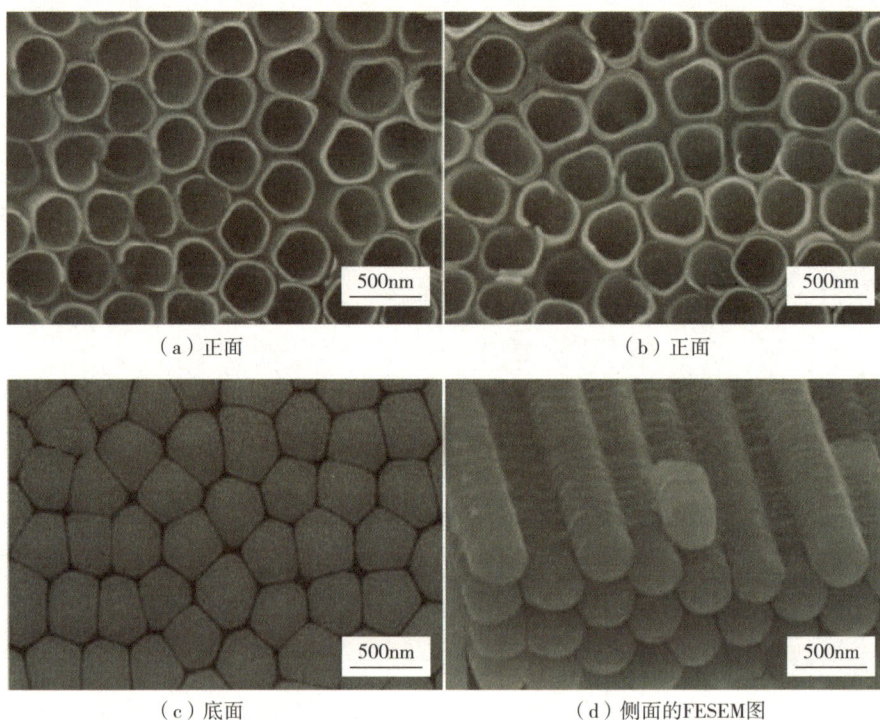

（a）正面   （b）正面

（c）底面   （d）侧面的FESEM图

图3　原位二次阳极氧化法所制备的 TiO_2 纳米管阵列薄膜

质结，并测试了样品的光催化降解甲基橙的性能。结果表明，Cu_2O 纳米颗粒沉积显著提高了 TiO_2 纳米管阵列的光催化活性，使其具有优良的可见光光催化性能，其中 0.5V 沉积的异质结光催化性能最优，模拟太阳光照射 120min 后，对甲基橙的降解率达到了 96%。余翠平以阳极氧化过程中吸附在 TiO_2 纳米管阵列（TNAs）上的乙二醇为碳源，利用氩气气氛退火，制备了碳及氧空位共同修饰的 TiO_2 纳米管阵列材料（m-TNAs），并对其超电容性能进行了分析。对比 100mV/s 扫速下 TNAs 和 m-TNAs 的 CV 曲线图得出，m-TNAs 的 CV 曲线面积远大于未修饰改性的原始 TNAs 的 CV 曲线，约为 83 倍，而超电容性能与闭合的 CV 曲线面积成正比关系，故说明了经碳及氧空位修饰改性的 TiO_2 纳米管阵列超电容性得到了大幅提升。阮丽丽采用循环浸渍法在有序的 TiO_2 纳米管阵列薄膜上负载 BiOBr 纳米片制备了 BiOBr/TiO_2 纳米异质阵列薄膜（BiOBr/TNTAs），通过在 300W Xe 灯照射下降解甲基橙来衡量样品的光催化性能并分析了样品的光催化机理。研究表明，适当的 BiOBr 负载量能显著提高 TNTAs 的光催化性能，并且稳定性较高。其中 BiOBr/TNTAs-2（浸渍遍数为 2）光催化性能最佳，180min 对甲基橙降解率达到 93%。

徐光青等采用化学浴法在 TiO_2 NTAs 表面沉积 BiOCl 纳米片，得到了 BiOCl/TiO_2 NTAs 复合材料，相对于 TiO_2 NTAs，BiOCl/TiO_2 NTAs 具有低的背景光电流、高的有机物响应电流，光生空穴由 TiO_2 的价带迁移至 BiOCl 的价带，并在 BiOCl 纳米片上以空穴的直接氧化方式完成有机物催化氧化，从而有利于水体有机物的光电化学检测。以葡萄糖作为模拟有机物，BiOCl/TiO_2 NTAs 光电化学传感器灵敏度为 $0.327\mu A/\mu M$，线性范

围为 $0\sim1300\mu M$，检测响应极限为 $5.7\mu A$。吕珺等、刘灵娟运用多种方法修饰改性 TiO_2 纳米管阵列薄膜并研究其光催化性能。首先用含有 NH_4F 和 H_2O 的乙二醇体系作电解液，以阳极氧化的方法制备 TNAs，通过连续化学水浴沉积法对 TNAs 进行 CdS 纳米颗粒沉积得到了 CdS 纳米颗粒修饰的 TiO_2 纳米管阵列薄膜；其次采用电化学沉积的方法进行 CdSe 纳米颗粒修饰，得到了 CdS/CdSe 纳米颗粒共修饰 TiO_2 纳米管阵列薄膜。结果表明：用 CdS 修饰 TiO_2 纳米管阵列薄膜的光催化性能与 CdS 纳米颗粒的沉积均匀性有很大关系，CdS 分布越均匀，样品对甲基橙的降解率越高，光催化性能越好。CdS/CdSe 纳米颗粒共修饰 TiO_2 纳米管阵列薄膜在可见光下的光催化性能优异，2h 对甲基橙的降解率为 95.1%，比 CdS 纳米颗粒修饰的样品光催化性能更好。广东工业大学肖昌仁运用热解法分解 $InCl_3$ 形成 In_2O_3 并将其沉积到 TiO_2 纳米管表面，制备了 In_2O_3 TNAs 复合光催化剂，通过降解罗丹明 B 研究其光催化性能，如图 4 所示。结果表明：In_2O_3 TNAs 光催化性能明显增强，2h 光照后 In_2O_3 TNAs 降解率为 72%，大约为 TNAs 的两倍。热解沉积法工序流程简单，有利于光催化剂的生产，也为金属氧化物半导体的沉积提供了一种简单、易行的思路。

图 4 In_2O_3 TNAs 显微形貌图

3 铜阳极氧化与低维纳米材料

铜氧化物纳米薄膜因其独特的能带结构、多样的形貌、纳米尺寸效应等特点在光电、超级电容、催化、光解水制氢、传感等领域具有广阔的应用前景。关于铜的阳极氧化的报道始于 2010 年左右，2011 年 Allam 的研究论文称：采用阳极氧化工艺处理高纯铜箔可以获得多种纳米尺度的形貌特征，近几年国内在铜的阳极氧化方面的研究取得了一些研究进展。

华中师范大学余颖团队采用阳极氧化法，通过控制反应时的面电流密度，直接在铜片上生长得到纳米网、纳米片、纳米棒 3 种不同形貌的氧化亚铜阵列，测出禁带宽度为 1.95eV，并研究了不同形貌氧化亚铜的杀菌效果，其中棒状 Cu_2O 的杀菌效果最好。

哈尔滨工程大学 Li 等报道了在泡沫铜上阳极氧化 CuO 纳米结构的超级电容特性，研究发现 CuO 纳米结构的比电容对形貌具有强烈的依赖性，CuO 纳米片的比电容比纳米线和纳米花的大，达到 212F/g（电流密度为 0.41mA/mg，支持液为 6mol/L KOH），850

次充放电后电容损失 15％。

山东大学 Dong 等研究了基于 Cu 基底的三维 CuO 纳米针阵列无黏结电极，比电容达到 862.4F/g，并且构筑了 $Cu_2O@Cu//AC$ 非对称电容器，能量密度可达 35.6Wh/kg（0.9kW/kg），且 10000 次充放电后电容保持率达 92％。

吉林大学 He 等通过阳极氧化法在泡沫铜上成功制备三维花状 CuO 纳米结构，泡沫铜既作为铜源又作为电流集流体，所制备的 CuO/Cu 电极有超高的面积电容 1641.4mF/cm²（2mA/cm²）和良好的循环稳定性。这些研究结果表明铜氧化物在能量存储领域有很大的潜在应用前景。

合肥工业大学赵杰波等采用阳极氧化法一步法和两步法分别基于铜箔、泡沫铜构筑铜氧化物纳米阵列薄膜，系统地研究了所获得薄膜的形貌、物相、组成特征和光电化学性能。采用 NaOH、聚乙二醇 20000（PEG 20000）体系的电解液阳极氧化一步法直接在铜基体上获得铜氧化物薄膜，不同的溶液浓度、不同温度和不同电流密度下获得的铜阳极氧化物膜的形貌呈现多种形态，有块状、片孔网状、丝孔网状、不规则片状等，通过大量的优化实验，最终得到优化的实验方案，在铜箔表面生成规整的铜氧化物纳米片阵列膜，纳米片垂直于铜基底表面，厚度约为 30nm，平均长度约为 150nm，如图 5 所示。采用 KOH 体系的电解质溶液首先获得的是一层蓝色 Cu（OH）₂ 薄膜，显微形貌为一簇簇的丛状物，均匀分布于表面；随后通过空气炉（300℃）保温 2h 后得到黑色 CuO 薄膜。这种阳极氧化两步法制得铜氧化物膜样品的最终形貌为丛簇状纳米线阵列，纳米线长度 10～20μm，直径 100～200nm。

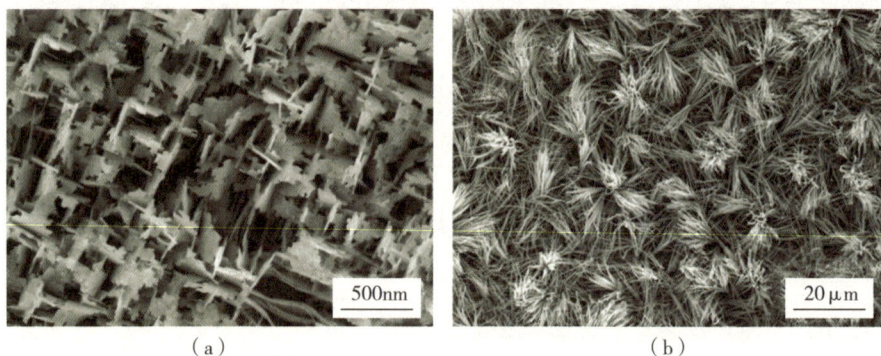

| （a） | （b） |

图 5　阳极氧化法所制备的铜氧化物纳米阵列膜

以阳极氧化纳米片阵列薄膜为基体材料，以硝酸镍作为前驱体，通过水热沉积法引入 NiOOH，构筑得到的 $NiOOH@CuO/Cu_2O$ 复合纳米片阵列表现出优良的比电容特性，硝酸镍浓度 0.3mmol/L 时获得的样品在 2mmol/L KOH 水溶液中测试面积电容达到 1206mF/cm²（放电电流密度为 1mA/cm² 时），同时具有优异的循环稳定性，经 3000 次充放电后，电容保持率为 84.6％。这种工艺简单、成本低廉、可控制备且具有较强的超电容活性的 $NiOOH@CuO/Cu_2O$ 复合纳米片阵列有望成为高性能超级电容器的候选电极材料；并以铜氧化物纳米线阵列为基底，以硝酸钴为前驱体，通过化学水浴和在 Ar 气氛中煅烧，在铜氧化物纳米线表面沉积 CoO 纳米片，获得一种核壳纳米结构。在 5mmol/L 浓度下制得的 CuO/Cu$_2$O@CoO 核壳纳米线阵列的电容性能最优，面积电容可达到 280mF/cm^2（1mA/cm^2）。以硝酸钴和硝酸镍为前驱体可获得 CuO/Cu$_2$O@NiCo$_2$O$_4$－20 纳米复合结构，材料的比电容值能达到 435mF/cm^2（0.5mA/cm^2），在 5mA/cm^2 的电流密度下循环充放电 10000 圈后，面积比电容仍保留了最初比电容值的 93.6％。

关于阳极氧化法制备铜基氧化物纳米阵列及其自组装制备复合纳米材料的研究还在继续深入。

4　结束语

低维纳米材料是材料的线度比电子的德布罗意波长或电子的平均自由程短（或相当）的材料，包括二维、一维和零维材料，低维材料具有各种量子效应和独特的光、电、热、声、力、化学和生物性能，是一类通过能带工程而获得与体材料截然不同的性能的新型材料。随着纳米自组装技术的发展，材料的研究和制造技术已走向原子、分子级别，低维纳米材料成为令人关注的一类极有希望的固体材料。阳极氧化制备的高度有序的纳米阵列模板材料已经在低维纳米材料的制备中发挥作用，随着研究的继续深入，阳极氧化法结合其他方法构筑的新型纳米结构功能材料在未来的各种功能器件的应用中将发挥更加重要的作用。

参考文献

[1] 李燕，美斌，邓宏，等．低维材料的研究 [J]．材料导报，2004（10）：9－11.

[2] 卓之问，吕海峰，万阳阳，等．低维纳米材料的理性设计：从结构预测到分子设计 [J]．中国科学：化学，2018，48（9）：998－1014.

[3] 朱祖芳．铝合金阳极氧化与表面处理技术 [M]．2 版．北京：化学工业出版社，2010.

[4] 林学清，洪雪宝．铝电解电容器工程技术 [M]．2 版．厦门：厦门大学出版社，2007.

[5] 徐友龙．铝电解电容器的现状与发展 [J]．电子元器件应用，2002（6）：1－3.

[6] KELLER F，HUNTER M S，ROBINSON D L．Structural features of oxide coatings on aluminum [J]．Journal of the electrochemical society，1953，100（9）：411－419.

[7] O'SULLIVAN J P，WOOD G C．The morphology and mechanism of formation of porous anodic films on aluminium [J]．Proceedings of the royal society a mathematical physical & Engineering sciences，1970，317（1531）：511－543.

[8] MASUDA H，FUKUDA K．Ordered metal nanohole arrays made by a two－step replication of honeycomb structures of anodic alumina [J]．Science，1995，268（5216）：1466－1468.

[9] WU L R．Fast fabrication of long－range ordered porous alumina membranes by hard anodization [J]．Nature materials，2006，5（9）：741－747.

[10] 吴玉程，马杰，解挺，等. 氧化铝纳米有序阵列模板的制备工艺及应用 [J]. 中国有色金属学报，2005，15 (5)：680-687.

[11] 孔祥存. 氧化铝模板电沉积制备磁性纳米线阵列及其性能研究 [D]. 合肥：合肥工业大学，2009.

[12] 崔接武. 基于有序 Au 纳米线阵列的葡萄糖电化学生物传感器的制备及性能研究 [D]. 合肥：合肥工业大学，2013.

[13] 惠佳宁. 基于纳米结构的葡萄糖生物传感器的制备及性能研究 [D]. 合肥：合肥工业大学，2014.

[14] 张钱献. 阳极氧化铝作为铝电解电容器阳极箔用的研究 [J]. 功能材料，2011，42 (6)：1071-1074.

[15] 李俊哲. AAO 模板法制备 $LiAlO_2$ 及复合 $LiFePO_4/LiAlO_2$ 电化学性能研究 [J]. 陶瓷学报，2017，38 (2)：221-225.

[16] GONG D, GRIMES C A, VARGHESE O K. Titanium oxide nanotube arrays prepared by anodic oxidation [J]. Journal of materials research, 2001, 16 (12)：3331-3334.

[17] 王岩. TiO_2 纳米管阵列的可控制备及气敏性能研究 [D]. 合肥：合肥工业大学，2012.

[18] 袁宝. TiO_2 纳米管阵列可控制备及其改性研究 [D]. 合肥：合肥工业大学，2013.

[19] 沈天阔. Cu_2O/TiO_2 复合纳米材料的制备和光电化学性能研究 [D]. 合肥：合肥工业大学，2014.

[20] 余翠平. 钛钴镍基化合物的调控制备、复合改性及超电容性能研究 [D]. 合肥：合肥工业大学，2018.

[21] 阮丽丽. 基于 TNTAs 的纳米异质薄膜光催化材料的制备与性能研究 [D]. 合肥：合肥工业大学，2015.

[22] LIU H, XU G, WANG J, et al. Photoelectrochemical properties of TiO_2 nanotube arrays modified with biocl nanosheets [J]. Electrochimica Acta, 2014, 130：213-221.

[23] LV J, WANG H, GAO H, et al. A research on the visible light photocatalytic activity and kinetics of CdS/CdSe co-modified TiO_2 nanotube arrays [J]. Surface and coatings technology, 2015, 261：356-363.

[24] 刘灵娟. 不同方法修饰 TiO_2 纳米管阵列薄膜的制备与光催化性能 [D]. 合肥：合肥工业大学，2015.

[25] 肖昌仁. 阳极氧化 TiO_2 纳米管阵列的改性及其罗丹明 B 降解性能表征 [D]. 广州：广东工业大学，2018.

[26] ZHANG W, YANG S. In situ fabrication of inorganic nanowire arrays grown from and aligned on metal substrates [J]. Accounts of chemical research, 2009, 42 (10)：1617-1627.

[27] LATEMPA T J, FENG X, PAULOSE M, et al. Temperature-dependent growth of self-assembled hematite（$\alpha-Fe_2O_3$）nanotube arrays：rapid electrochemical

synthesis and photoelectrochemical properties ［J］. Journal of physical chemistry C，2009，113（36）：16293－16298.

［28］ALLAM N K，GRIMES C A. Electrochemical fabrication of complex copper oxide nanoarchitectures via copper anodization in aqueous and non－aqueous electrolytes ［J］. Materials letters，2011，65（12）：1949－1955.

［29］YU Y，ZHANG L Y，WANG J Y，et al. Preparation of hollow porous Cu_2O microspheres and photocatalytic activity under visible light irradiation ［J］. Nanoscale research letters. 2012，7：347－352.

［30］LI Y，SHA C，LIU X，et al. Nanostructured CuO directly grown on copper foam and their supercapacitance performance ［J］. Electrochimica Acta，2012，85.

［31］MIN K，TONG T L，HAO C，et al. Hierarchical $Cu_2O/CuO/Co_3O_4$ core－shell nanowires：synthesis and electrochemical properties ［J］. Nanotechnology，2015，26（30）：304002.

［32］HE D，XING S，SUN B，et al. Design and construction of three－dimensional flower－like CuO hierarchical nanostructures on copper foam for high performance super-capacitor ［J］. Electrochimica Acta，2016：639－645.

［33］LIU J Q，CUI J W，et al. Construction of $CuO/Cu_2O@CoO$ core shell nanowire arrays for high－performance supercapacitors ［J］. Surface coatings technology，2016（299）：15－21.

［34］舒霞. 铜氧化物纳米阵列薄膜的构筑、改性与（光）电化学性能研究 ［D］. 合肥：合肥工业大学，2018.

（十一）表面硬质涂层

刘东光　罗来马

（合肥工业大学工业与装备技术研究院，合肥 230009）

硬质涂层是表面涂层的一种，是指通过物理或化学的方法在基底表面沉积的厚度在微米量级，显微硬度大于某一特定值（$Hv=20GPa$）的表面涂层。硬质涂层按硬度可以分为两种：一种是维氏硬度介于 $20\sim40GPa$ 的普通硬质涂层，另一种是维氏硬度达到 $40GPa$ 以上的超硬涂层。硬质涂层已经被广泛应用于切削业、模具工业、地质钻探、纺织工业、汽车制造、机械制造及航空航天等领域，并发挥着越来越重要的作用。其中硬质涂层在切削业的应用，不但可以加工普通切削工具像刀具、钻头、模具等难以加工的材料，而且可以提高切削的精准度，发挥出超硬、强韧、耐磨、自润滑的优势，因此被认为是切削史上的一次革命。总之，硬质涂层的应用可以有效改善工件的性能，提高工作效率，延长工件的使用寿命，拓宽工件的应用范围。

硬质防护涂层可提高材料及零部件的表面性能，将硬质涂层镀于工件表面，不仅能保持工件本身的高强度和韧性，同时镀于表面的涂层又能发挥其高硬度、耐磨损、自润滑、抗氧化等优势，因而在切削业、模具工业、地质钻探、纺织工业、汽车制造及航空航天等领域有着广泛的应用。硬质涂层的研究一直是涂层领域的研究热点之一。硬质涂层已经经历了涂层成分从单一到多元化、结构从单层到多层化、尺度从微米到纳米化、工艺从单一到组合多样化、基体结构从单一到梯度化的发展，并已在高强度、高耐磨、高腐蚀及抗氧化涂层等领域出现了较多成果，部分涂层在机械加工领域也得到了广泛的应用。但是随着工业要求的不断提高及科学技术的迅速发展，对硬质涂层的性能和制备技术提出了更高的要求。

1　硬质涂层种类

1.1　普通硬质涂层

普通硬质涂层大多是一些过渡族金属与非金属构成的化合物、金属间化合物等。这些化合物一般由金属键、共价键、离子键或离子键和金属键的混合键键合而成，具有熔点高、硬度大的特征。主要可以分为以下类型。

1.1.1　氮化物涂层

TiN 是最早产业化并广泛应用的硬质涂层，CrN 被看作有可能替代 TiN 的二元涂层。对于氮化物而言，几乎所有过渡族金属与氮原子组成的化合物都形成简单结构，TiN、ZrN、HfN、VN、CrN 及 W_2N、Mo_2N 具有 B1 - NaCl 型面心立方结构。NbN、TaN、WN、MoN 具有六角结构。在二元氮化物涂层的基础上，本着多元化的思路，人们又制备了多元氮化物涂层，如 Ti - Al - N 涂层，由于 Al 的加入，涂层的硬度和抗氧化性都有了很大的提高，并被广泛应用在工业领域。

1.1.2　碳化物涂层

碳化物涂层硬度比同种元素氮化物涂层的硬度要大，这是由于碳化物具有更加明显的共价键，但是韧性差。最常用的过渡金属碳化物涂层有 TiC、ZrC、HfC、Cr - C、Mo - C、WC 涂层等。正在研究的有 VC、NbC 和 TaC 涂层，这些涂层的结构也与相应的氮化物涂层相类似。IV 族元素的碳化物为一碳化物，VB 族元素的碳化物为 B1 - NaCl 结构，而 VIB 族元素的碳化物具有相当复杂的结构。

1.1.3　氧化物涂层

氧化物涂层主要有 Al_2O_3、ZrO_2、Cr_2O_3 等，ZrO_2 作为热障涂层被广泛用于高温合金耐热防护方面，Al_2O_3 和 Cr_2O_3 具有相当高的硬度，而且很致密，主要用于耐磨和抗高温氧化腐蚀涂层。与其他类型刀具涂层相比较，氧化物用于耐磨防护涂层的一个比较严重的问题是其弯曲破坏强度很低，因此氧化物涂层研究的重点是提高涂层的韧性。与氮化物混合制成复合涂层以及添加过渡层是改善氧化物涂层韧性的有效方法。

1.1.4　硼化物涂层

硼化物涂层主要有 TiB_2、VB_2、TaB_2、W_2B_5、ZrB_2 等。硼化物的硬度与碳化物的硬度不相上下，甚至更高，硼化物的惰性很强，化学性能稳定。但是对硼化物的应用和研究远不如碳化物和氮化物充分，主要是由于硼的来源不像碳与氮方便和安全，类似的硼烷是剧毒气体。

1.2　超硬涂层

超硬涂层通常是指由 III、IV、VA 族元素组成的共价键化合物和单质等。超硬涂层可以分为两类：一类是内禀性超硬涂层，其超硬性能是由本身的分子结构决定的；另一类是非内禀性超硬涂层，其硬度和力学性能取决于其微观结构。

1.2.1　内禀性超硬涂层

（1）金刚石涂层。现有技术是通过高能等离子体喷射法、热丝 CVD 法、等离子体喷射 CVD 法、火焰燃烧法等工艺在硬质合金刀具或高速钢刀具表面沉积金刚石涂层（$10\mu m$ 以下）。目前，国内外在金刚石涂层刀具的研究中所反映的主要问题是金刚石涂层与刀具基体附着强度差，主要原因是：①钨钴类硬质合金是作为刀具基体直接沉积金刚石涂层最常用的材料，但硬质合金中的钴相在 CVD 的条件下会促使金刚石向石墨转化；②金刚石涂层与基体材料热膨胀系数不同导致的内应力是获得高附着强度金刚石涂层的又一障碍。

（2）类金刚石涂层（DLC）。类金刚石涂层是一种由 sp2 键（石墨结构）和 sp3 键（金刚石结构）杂化的碳原子组成的亚稳态结构的非晶碳。涂层中的 sp3/sp2 键比率应该较高。

（3）超金刚石涂层（superdiamond）。James Sung 等提出了超金刚石的设想：如果材料的硬度超过金刚石，其原子的体积必须小于碳原子，而且每个原子与其他原子至少可以形成四个共价键。基于这一假设，如果类金刚石的氮、简单立方结构的氧（或氟）、体心立方结构的氖以及具有萤石结构的 Ne2C 的价电子都参与形成单一的共价键，则它们也可能成为超金刚石材料。

（4）硼碳氮涂层。现在研究最多的 B－C－N 系列涂层为 $\beta-C_3N_4$、c－BN 及 BC_2N 等。$\beta-C_3N_4$ 是人类第一次从理论上预言的一种具有超硬性能的新材料，人们尝试了各种方法，如溅射、离子束沉积、化学气相沉积等，力图解决 C_3N_4 涂层的制备问题。虽然 Fujimoto 和 Ogata 等制备了 $0.2 < x < 2$ 的 CN_x 涂层，硬度达到 65GPa，Wei 等制备的 CN_x 涂层的硬度为 $40 \sim 70$GPa；但是普遍问题是制备的 CN_x 涂层中的氮不足（$\beta-C_3N_4$ 中 $x = 1.33$），结晶性差，以及硬度远远低于金刚石的硬度。立方氮化硼（c－BN）硬度仅次于金刚石，结构类似于金刚石。到目前为止，自然界中还没有发现天然立方氮化硼。沉积在硬质合金基体上的立方氮化硼涂层厚度仅为 $0.2 \sim 0.5 \mu m$。在此基础上，Solozhenko 等制备了一种硬度介于金刚石与立方氮化硼之间的超硬材料 BC_2N，它具有金刚石结构，其中的 C 被 B、N 原子所取代，维氏硬度达到 76GPa。

1.2.2　非内禀性超硬涂层

（1）纳米多层结构涂层是指由两个或多个成分或结构不同的单层涂层交替沉积，且每层的厚度在纳米量级的多层结构涂层（图 1）。早期对纳米多层涂层的研究多集中于结构相同的不同材料体系的组合上，尽管这种纳米多层涂层的调制层间很容易形成共格界面，但是在高温时常会产生严重的层间扩散，导致硬度增量的消失。与之相反，已有的研究表明，两种不同结构的材料形成的共格界面会更有效地阻碍位错穿过界面，从而使多层膜产生更高的硬度增量。超晶格是多层膜的一种，1970 年，Koe－hler 提出了超晶格的概念，将弹性模量不同但热膨胀系数相近，且结合良好的两种材料，按照一定的周期交替沉积在衬底上形成纳米多层膜。Shinn 和 Barnett 等的研究表明，当两种氮化物的剪切模量存在较大差异时，超晶格涂层的硬度提高很大；当两种氮化物的剪切模量差异较小时，超晶格涂层的硬度增加很小或者基本上没有增加。

（2）纳米复合涂层（图 2）纳米复合这个概念是在 1982—1983 年由 Roy、Komarnei 等提出的，最初是用来描述在溶胶-凝胶过程中形成的异构相。这里是指涂层中至少包含两个吉布斯固相，且这两相的晶粒尺寸都为纳米量级。纳米复合涂层和纳米多层涂层从结构上来看主要分为两类：纳米晶/纳米晶、纳米晶/非晶。从材料组合上看可以分为金属/金属、金属/陶瓷、陶瓷/陶瓷等。

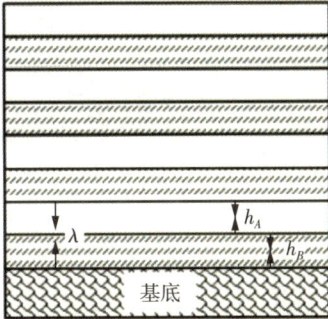

图 1　多层结构

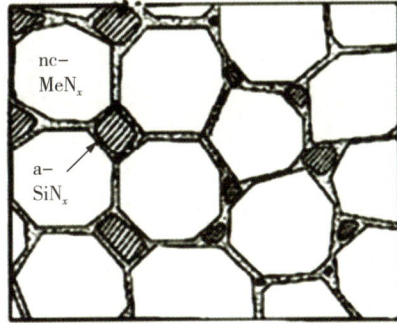

图 2　纳米复合结构

2　硬质涂层机理探究

2.1　硬质涂层的增硬机理

对于材料的本征硬度，Liu 和 Cohen 认为材料的硬度取决于体弹性模量，并给出了体弹性模量的计算公式。金刚石、B 和 Si_3N_4 等的计算值与实验值吻合较好。Sung 同样认为，硬度取决于体弹性模量，提出了 PDC 模型，在该模型中，材料的体弹性模量取决于原子配位数、共价键特性及原子间距。Gilman 指出，体弹性模量不是衡量硬度的唯一参数，他提出了一套包括剪切模量在内的表征硬度的参数，并且认为化合物的硬度不可能超过金刚石。材料的硬度反映了材料抵抗弹塑性变形的能力，硬度值的大小除了与材料的电子、原子结构（内禀性硬度）密切相关，与材料的微结构也密切相关。Veprek 等提出了由纳米晶和非晶构成的纳米复合结构，认为在该结构中，一方面在纳米晶尺寸小于 10nm 时，位错增殖源不能开动，非晶相相对于位错具有镜像排斥力，可以有效阻止位错迁移，即使在高的应力下，位错也不能穿过无定形基体；另一方面，非晶材料可以较好地容纳随机取向的晶粒的错配。此外，二相界面结合很好，相界不易滑动。在此基础上，提出了形成这样两相结构的设计原则：两种材料应该互不相溶，在涂层沉积过程中两种材料应该容易形成偏析；两相应该具有较高的共格界面能；非晶相（或者另一纳米相）应该具有较高的结构匹配性，以便适应较高的共格应变而形成致密结构；两相都应该具有较高的熔点，以便刀具工作温度达不到超硬涂层的再结晶温度。在纳米多层结构中，涂层的硬度和模量随调整周期的减少而增大，当调整周期少到某一特定值时，涂层的硬度和模量达到由混合法则测定值的三倍，即所谓的超硬度和超模量效应。人们在材料学理论范围内对纳米多层涂层超硬度和超模量效应提出了不少比较合理的解释。其中高强度固体设计、量子电子效应、协调应变效应及界面应力效应等理论，从不同角度对纳米多层涂层的力学性能进行了解释，但这些理论均不能完全解释在实验中观测到的现象。总之，随着涂层制备工艺的进步，对硬质涂层和超硬涂层的研究一定会更加深入并将成为当前和今后一段时间材料研究领域中的热点之一。Musil 指出了关于硬质和超硬涂层进一步的研究方向：①超硬膜的理论解释；②力学性能和工艺参数之间的关联性；③在合金化的膜中结晶取向的明显变化；④具有可控制硬度、弹性模量、弹性恢复及新功能性质的纳米复合膜；⑤晶粒尺寸在 1nm 时材料的研究；⑥超硬涂层的退化的控制和理论解释。当然，如何突破原有的理论框架，设计新型的超硬涂层也是以后的研究方向之一。

2.2 涂层中氧元素的消除和利用

纳米复合材料作为刀具涂层有着非常广阔的应用前景，Veprek 明确指出高质量纳米复合涂层的制备仍面临一个严峻挑战，即制备低杂质（H、O、C 等）含量涂层，以进一步提高涂层的综合性能。涂层中杂质元素的分布及含量对涂层的性能影响很大，在很多情况下，杂质在晶界的分布将使材料发生脆裂，如 Cu 中掺入 100×10^{-6} 的 Bi 杂质，Al 膜中掺入少量的 O 杂质等。Veprek 的研究表明，几个原子百分比的 H 含量可以使涂层的硬度降低。元素氧由于高的电负性而成为硬质涂层中最有害的杂质元素，它能够弱化临近的化学键合从而形成大面积缺陷，即使涂层中氧含量低至 0.3%（原子比），也能使 $nc\text{-}TiN/a\text{-}Si_3N_4$ 涂层的硬度由 50GPa 降低到 35GPa 以下。因为在 Ti-Si-N 体系内，Si-O 键最强，氧杂质限制了 Ti-Si-N 固溶体分解时形成稳定 $nc\text{-}TiN/a\text{-}Si_3N_4$ 结构所需要的原子扩散过程，少量的氧杂质（0.8%）可以使 Ti-Si-N 固溶体在 1000℃ 依然保持稳定，而超过 1000℃ 时 Si-O 就会挥发使涂层中的 Si 含量降低；更重要的是，其限制了纳米复合涂层中强的纳米晶/非晶界面的形成，进而大大降低了涂层的硬度。但是，由于 Veprek 提出的结构模型（$nc\text{-}TmN/a\text{-}Si_3N_4$）和理论解释受到一些研究者的质疑，杂质氧致涂层硬度大幅降低的理论解释也有待科学工作者们的深入研究。目前，大部分研究者忽略了杂质的种类及含量对涂层性能的影响，而已有的一些报道表明涂层中的杂质含量普遍较高，其中氧含量为 1%～2%，甚至更高。也有一些公司致力于低杂质高性能涂层的制备，如 SHM 公司制备的 TiN 涂层的杂质含量已经低于 0.07%，Balzers 公司制备的 Al-CrN 涂层中的 O 含量低于 0.16%。Veprek 认为，如果未来能进一步降低涂层中的杂质含量，那么刀具涂层也许将会展现出更加优异的切削性能。但在不同的涂层体系中，也可通过加入氧元素的方法来改善氮化物涂层的性能。国内外学者已开展了大量研究，如李戈扬等研究发现，少量氧的加入可以改善 Al-Ti-N 涂层的结晶态，提高涂层硬度，随着氧含量的进一步增加，涂层硬度和弹性模量又降至与 Al-Ti-N 涂层相当的水平，但抗氧化能力显著增强。Barthelm 等利用电弧离子镀技术研制的 Al-Cr-O-N 和 Zr-O-N 刀具涂层，既具有一般硬质涂层所要求的优异力学性能和摩擦学性能，又表现出氧化物良好的热稳定性和化学稳定性，在对高强度奥贝球铁的高速切削中，极大地提高了刀具的使用寿命和加工效率。Lee 等通过电弧离子镀方法制备了 Cr-O-Si-N 涂层，发现适量氧的加入可调整 Cr-Si-N 涂层的内应力，降低摩擦系数，当氧含量为 16% 时，涂层硬度达峰值 50GPa，形成了 SiO_2 和 Si_3N_4 非晶层包裹着 CrN 纳米晶的复合结构。王启民等采用电弧离子镀制备了不同氧含量的 Cr-Al-Si-O-N 涂层，随着氧含量增加，涂层硬度先增加后降低，且由于 Al_2O_3 的存在，涂层在高温高速摩擦环境中表现出优异的性能。总之，氧元素在不同涂层体系中扮演着不同的角色，需要科学工作者根据涂层的性能要求及应用环境判断氧元素的消除与否。

2.3 低应力、厚硬质涂层的结构设计及机理研究

制备较厚的硬质耐磨涂层是目前涂层工业应用领域的一个重要挑战。一般绝大多数PVD耐磨涂层的可镀厚度均小于 $10\mu m$，极大地限制了其在重载、长寿命、高可靠性零部件表面的应用。高性能厚硬质涂层常采用多层结构来实现：一是将软/硬膜层交替沉积，其中软质层通过塑性变形释放硬质层应力，从而降低涂层内应力，但涂层的硬度及强度因受控于有效硬质层含量而无明显增加；二是增加涂层界面密度，使涂层中更多点缺陷扩散至界面处，通过界面位错的形成降低相关的应变场，达到降低涂层应力的效果，但各膜层纳米级厚度难以精确控制。近年来提出的拉/压应力层间耦合的多层结构设计使拉、压应力在两层的交界面处相互作用，应力得到有效释放，因应力引起的微观形变也得以协调，可有效增加涂层厚度，且涂层硬度、韧性及膜/基结合力均可增加，同时各膜层厚度可达微米级别容易控制。典型的是王立平等采用等离子体增强化学气相沉积（PECVD）法通过控制 Si 的掺杂量，获得了不同应力类型及厚度的 Si-DLC 涂层，通过构筑拉/压应力层间耦合结构得到低应力（$-50MPa$）超厚（$52\mu m$）DLC 涂层。Musil 将具有相同厚度的 Zr-Si-O 拉、压应力膜层耦合使涂层厚度显著增加，且当最顶层为压应力层时涂层的抗裂纹能力大幅提升。王和 Musil 构筑的拉/压应力膜层结构不同，分别为非晶/非晶、非晶/结晶结构，而不同的膜层结晶状态将导致界面微结构（缺陷、连续性、形貌、化学键等）、元素扩散行为及界面应力场的变化，从而影响涂层的应力及相关性能。因此各膜层与多层涂层残余应力的量化关系、拉/压应力层的合理设计及层间界面微结构对涂层性能的影响规律及机制都尚需深入研究，以进一步丰富应力层间耦合结构调控涂层厚度及性能的基础理论。

除了多层结构设计制备较厚的硬质涂层，通过合理控制沉积粒子能量也可以获得较厚的硬质涂层。魏荣华团队采用等离子体辅助磁控溅射（PEMS）法制备了 TiSiCN、CrN 等超厚涂层（$>20\mu m$），但随着涂层厚度的增加，粗糙度显著增大，同时大量夹杂物和缺陷成为涂层的疲劳源，很大程度上损害了涂层力学性能。汪爱英团队采用 PVD 制备的 CrN 等典型 PVD 硬质耐磨涂层的厚度可以达到 $100\mu m$ 的级别，他们的核心技术点是通过合理设计与调控真空腔室内等离子体的数量、能量、状态等，一方面可以减小硬质涂层在生长沉积过程由于较强的轰击作用积累的内应力，另一方面可以降低涂层表面的反溅射损失。他们的工作预示着通过对涂层结构进行合理设计（如交替层、梯度层和多元复合等），可实现更大厚度（百微米/亚毫米）PVD 硬质涂层的制备，从而显著提高硬质耐磨涂层的使用寿命和承载能力，使这些厚的硬质涂层有望应用于一些复杂工况下高可靠性零部件（阀门、叶片等）的表面防护。Musil 指出，系统地研究涂层结构、性能与生长涂层表面沉积粒子的能量 E 之间的关系，对于先进硬质涂层的可控沉积至关重要。但目前大多数文献关于涂层结构、性能和沉积粒子能 E 之间的关系报道均只有定性分析，对于沉积粒子能量 E 缺乏有效监测及定量分析，这就促进了先进涂层沉积系统的发展。

3 硬质涂层制备

3.1 硬质涂层的低温沉积

硬质涂层的低温沉积可以降低对设备的要求，大大降低能耗，减小涂层热应力，在制备柔性电子器件、平板显示器、微机电系统等方面有着广阔的应用前景。由 Thornton 模型图（图 3）可以看出，涂层的组织结构与工作压强 p 及 T_s/T_m 值（T_s 是沉积温度，T_m 是材料的熔点）密切相关，因此要使涂层具备理想的 T 区组织，同时需要实现低温沉积，可从降低工作压强 p 及材料熔点 T_m 入手。另外，通过对基体施加一定的偏压也可以增加沉积粒子能量，从而降低沉积温度。总之，实现具有 T 区组织的涂层的低温溅射更依赖于非平衡态原子尺度的加热，而不是平衡态的基体加热。

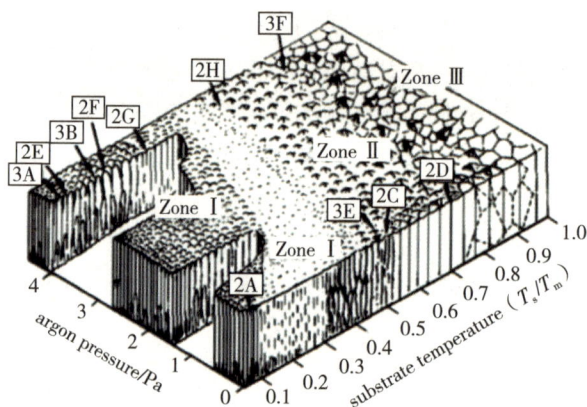

图 3 基底温度和氩气气压对涂层组织结构影响

当硬质涂层沉积温度要求较低时，可通过原子尺度的快速加热和冷却来形成高温相。涂层在低压下沉积，此时的溅射粒子与工作气体几乎无碰撞过程，溅射粒子的平均自由程远远大于靶基距，因此沉积粒子几乎没有能量损失而将其所有的动能转移至生长涂层表面并进一步促进结晶，但这就需要新的低压磁控管的发展来实现涂层在极低工作压强下的沉积。Musil 指出，硬质涂层的低温沉积还可以通过选择合适的元素对涂层进行掺杂，从而降低材料的熔点 T_m，进而增加 T_s/T_m 值。但硬质涂层的低温沉积在一定程度上影响了涂层与基体的结合力，同时低压溅射沉积涂层使沉积速率有所降低，这是其面临的核心问题。

3.2 硬质涂层制备新技术

随着工业要求的不断提高，对硬质涂层的性能也提出了更高的要求，单一的或者普通的涂层制备方法已不能满足高性能硬质涂层的制备，涂层工艺已向多样化组合发展。除此之外，高功率脉冲磁控溅射技术是最新发展起来并受到广泛关注的一种高离化率物理气相沉积技术，此技术的原理是利用较低的脉冲占空比（0.5%～10%）以及较高的脉冲峰值功率使金属具有50%以上的离化率。该技术可使涂层获得较高的膜基结合力，降低涂层内应力，可有效控制涂层微结构及相结构。基于这些优点，该制备方法在刀具涂层界面优化、高性能硬质涂层沉积、复合高功率脉冲磁控溅射技术制备纳米多层/复合硬质涂层和氧化物涂层沉积、低温沉积等领域已经有所进展。除此之外，一些科学工作者在物理气相沉积（PVD）镀膜技术上也有所突破。例如，对于氧化物硬质涂层，其沉积速率往往较慢。Musil等使用高频率脉冲反应磁控溅射技术制备的氧化物纳米复合涂层，沉积速度可高达800nm/min，实现了涂层的高速率反应沉积。另外，Musil等开发了新的物理气相沉积系统，其采用熔融靶材的磁控技术制备Zr掺杂SiO_2涂层。俄罗斯多弧离子镀设备在提高膜基结合力方面有独特的结构装置，能够将膜基结合力提高到100N的水平。Chhowalla等采用一种改良的过滤阴极弧技术，可以严格控制离子能量和通量，实现了亚稳相Zr_3N_4涂层的制备，且当涂层中的压应力超过临界值9GPa时涂层发生相变，从正交结构$o-Zr_3N_4$转变为立方结构$c-Zr_3N_4$，$c-Zr_3N_4$涂层的硬度为36GPa，远大于$o-Zr_3N_4$涂层和ZrN涂层（27GPa）。Jiang等采用磁控溅射的方法也成功制备出了亚稳相AlB_2型WB_2涂层，涂层硬度高达43GPa。由此可见，对于具有优异性能但在高温高压条件下才能稳定存在的亚稳相，可以借助PVD法通过控制沉积粒子能量来使生长涂层表面局部达到高温高压条件，从而实现高性能亚稳相涂层的制备。

4 高性能硬质涂层

4.1 高韧性、高抗裂纹扩展能力涂层

硬质涂层一般硬度高，但韧性差，在受到较大外加冲击荷载作用时容易产生裂纹并引发失效，从而限制了硬质涂层在工程领域的应用。因此开发高韧性、高抗裂纹扩展能力涂层是硬质涂层领域的研究热点之一。Musil指出这类涂层要求具有高硬度、高的弹性回复W_e（>60%）以及高的H/E^*值（$H/E^* \geqslant 0.1$）（其中E^*为有效弹性模量，$E^* = E/(1-v^2)$，E为涂层的弹性模量，v为泊松比），涂层呈现出合适的残余压应力。此类涂层在制备过程中往往要避免生成粗大的柱状结构，要求涂层呈现出Thornton模型中的T区组织结构，即致密的、无孔洞的细纤维状结构。要使硬质涂层具备这种致密组织结构可以从两个方面入手，一是通过调控传统的平衡态传热（基体加热）和原子尺度的非平衡态传热（如强的粒子轰击）来控制传递到生长涂层表面的能量；二是选择合适的元素进行掺杂。除此之外，常见硬质涂层增韧的方法：第二相增韧（引入金属延性相），以降低硬度为代价来提高涂层韧性，如Ni掺杂$nc-CrAlN/a-SiN_x$纳米复合涂层，涂层韧性增加了200%，但硬度降低了18%；优化涂层结构设计增韧，如梯度结构增韧、多层膜结构增韧、仿生结构增韧等；相变增韧，如通过应力诱导的相变可以使涂层的韧性增强，Yalamanchili等采用反应磁控溅射的方法制备了$ZrN/Zr_{0.63}Al_{0.37}N$纳米多层涂层，在压痕

作用下，涂层中的亚稳相 c - AlN 转变为 w - AlN，引起材料体积膨胀，缓解裂纹尖端应力场，抑制了裂纹扩展从而导致涂层的断裂韧性增强；压应力增韧，在涂层中引入合适的残余压应力可以显著提高涂层的韧性，这是因为压应力的存在可使涂层在产生裂纹乃至断裂前需要消耗更多的拉应力，但压应力过大也会导致涂层开裂失效。总之，通过对涂层微观结构进行合理设计使涂层结构致密，如调整涂层晶粒及晶界尺寸，改变它们的位置及存在状态，调整多层膜组分、调制周期等，可有效提高涂层硬度与韧性。但是由于单一增韧方法的局限性，可以通过多种增韧方法的协同作用使涂层韧性获得突破，协同增韧已成为硬质涂层增韧的发展趋势，如上述 $ZrN/Zr_{0.63}Al_{0.37}N$ 多层涂层高的韧性归功于 AlN 相变增韧和多层膜增韧双重机理的协同作用。

4.2 高热稳定性、抗氧化性涂层

硬质涂层被广泛应用于刀具涂层，对刀具涂层而言，除作为一般硬质涂层所要求的力学性能和摩擦学性能外，高温热稳定性和抗氧化能力对其切削性能影响更大，特别是随着刀具切削速度的提高和难加工材料的日益增多，涂层的耐高温能力（包括涂层组织结构在高温下的稳定性、高温硬度、高温摩擦磨损性能，以及涂层表面的高温氧化行为等）已成为刀具涂层能否成功应用的关键因素。Musil 更是对此类硬质涂层提出"热稳定性温度大于 1500℃，可以保护基片在 2000℃ 左右不被氧化"的性能目标。这就要求在高温下涂层的结构和力学性能没有变化且涂层和基体之间无相互作用，往往在涂层和基体间沉积非晶的氧化物基扩散阻挡层以减少氧的扩散或者对涂层结构进行合理设计，如 nc - W_2N/Si_3N_4 纳米复合涂层，纳米晶 W_2N 被 Si_3N_4 包覆，在高温下氧向 W_2N 的扩散被 Si_3N_4 阻止，使 nc - W_2N/Si_3N_4 涂层的抗高温氧化能力大为提高。Liu 等在 AlB_2 型 WB_2 涂层中分别掺入了微量的 N 和 C，制备了 WB_2/a - BN 和 WB_2/a - WC/a - C 复合涂层，使 AlB_2 型 WB_2 涂层的相变温度从 700℃ 提高至 1000℃。此外，还可以通过在涂层中掺杂抗氧化能力较强的元素（如 Cr、Al、Y、Si 等）来提高涂层的抗氧化能力。以 Y 为例，在高温情况下，Y 或 YO_x 会向氮化物晶界偏析，从而阻止晶粒间及基底与薄膜间的元素互扩散，可以有效地提高涂层的抗氧化能力。另外，如 2.2 部分所述合理地利用氧元素，也可以使硬质涂层的抗氧化性及其他高温性能得到显著提高。

4.3 超硬耐磨自润滑硼化物涂层

随着轻金属尤其是钛、铝及其合金等难加工材料在自动化及航空等领域的广泛应用，实现这类材料的高速、高效、精密加工成为我国轻金属机加工行业的技术难题。5d 过渡族金属硼化物（TmB_x）如 ReB_2、$IrB_{1.1}$、WB_2、WB_4、RuB_2/Ru_2B_3 等新型超硬材料，由于同时兼具高价电子密度及强共价键两种特性从而具有高硬度（40～50GPa）、高的熔点、化学惰性及导热性，磨损过程中可形成 TmO_x 及 H_3BO_3 使其具有良好的自润滑性，且与传统的 TiN、TiAlN 等涂层相比，其与钛、铝等有色金属及合金间化学亲和力低，作为硬质耐磨涂层将在高速切削、干切削、微润滑切削工艺以及轻金属的切削刀具领域展现出广阔的应用前景。

5　硬质涂层在刀具领域的应用

刀具表面涂层技术是近几十年发展起来的材料表面处理技术。在适当的工艺技术条件下，涂层具有很高的硬度、较低的摩擦系数，并且与基体材料有良好的结合力，因此可以大大提高金属切削刀具的使用寿命。20 世纪 70 年代，TiN 涂层刀具的出现，掀起了一场刀具技术革命，从此刀具进入了涂层时代。经过近几十年的发展，涂层的制备技术和涂层研究方面都有很大突破，目前发达工业国家涂层刀具已占 80% 以上，高精度机床上所用的切削刀具 90% 以上是涂层刀具。常用的涂层方法主要有 CVD（化学气相沉积法）和 PVD（物理气相沉积法）。CVD 和 PVD 在刀具涂层技术中都占很大的比重，这两种技术都有各自的技术特点。

5.1　刀具表面硬质涂层常用沉积法

5.1.1　CVD 技术

CVD 是通过气相物质的化学反应在基材表面上沉积固态薄膜的一种工艺方法。CVD技术发展较早，在 20 世纪 60 年代就被应用于硬质合金刀具的涂层处理。CVD 技术有很多优点：一是所需涂层源的制备很容易；二是膜的均匀性好；三是成膜粒子能量很低，所以膜的内应力很低；四是可以得到比较厚的膜；五是膜的耐磨性很好。但 CVD 工艺也有其先天缺陷：一是工艺处理温度高，易造成刀具材料抗弯强度下降；二是 CVD 工艺排放的废气会造成环境污染。因此自 20 世纪 90 年代中期以来，高温 CVD 技术的发展和应用受到一定的制约。

20 世纪 80 年代末，出现了中温化学气相沉积（MT－CVD），其机理与高温 CVD 技术相同，但是涂覆温度仅为 700～900℃，并且向着更低温度和高真空方向发展。MT－CVD 技术具有沉积速度快、涂层厚度均匀、涂层附着力高、内部残余应力小等优点。但是 MT－CVD 技术依然存在着环境污染问题，而且涂层内部为拉应力状态，使用时易产生裂纹。

CVD 法涂层技术特别适用于形状复杂工件的表面镀层，并能得到膜层均匀且厚度大的镀层。CVD 技术也可以制备一些 CVD 方法不易得到的膜层，如金刚石膜。

5.1.2　PVD 技术

习惯上，把固体（液态）镀料通过高温蒸发、溅射、电子束、等离子体、激光束、电弧等能量形式产生气相原子、分子、离子（气态，等离子态）进行输运，在固态表面上沉积凝聚，生成固相薄膜的过程称为物理气相沉积（PVD）。目前常用的 PVD 技术从大的方面可分为真空蒸镀、溅射、离子镀等，由这几种镀膜技术又衍生出了名目繁多的新技术。随着 PVD 技术的发展，人们把离子束、等离子体引入 PVD 技术中，同时可以通入反应气体，通过化学反应来制取膜层，现在的 PVD 技术已不是单纯的物理过程，PVD 技术和CVD 技术已经相互交叉。

5.2 刀具硬质涂层发展

5.2.1 二元涂层

TiN 是最早应用于切削刀具的硬质涂层，也是第一个产业化并广泛应用的硬质薄膜材料，目前仍在广泛使用。TiN 膜硬度大约为 20GPa，具有较高的抗机械摩擦和抗磨料磨损性能，它的膨胀系数和硬质合金相近，因而与基体结合牢固，适于作硬质合金刀片多涂层的底膜。当使用温度超过 500℃时，TiN 被迅速氧化成疏松结构的 TiO_2 而将失去对刀具的保护作用。随后人们又开发出了 TiC、CrC、CrN 等二元硬质薄膜材料，这些硬质薄膜都各具特点，但是性能比较单一，不能满足现代复杂加工业的需要。由于二元膜制备工艺比较成熟、简单，在普通工况条件下，某些二元膜仍在使用，TiN 薄膜刀具还在大量使用。

5.2.2 多元涂层

刀具涂层发展方向之一就是多元化。在 TiN 膜层的基础上，科研工作者又引入了 Al 元素，自 1985 年首次发表了关于 TiAlN 涂层的研究成果后，人们便对其优异的抗高温氧化能力和良好的使用性能表示了极大的关注，已经用多种 PVD 方法成功制备了 TiAlN 膜，TiAlN 涂层具有高的硬度和氧化温度，随着涂层的多层化和纳米化，TiAlN 涂层的性能还会继续提高。当 Al 含量超过 50%时，为了区别于 TiAlN，有人称其为 AlTiN。通过调节 Al 的含量，AlTiN 的硬度最高可达 HV4500，目前 $AlTiN/Al_2O_3$ 多层 PVD 涂层也已研究成功，硬度可达 HV4000。

TiCN 膜也是研究比较多的一种多元膜，在刀具表面的应用也较多。TiCN 膜兼有 TiC 和 TiN 膜的韧性和硬度，比常用的 TiN 刀具的耐用度高 2~4 倍。

西安理工大学中英合作磁控溅射实验室在 CrAlTiN 多元镀层方面做了大量工作，CrAlTiN 镀层比 AlTiN 镀层具有更高的硬度，并且使用温度更高，达到 900℃，已广泛应用于高速麻花钻，并取得了良好的使用效果。

多元膜比二元膜具有更优良的性能，但对其机理的研究比较少。一般观点认为，多组元的加入，由于原子半径的不同，改变了原有的晶格常数，增加了位错密度，可以提高强度和硬度；并且每个组元都能起到各自特殊的作用，这也是二元膜层所不具备的优势。总之，膜层的多元化也是刀具硬质涂层的发展方向之一。

5.2.3 多层涂层

随着涂层技术的发展，单层的二元膜或单层的多元膜逐渐被多层膜取代。根据工具表面的工作条件，可以根据需要设计多层膜，以发挥各个膜层的优异性能。比如，用磁控溅射的方法制备 CrC 涂层，可以先在基体上沉积一层纯 Cr 层，然后逐渐增大 C 含量，得到 CrC 层，CrC 层就可以借助纯 CrC 层与基体牢固结合在一起。

TiC/TiN 双层涂层兼有 TiC 涂层的高硬度和高耐磨性，同时具有 TiN 涂层良好的化学稳定性和高抗"月牙洼"磨损性能。由于 TiC 的热膨胀系数比 TiN 更接近基体，涂层的残余应力较小，与基体结合牢固，并有较高的抗裂纹扩展能力，所以常用作多层涂层的底层。Al_2O_3 涂层有很多优良的性能，但 Al_2O_3 与基体的结合强度较差，在基体上先沉积一层 TiC 再沉积 Al_2O_3 得到 TiC/Al_2O_3，可以明显改善 Al_2O_3 涂层与基体的结合力。目前单纯的单层涂层应用已经很少，涂层向着多层化的方向发展。

5.2.4　纳米多层涂层

纳米多层涂层与多层涂层的不同：纳米多层涂层每层的厚度非常小，一般为几个纳米到几十个纳米。纳米多层涂层的组成有两种情况：一是由高层数的同种结构材料、化学键和原子半径及点阵相同的单层材料组成，可能得到与组成它的单层涂层的性能差异显著的全新涂层；二是由结构、化学键、点阵常数不同的单层涂层组成。

6　结　论

现代科学技术和工业的不断发展，要求机械和结构零部件在高精度、高负荷、高温等苛刻条件下服役，由于腐蚀、磨损等原因通常会加剧零件的失效，这就对表面防护涂层材料、性能及其制备技术提出了更高的要求。因此，硬质涂层的制备及改性技术已成为当今材料领域的研究热点之一。目前对于硬质涂层的制备、结构和性能的深入研究，主要集中在以下几个方面：①发展新的沉积系统和涂层制备新技术，实现一些硬质涂层的低温沉积、低压沉积和高速率沉积等；②纳米晶/非晶复合涂层及其强化机制；③涂层中氧元素的消除与利用；④低应力、厚硬质涂层的结构设计及机理研究；⑤高韧性、高抗裂纹扩展能力的硬质涂层；⑥高热稳定性、抗氧化性硬质涂层；⑦超硬自润滑硼化物涂层。此外，突破现有的研究理论和涂层体系，开发新型超硬涂层，也是未来的研究方向之一。高质量靶材的研制是所有涂层领域的研究重点，靶材的质量决定涂层的性能，同国际靶材先进水平相比，我国靶材技术还存在较多问题，未来需要引入新工艺来实现高纯度、致密均匀靶材的大面积制造，提高靶材溅射利用率及溅射过程中的稳定性和涂层的可重复性是研究存在问题的前提。

作为刀具用的硬质涂层材料，使用寿命始终是人们最关心的问题，这就需要合理设计涂层，使刀具涂层具有好的综合性能，促使涂层材料朝着多元化、梯度化、多层化方向发展。研究发现，纯粹的高硬度并不能很好提高刀具涂层的综合使用性能，一个重要的研究方向是具有低摩擦系数和自润滑性质的硬质涂层的研究。由于涂层材料厚度薄，一些块体材料的理论不能被很好地应用于涂层材料，这就要求科研工作者能提出新的理论，为涂层材料的研究提供理论基础。

参考文献

[1] 陈颢，羊建高，王宝健，等．硬质合金刀具涂层技术现状及展望 [J]．硬质合金，2009，26（1）：54-58+64.

[2] 王启民，张小波，张世宏，等．高功率脉冲磁控溅射技术沉积硬质涂层研究进展 [J]．广东工业大学学报，2013，30（4）：1-13+133.

[3] 唐宇鑫，苏东艺，彭继华，等．硬质涂层与奥氏体不锈钢摩擦磨损性能研究 [J]．真空科学与技术学报，2017，37（1）：65-70.

[4] 陈代鑫，韩雄，宋戈．钛合金加工刀具寿命研究技术浅析 [J]．制造技术与机床，

2014，（4）：90－94.

[5] 胡自化，袁彪，秦长江，等.抛光涂层硬质合金刀片加工钛合金的耐用度分析[J].表面技术，2018，47（3）：127－134.

[6] 杨光，葛志宏.几种薄膜涂层硬度测试方法的比较[J].表面技术，2008，（2）：85－87.

[7] 王章忠.硬基体上TiN薄膜涂层硬度的测定[J].新技术新工艺，2001，（8）：20－21.

[8] 曾鹏，彭神华，胡社军，等.AlCrN涂层刀具研究新进展[J].工具技术，2008，（3）：16－19.

[9] 姚倡锋，豆兴堂，陈广超，等.TiAlN涂层硬质合金可转位刀具快速铣削钛合金刀片磨损研究[J].机械科学与技术，2017，36（8）：1212－1217.

[10] 张少锋，黄拿灿，吴乃优，等.PVD氮化钛涂层刀具切削性能的试验研究[J].金属热处理，2006，（7）：50－52.

[11] 周洋，张磊，张锡健.硬质合金刀具类金刚石涂层及其性能评价[J].硬质合金，2017，34（6）：384－392.

[12] 王铁钢，张姣姣，阎兵.刀具涂层的研究进展及最新制备技术[J].真空科学与技术学报，2017，37（7）：727－738.

[13] 郝岑，朱灏，邓雯丽，等.CVD金刚石涂层刀具高速铣削加工石墨模具研究进展[J].硬质合金，2017，34（2）：136－142.

[14] 尹超，毛善文.CVD金刚石涂层硬质合金刀具研究进展[J].硬质合金，2016，33（4）：275－282.

[15] 陈颢，羊建高，王宝健，等.硬质合金刀具涂层技术现状及展望[J].硬质合金，2009，26（1）：54－58，64.

[16] 康勃，马瑞新，吴中亮，等.现代刀具涂层制备技术的研究现状[J].表面技术，2008，（2）：71－74.

[17] 锥有成.刀具涂层技术及其发展[J].硬质合金，2007，（4）：252－257.

[18] 张洪涛，王天民，王聪.物理气相沉积技术制备的硬质涂层耐腐蚀的研究进展[J].材料导报，2002，（8）：15－16，23.

[19] 张晓伟，蒋业华，刘洪喜，等.40Cr刀体3D激光熔覆层优化及其显微组织结构[J].应用激光，2013，33（4）：408－411.

[20] 景浩，张钧，赵时璐，等.硬质涂层膜/基结合力的测定方法与改善途径[J].热加工工艺，2015，44（24）：40－44.

[21] 韩亮，杨立，陈仙，等.氮化物硬质涂层中Cr、Ti和Al元素对摩擦磨损特性的影响[J].真空，2012，49（2）：47－51.

[22] 黄栋.刀具涂层的介绍和应用[J].汽车与配件，2014，（49）：74－75.

[23] 张勤俭，赵路明，刘敏之，等.刀具涂层技术的研究现状和发展趋势[J].有色金属科学与工程，2014，（2）：20－25＋32.

[24] 曹华伟，张程煜，乔生儒，等.物理气相沉积TiAlN涂层的研究进展[J].材

料导报, 2011, 25 (11): 25 - 29.

[25] 康勃, 马瑞新, 吴中亮, 等. 现代刀具涂层制备技术的研究现状 [J]. 表面技术, 2008, (2): 71 - 74

[26] 周颐辛, 祝新发, 张晶晶, 等. 离子镀 TiCN 和 TiN 工具涂层的微结构与切削性能 [J]. 工具技术, 2010, 44 (11): 18 - 21.

[27] 张瑛, 杨俊峰, 方前锋. 硬质及超硬涂层的研究现状及发展趋势 [J]. 科技资讯, 2009, (33): 66 - 67.

[28] 连云崧, 邓建新, 吴泽, 等. 自润滑刀具的研究现状和发展趋势 [J]. 航空制造技术, 2011, (14): 68 - 73.

[29] 颜培, 邓建新, 李士鹏, 等. 涂层刀具摩擦磨损特性的研究进展 [J]. 制造技术与机床, 2012, (1): 59 - 63.

[30] 赵时璐, 李友, 张钧, 等. 刀具氮化物涂层的研究进展 [J]. 金属热处理, 2008, (9): 99 - 104.

[31] 张少锋, 黄拿灿, 吴乃优, 等. PVD 氮化钛涂层刀具切削性能的试验研究 [J]. 金属热处理, 2006, (7): 50 - 52.

[32] 张旭, 刘洪喜, 张晓伟, 等. 40Cr 钢表面激光熔覆金属陶瓷复合涂层的组织和性能 [J]. 金属热处理, 2015, 40 (5): 39 - 44.

[33] 李春燕, 寇生中, 赵燕春, 等. 钛合金表面激光熔覆 Co - WC 复合涂层的组织及力学性能 [J]. 功能材料, 2015, 46 (7): 7025 - 7029.

[34] 李彤, 刘艳明, 王晨, 等. 硬质涂层的研究热点及面临问题 [J]. 真空科学与技术学报, 2018, 38 (9): 755 - 763.

[35] 郑秋麟, 佟向鹏. 气相沉积技术在产品中的应用及发展 [J]. 航空精密制造技术, 2013, 49 (2): 23 - 27.

[36] 麻秦凡, 李阳, 陈辉, 等. PVD 涂层硬质合金钻头钻削 SKD61 模具钢试验的研究 [J]. 新技术新工艺, 2012, (7): 74 - 76

[37] 郭军, 张晓娟, 李朋, 等. 磁控溅射 AlN/Cu 纳米复合涂层的性能研究 [J]. 真空科学与技术学报, 2013, 33 (10): 1002 - 1006.

[38] 袁淑敏, 朱秋华, 胡静. 304 奥氏体不锈钢低气压离子渗氮组织与性能研究 [J]. 热加工工艺, 2015, 44 (18): 183 - 185.

[39] 宋慧瑾, 鄢强. 工艺参数对 CrNx 涂层膜基结合力的影响 [J]. 成都大学学报 (自然科学版), 2014, 33 (1): 61 - 63.

[40] 孔德军, 付永忠, 吴永忠, 等. PVD 法制备 TiN 涂层界面特征与摩擦磨损性能 [J]. 真空科学与技术学报, 2012, 32 (12): 1078 - 1083.

[41] 袁红梅, 杨兵, 李佳, 等. Si 掺杂对 Al - Ti - N 涂层的结构、力学性能和抗氧化性能的影响 [J]. 粉末冶金材料科学与工程, 2013, 18 (1): 139 - 143.

[42] 方啸虎, 温简杰, 崔祥仁, 等. 我国超硬材料的现状与发展 [J]. 超硬材料工程, 2011, 23 (5): 46 - 50.

[43] 方啸虎, 温简杰, 郑日升. 中国超硬材料新态势 [J]. 超硬材料工程, 2010, 22

（1）：18-21.

[44] 杨西，杨玉华. 化学气相沉积技术的研究与应用进展 [J]. 甘肃水利水电技术，2008，（3）：211-213.

[45] 张碧云，曲燕青，谢红梅，等. 类金刚石膜的制备技术及应用领域概况 [J]. 表面技术，2007，（3）：70-73.

[46] 闻立时，黄荣芳. 离子镀硬质膜技术的最新进展和展望 [J]. 真空，2000，（1）：1-11.

3.4 典型材料和零件热处理
（一）高速线材轧机导辊的研制

张文斌[1] 解挺[2] 吴玉程[2]

（1. 合肥市百胜科技发展股份有限公司 合肥 230088 2. 合肥工业大学 合肥 230009）

1 引 言

高速轧制的发展，对新型导卫制品提出了更高的要求。影响导辊使用寿命的关键问题之一是导卫材料，巨大的导卫材料消耗、频繁地更换导卫装置已成为制约钢铁工业正常生产的瓶颈之一。为了提高导卫的使用寿命和轧件的精度，迫切需要研发拥有自主知识产权的高速轧制用导卫特种材料及制品。针对这一现状，公司联合合肥工业大学，通过自主立项和申报省、市科技计划项目等，进行相关专门技术攻关，研发了高速轧制用高耐磨长寿命系列导卫材料及高速线材轧机装备。该装备集机、电、液、仪一体化，集工艺与设备于一体，技术含量高，因此是一项综合技术的体现。自 1986 年底，我国引进第一套高速线材生产线投产以来，通过对引进技术的消化吸收与创新，带动了我国其他相关技术与相关行业的发展，目前我国有世界上最先进的高速线材生产线，如鞍钢、宝钢、沙钢等几十条生产线，最高速度达到 120m/s，对导卫装置的要求非常高，特别是导卫装置中导辊由于工作环境恶劣、温度高（900～1230℃）、速度高（25000～30000r/min）、磨损快，单槽寿命仅为 400t 左右。因此轧线每 3～4h 就要停机检查和更换导辊，每天要影响生产近 2h，制约生产线产能的提高。

高速轧制的发展，对新型导卫装置和导卫材料提出了更高的要求。影响导卫装置使用寿命的关键问题之一是导辊（板）材质的选择与组织状态的控制，这也一直是国内外研究的热点。目前，我国普遍使用的高铬铸钢辊轮的硬性较低，使用寿命短，影响生产效率和产品合格率。普通奥氏体耐热钢、马氏体耐磨钢或耐磨铸铁辊轮，使用寿命都短，致使轧机作业率低。为了满足高耐磨、耐热疲劳的高速轧制生产需求，在原有材料的基础上又有多种改性措施，如稀土改性、高合金改性、复合结构改性等，在一定程度上提高了导卫材料的服役性能。硬质合金辊轮、金属陶瓷辊轮虽具有良好的耐磨性和高温稳定性，使用效果好，但生产工艺难以控制、制品难以加工，制造成本高，也难以推广。为此，合肥市百胜科技发展股份有限公司开展了系统的研发工作，以期开发出高速轧制专用新型高耐磨导辊。

2 分析优化

通过材料力学性能检测、摩擦磨损性能测试分析、微观组织结构分析，对材料的力学性能、摩擦磨损性能进行分析研究，探讨各因素对材料性能的影响；运用现代微观检测、分析设备研究材料耐磨、抗热疲劳机理，在此基础上完善配方及制作工艺技术的优化，最终实现高性能导卫材料及制品的研发目标。

2.1 技术路线

研发的技术路线图如图1所示。

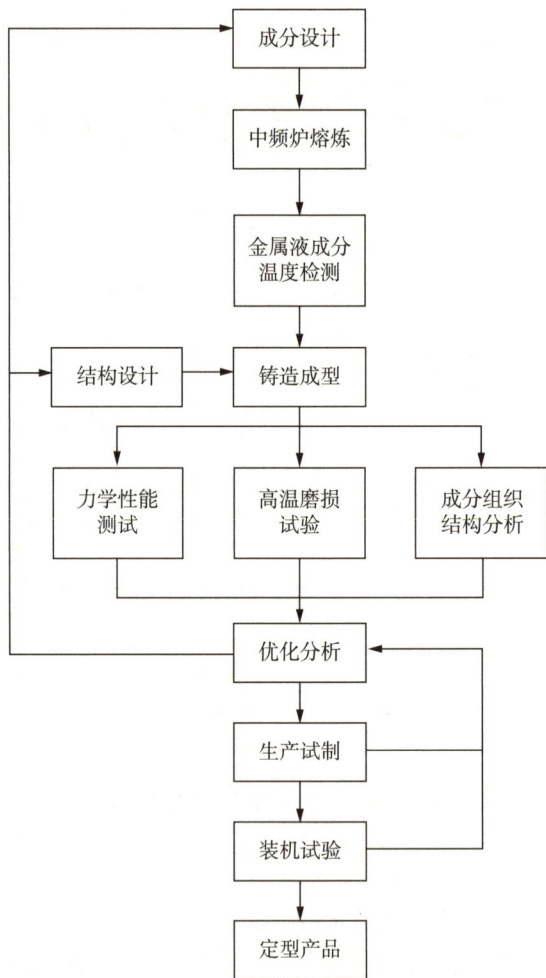

图 1 技术路线图

2.2　材料设计

2.2.1　关键技术

（1）本项目的关键技术之一是获得高弥散的细小的碳、氮化物复合增强效果。要合理调控添加 V、Nb、Ti、N 等多元微量合金元素的含量，这将直接影响到形成的碳、氮化物的量。

（2）热疲劳磨损性能的测试与材料配方设计的交互性问题。理想的性能来自材料配方和组织结构的合理设计。利用热磨损性能来评价材料配方和组织结构的合理性。

2.2.2　材料成分的优化设计

在高铬镍钼合金铸钢的基础上，对常规的碳化物弥散增强模式加以改进，拟通过添加 V、Nb、Ti、N 等多元微量合金元素，采用高弥散的碳（氮）化物复合增强技术及微观结构控制技术获得必需的组织结构，显著提高热疲劳磨损等性能，大大延长导卫的使用寿命。

根据导卫材料的高耐热、高耐磨要求，对材料的基本要求是具有很好的抗氧化性，具有固溶强化和沉淀强化的组织结构。依据金属学原理可知，提高钢在高温下的抗氧化性的基本方法是合金化，且 Cr 是提高钢抗氧化性的主要元素。Ni 主要是为了形成奥氏体，改善工艺性能和提高热强性。此外，一方面用 Mo 等合金元素来强化基体，另一方面加入强碳（氮）化物元素 V、Nb，生成稳定碳（氮）化物相，以 V－Ti、V－Nb－Ti 综合加入效果最好。12％Cr 型钢中同时加入 Mo、V 或 Mo、V、Nb 效果最好，这是因为 V 和 Nb 的存在，使绝大部分 Mo 都被挤进固溶体，从而提高了热强性，同时固溶体中保持了高浓度的 Cr，能保持高的抗氧化性。

获得高弥散细小的碳、氮化物复合增强效果是本项目的重要目标。首先要合理调控添加 V、Nb、Ti、N 等多元微量合金元素的含量，这将直接影响到形成的碳（氮）化物的量，但事实证明并非越多越好。研究表明：导卫材料的耐磨性随着碳（氮）化物数量的增加呈下降趋势，但最佳的体积含量约为 30％，超过这一数值，将产生不利影响；同时，粗大的碳（氮）化物容易导致应力集中，并且容易导致碳（氮）化物产生微裂纹，因此必须严格控制碳、氮化物的尺度和分散度，只有细小弥散的碳（氮）化物分布于基体中才能获得满意的增强和增韧效果。所以，从两方面着手解决这一问题：一是添加量的优化设计；二是冶金过程的工艺参数（加热温度、时间、冷却速率等）的优化设计，通过合理的优化分析试验，得出最佳的添加量与工艺的配合。

经过一系列优化试验，优选出的高耐磨导卫材料基本配方见表 1 所列。

表 1　优选出的高耐磨导卫材料基本配方　（％）

C	Cr	Ni	Mo	V	Nb	Ti	N	S	P
0.1～0.5	10.0～12.0	8.0～10.0	0.5～2.0	0.05～0.2	0.05～0.2	0.05～0.2	0.1～0.2	≤0.05	≤0.05

2.2.3　组织结构

图 2 是研发材料的 XRD 和显微组织照片，由此可见，组织结构中分布着金属碳（氮）

化物的沉淀相，与设计思想一致，主要是获得碳（氮）化物的复合增强相，以提升增强增韧效果。

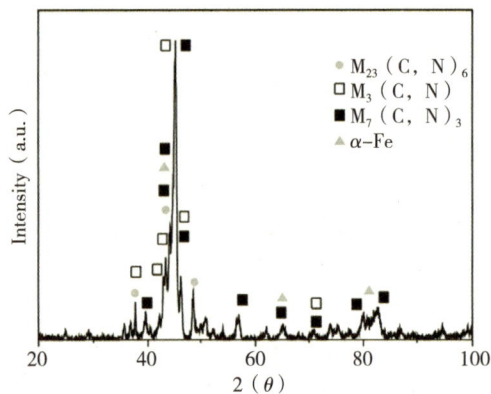

（a）XRD

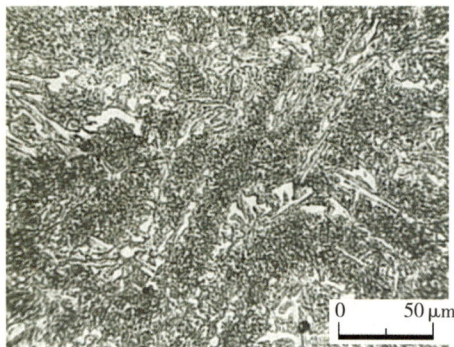

（b）显微组织

图 2　研发材料的 XRD 和显微组织照片

2.3　性能测试

2.3.1　硬度

5 种不同配方的样品的硬度测试结果见表 2 所列。由表 2 可见，5 种不同样品的硬度有差别，其中 3 号样品的硬度最高，为 HRC65，而 1 号和 4 号样品较低一些。这主要是由其显微组织中的强化效果不一等因素造成的。

表 2　5 种不同配方的样品的硬度测试结果

样品号	1	2	3	4	5
硬度 HRC	60	63	65	58	62

2.3.2　材料耐热性

为了表征开发的高耐磨长寿命的导卫材料在高温下的使用性能，我们对材料的抗氧化性进行了实验分析。800℃下做累计氧化时间为 100 小时的循环氧化处理，在 100 小时内分 10 次从炉内取出空冷并称重，其称重时间分别为 1、2、3、5、10、15、30、50、75、100h。图 3 是 5 种不同配方的样品在空气中的氧化速率测试结果的曲线。实验过程中没有观察到氧化皮的脱落现象。从氧化速率曲线可见，3 号样品的抗氧化性能最佳。

2.3.3　高温磨损性能

为了考察开发的高性能导卫材料的使用性能，进行了高温磨损性能的测试。磨损试验的对偶材料选择了淬火态的 45♯钢作环状旋转样品，硬度为 HRC48。选择的磨损高温条件为 3 个温度：250℃、350℃、450℃。选取了 5 种不同配方的样品进行高温磨损试验，其结果示于图 4 中。

在高温环境下，在摩擦热的共同作用下，摩擦副材料的表层发生软化，使摩擦副材料

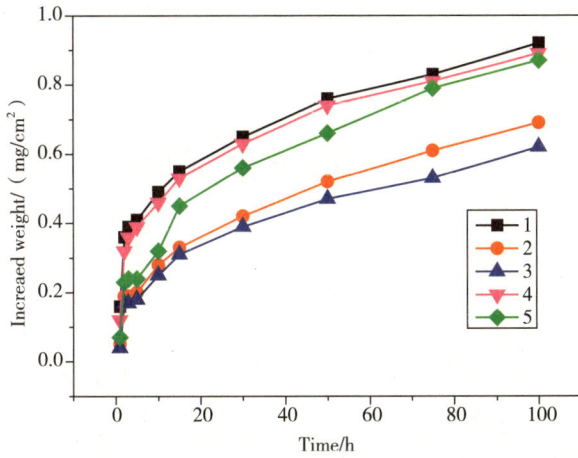

图3 5种不同配方的样品在空气中的氧化速率测试结果

容易发生黏着，因此其主要磨损形式为微犁沟、黏着和少量的氧化磨损。由图4的结果可见，3号样品表现出了较好的耐高温磨损的性能。

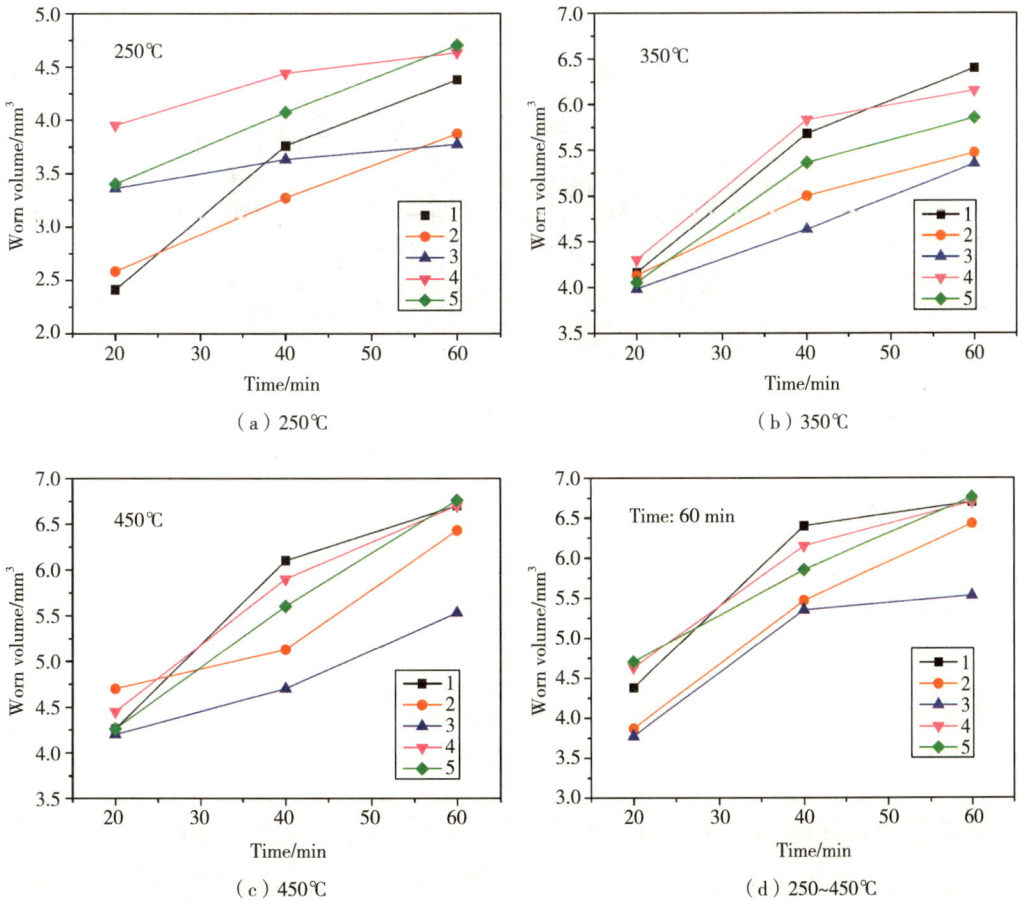

（a）250℃

（b）350℃

（c）450℃

（d）250~450℃

图4 5种不同配方的样品的高温磨损试验结果

综上结果，从材料性能的优化实验可见，3 号样品的配方表现出较优异的性能，因此我们确立了以 3 号样品为基础的优化配方，示于表 1 中。

3 结构优化设计

3.1 功能性凹槽结构设计

在开发的高耐磨长寿命导辊的几何结构上采用了创新性的设计，即在导辊的侧面设计加工了一系列均匀排布的功能性凹槽（图 5）。这些凹槽有两个特殊功能：一是增大导辊的散热面积，在运行过程中，导辊用水流冲击冷却时，可以增加散热量，从而能够有效降低导辊的工作温度，减小温差，从而减小热疲劳的影响；二是工作时，用水流冲击侧面，通过这些凹槽可以驱动导辊轮旋转，获得一个初始运转速度，以至在轧件进入导辊时，可以减小其相对运行速度，从而减小轧件对导辊的冲击作用，起到减小冲击磨损的作用。

图 5 侧面带功能凹槽的新型导辊

3.2 水路优化设计

在冷却系统的设计方面也采取了提高冷却效率的特殊措施：增大供水管路的直径，同时增大供水压力等。

4 综合性能

研发出的材料的硬度 HRC58～65，磨损量小于 2mg/cm² · 万次，耐热性达到 800℃×100h，增重小于 1.0mg/cm²。国内外同类产品性能比较见表 3 所列，由此可见，本项目产品性能已超过国内同类产品，并达到国外同类产品的水平。

表 3 国内外同类产品性能比较

性 能	国内同类产品	国外同类产品	本项目产品
硬度（HRC）	55～60	55～60	58～65
磨损量/[mg/（cm² · 万次）]	2.5	2	2

5 结束语

研发的高耐磨长寿命导卫制品已经于 2012 年获得了"安徽省高新技术产品"称号，"百胜牌线材和棒材轧机导卫装置"荣获 2012 年安徽名牌产品称号，同时相关成果获得授权发明专利，并获得 2015 年合肥市科学技术进步二等奖。目前研发的制品在国内包括上海宝钢在内的几十家轧钢企业得到推广应用，由于使用寿命提高 1.5～2 倍，服役性能优越，受到用户一致好评。

（二）安徽省铜材及热加工发展概况

秦永强[1,2] 罗来马[1,2]

（1. 合肥工业大学 材料科学与工程学院；

2. 教育部高性能铜合金工程研究中心 合肥 230009）

1 基本情况

1.1 国内基本情况

随着社会进步和经济发展，我国铜材加工也发生了翻天覆地的变化。目前，我国铜加工材约有 250 种合金，近千种产品，是世界上产品最丰富的国家之一。铜产业链的上游是铜冶炼业，下游是电气、电子、轻工、国防、交通、机械制造等行业，而铜加工行业则位于铜产业链的中游。在铜加工材的比例中，铜杆线占比最大，约占 53%；铜管、铜板带、铜棒占比较为一致，各约占 13%；铜箔占比最小，约占 2%。

铜加工技术在我国具有悠久的历史，可以追溯到古铜器生产制造时期。但是在近代，我国的铜加工制造技术处于比较落后的阶段，直到 1875 年才在上海建立了第一家铜轧制厂。中华人民共和国成立初期，我国铜及铜加工材相对空白，铜板带产量只有 752t。改革开放以来，随着我国大量民营企业的出现，铜及铜加工产业得到快速发展，2000 年，我国铜及铜加工材产量达到了 219.7 万 t；2013 年，铜及铜加工材产量达到了 1498.7 万 t，同时电解铜产量也达到了 683.88 万 t，我国总消费量占到世界总产量的 40% 左右。在 2018 年，我国铜精矿（金属量）、精炼铜、铜加工材产量分别为 151 万 t、904 万 t、1716 万 t，并且铜及铜加工材的产品类型也由最初的板、带材发展到现在的八大产品，我国已经成为名副其实的铜业大国。

2019 年，国内外环境日趋复杂，对铜市场和国内终端制造业造成一定影响，国内铜消费将持续放缓，环保压力不断加大，铜行业下行压力较为突出，建立全流程绿色制造体系、发展高端铜材将是行业高质量发展的主要方向。

1.2 省内基本情况

铜产业是安徽重点培育的八大支柱产业之一，也是安徽省具有比较优势和发展潜力的基础产业。经过多年发展，安徽省铜产品行业涌现了一批优势企业，在全国同行业保持领先位置，拥有世界 500 强企业 1 家，上市公司 5 家。目前，安徽已形成铜陵的板带、箔、棒、杆、线、粉，芜湖的板带、杆、线，宣城的铜杆、线，巢湖的电线、电缆，合肥的铜箔、换位导线等一批铜产业及铜的相关产业。我省在铜冶炼和铜的深加工领域掌握了一批核心技术与工艺，具备全国所有的铜加工技术。常温变量喷射动力波洗涤闪速炼铜技术国际先进，常温富氧熔炼、合金熔体净化与保护、材料强化与导电率关系、在线热轧—淬火—铣面短流程等核心技术以及异型铜材连续挤压工艺、阳极磷铜合金材料加工方法、高精度锡磷青铜和锌白铜系列带材成形方法等先进材料加工工艺均处国内领先地位。一批特色产品在全国同行具有一定地位，拥有"中国名牌"产品3个（"铜冠"牌电解铜、"精达"牌漆包线、"鑫科"牌铜合金带材），伦敦金属交易所注册品牌2个（"铜冠"牌电解铜、"金豚"牌电解铜），以及一批安徽省品牌产品。

从2010—2018年安徽省铜材产量年度数据统计表（表1）可以看出，2010—2018年，安徽省铜材生产飞速发展，从最初的102.25万t发展至最高的294.95万t。2017年安徽省铜材当月产量为26.59万t，当月同比增长13.55%，2017年1—12月安徽省铜材产量为294.95万t，累计增长2.59%。但是，2018年产量有所下降，2018年安徽省铜材当月产量为23.07万t，当月同比下降13.26%，2018年1—12月安徽省铜材产量为247.04万t，累计下降16.24%。

表1　2010—2018年安徽省铜材产量年度数据统计表

时间	当月产量/（万t）	累计产量/（万t）	当月同比增长/%	累计增长/%
2018.12	23.07	247.04	−13.26	−16.24
2017.12	26.59	294.95	13.55	2.59
2016.12	23.42	287.51	−14.68	−1.16
2015.12	27.45	290.90	13.48	19.16
2014.12	24.19	244.12	45.02	41.15
2013.12	16.68	172.95	16.93	21.11
2012.12	14.26	142.80	46.62	7.53
2011.12	9.73	132.81	−16.14	29.88
2010.12	11.60	102.25	25.60	23.77

中商产业研究院数据表2显示，2019年1—4季度安徽省铜材产量有所增长，2019年9月安徽省铜材当月产量为22.77万t，当月同比增长12.34%，2019年1—9月安徽省铜材产量为201.50万t，累计增长11.28%。

表2　2019年1—9月安徽省铜材产量月度数据统计表

月度	当月产量/（万t）	累计产量/（万t）	当月同比增长/%	累计增长/%
9月	22.77	201.50	12.34	11.28
8月	21.40	168.15	6.72	4.62
7月	21.98	146.70	12.46	4.29

（续表）

月度	当月产量/（万 t）	累计产量/（万 t）	当月同比增长/%	累计增长/%
6 月	23.22	124.60	7.06	2.59
5 月	22.40	99.09	3.66	−0.66
4 月	21.00	76.23	−17.15	−16.16
3 月	21.95	55.45	−19.61	−14.40
2 月	—	33.48	—	2.58
1 月	—	—	—	—

1.3 省内铜加工材主要生产企业

铜陵有色金属集团股份有限公司（以下简称"铜陵有色"）是中国铜行业集采选、冶炼、加工、贸易为一体的大型全产业链铜生产企业，业务范围涵盖铜矿采选、冶炼及铜材深加工等，公司主要产品涵盖阴极铜、硫酸、黄金、白银、铜线、铜板带及铜箔等。公司属有色金属行业，是基础原材料产业。公司在阴极铜、硫酸及铜箔等产品领域有着领先的行业地位和显著的竞争优势。2018 年，全年铜陵有色生产阴极铜 132.86 万 t，铜精矿含铜量 5.37 万 t，铜加工材 35.05 万 t。其中，铜板带完成 5.36 万 t，铜棒完成 1.45 万 t，线材完成 6.20 万 t，铜箔完成 3.25 万 t，漆包线完成 3.44 万 t，铜杆等其他铜材完成 15.35 万 t。

铜陵精达特种电磁线股份有限公司（以下简称"精达"）作为一家专业生产特种电磁线的制造商，经过 30 年的不断发展，已经成为中国最大、全球第四大的特种电磁线制造商。主要业务为特种电磁线（特种漆包圆铜线、特种漆包圆铝线、漆包扁铜线）、特种导体（汽车线、电子线、特种缆线、镀银线、镀镍线、镀锡线、铜绞线、铝绞线）以及模具制造和维修等生产、研发和销售。产品广泛运用于电机、变压器、家电、电动工具、汽车、微特电机、电子、通讯、交通、电网及航天航空等领域，满足国内外不同客户的需求。精达经过多年的快速发展，由于产品系列多，品种全，规格齐，尤其是电磁线产品的年产量持续两年超过 20 万 t，不论是漆包圆铜线还是漆包圆铝线产量均为国内第一，产销量和利润稳步增长，规模遥遥领先于国内同行。2018 年被工信部认定为"制造业单项冠军示范企业"，行业龙头地位突出，规模优势明显。2018 年，全公司产品生产和销售总量分别为 25916t 和 259643t。其中，特种电磁线产品产量 201094t、销量 201259t。

安徽楚江科技新材料股份有限公司（以下简称"楚江新材"）致力于高精度铜合金板、带材、铜导体材料、精密铜合金线材和特种钢材的研发、制造和销售，为消费电子、汽车电子、新能源电池、光伏能源、汽车线束、5G、LED 和轨道交通等行业提供优质的工业材料和服务。它是国内重要先进铜基材料研发和制造基地、安徽省循环经济示范企业，根据中国有色金属加工工业协会综合排名，楚江新材位于中国铜板、带材"十强企业"第一名。中国有色金属加工工业协会提供的数据显示，目前国内铜板带制造企业有近百家，产量共计约 174.5 万 t，前 10 家规模以上企业产量约 73.1 万 t，占全国总产量的 41.89%，行业集中度较低，进一步整合的空间较大。楚江新材坚持先进铜基材料与军工新材料双轮驱动，以科技创新为引领，在规模持续增长的同时通过技术升级优化产品结构，实现业绩稳步增长。公司 2018 年实现高精度铜合金板、带材产量 18 万 t，占国内市场份额的10.32％，稳居全国第一位。2018 年，楚江新材各类产品规模较上年度持续稳定增长，年度实现金属材料产品总销量 48.80 万 t。其中，高精度铜合金板带产品销量 17.92 万 t，精密铜合金线材产品销量 3.9 万 t，铜导体材料产品销量 9.91 万 t，特种钢材产品销量17.07 万 t。

安徽众源新材料股份有限公司（以下简称"众源新材料"）总部位于安徽省芜湖经济技术开发区，注册资本17416万元。2017 年被中国有色金属加工工业协会评为"中国铜板、带材十强企业"，目前公司已形成年产 6 万 t 各类紫铜板带生产能力。公司主要从事高精度紫铜系列带材的研发、生产、销售和服务。各类高精度紫铜系列带材产品质量符合欧盟环保质量检测标准，广泛应用于通信、电子、电力、电器等行业，是通信电缆、电力电缆、变压器、铜包铝、散热器、热交换器、新能源电池等产品的重要材料。众源新材料自成立以来，一直专注于紫铜带箔材的研发、生产和销售，经过十余年发展，众源新材料紫铜带箔材产品生产能力由设立之初的 0.6 万 t/年，逐步增加至目前的 6.5 万 t/年。目前，众源新材料已成为国内紫铜板带箔材细分行业经营规模较大、技术实力领先的企业，具备了规模经济效应。

安徽鑫科新材料股份有限公司（以下简称"鑫科"）是由创立于1958年的芜湖冶炼厂于 1998组建，由安徽省人民政府批准成立的一家国家级重点高新技术企业，"产、学、研"合作示范基地，2000 年在上海证券交易所上市，2016 年成立全资子公司鑫科铜业有限公司。鑫科铜业有限公司主要从事铜及铜合金板材、带材、线材、辐照交联电缆、特种电缆等产品的生产、开发与销售，主导产品有高精度铜带材、铜合金线材、光亮铜杆、电线电缆等产品，全部被评为"安徽省名牌产品"。现有年产铜板带 10.2 万 t，铜杆 15 万 t，电工圆铜线 3 万～3.5 万 t 的生产能力，主导产品锡磷青铜带和白铜带产能 3 万 t，鑫科铜带是国内唯一通过国际连接器行业前四名企业认定的铜及铜合金带材料品牌，是国际知名连接器厂家泰科、莫仕、富士康等指定供应商，台湾富士康从 2003 年起一直使用"鑫科"牌高精度锡磷青铜带材。公司前几年投产的高精度铜带厂工艺装备先进，生产过程自动化程度高，产品出口至东南亚、欧美等国际市场。2017 年 3 月，鑫科控股股东变更为霍尔果斯船山文化传媒有限公司，8月鑫科材料名称变更为安徽梦舟实业股份有限公司，鑫科铜业成为梦舟实业的全资子公司。

2　典型铜加工材生产工艺

2.1　线材

铜及合金线材广泛用于电子、电力、仪表等工业部门，主要用于电力导线，音频、视频传输，电子工业中各种引线、接插元件、线圈、管脚等，用量巨大，品种繁多，居铜加工材各品种之首。目前，我国纯铜导线生产发展迅速，其中光亮铜杆与无氧铜杆产量和生产能力增加迅速。除此之外，作为焊接线材用铜合金线需求量日益扩大。为满足各工业部门对线材的需求，线材生产能力正在迅速提高。常用铜线材品种中电力、通信用铜导线、电子工业用无氧铜线、弹性和接插元件用铍青铜线、锡磷青铜线，汽车电器用黄铜线，精密加工用电极线、锌白铜镜架线、圆珠笔芯线、集成电路引线、半导体管脚线、精密弹簧线、铆钉线、辐条帽线等。特别是作为焊接用焊丝，这种线材多为复杂铜合金线。近年来单晶铜线已在音频、视频电器中开始应用，被称为高保真铜线。随着交通工业的发展，大长度双沟线的需求日益迫切，各种轻工用铜线需求量也相当巨大。

铜及铜合金线材生产历史悠久。早在公元18世纪欧洲已使用铸锭-锻造-拉伸方法生产线材，我国1949年前已有铜线生产作坊；线材产业化生产从19世纪初开始，主要是采用反射炉熔炼纯铜，经过氧化还原工序获得合格熔体，然后铸造成船形锭坯，再通过孔型轧制，获得铜线杆，再经酸洗-拉伸-退火等工序，最终获得铜线材。退火设备采用火焰反射炉，上述方法成品率低、能耗高、污染环境，被称为"黑杆"。目前，我国已将之明令取缔，随着技术的引进和发展，线材生产工艺迅速发展，突出表现在线坯的制造技术，代表性的方法有上引无氧铜杆，可以生产直径8～20mm的线坯，含氧量为10～30ppm，进一步拉伸用于电子工业用各种纯铜、无氧铜线材，线径最小可达0.001ranl。该方法投资少、见效快，适合于中小企业投产。上引技术也在不断发展，其中熔炼炉已经由单炉，发展为二炉一体、三炉一体，熔炼炉与保温炉分离，形成了熔炼—引线—集线—收线自动化产线。上引线头数可多达24条，上引技术生产线坯的合金品种也不断增加。只能上引纯铜的观念已被打破，使用上引技术生产黄铜线坯，在我国已开始推广。

线坯生产的重大技术进步表现在连铸连轧低氧铜杆的高度自动化生产机列的出现。以美国SCR南线法和德国CONTIROD法为代表，这两种方法工艺流程基本相同，包括竖炉熔铜、保温炉精炼、浇铸系统、铸造机列、连轧机列、无酸清洗、收线等系统。其根本区别在于铸造方式的不同。两种生产方法相比，双钢带式铸造法生产的产品质量优于轮式铸造法，其原因是轮式铸造过程中存在着热弯曲变形，特别是结晶尚未充分完成时，易导致线坯表面产生横裂纹；而双钢带式铸造则完全避免了这一缺点，铸造方坯不承热弯曲变形，结晶细小、均匀。

在纯铜线坯生产技术迅速发展的同时，合金线坯的立式连铸和水平连铸技术发展也引起工程界的关注，特别是水平连续技术，可以生产各种黄铜、青铜、白铜线坯，对特殊的铜合金线坯只能使用挤压方法。我国铜及合金线材生产技术也取得了重大进步，除引进国外连铸连轧生产机以外，上引和水平连铸线坯技术已有相当高的水平。国产技术装备已被广泛应用，重要的生产装备也能成套供应。

2.2 管材

铜及铜合金管棒材是铜加工产品中市场需求量较大的品种，纯铜类管材的市场需求约占管材总需求量的70%，主要用于制冷空调、电缆、建筑用水管、电真空器件、冷凝器、蒸发器、热交换器以及输送管路等。传统的生产方式有挤压-（冷轧）-拉伸法和斜轧穿孔-（冷轧）-拉伸法。其中斜轧穿孔-（冷轧）-拉伸法由于所生产规格和合金品种少、管坯质量差等原因，现绝大多数企业已不采用，正在逐渐淡出市场。

随着技术的完善和装备水平的提高，高效节能的水平连铸——行星轧制法（下简称铸轧法）已被广泛地应用于纯铜类管材的生产，特别是在制冷空调用管（包括内螺纹铜管）和电缆管的生产中，其生产技术和装备已十分成熟和完善。铸轧法所能够生产的纯铜类管材最优规格为外径 35mm 范围的薄壁铜管。上引连铸-（冷轧）-拉伸法通过我国技术人员的不断完善和提高，目前能够生产的最大管坯直径可为 100mm 以上。该方法由于生产成本低、管坯氧含量低，适合于壁厚在 0.5mm 以上的中小规格水道管、空调连接管和含氧量要求相对不高的无氧铜管等产品的生产，有一定的生存空间。此种方法由于是铸造管坯，仅通过冷加工直接产出成品，因此，生产过程中需进行中间退火使其铸造组织得以改善。此外，上引连铸管坯质量的稳定性有待进一步提高。

我国铜管棒材生产企业中，中小企业占据了绝大部分，这些企业的装备能力也相对较小。如何利用生产能力较小的主机设备生产大单重产品一直是这些企业研究探索的课题。目前，这项研究在某企业取得了进展。利用空心铸锭、镶嵌式双锥形挤压模、全润滑挤压等技术可在 2000t 挤压机上挤制 130kg 以上锭重的铜合金管坯，215mm 大规格空心铸锭的水平连铸也取得了可喜的成果。这一技术的突破为铜合金管的盘式生产奠定了坚实的基础。盘拉伸技术是在直条拉伸技术基础上发展起来的一种生产效率更高、成材率更高的拉伸技术。许多企业也在对铜合金管进行盘拉研究，对于塑性好、加工过程不需进行中间退火的合金来说已有了成功的经验，而对那些加工硬化快的黄铜合金进行盘拉生产需要解决的难题仍有不少。目前，黄铜合金的盘拉技术有所突破，采用净近技术和盘拉的方式，减少了黄铜生产过多的工序和工序间转运等辅助作业，为黄铜合金的生产开辟出一条节能降耗的短流程生产路线。

管棒材退火设备采用箱式退火炉，并且封闭箱式内预抽真空，充入保护气体进行退火，避免管棒材表面氧化，保证表面光亮。

2.3　板、带材

铜及铜合金板、带材是重要的铜加工产品，占世界铜加工材总量的 35% 左右。近年来，世界经济蓬勃发展，特别是以中国为代表的新兴发展中国家的国民经济高速发展，以及电子信息产业的高速发展，铜及铜合金板、带材消费量呈逐年上升的趋势，是目前所有铜加工材中最具活力的高技术、高附加值产品。

轧制是铜及铜合金板带生产的基本方法，轧制是在一种使轧件在两根互有一定压力且旋转方向相反的轧辊之间的缝隙轧出产品，原料厚变薄的碾压变形过程。根据供坯方法的不同，铜合金板带生产可以分为铸锭轧制法、连铸带坯轧制法、挤压轧制法、铸锭锻造轧制法四种。

（1）铸锭轧制法，通常为热轧制，是先将铜及铜合金铸成尺寸较大的铸锭，将其加热到一定的温度（即高于合金材料的再结晶温度，一般相当于合金熔点温度的 80%～90%），热轧成板坯或带坯。这是铜加工板、带材传统的制坯方法，也是至今仍普遍应用的方法。它产能大、效率高，适宜多品种、大规模生产。

（2）挤压轧制法，主要指利用上引连铸杆经连续挤压成带坯的方法。这种方法已经在铜排生产中显示出明显优势。目前，一些厂家已完成生产 300mm 宽带坯试验。人们之所以对该方法感兴趣，主要是由于该方法的投资较铸锭热轧法低得多。

（3）铸锭锻造轧制法，仅用于少数特殊情况，如高强度、高导电的铜合金板坯等。铸锭经过热锻改善了塑性；也可以通过镦粗加大截面面积，为保证冷变形加工率创造条件；还可以通过改变锻造方向改善加工材组织的方向性；等等。

板、带材退火设备采用罩式退火炉和气垫连续退火炉，大大提高了板、带材加工生产效率。

铜合金板带箔材的生产流程主要由热轧、铣面、冷轧、热处理、表面清洗、拉弯矫、剪切等工序组成。其中箔材的生产除了采用压力加工的方法，还可以用电解的方法获得。

3 安徽省铜加工企业热处理工艺装备

铜合金热处理炉多采用中温炉和低温炉，应满足以下要求：

（1）满足热处理工艺要求，保证合金性能、表面质量要求；

（2）满足质量条件下，合理结合本地能源条件，经济实用；

（3）生产效率高，满足生产需要；

（4）炉形结构简单、耐用、经济，操作方便。

目前铜合金热处理炉发展趋势是：优化设计提高热能利用率；采用快速退火，减少氧化、脱锌；采用保护性气体，实现快速加热、温度均匀；增强热处理炉封闭效果，提高集成度、连续化水平。

3.1 板、带材退火装备

板、带材中间退火采用罩式和气垫式退火炉装备。其中，气垫式退火炉采用了连续热处理的新技术，该技术实现了酸洗、水洗、烘干、表面涂层、钝化处理等一体化，在铜合金加工材生产中具有革命意义。与罩式退火炉相比具有诸多优势，如退火时间短，炉温高，可以实现高温快速退火，可调加温速率，加温均匀，退火表面品质好，制品组织性能均匀。气垫式退火炉目前可实现厚度 0.05～5mm，宽度 1250～1100mm 带材的退火，退火速率为 4～100m/min，生产能力为 5t/h，热效率为 58%。

3.2 线材退火装备

线材退火炉一般分为连续性和周期性作业两类，常用退火炉有箱式、井式以及接触式在线退火炉。其中接触式在线退火炉的一种快速的连续在线电加热退火炉，使线材通过带电的导轮，利用电流热效应，使线材快速加热至退火温度，达到退火目的。接触式在线退火炉的优点是实现了拉伸-退火-线生产连续化，且热效率高，相比一般辅助加热退火可节约电能 40% 左右。它适用范围广，取消酸洗流程，提高生产效率、缩短生产周期，退火后线材力学性能均匀。装备体积相对较小，操作方便。缺点是装备结构复杂，工艺技术要求高。

3.3　管、棒、型材退火装备

管、棒、型材退火炉一般采用箱式电阻炉和辊底式退火炉。箱式电阻炉结构简单，中小企业使用较多。辊底式退火炉结构较复杂，炉底及其前后都装有输送辊道，炉膛由加热室和冷却室组成，通以保护性气体可以实现光亮退火。辊底式退火炉特点是能够准确控制炉温，炉内温度均匀，且冷却效果好，但投资较大。

4　发展展望及建议

在长三角一体化大好契机下，安徽省作为为长三角提供材料的大省，铜产品加工行业应立足区位优势，发挥后发优势、创造竞争优势，壮大优势产业，实现又好又快发展。但是，这些加工领域仍以中低档产品为主，产品附加值低。铜加工技术要不断向短流程、连续化方向发展，以达到节能、环保、节省资源消耗的目的。铜加工产品将进一步向高精尖、多品种现代铜加工材方向发展，以满足科学技术和国民经济现代化的需要。要大力发展高精度、高性能结构材料，电子信息材料，新型功能材料等，用先进技术对现有部分落后的材料加工工艺进行技术改造，形成"高档次、多品种、大规模"的有色金属材料加工新格局。

（1）对于装备技术，做到装备更加智能化，设备满足精准控制需求，具备学习、更新升级与记忆能力，积累加工工艺大数据；装备更加自动化，把人从繁重的体力劳动、部分脑力劳动以及恶劣、危险的工作环境中解放出来，能扩展人的器官功能，极大地提高生产率；热处理工艺融入主工艺生产流程中，实现在线联网热处理技术。

（2）对于国外引进先进工艺技术及设备，要合理地充分消化吸收，并补充完善，开发设计出适合我国我省的铜产品生产技术工艺，实现生产设备的自给。强化自主创新，必须依靠自主创新才能实现突破，应牢固树立并切实贯彻创新、协调、绿色、开放、共享的发展理念，加快创新转型，实现动能转换。

参考文献

[1] 谢水生. 铜及铜合金产品生产技术与装备 [M]. 长沙：中南大学出版社，2014.

[2] 田荣璋，王祝堂. 铜合金及其加工手册 [M]. 长沙：中南大学出版社，2002.

[3] 吴子平，李精忠. 铜合金线材的应用及其生产工艺 [J]. 上海有色金属，2006，27（3）：21 - 24.

[4] 钟海燕，袁孚胜，田军涛. 浅谈我国铜线材的现状及发展趋势 [J]. 上海有色金属，2011，32（4）：187 - 191.

[5] 诸永根，贺璐. 上引法生产无氧铜杆发展趋势及展望 [J]. 电线电缆，1999，（1）：13 - 15.

[6] 郭建立. 浅谈美国南线公司 SCR - 1300 连铸连轧生产线 [J]. 有色冶炼，1994，23（4）：44 - 46.

[7] 徐挺，赵增祺. 连铸连轧低氧光亮铜杆生产中添加微量稀土的研究 [J]. 稀土，2002，23（1）：41-46.

[8] 刘伯昌. 水平连铸纯铜线坯成型技术及机理 [J]. 中国有色金属学报，1992，2（2）：87-90.

[9] 刘伯昌. 水平连铸纯铜线坯成型机理的研究 [J]. 上海有色金属，1992，13（5）：13-19.

[10] 王硕. 我国铜管制造业的现状与发展趋势 [J]. 有色金属加工，2003，32（5）：8-11.

[11] 曾时金，潘峰. 铜管连铸连轧技术与装备的发展 [J]. 中国金属通报，2012，（32）：36-37.

[12] 赵双，王盛，沈建华，等. ACR铜管生产的铸轧法新工艺 [J]. 现代冶金，2003，31（3）：38-40.

[13] 兰利亚，李耀群，杨海云. 铜及铜合金精密带材生产技术 [M]. 北京：冶金工业出版社，2009.

[14] 郭方方，王成勇，戴程. 铜合金板带材轧制技术现状与发展趋势 [J]. 热加工工艺，2016，45（19）：10-13.

[15] 兰利亚. 铜板带新技术的进展（上）[J]. 资源再生，2007（8）：14-17.

[16] 吴琼，金荣涛. 中国铜板带材产业发展报告 [J]. 中国有色金属，2017，（21）：30-34.

[17] 刘培兴，刘华鼐，刘晓瑭. 铜合金板带材加工工艺 [M]. 北京：化学工业出版社，2010.

[18] 娄花芬. 铜及铜合金板带生产 [M]. 长沙：中南大学出版社，2010.

[19] 运新兵，游伟，赵颖，等. 铜板带的连挤连轧成形速度 [J]. Transactions of nonferrous metals society of China，2013，23（4）：1108-1113.

[20] 游伟. 铜板带连挤连轧工艺理论研究 [D]. 大连：大连交通大学，2013.

[21] 钟卫佳. 铜加工技术实用手册 [M]. 北京：冶金工业出版社，2007.

[22] 李云卿. 我国铜铝加工工业技术装备的现状及发展趋势 [J]. Lw2004铝型材技术，2008，36-42.

[23] 赵永林. 气垫式退火炉用于黄铜退火时的气氛改造 [J]. 有色金属加工，2015，44（2）：49-50.

[24] 王碧文. 中国铜加工业的技术装备现状及展望（Ⅰ）[J]. 上海有色金属，2004，25（3）：119-127.

[25] 王碧文. 中国铜加工业的技术装备现状及展望（Ⅱ）[J]. 上海有色金属，2004，25（4）：176-183.

[26] 田军涛. 气垫式连续退火炉在高精度铜带生产中的应用 [J]. 有色冶金设计与研究，2009，30（4）：38-41.

[27] 刘培兴，刘晓瑭，刘华鼐. 铜与铜合金加工手册 [M]. 北京：化学工业出版社，2008.

（三）热处理工艺对列车车轮组织及残余应力的影响

王德宝[1]　洪　雨[2]

（1. 马鞍山钢铁股份有限公司　安徽　马鞍山 243003，

2. 合肥工业大学分析测试中心　安徽　合肥 230009）

交通运输各业中，从能源消耗、环境保护、自然环境的适应以及运输效率和安全性方面等方面考虑，铁路运输具有明显的优势，在世界整个运输业中占有重要的不可替代的地位。列车车轮作为铁路客车、货车和机车不可缺少的重要行走部件，具有载重、导向、传递牵引力和制动力的功能，其工作条件十分恶劣，对行车安全具有重要影响。我国铁路运输高速、重载化的发展，对列车车轮质量的要求不断提高。

热处理是车轮生产过程的重要环节，是重要的强韧化工艺，对车轮组织及产品内部的残余应力产生及分布、疲劳性能、显微组织及晶粒度以及夹杂物形态有着重要作用，直接影响车轮的使用性能。

1　热处理对车轮显微组织和断裂韧性的影响

随着列车运行速度的不断提高，车轮的断裂韧性也日益得到重视。在欧美，断裂韧性已被列入车轮钢的技术标准。由于我国高速铁路起步较晚，对高速车轮钢的热处理工艺及断裂韧性的系统研究较少。目前高速车轮钢主要采用中、高碳含量的低合金钢，碳作为主要的强化元素，其显微组织与强度、塑性及断裂韧性有着密切的关系。对于某国产高速车轮钢，其成分质量分数为 C（0.54%）、Si（0.25%）、Mn（0.73%）、P（0.005%）、S（0.003%）和 Cr（0.24%），其余为 Fe 元素。从车轮轮辋部位截取圆棒拉伸试样和断裂韧性试样。试样在马弗炉中进行不同热处理工艺。具体工艺如下：采用 3 种奥氏体化温度，分别为 1050℃、950℃和 850℃，在奥氏体化温度下保温 2h，分别按照随炉冷却（0.1℃/s）、空气冷却（1.2℃/s）和喷水淋浴冷却（2.5℃/s）方式冷却至室温。热处理制度、晶粒尺寸及珠光体片间距见表 1 所列。

从每种热处理下的断裂韧性试样毛坯上取金相试样进行显微组织分析，主要对晶粒尺寸及珠光体片间距进行分析。金相试样采用 3% 硝酸酒精溶液侵蚀，通过光学显微镜对其显微组织进行观察，并采用三圆截点法（GB/T 6394—2017）统计试样的有效晶粒直径，每个热处理态试样随机进行五次测量，其结果取平均值，并取标准差作为误差。侵蚀后的金相试样在扫描电子显微镜（SEM）下进行珠光体片间距的测量，每种热处理态试样随机选取 10 个珠光体团进行测量，其结果取平均值，并取标准差作为误差。

将热处理后的试样毛坯制成标准圆棒拉伸试样和 CT 试样，圆棒拉伸试样试验段直径为 8mm，标距长度为 40mm，试样长度沿车轮轮辋周向选取。CT 试样厚度为 30mm，试样的切口及预裂纹面法向与轮辋周向平行。每种热处理工艺下采用 2 个拉伸试样进行测试，测量其屈服强度、抗拉强度、伸长率及断面收缩率，结果取平均值。每种热处理工艺下采用 6 个断裂韧性试样按照国标 GB/T 4161—2007 进行断裂韧性测试，其结果取平均值，并按照标准差进行误差计算。

表 1　不同热处理制度下晶粒尺寸和珠光体片间距

No.	Heat treatment process	Cooling rate/（℃·s^{-1}）	Interlamellar spacing/nm	Grain diameter/μm
1	1050℃×2h furnace - cooled	0.1	385.0±25.6	87.8±3.7
2	1050℃×2h air - cooled	1.2	220.7±18.2	82.3±4.2
3	1050℃×2h water - cooled	2.5	192.9±16.7	79.2±4.6
4	950℃×2h furnace - cooled	0.1	377.9±28.5	36.3±2.2
5	950℃×2h air - cooled	1.2	223.3±21.3	35.1±2.1
6	950℃×2h water - cooled	2.5	202.3±18.4	35.5±1.8
7	850℃×2h furnace - cooled	0.1	372.5±22.6	27.3±1.7
8	850℃×2h air - cooled	1.2	220.5±16.3	26.5±1.5
9	850℃×2h water - cooled	2.5	202.7±17.8	25.2±1.6

由表 1 可见，奥氏体化温度为 1050℃时，平均晶粒尺寸最大，为（79.2±4.6）～（87.8±3.7）μm。冷却速率增加使平均晶粒尺寸略有降低，但分散性也相应增加，主要是由于冷却速率快使铁素体含量明显降低，导致以网状铁素体为特征的晶粒边界不清晰，易出现统计误差。随着奥氏体化温度的降低，平均晶粒直径明显减小。在奥氏体化温度为 950℃时，平均晶粒直径为（35.1±2.1）～（36.3±2.2）μm；在奥氏体化温度为 850℃时，平均晶粒尺寸为（25.2±1.6）～（27.3±1.7）μm。由此可见，平均晶粒尺寸主要受奥氏体化温度影响，冷却速率的影响不明显。空冷工艺下，不同奥氏体化温度热处理试样的显微组织如图 1 所示，其显微组织为以少量网状先共析铁素体为晶界的珠光体＋铁素体组织。由图 1（a）可见，当奥氏体化温度为 1050℃时，晶粒尺寸较大，最大可达约 150μm；当奥氏体化温度为 950℃时，晶粒尺寸明显降低，尺寸分布也更加均匀；当奥氏体化温度为 850℃时，晶粒尺寸最小，如图 1（c）所示。

由表 1 还可以看出，当冷却工艺相同时，珠光体片间距基本相同，炉冷工艺下片间距最大，其分散性也最大，片间距平均尺寸为（372.5±22.6）～（385.0±25.6）nm，基本不受奥氏体化温度影响。空冷工艺下，珠光体片间距明显降低，片间距平均尺寸为（220.5±16.3）～（223.3±21.3）nm。水冷工艺下，珠光体片间距较空冷工艺进一步降低，但降低幅度不大，片间距平均尺寸为（192.9±16.7）～（202.7±17.8）nm。由此可见，珠光体片间距主要受冷却速率影响，与奥氏体化温度基本无关。图2为奥氏体化温度为1050℃时，不同冷却工艺下珠光体形态的SEM图像，图2（a）为炉冷工艺下珠光体形貌，珠光体片间距较大，图2（b）和2（c）分别为空冷和水冷工艺下的珠光体形貌，较炉冷工艺下的片间距明显减小，并且空冷与水冷工艺下，珠光体片间距差异较小。

(a) 1050℃　　　　(b) 950℃　　　　(c) 850℃

图1　不同奥氏体化温度处理下空冷后试样的显微组织

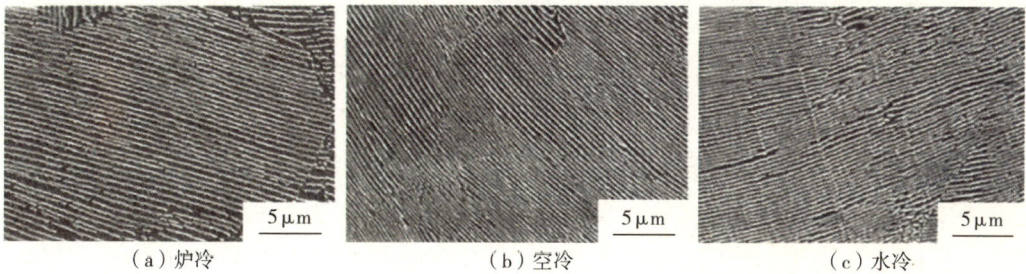

（a）炉冷　　　　（b）空冷　　　　（c）水冷

图2　1050℃奥氏体化后不同冷却工艺下珠光体的分布形态

不同热处理工艺下的拉伸性能见表2所列。由表2可见，室温下材料的屈服强度R_{el}和抗拉强度R_m基本不随奥氏体化温度（即晶粒尺寸）变化而变化，而与冷却工艺（即珠光体片间距）密切相关，冷却速率快屈服强度和抗拉强度高，这说明车轮钢的强度主要取决于珠光体片间距，珠光体片间距越小，强度越高；而平均晶粒尺寸对强度几乎没有影响。而伸长率A和收缩率Z不仅和珠光体片间距相关还与晶粒尺寸相关，晶粒尺寸和珠光体片间距越大，伸长率和面缩率越小。

表2　热处理工艺对力学性能的影响

No.	Heat treatment process	Ultimate tensile stress R_m/MPa	Yield strength R_{el}/MPa	Elongation A/%	Reduction of area Z/%
1	1050℃×2h furnace–cooled	740	349	17.5	27.0
2	1050℃×2h air–cooled	841	456	16.0	35.5
3	1050℃×2h water–cooled	856	490	18.5	38.0
4	950℃×2h furnace–cooled	727	344	21.5	39.0
5	950℃×2h air–cooled	844	471	20.5	51.5

No.	Heat treatment process	Ultimate tensile stress R_m/MPa	Yield strength R_{el}/MPa	Elongation A/%	Reduction of area Z/%
6	950℃×2h water－cooled	861	494	22.0	53.0
7	850℃×2h furnace－cooled	721	362	21.5	42.0
8	850℃×2h air－cooled	864	464	21.5	53.5
9	850℃×2h water－cooled	880	488	21.0	55.0

不同热处理工艺下车轮钢的断裂韧性平均值及标准差见表 3 所列，由于试样厚度 B 为 30mm，所有试样均不能满足平面应变断裂韧性 K_{Ic} 的 $B \geqslant 2.5(K_q/R_{el})^2$，故记为工艺断裂韧性 K_q。由表 3 可以看出奥氏体化温度高，即晶粒尺寸大，车轮钢室温下的断裂韧性低，如 1050℃奥氏体化后，车轮钢的断裂韧性为 $(62.6\pm3.2)\sim(65.3\pm6.2)$MPa·m$^{1/2}$，不同冷却速度试样之间断裂韧性值相差不大，说明在该晶粒尺寸下，珠光体片间距对断裂韧性影响不大。随着奥氏体化温度降低，即晶粒尺寸减小，断裂韧性逐渐增加。但珠光体片间距对断裂韧性的影响也开始显现，珠光体片间距增加会降低断裂韧性。在 950℃奥氏体化后，空冷试样和喷水冷却试样的断裂韧性分别为 (86.0 ± 3.5)MPa·m$^{1/2}$ 和 (86.5 ± 4.7)MPa·m$^{1/2}$，而炉冷试样断裂韧性为 (75.9 ± 5.2)MPa·m$^{1/2}$，其平均值较空冷和喷水冷却试样约低 12%。当奥氏体化温度为 850℃时，空冷和喷水冷却试样的断裂韧性分别达到 (92.4 ± 3.5)MPa$^{1/2}$ 和 (94.2 ± 5.3)MPa·m$^{1/2}$，炉冷试样的断裂韧性为 (80.8 ± 4.5)MPa·m$^{1/2}$，其平均值较空冷和喷水冷却试样约低 13%。由此可见，高速车轮钢的断裂韧性明显受显微组织的影响，晶粒直径越小，断裂韧性越高；当晶粒尺寸较小时，珠光体片间距的影响明显，珠光体片间距越小，断裂韧性越高。

表 3　不同热处理工艺下车轮钢的断裂韧性平均值及标准差

No.	Heat treatment process	Fracture toughness K_q/（MPa·m$^{1/2}$）
1	1050℃×2h furnace－cooled	62.6±3.2
2	1050℃×2h air－cooled	67.8±5.3
3	1050℃×2h water－cooled	65.3±6.2
4	950℃×2h furnace－cooled	75.9±5.2
5	950℃×2h air－cooled	86.0±3.5
6	950℃×2h water－cooled	86.5±4.7
7	850℃×2h furnace－cooled	80.8±4.5
8	850℃×2h air－cooled	92.4±3.5
9	850℃×2h water－cooled	94.2±5.3

由此可见，车轮钢的晶粒尺寸主要取决于奥氏体化温度，奥氏体化温度越高，晶粒尺寸越大；珠光体片间距主要取决于冷却速率，冷却速率越高，珠光体片间距越小；车轮钢的断裂韧性主要受晶粒尺寸的影响，晶粒尺寸越小，断裂韧性越高。粗大的珠光体片间距

会降低车轮钢的断裂韧性；实际工程中合理增加车轮钢的冷却速率对提高拉伸及断裂韧性具有一定的作用，但当冷却速率约大于 1.2℃/s 后，继续增加冷却速率对拉伸性能及断裂韧性提高的作用不大。

2 热处理工艺对车轮残余应力的影响

车轮的残余应力是车轮在生产过程中淬火而形成的，该过程是一个温度、组织转变、应力三方面相互作用的复杂过程，对车轮的使用性能有着重要的影响。例如，车轮轮辋踏面下在一定深度范围内分布的轴向残余压应力，可以抵消或部分抵消车轮运行过程中产生的拉应力，对防止车轮运行过程中可能出现的车轮踏面裂纹、金属剥落有着重要作用。

车轮热处理工艺参数主要有淬火温度、淬火时间、回火温度和回火时间。在研究工艺参数对残余应力的影响时，可在一定范围内变化工艺参数，分析踏面上周向应力的大小和踏面下周向压应力区域深度的变化规律。

2.1 淬火温度

车轮淬火温度，即车轮从淬火加热炉中取出时车轮的平均温度。淬火温度对热处理结束后车轮残余应力的影响如图 3（a）所示。淬火温度升高，踏面上周向压应力减小，踏面下周向压应力区的深度减小。淬火温度由 785℃ 提高到 930℃，踏面上的周向压应力降低 6MPa，踏面下压应力区的深度减小 3.8mm。

2.2 淬火时间

淬火时间即对车轮踏面喷水冷却的时间。淬火时间取 180～330s，淬火时间对车轮残余压应力的影响如图 3（b）所示。随着淬火时间的延长，车轮的踏面周向压应力逐渐增加，周向压应力的大小与淬火时间基本呈线性关系。随淬火时间的延长，踏面下周向压应力区的深度增加。淬火时间由 180s 增加到 330s，踏面上的周向压应力增加 5.2MPa，踏面下压应力区的深度增加 4.2mm。

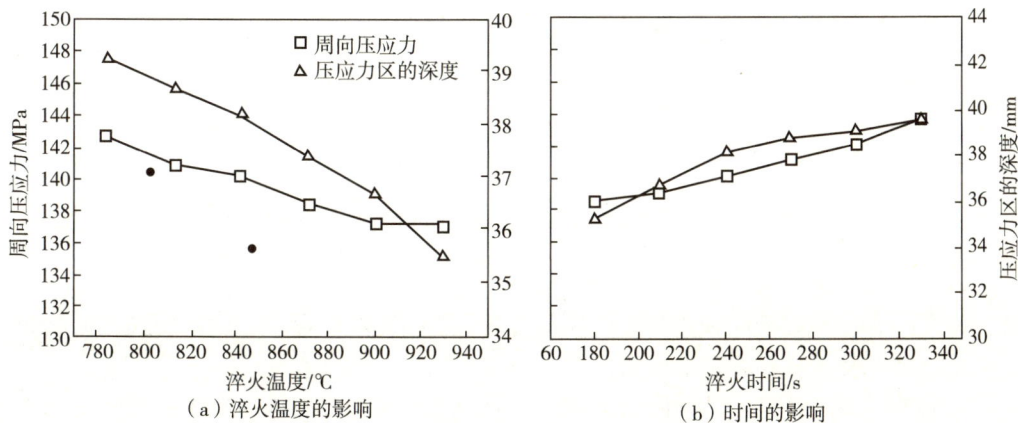

（a）淬火温度的影响　　（b）时间的影响

图 3　淬火温度、时间对车轮周向压应力的影响

2.3 回火温度

取回火温度450~600℃进行分析，回火温度对踏面周向压应力的影响如图4（a）所示。随回火温度的增加，踏面周向压应力基本呈线性减小，减小幅度较大，踏面下压应力区深度的增加幅度很小。回火温度由450℃增加到600℃，踏面上的周向压应力降低58.4MPa，踏面下压应力区的深度增加0.5mm。

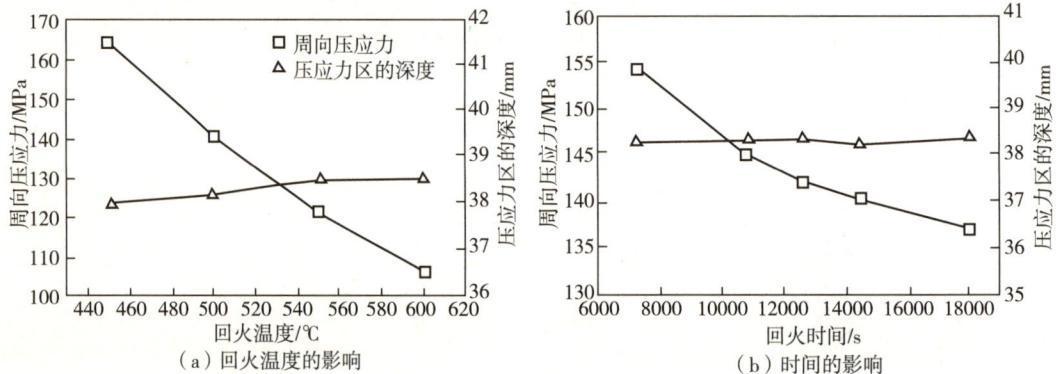

（a）回火温度的影响　　　　　　　　　（b）时间的影响

图4　回火温度、时间对车轮周向压应力的影响

2.4 回火时间

取回火时间2~5h进行研究。回火时间对车轮踏面周向压应力的影响如图4（b）所示。回火时间越长，踏面周向压应力越小。说明回火时间越长，应力松弛越明显。在回火时间短于3h时，应力松弛的幅度较大，回火超过4h之后，应力松弛的幅度较小。回火时间对车轮踏面下周向压应力区的深度基本没有影响，回火时间由2h增加到5h，踏面上的周向压应力降低17.4MPa。

由此可见，随淬火温度、回火温度和回火时间的增加，最终踏面周向压应力减小，其中回火温度的影响最大。随淬火时间的增加，踏面周向压应力增加。随淬火温度的提高，淬火时间的增加，踏面下压应力区的深度增加，但增加幅度较小。回火温度和回火时间对踏面下的周向压应力区的深度影响很小。

3 结 论

（1）车轮钢的晶粒尺寸主要取决于奥氏体化温度，奥氏体化温度越高，晶粒尺寸越大；珠光体片间距主要取决于冷却速率，冷却速率越高，珠光体片间距越小。

（2）车轮钢的断裂韧性主要受晶粒尺寸的影响，晶粒尺寸越小，断裂韧性越高。粗大的珠光体片间距会降低车轮钢的断裂韧性。

（3）随淬火温度升高，踏面附近周向压应力减小，残余应力深度减小；而随着回火温度升高，周向压应力减小，而周向压应力深度却增加。当淬火时间延长时，残余应力增大，残余应力深度也相应增加；而当回火时间延长时，周向压应力减小，而残余应力深度仅有微小增加。

参考文献

[1] STANDARDS B. Railwayapplications – wheelsets and bogies – wheels – product requirements [J]. European standard，2009.

[2] PICKETING F B. Constitution and properties of steels [M]. Weinheim，VCH，1992.

[3] HYZAK J M，BERNSTEIN I M. The role of microstructure on the strength and toughness of fully pearlitic steels [J]. Metallurgical transactions A，1976，7（8）：1217 – 1224.

[4] 沈晓辉，王玉姣，江波. 热处理对高速车轮组织和断裂韧性的影响 [J]. 材料热处理，2012，（33）7：55 – 60.

[5] 崔银会，张建平，苏航. 高速列车车轮用钢研究和应用的进展 [J]. 钢铁研究，2005，144（3）：53 – 57.

[6] 孙邦明. ϕ1098mm 车轮热处理工艺的研究 [J]. 钢铁研究，2011，119（2）：28 – 31.

[7] 安涛，沈晓辉，章静. 车轮热处理过程中残余应力的分析 [J]. 重型机械，2007，（2）：47 – 50.

[8] 沈晓辉，阎军，安涛，等. 车轮热处理过程中的变形分析 [J]. 中国冶金，2007，（7）：19 – 22.

（四）安徽省汽车零件的热处理技术应用

黄新民[1]　李　明[2]　舒　霞[1]　郑玉春[1]　刘　玉[1]　吴玉程[1]

(1. 合肥工业大学　材料科学与工程学院，合肥 230009，

2. 安徽江淮汽车集团股份有限公司，合肥 230022)

1　简　介

安徽省是全国汽车制造大省，制造以及出口能力在中国位居前列。省内汽车制造涉及卡车、轿车、客车、叉车等整车制造，是全国汽车制造种类齐全的省份之一。

省内汽车企业主要如下。①安徽江淮汽车集团股份有限公司（简称江淮汽车或JAC），是一家集全系列商用车、乘用车及动力总成等研、产、销和服务于一体的"先进节能汽车与新能源汽车并举的综合型汽车企业集团"。前身是创建于 1964 年的合肥江淮汽车制造厂。目前江淮汽车拥有商用车、乘用车、客车、零部件和汽车服务五大业务板块。主导产品为重、中、轻、微型卡车，多功能商用车，MPV，SUV，轿车，客车，专用底盘及变速箱、发动机、车桥等核心零部件。②奇瑞汽车股份有限公司，是一家从事汽车生产的国有控股企业，总部位于安徽省芜湖市。公司产品覆盖乘用车、商用车、微型车等领域，奇瑞汽车 9 年蝉联中国自主品牌销量冠军，成为中国自主品牌中的代表。公司以打造"国际品牌"为战略目标，经过 19 年的创新发展，现已成为国内最大的集汽车整车、动力总成和关键零部件的研发、试制、生产和销售为一体的自主品牌汽车制造企业，以及中国最大的乘用车出口企业。③集瑞联合重工有限公司（简称联合卡车），位于安徽省芜湖三山经济开发区，为中国国际海运集装箱（集团）股份有限公司（简称中集集团）控股企业，是研发、生产、销售、服务和零部件生产一体化的大型重型卡车企业。拥有国内一流的冲焊、涂装、车架、总装、调试五大工艺生产线，主要生产设备、检测试验设备均达到了国内先进水平，主要重卡车型包括牵引车、搅拌车、自卸车、专用及载货车等。④安徽安凯汽车股份有限公司是国家定点生产高、中档，大、中型豪华客车及客车底盘的大型企业。公司于 1997 年 7 月 22 日成立，它的前身是合肥客车制造厂，2003 年，安徽江淮汽车集团股份有限公司成功重组安徽安凯汽车股份有限公司。⑤安徽叉车集团公司是国家大型一档企业，中国叉车生产、科研、出口基地。公司主要经营叉车、装载机、工程机械、矿山起重运输机械、铸锻件、热处理件制造及产品销售。公司的主导产品"合力"牌叉车及各类仓储机械广泛地应用于工矿企业、交

通运输、仓储物流等行业的装卸及短距离搬运作业。

随着我国汽车行业的繁荣发展，各汽车企业间的竞争日益激烈。因此，汽车质量的好坏决定了企业的行业竞争力。为了提高企业在市场中的竞争能力，首先自然是提高汽车质量，而汽车质量主要由零部件质量决定，想要提升企业竞争力必须提高汽车零部件的质量。

热处理作为材料成型的重要一环，对汽车零部件的质量控制有着不可或缺的作用。因此，研究汽车零部件质量控制，首先应探究热处理工艺对汽车零部件的影响。

汽车零部件常用热处理工艺如下：

（1）退火处理

钢的退火就是将钢加热到临界温度以上，保温适当时间，然后在炉中缓缓冷却。退火的目的是消除内应力和组织不均匀及晶粒粗大等现象，降低硬度，消除坯件的冷硬现象，提高切削加工性能，为后续工序做好准备。故退火属于半成品热处理，又称预先热处理。

（2）正火处理

钢的正火就是将钢加热到适当温度，保温一定时间，然后在空气中进行冷却。正火的目的是使材料的组织均匀，增加强度与韧性，消除粗切削加工后的加工硬化现象，改善切削加工性能，并为其后的淬火做细化晶粒的组织准备。

（3）淬火处理

钢的淬火就是将钢加热到临界温度以上，保持一定时间，然后在适当的淬火介质中进行冷却，以获得较好的组织结构和性能。钢经过淬火后，其硬度和强度均显著提高。常用淬火剂有水、油、碱水和盐类溶液等。完全淬火是将亚共析钢或其制件加热到 Ac3 点以上温度，保温后以大于临界冷却速度的冷却速度急速冷却，得到马氏体组织，以提高强度、硬度及耐磨性的热处理；不完全淬火是指将过共析（以及共析）钢加热到 Ac1～Acm 的温度，保温后急速冷却的热处理工艺，主要用于碳素工具钢及低合金工具钢。钢经过淬火，虽然会提高其硬度和强度，但由于淬火会产生内应力使钢变脆，淬火后必须进行回火。

（4）回火处理

钢的回火就是将钢件淬火后再加热到适当温度，并保温一定时间，然后在空气中或在水、油等介质中冷却到室温。回火的目的是消除淬火时产生的内应力，减少脆性，提高钢的塑性和韧性，改善加工性能。钢的回火分为高温回火、中温回火和低温回火。

（5）调质处理

调质处理就是指淬火加高温回火的双重热处理方法，目的是使工件具有良好的综合机械性能。高温回火是指在 500～650℃ 进行回火。调质可以使钢的性能、材质得到很大程度的调整，其强度、塑性和韧性都较好，具有良好的综合机械性能。调质处理后得到回火索氏体，适用于较大动载荷，尤其是复合应力下工作的工件。

（6）时效处理

时效处理指金属或合金工件（如低碳钢等）经固溶处理，从高温淬火或经过一定程度的冷加工变形后，在较高的温度或室温放置保持其形状、尺寸，性能随时间而变化的热处理工艺。一般地讲，经过时效，硬度和强度有所增加，塑性韧性和内应力则有所降低。

（7）表面淬火处理

钢件表面淬火通常指整体热处理后将表面层加热到临界点以上的温度并急剧冷却的工艺方法。表面淬火后，常需低温回火以降低应力并部分恢复表面的塑性。该处理对提高钢件的耐磨损性及抗疲劳性能方面极为有效。表面层加热方法众多：感应加热、电解液加热、脉冲加热、激光加热及电子束加热等。

（8）化学热处理

将工件置于含有活性元素的介质中加热到一定时间，使合金元素渗入表面层或形成某种化合物的覆盖层，以提高工件的耐磨性、抗蚀性、疲劳抗力或接触疲劳抗力等性能的工艺方法。它是通过改变工件表层化学成分、组织和性能的金属热处理工艺。主要方法有渗碳、渗氮、碳氮共渗等。

下面结合典型零件，对热处理技术的应用做简单分析。

2 典型汽车零部件的热处理

2.1 汽车传动用齿轮

2.1.1 概述

根据汽车齿轮的使用要求，选用低碳合金结构钢作为汽车齿轮材料最为理想。低碳合金结构钢经渗碳、淬火、低温回火后使用，能够保证齿轮心部在保持足够强度和韧性的条件下，表层具有很高的硬度和耐磨性，以使其能够承受巨大的冲击载荷、接触应力和磨损。常用材料有 20CrMnTi 钢（国内）、20MnCrS（德系）、20CrMoH（日系）；选用材料 20CrMnTi 钢。

2.1.2 生产工艺流程

生产工艺流程：下料→锻造→预备热处理-调质（淬火＋高温回火 500～650℃）→机加工→渗碳→淬火→清洗→回火→抛丸→磨内圆→配对研磨→入库。

2.1.3 热处理

热处理内在质量和外观尺寸要求很高，特别是在齿轮啮合的平面度和接触区位移上要求更高。技术要求：平面度≤0.05mm，接触区位移≤2.0mm。常见问题：热处理后变形量较大。

（1）预备热处理——调质处理

目的：消除锻造应力，细化组织，改善切削加工性能。

淬火：淬火加热温度（830±10）℃，保温时间 210min；淬火冷却采用水溶性淬火介质，水温 30～40℃。

高温回火：温度（680±10）℃，保温时间210min，自来水冷却。

（2）预备热处理——正火处理

正火加热温度（920±10）℃，保温时间180min，干燥环境散开空冷，冷却速度50～100℃/min。

理化检测结果表明，上述两种预备热处理的齿坯组织都得到细化，能够满足预备热处理的性能要求。表面硬度都在合格范围内，同样改善切削加工性能。但正火与调质处理相比，大大降低了成本，且缩短了生产周期。

（3）渗碳、淬火、回火

脱脂：加热温度（500±10）℃，保温时间30min。

透烧：（840±10）℃，30min。

高温均热：（860±10）℃，30min。

渗碳：（920±10）℃，30min。

扩散：（870±10）℃，30min。

低温均热：（810±10）℃，30min。

淬火：60℃淬火油，5min。

清洗：加清洗剂，75℃，5min。

回火：（190±10）℃，30min。

2.2　汽车轴承

2.2.1　概述

组成：外圈、内圈、滚动体和保持架四部分，有的带有密封圈。

功能：承受载荷、减小摩擦、引导运动件。

材料：国内主要采用GCr15轴承钢，用于套圈和滚动体，例如，交流发电机轴承、空调压缩机电磁离合器轴承、张紧轮轴承；国外采用高碳铬轴承钢，如德国-100Cr6、100CrMo，瑞典-SKF2、SKF3，美国-52100.3、52100.4，日本-SUJ2、SUJ3、SUJ4、SUJ5，用于轴承的滚动体和内外圈。

2.2.2　热处理

（1）热处理目的：汽车轴承的滚动体、外圈、内圈都需进行适当的热处理，以充分发挥材料的自身潜力，获得零件预期性能并提升使用寿命。

（2）流程。滚动体：棒料→球坯热镦成形→光球（锉削）→软磨→热处理→硬磨→细研→精研（抛光）。

内外套圈：管料（冷辗）→退火→车削→软磨→热处理→磨削→精加工。

（3）球化退火。

球化退火设备通常使用保护气氛炉，使退火后的零件表面少、无氧化，并能提高轴承零件的材料利用率。轴承材料的加热温度为835～850℃，球化温度为750～760℃，球化退火工艺曲线如图1所示。

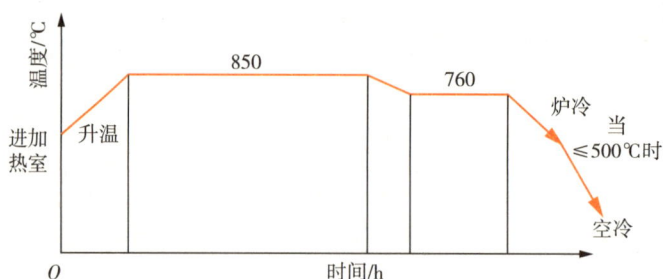

图 1　球化退火工艺曲线

（4）淬火＋低温回火。

淬回火设备通常也使用保护气氛炉型，如铸链炉、网带炉或推杆炉。其工艺如图 2 所示。

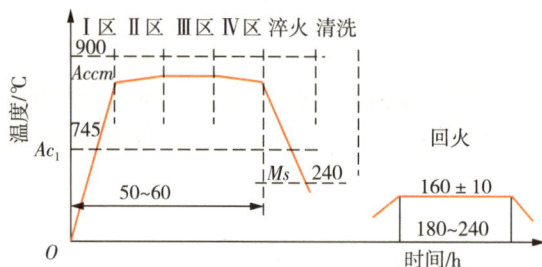

图 2　轴承件整体淬火回火工艺曲线

2.3　汽车横向稳定杆（防倾杆）

2.3.1　概述

用弹簧钢制成的扭杆弹簧，形状呈"U"形，横置在汽车的前后两端，是汽车悬架中的一种辅助弹性元件。

作用：提高侧倾刚度，改善汽车的操纵稳定性和行驶平稳性。当车身倾侧时，横向稳定杆发生扭转，杆身的弹力阻止进一步倾侧，起到横向稳定的作用。

要求：较高的弹性极限和疲劳强度。

常用材料：合金弹簧钢，通常情况下实心稳定杆的材料主要为 60Si2Mn、50CrVA，日本几家汽车公司一般采用 STKD 以及 Sup9 系列，德国常用 55Cr3 等钢材。空心稳定杆常用 35CrMo，德国采用 28Mn6 等。

2.3.2　生产流程

生产流程：下料→端部成型→整体成型→淬火→回火→精整→喷丸强化→无损检测（磁粉探伤）→喷涂。

2.3.3　热处理

热处理主要采用淬火＋中温回火，淬火有两种方式：

方式一：热成形稳定杆（多为直径较大的实心稳定杆），中频感应加热至$950\sim1050℃$和热成形，然后直接余热淬火。

方式二：冷态成形的稳定杆（多为直径不太大的实心稳定杆或空心稳定杆），加热方式有加热炉整体加热、感应加热、直接通电加热等。加热后一般采用油淬火，油温一般控制在$20\sim80℃$。油中冷却时间根据稳定杆材质和直径大小而略有不同。

中温回火：$460\sim480℃$，$1.5h$。温度要均匀，时间要充足，避免工件相互紧贴和挤压。

2.4　汽车发动机曲轴

2.4.1　概述

曲轴是汽车发动机关键的零部件之一，曲轴的性能在很大程度上影响着汽车发动机的可靠性与寿命，其与连杆配合将作用在活塞上的气体压力变为旋转的动力，传给底盘的传动机构，同时驱动配气机构和其他辅助装置。曲轴在周期性变化的气体力、惯性力及其力矩的共同作用下工作，承受弯曲和扭转交变载荷，受力大而且受力复杂，同时，曲轴又是高速旋转件。因此，曲轴应有足够的抗弯曲、抗扭转的疲劳强度和刚度，轴颈应有足够大的承压表面和耐磨性，曲轴的质量应尽量小，对各轴颈的润滑应该充分。

另外，曲轴在发动机中承担着最大的负荷和全部的功率，承担着强大的方向不断变化的弯矩和扭矩，同时承受着长时间的高速运转的磨损，圆角过渡处处于薄弱环节，主轴颈与圆角的过渡处更为严重。因而，需要合适的热处理工艺，以保证其达到所要求的各项性能指标。

（1）性能要求及技术要求

曲轴材料需要有较高的强度、冲击韧性、耐磨性。一般采用锻造钢和球墨铸铁，锻钢需要进行热处理，采用调质工艺，即淬火后高温回火，使材料具有较高的综合机械性能，轴径表面再进行表面淬火，提高表面硬度及耐磨性。球墨铸铁曲轴采取等温回火、中频淬火、激光淬火等热处理工艺。为此，对曲轴提出硬度技术要求（为$216\sim269HB$）。

（2）材料选择

锻造钢：45、40Cr、40CrNi、40CrNiMoA、35CrMo等锻钢。

球墨铸铁：QT700 - 2、QT800 - 2、QT900 - 2等铸铁。

根据曲轴材料的要求、各项技术要求及材料的成分、机械性能、淬透性，同时需考虑成本的经济性，最终选择不含贵金属的且各项性能指标优良的35CrMo（合金调质钢）作为汽车发动机曲轴的材料。

2.4.2　35CrMo曲轴的工艺路线

锻坯→调质（淬火＋高温回火）→矫直→清理→检验→粗加工→去应力退火→精加工→高频淬火＋低温回火→矫直→磨削→检验。

2.4.3　热处理

热处理的技术要求：预备热处理（调质）硬度达到$216\sim269HBS$；最终热处理（高频淬火＋低温回火）淬硬层$3\sim5mm$，硬度达到$53\sim58HRC$。

2.4.3.1 调质

淬火温度：35CrMo 是亚共析钢，根据《常见钢临界点、淬火加热温度及 Ms 点》表可知，A_{C3} 约为 807℃，A_{C1} 约为 757℃。由于 35CrMo 是亚共析钢，淬火温度取 A_{C3} 温度以上 30～50℃，可确定出材料的淬火温度，为 850℃较合适。其保温时间可由经验公式 $t≈（1.2～1.5）D$ 计算，具体保温时间应根据曲轴的厚度来确定，此处暂定为 25min。回火温度低于 A_{C1} 的某个温度，选取 560℃比较合适。35CrMo 的调质工艺曲线如图 3 所示。

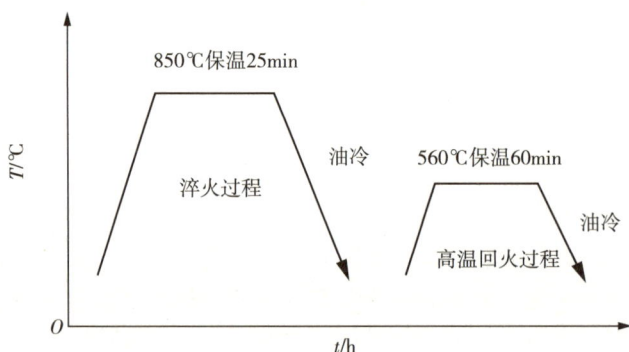

图 3　调质工艺曲线

淬火时，冷却介质选用油。这是因为油冷冷速在 500～350℃时最快，其下比较慢。这种冷却特性是比较理想的，因而正好使钢的过冷奥氏体组织在最不稳定的区域有最快的冷速，如此可获得最大的淬硬层深度；在马氏体转变区有最小的冷却速度，可使组织应力减至最小，故减小了变形开裂倾向，有利于后续加工及处理。由于淬火后获得的马氏体组织不够稳定，因此，需要高温回火获得稳定的组织，回火索氏体。调制后获得索氏体晶粒均匀细密，具有良好的硬度与韧性，其硬度值在 32HR 左右，且硬度值分布均匀，符合曲轴的技术要求。由于随回火温度的升高，马氏体的塑性韧性上升，强度硬度下降，因此，调质获得的组织具有良好的综合性能，使强度、塑性、韧性得到了良好的配合，且改善了材料的机械加工性能，并为后续的热处理及加工做了组织上的准备。

2.4.3.2 去应力退火

在热处理、切削加工和其他工艺过程中，制品可能产生内应力。多数情况下，在工艺过程结束后，金属内部将保留一部分残余应力。残余应力可导致工件破裂、变形或尺寸变化，残余应力也可提高金属化学活性，在残余拉应力作用下特别容易造成晶间腐蚀破裂。因此，残余应力将影响材料的使用性能或导致工件过早就失效。所以需要去应力退火来消除之前加工过程中产生的残余应力。35CrMo 的去应力退火工艺曲线见图 4。

金属在一定温度作用下通过内部局部塑性变形（当应力超过该温度下材料的屈服强度时）或局部的弛豫过程（当应力小于该温度下材料的屈服强度时）使残余应力松弛而达到消除的目的。在去应力退火时，工件一般缓慢加热至较低温度（一般小于回火温度 20℃），保温一段时间后，缓慢冷却，以防止产生新的残余应力。

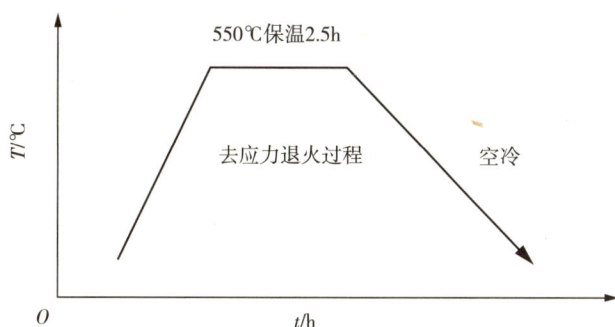

图 4　去应力退火工艺曲线

2.4.3.3　曲轴圆角高频淬火和低温回火

在工件表面一定深度内获得马氏体组织，而其心部仍保持着表面淬火前的组织状态，以获得表面层硬而耐磨，心部又有足够塑性、韧性的工件。加热设备：GP - 25A 高频淬火炉。淬火温度：860～930℃。冷却介质：水。回火温度：160℃。保温时间：1.5h。35CrMo 低温回火工艺曲线见图 5。

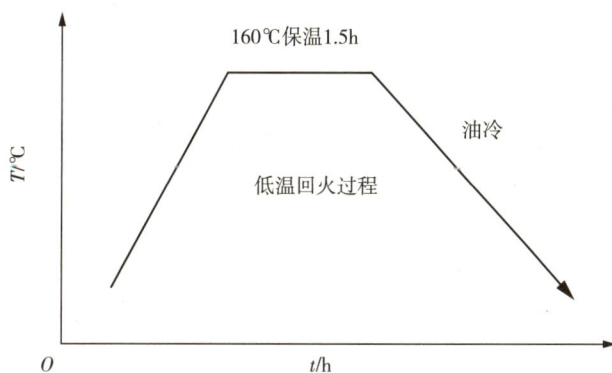

图 5　低温回火工艺曲线

经过高频淬火后，试样心部依然保持原来的组织不变，心部组织为颗粒大小均匀、综合性能良好的回火索氏体。其表层组织为细小的层针状马氏体。表层与心部的过渡区域：其表层为针状马氏体，而心部则保存了原始的组织与性能。高频淬火时必须注意把握好温度和时间，时间过长表面将得不到我们需要的细小的层针状马氏体，而是粗大的组织，这种组织的硬度低于层针状马氏体，而达不到我们的要求。

调质态的 35CrMo 虽然具有良好的综合性能，但是曲轴的表面要求有良好的耐磨性，调制态的硬度远远不够，因此需要进行高频淬火来增加表面硬度及其耐磨性。由于高频淬火时，奥氏体成分不均匀，奥氏体晶粒得到了细化，且有残余压应力的存在，因此一般高频淬火的硬度比普通加热淬火硬度高 2～3 个洛氏硬度单位，其抗疲劳性能和耐磨性都得到了显著的提高。35CrMo 在高频淬火后表层硬度值达到 55HRC，硬度在表层分布均匀。高频淬火后，为了降低残余应力和钢的脆性，而又不至于降低硬度，因此需要进行低温回火。回火温度取 $160℃$，保温 $1.5h$。

2.5 汽车发动机活塞销

2.5.1 概述

活塞销是装在活塞裙部的圆柱形销子，它的中部穿过连杆小头孔，用来连接活塞和连杆，把活塞承受的气体作用力传给连杆。为了减轻重量，活塞销一般用优质合金钢制造，并做成空心。塞销的结构形状很简单，基本上是一个厚壁空心圆柱。其内孔形状有圆柱形、两段截锥形和组合形。

（1）性能要求：活塞销在高温条件下承受很大的周期性冲击负荷，且由于活塞销在销孔内摆动角度不大，难以形成润滑油膜，因此润滑条件较差。为此，活塞销必须有足够的刚度、强度和耐磨性，质量尽可能小，销与销孔应该有适当的配合间隙和良好的表面质量。一般情况下，活塞销的刚度尤为重要，如果活塞销发生弯曲变形，可能使活塞销座损坏。

（2）选材：活塞销的材料一般为低碳钢或低碳合金钢，如 20、15Cr、20Cr 或 20CrMnTi 等。外表面渗碳淬硬，再经精磨和抛光等精加工。这样既提高了表面硬度和耐磨性，又保证了有较高的强度和冲击韧性。

20 钢为低碳钢，碳含量低，淬透性差，强度低，即使渗碳以后，强度仍然不高，只适用于表面耐磨、载荷小、冲击轻微、要求强度低的小工件，如轴套、链条、小水阀等。

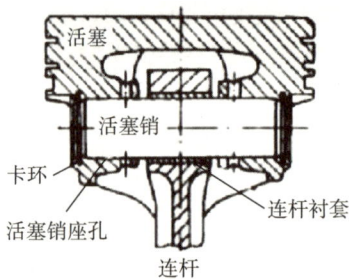

图 6 汽车发动机活塞销零件示意图

15Cr 是一种常用的低碳合金渗碳钢，在渗碳时可显著地增加表面含碳量，增大渗碳深度，但在高温长时间渗碳时有晶粒长大倾向及形成网状碳化物的倾向；对形状简单、要求不高的零件，渗碳后可直接降温淬火，但热处理后变形较大，又有回火脆性。20Cr 与 15Cr 钢相比，有较高的强度及淬透性，在油中临界淬透直径为 $4\sim22mm$，在水中临界淬透直径为 $11\sim40mm$，但韧性较差，此钢渗碳时仍有晶粒长大倾向，降温直接淬火对冲击韧性影响较大，所以渗碳后需淬火以提高零件心部韧性，无回火脆性。

20CrMnTi 是渗碳钢，渗碳钢通常为含碳量为 $0.17\%\sim0.24\%$ 的低碳钢。汽车上多用其制造传动齿轮，是中淬透性渗碳钢，淬透性较高，在保证淬透情况下，具有较高的强度和韧性，特别是具有较高的低温冲击韧性。20CrMnTi 表面渗碳硬化处理用钢。良好的加工性，加工变形微小，抗疲劳性能相当好。主要用于齿轮、轴类、活塞类零配件以及汽车、飞机各种特殊零件部位。

综合这几种材料的性能与经济因素等，选用 20Cr 作为活塞销的加工材料。

2.5.2 零件的加工路线

活塞销的制造工艺路线有多种，主要分为以下三个类别。

（1）挤压成形：棒料→退火→磷化→冷挤压→渗碳→淬火→回火→精加工→成品。

（2）钻削加工成形：棒料→粗车外圆→渗碳→钻内孔→淬火→回火→精加工→成品。

（3）管料制造：棒料→热轧管→粗车外圆→渗碳→淬火→回火→精加工→成品。

大量生产的活塞销均为冷挤压或温挤压成形，产量较少的活塞销则采用钻削加工成形或管料制造。冷挤压成形具有以下特点：①挤压零件尺寸准确、表面光洁；②节约原材料，冷挤压件材料利用率通常为80％以上，如解放牌汽车活塞销动切削加工材料利用率为43.3％，而用冷挤压时材料利用率提高到92％；③生产率高；④冷挤压件强度高、刚性好且重量轻。

2.5.3 热处理

采用冷挤压成形渗碳处理，具体工艺路线：棒料→软化退火→磷化→冷挤压→渗碳→淬火→回火→精加工→成品。

2.5.3.1 软化退火

退火目的：降低硬度、提高塑性、为冷挤压工艺做准备。20Cr 的 A_{C3} 温度为836℃，完全退火温度为 A_{C3} 以上 30～50℃，选择860℃。低合金钢升温速度小于100℃/h，保温时间 30min，装炉方式为紧密型排列装炉。在退火保温过程中，为防止脱碳或渗碳，须在炉内滴入甲醇。当随炉冷却至600℃时，出炉坑冷，坑冷时也要通入放热式控制气氛保护防止脱碳。退火工艺曲线如图7所示。

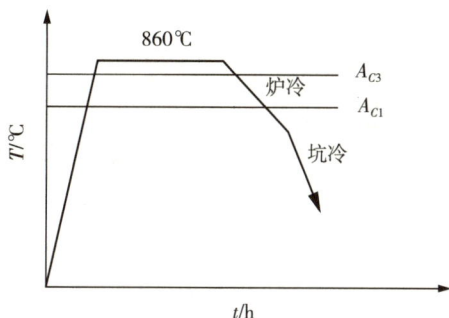

图7 退火工艺曲线图

2.5.3.2 渗碳

渗碳是对金属表面处理的一种方式，采用渗碳的多为低碳钢或低合金钢，具体方法是将工件置入活性渗碳介质中，加热到900～950℃的单相奥氏体区，保温足够时间后，使渗碳介质中分解出的活性碳原子渗入钢件表层，从而获得表层高碳，心部仍保持原有成分。

渗碳方式：滴注式可控气氛渗碳法，采用甲醇-煤油混合液作为渗碳滴注剂，其中甲醇是稀释剂，煤油是渗碳剂。

渗碳温度选择 940℃，把加热温度控制在 940℃左右，目的是控制奥氏体晶粒，获得细小的奥氏体晶粒，淬火后获得细小的马氏体组织。

渗碳时间主要分为排气阶段、强渗阶段、扩散阶段。

渗碳时间主要根据渗层深度确定，而且与渗碳温度及炉内气氛等因素有关，见表1所列。

表1 20Cr 渗层深度与时间关系

渗碳层深度/mm	0.4～0.6	0.6～0.8	0.8～1.0	1.0～1.2	1.2～1.4	1.4～1.6
保温时间/h	1.5～2.5	2.5～3.5	3.5～4.5	4.5～5.5	5.5～6.5	6.5～7.5

活塞销要求渗碳层深度为 0.8～1.2mm，因此渗碳总时间选择 5.5h。

各个阶段的时间要求，见表 2 所列。

表 2　煤油-甲醇滴注式通用气体渗碳工艺

渗碳过程		排气	强渗	扩散
渗层深度及时间	0.8～1.2mm	≥1h	2h	2h
	1.1～1.6mm	≥1h	2.5h	3h

综上，渗碳工艺时间为 5h，其中排气 1.5h，强渗 2h，扩散 2h。

20Cr 钢的渗碳工艺曲线如图 8 所示。

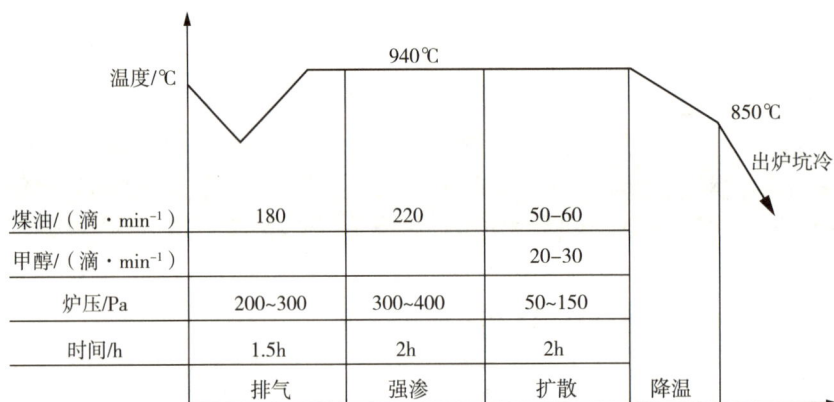

图 8　20Cr 钢的渗碳工艺曲线

2.5.3.3　淬火

目的：活塞销渗碳后形成了表面的高硬度，为了提高工件的心部韧性以及消除表面层出现的网状碳化物，在渗碳后要进行淬、回火工艺。

淬火加热温度选择 880℃，保温时间为 40min，冷却方式选择油冷。

2.5.3.4　回火

目的：低温回火可以获得回火马氏体组织，回火后零件具有高的硬度和耐磨性能，消除了淬火应力和脆性，改善了零件淬火后的韧性及组织稳定性。

回火温度选择 200℃，时间选择 70min，冷却方式选择空冷。

2.6　汽车变速器齿轮轴

2.6.1　概述

汽车变速器是汽车传动系统中的组成部分，其依靠齿轮传动的方式实现动力传递。在工作过程中，齿轮轴与齿轮配合做高速旋转运动，齿轮轴承受较大的摩擦力、交变弯力矩和拉压载荷。

性能要求：具有良好的力学性能、耐磨性能、抗疲劳强度。

常用材料：选择汽车变速器齿轮轴材料时，要根据齿轮轴的工作条件来确定。因此，齿轮轴的选材适用低碳合金渗碳钢或碳氮共渗钢。

常用合金渗碳钢有 20CrMnTi、20Cr、18Cr2Ni4W。其中 20Cr 具有较大的晶粒长大倾向，且承受负荷不能太大；18Cr2Ni4W 为高淬透性渗碳钢，有良好的强韧性，缺口敏感小，但是切削工艺性差，合金元素含量高，成本昂贵；20CrMnTi 具有良好的综合力学性能，低温冲击韧度较高，晶粒长大倾向小，冷热加工性能均较好，价格也较合理，故选择 20CrMnTi 作为变速器齿轮轴材料。

2.6.2　生产工艺流程

20CrMnTi 齿轮轴的加工工艺路线：锻造→正火→机加工→碳氮共渗→淬火→回火→精磨→喷丸。

2.6.3　热处理

预备热处理：毛坯料在锻造后需要通过正火处理调整组织状态，以便于后续机加工。正火温度选择 A_{C3}（20CrMnTi 的 A_{C3} 温度为 825℃）以上 30～50℃，故加热温度取上限 875℃，保温时间 1.5h，冷却方式为出炉空冷。

碳氮共渗：20CrMnTi 本身性能还不足以满足该齿轮轴全部性能，需要进行化学热处理来提高表层组织性能。碳氮共渗后的深层能较好满足高疲劳强度和高耐磨性能，且操作简单，变形量较低。采用煤油与氨气作为共渗介质，共渗温度选择 870℃，共渗时间为 4h，渗层深度为 0.8mm。

淬火、回火：碳氮共渗温度较低，共渗完成后直接出炉油淬；淬火后进行低温回火 200℃，保温时间为 2h，显著减小淬火应力，降低脆性并保持高硬度。

2.7　汽车半轴

2.7.1　概述

汽车半轴是汽车后桥总成中的一个重要零件，其内端一般通过花键与半轴齿轮连接，外端与轮毂连接，作用是传递动力。汽车发动机的扭矩经汽车传动轴传递到汽车后桥，由半轴将动力传给车轮及轮胎，从而推动汽车行驶。汽车半轴根据支承型式不同，一般分为全浮式半轴和半浮式半轴。

性能要求：汽车在启动或上坡时，扭矩很大，特别在紧急制动或行驶在不平坦的道路上时，工作条件更为恶劣，半轴要承受冲击、交变弯曲疲劳荷载和扭力的作用。因此，半轴生产所需的材料要有足够的抗弯强度、抗剪强度和较好的韧性。

常用材料：汽车半轴材料一般可选用 40Cr、40MnB、42CrMo、40CrMnMo、35CrMo、40CrH、40MnBH、42CrMoH。

2.7.2　生产工艺流程

汽车半轴的加工工艺流程：半轴材料采购→下料→花键加热→锻造镦花键成形→另一端加热→锻造预镦制坯→加热→半轴盘端摆辗成形→淬火→回火→校直→抛丸→铣端面钻

中心孔→校正→粗车半轴法兰盘外端面和花键外圆→粗车法兰盘内端面和外圆→精车法兰端和花键外圆→铣花键→清洗→中频淬火→回火→校正→无损检测→钻半轴法兰盘孔→磨半轴法兰轴颈→精车半轴法兰内端面→抛光→清洗→打标→包装。

2.7.3 热处理

预备热处理：正火或者调质。正火工艺参数：温度（860±10）℃，保温时间90min，空冷。调质工艺参数：淬火温度（840±10）℃，保温时间90min，油冷，高温回火温度（560±10）℃，保温时间120min。

表面感应淬火：设备为立式的GCK10180中频感应淬火机床，设备功率为240kW，淬火频率为2500Hz，旋转速度为95r/min，冷却介质为7%PAG溶液。

2.8 汽车发动机气门

2.8.1 概述

气门是汽车发动机的重要零部件之一，工作时承受较高的机械负荷和热负荷。排气门受到高温排气的冲刷，因此，热负荷更高。进气门的温度为300～500℃，排气门的温度可为600～800℃，甚至更高。排气门刚刚开启时，气缸内的压力比较高，而气门的开度还很小，高温燃气以很高的速度（可达600m/s），经气门和气门座之间的缝隙吹出，使气门受到强烈的高温和腐蚀。

性能要求：气门材料要求具有足够的高温强度和耐磨性能，良好的抗氧化性和抗燃气腐蚀性，较高的热传导率和较低的膨胀系数，以及优越的冷热加工和焊接性能；同时，发动机在运行过程中，气门除了承受本身的预紧力和弹簧力的作用，还由于凸轮挺杆的作用使其按一定规律控制着气门的关启，因此，气门还承受着高频率的反复冲击交变载荷。

常用材料：进气门一般采用40Cr、35CrMo、42Cr9Si2、40Cr10Si2Mo等合金钢制造；排气门由于工作环境需要，一般选择奥氏体耐热钢、高铬耐热钢和镍基高温合金制造，采用21-4N、4Cr9Si2、4Cr10Si2Mo等。

2.8.2 生产工艺流程

（1）马氏体型钢气门：马氏体型钢棒料→电镦→锻造→调质→校直→切削加工→渗氮→杆端面淬火→抛光→入库。

（2）排气门一般用奥氏体型钢制造，有整体的，也有焊接的。

整体气门制造工艺：下料→电镦→顶锻→固溶时效→机加工→锥面及杆端面堆焊合金→精加工→杆端面高频淬火→入库。

焊接气门制造工艺：头部下料→电镦→顶锻→固溶时效→加工→锥面堆焊（或杆部下料→调质→加工）→对焊→校直→去应力退火→精加工→渗氮→杆端面高频淬火→入库。

2.8.3 热处理

马氏体型钢气门：马氏体型钢气门都在稳定的索氏体组织状态下使用，回火温度一般高于650℃，大多数马氏体型钢气门是整体制造的，但有的气门要求局部堆焊。为提高杆端面耐磨性，一般要求采用局部高频淬火等方法。为提高杆部耐磨性，要求渗氮处理，渗氮处理温度不应超过调质回火温度。42Cr9Si2、40Cr10Si2Mo 钢中 Cr、Si 适量配合，以获得要求的热稳定性，同时 Si 也显著提高钢的 A_{C1}（奥氏体临界温度），42Cr9Si2 钢的 A_{C1} 约 900℃，40Cr10Si2Mo 钢的 A_{C1} 约 970℃，从而提高使用温度。在 42Cr9Si2 钢的基础上加 Mo，不仅提高热强度，同时也消除回火脆性。42Cr9Si2 及 40Cr10Si2Mo 钢的使用温度分别低于 700℃ 及 750℃，此系列钢一般用于进气门。

奥氏体型钢气门：时效温度应严格控制，温度过高会产生层状析出，析出物主要是 M23C6 和少量 Cr12N，层状析出会导致降低室温韧性、疲劳强度和耐蚀性能。层状析出的产生与固溶温度过高、固溶后冷却太慢及钢中氮含量不合适等因素有关。

气门的热处理工艺：马氏体钢气门需调质处理，整体和堆焊气门奥氏体型钢部分根据产品图样可分为固溶、固溶时效、仅时效和非固溶时效处理，高温合金可固溶时效处理，气门杆端面经高频淬火硬化。

2.9　汽车汽缸盖

2.9.1　概述

气缸盖的作用是密封气缸，与活塞共同形成燃烧空间，并承受高温高压燃气的作用也为其他零部件提供安装位置。气缸盖承受气体力和紧固气缸螺栓所造成的机械负荷，同时还由于与高温燃气接触而承受很高的热负荷且冷却不均匀、各部分温差大，易产生裂纹损坏部位。因此，要求气缸盖具有足够的强度和高度，同时通过良好的冷却，使温度分布尽可能均匀。

性能要求：有足够的刚度和强度，工作变形小，保证密封；工艺性良好，温度场尽量均匀，减少热应力，避免热裂产生。

常用材料：一般采用优质灰铸铁或合金铸铁铸成。有的汽油机气缸盖用铝合金铸造，因铝的导热性比铸铁好，有利于提高压缩比。铝合金缸盖的缺点是刚度底，使用中容易变形。

2.9.2　热处理

（1）退火处理。退火处理目的是消除铸件的铸造应力和机械加工引起的内应力，稳定加工件的外形和尺寸，并使 Al-Si 系合金的部分 Si 结晶球状化，改善合金的塑性。其工艺过程：将铝合金铸件加热到 280～300℃，保温 2～3h，随炉冷却到室温，使固溶体慢慢发生分解，析出的第二质点聚集，从而消除铸件的内应力，达到稳定尺寸、提高塑性、减少变形、翘曲的目的。

（2）淬火处理。淬火是把铝合金铸件加热到较高的温度（一般接近于共晶体的熔点，多在 500℃ 以上），保温 2h 以上，使合金内的可溶相充分溶解。然后，急速淬入 60～100℃ 的水中，使铸件急冷，使强化组元在合金中得到最大限度的溶解并固定保存到室温。这种过程叫作淬火，也叫固溶处理。

（3）时效处理。又称低温回火，是把经过淬火的铝合金铸件加热到某个温度，保温一定时间出炉空冷直至室温，使过饱和的固溶体分解，让合金基体组织稳定的工艺过程。时效处理又分为自然时效和人工时效两大类。自然时效是指时效强化在室温下进行的时效。

人工时效又分为不完全人工时效、完全人工时效、过时效 3 种。不完全人工时效：把铸件加热到 150～170℃，保温 3～5h，以获得较好抗拉强度、良好的塑性和韧性，但抗蚀性较低的热处理工艺。完全人工时效：把铸件加热到 175～185℃，保温 5～24h，以获得足够的抗拉强度（即最高的硬度）但延伸率较低的热处理工艺。过时效：把铸件加热到 190～230℃，保温 4～9h，使强度有所下降，塑性有所提高，以获得较好的抗应力、抗腐蚀能力的工艺。

（4）循环处理

把铝合金铸件冷却到零下（如－50℃、－70℃、－195℃）并保温一定时间，再把铸件加热到 350℃以下，使合金中度固溶体点阵反复收缩和膨胀，并使各相的晶粒发生少量位移，使这些固溶体结晶点阵内的原子偏聚区和金属间化合物的质点处于更加稳定的状态，达到提高产品零件尺寸、体积更稳定的目的。这种反复加热冷却的热处理工艺称为循环处理。这种处理适合使用中要求很精密、尺寸很稳定的零件（如检测仪器上的一些零件）。一般铸件均不做这种处理。

2.10 汽车连杆

2.10.1 概述

连杆一般由连杆体、连杆盖和螺栓等组成；它是汽车发动机中的主要传力部分之一，连接着活塞和曲轴，其作用是将活塞的往复运动转变为曲轴的旋转运动，并将作用在活塞上的力传给曲轴以输出功率。连杆在工作中，除承受燃烧室燃气产生的压力外，还要承受纵向和横向的惯性力。

性能要求：可承受压缩、拉伸和弯曲等交变载荷；应具有足够的强度和刚度，且连杆本身质量要小。

常用材料：连杆一般采用中碳钢或者合金钢经模锻或辊锻，如 40Cr、35CrMo、45 号钢。然后进行机加工和热处理，在 Cr 钢中加入 Mn，有改善塑性和韧性，提高硬度、强度和淬透性的作用；Mo 在 CrMo 钢中可以降低固溶体的分解速度和淬火临界的冷却速度。CrMo 钢和 Cr 钢相比，过热和晶粒粗化敏感性小，淬透性和回火稳定性高，并可消除 Cr 钢对回火脆性的敏感性。故一般选择 35CrMo。

2.10.2 生产工艺流程

生产工艺流程：下料→锻造（模锻）→预备热处理（正火、等温退火）→粗加工→最终热处理（淬火＋高温回火）→精加工。

2.10.3 热处理

（1）等温退火

可降低刚的硬度，改善切削加工性能，同时获得均匀分布的细颗粒状珠光体。退火温度 760～780℃，保温时间 2～4h，炉冷至 670℃左右，保温 1～2h，炉冷至 500℃后出炉空冷。硬度 200～230HBS。工艺曲线如图 9 所示。

（2）淬火

提高连杆的硬度、强度和耐磨性。淬火温度控制在 850～870℃（空气炉加热时为防止脱碳应采用气体保护）。空气炉中加热升温时间 T_1 为 15～20s，保温时间 T_2 为 15～20min。加热时间 $T=T_1+T_2$，冷却方式采用油冷。最终金相组织：马氏体＋残余奥氏体＋碳化物。工艺曲线如图 10 所示。

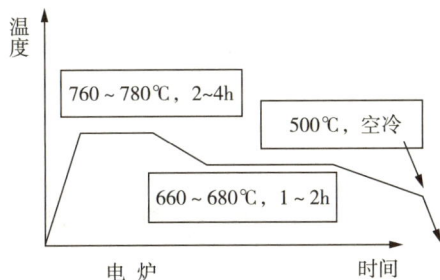

图 9　等温退火工艺曲线

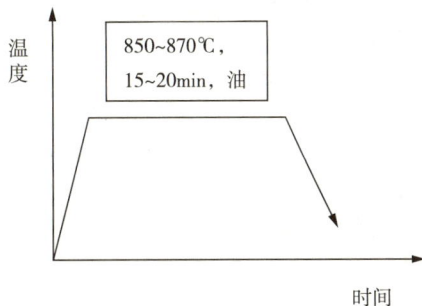

图 10　淬火工艺曲线

（3）回火

淬火后及时回火，以防止内应力过大产生开裂，提高韧性，稳定组织和尺寸。回火温度为 500～550℃，保温时间 1～2h。最终金相组织为回火索氏体＋残余奥氏体＋碳化物。硬度为 40～45HRC。

综上，通过热处理不但可以改变材料的内部结构，从而改变其工艺性能和使用性能，而且最大限度地利用各个材料的潜能，提高产品质量，延长零件的使用寿命，达到节约材料和能源的作用。

3　汽车零部件的失效分析

3.1　概述

产品质量是企业的生命线，提高产品质量、延长零部件的使用寿命，是企业的立足之本。失效分析在提高产品质量，技术开发、改进，产品修复及仲裁失效事故等方面具有很大的实际意义。失效可能发生在产品寿命周期的各个阶段，涉及产品的研发设计、来料检验、加工组装、测试筛选、客户端使用等各个环节，通过分析工艺废次品、早期失效、试验失效、中试失效以及现场失效的样品，确认失效模式，分析失效机理，明确失效原因，最终给出预防对策，减少或避免失效的再次发生。

机械产品的种类和状态繁多，失效的形式也千差万别。因此对失效分析难以规定统一的模式。失效分析可分为整机失效分析和零部件残骸失效分析；也可按产品发展阶段、失效场合、分析目的进行失效分析。失效分析的工作程序通常分为明确要求、调查研究、分析失效机制和提出对策等阶段。失效分析的核心是失效机制的分析和揭示。其方法分为有损分析，无损分析，物理分析，化学分析等。

失效分析的步骤：

第一，事故调查，包括现场调查、失效件的收集、走访当事人和目击者。

第二，资料搜集，包括机械设计资料，零件图，原材料检测记录，加工工艺流程卡、装配图，维修记录，使用记录等。

第三，失效分析的内容：

（1）了解失效机械的结构，失效件与相关件的相互关系，载荷形式、受力方向等；

（2）失效件的粗视分析，用眼睛或者放大镜观察失效零件，粗略判断失效类型；

（3）失效件的微观分析，包括用金相显微镜、电子显微镜观察失效零件的微观形貌，分析失效类型和原因；

（4）失效件材料的成分分析，用光谱仪、能谱仪等现代分析仪器，测定失效件材料的化学成分；

（5）失效件材料的力学性能检测，用拉伸试验机、弯曲试验机、冲击试验机、硬度试验机等测定材料的抗拉强度、弯曲强度、冲击韧度、硬度等力学性能；

（6）应力测试，失效件材料的组成相分析等；

（7）必要时在同样工况下进行试验，或者在模拟工况下进行试验。

第四，提交失效分析报告。

合肥工业大学黄新民教授团队以其在失效分析领域多年的服务，积累了大量案例和数据库，已为多家客户提供公正、独立、准确的失效分析报告，在行业中树立了良好的口碑。

3.2　典型汽车零部件－壳体的失效分析举例

某公司送来一种铝压铸失效件，要求进行失效分析。

（1）信息收集

零件基本情况如下。

零件名称：S700分动器盖。型号：40119781。材质：A380.0。

故障情况：里程为33278km，车辆在行驶过程中，突然出现异响，整车失去动力确认后，取力器壳体出现开裂。失效件的照片如图11所示。

车辆信息：产品装配日期为2016年11月，失效日期为2019年2月，三包期限为3年10万公里，量产产品。

（2）检测分析项目

宏观断口：断口取样微观形貌分析（扫描电镜）；取样金相分析；布氏硬度HB测量；成分分析。

（3）检测结果

① 宏观断口：如图11所示，由宏观断口可判断裂纹源位于取样部位2的工艺孔底部，其后是疲劳扩展，最后破断。

② 微观断口分析试验。

检测设备：扫描电镜（VEGA 3 XMU），结果如图12所示，其中取样部位2的工艺孔底部存在沿交界处窄的平行光滑断面和明显贯穿二次裂纹，取样部位1和3处断口为疲劳贝纹，断口未见明显冶金缺陷。

③ 金相试验。

检测设备：倒置金相显微镜（XDS‐3MET），结果如图 13 所示，金相组织为细小均匀的先析相和共晶相，组织正常。

④ 布氏硬度试验。

检测设备：布氏硬度计（HB‐3000B）。

检测结果：$85HB_{5/250}$（委托方提供的该送检样要求硬度大于 $70HBW_{500}$）。

⑤ 成分检测结果见表 3 所列。

检测依据：GB/T 20975.25—2008《铝及铝合金化学分析方法第 25 部分：电感耦合等离子体原子发射光谱法》。

检测设备：ICP‐OES（ULTIMA Expert）。

表 3　失效件成分分析结果

元素	Si	Fe	Cu	Mn	Mg	Ni	Zn	Ti	Sn	P	Cr	其他
含量 wt.%	9.10	0.79	3.00	0.22	0.08	0.03	0.88	0.03	0.02	0.06	0.03	
MS‐1031‐1	7.5~9.5	1.3max	3.0~4.0	0.5max	0.1max	0.5max	3.0max		0.35max			0.5max

（a）　　　　　　　　　　　　（b）

（c）

图 11　宏观断口

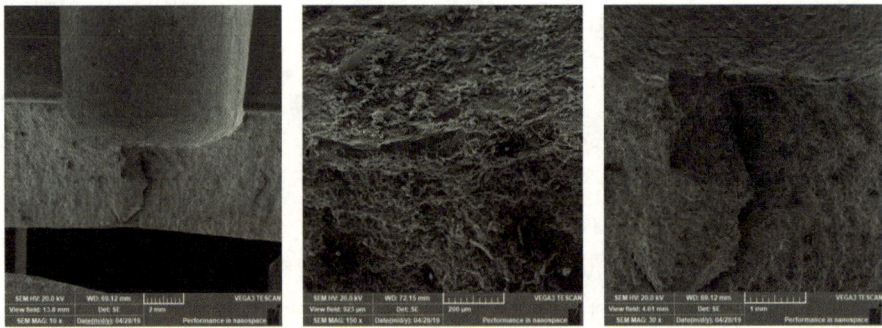

（a）取样部位2处

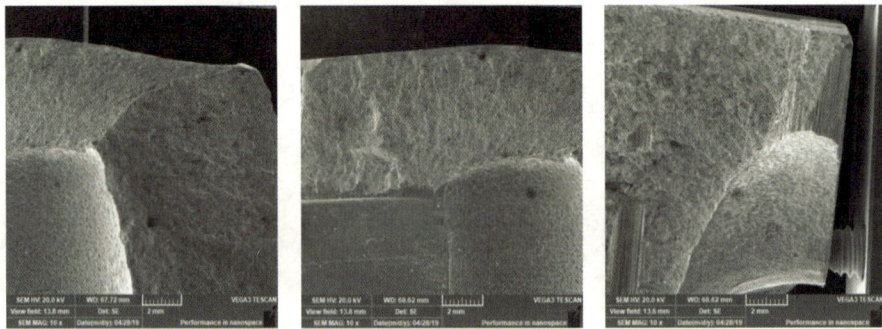

（b）取样部位1处　　　　　　　　　　　　（c）取样部位3处

图 12　断口微观形貌

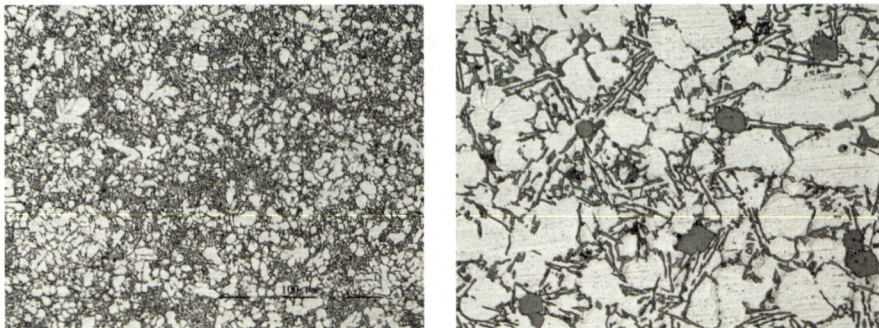

（a）×200　　　　　　　　　　　　（b）×500

图 13　各取样部位金相组织

（4）结论

① 根据化学成分、金相组织、硬度和断口表面扫描观察，该失效件的断裂与材料及铸造工艺无直接关联。

② 根据宏观与微观断口形貌分析，断裂是由于过载造成零件薄弱处起裂，形成裂纹源，进而疲劳扩展，最后破断。

3.3　零件失效分析意义

失效分析的工作日益得到重视，失效分析的意义如下：

（1）减少和预防同类机械零件的失效现象重复发生，保障产品质量，提高产品竞争力。

（2）分析机械零件失效原因，为事故责任认定、侦破刑事犯罪案件、裁定赔偿责任、保险业务、修改产品质量标准等提供科学依据。

（3）为企业技术开发、技术改造提供信息，增加企业产品技术含量，从而获得更大的经济效益。

由于汽车结构复杂、用材多样，汽车零部件的失效实际上是一个复杂的动态系统，涉及失效因素的广泛性、失效内容的交叉性、失效类型的多样性及失效信息的模糊性，要做出正确的判断，不仅需要失效分析工作者具有坚实的理论基础和实际工作经验，还需要建立丰富的失效分析案例，采用现代分析手段和分析方法，设计可靠性试验，探索和研究汽车零部件失效分析专家系统等，才能对大量观察、测试而获取的不完全精确的资料进行综合分析，从众多的潜在因素中找出失效的根本原因，从而不断提高失效分析技术，促进新产品的开发，为汽车行业的发展保驾护航。

4　结　语

打造具有国际竞争力的制造业，是我国提升综合国力、保障国家安全、建设世界强国的必由之路。与世界先进水平相比，中国制造业仍然大而不强，在自主创新能力、资源利用效率、产业结构水平、信息化程度、质量效益等方面差距明显，转型升级和跨越发展的任务紧迫而艰巨。《中国制造2025》提出，通过"三步走"实现制造强国的战略目标：第一步，到2025年迈入制造强国行列；第二步，到2035年中国制造业整体达到世界制造强国阵营中等水平；第三步，到新中国成立一百年时，综合实力进入世界制造强国前列。汽车行业作为中国制造业中的重要一环，更应该牢牢跟紧国家方针，坚持自主创新、环保发展，实现由制造大国向世界强国的转变，在国际舞台上彰显中国实力。

参考文献

[1] 黄仁兴. 汽车齿轮加工工艺研究 [J]. 现代制造技术与装备，2018，(8)：111＋113.

[2] 高阳，陈嗣国. 汽车轴承材料及热处理技术浅析 [J]. 金属加工（热加工），2017，(19)：3-8.

[3] 李海国，路俊峰. 发动机曲轴材料及其发展 [J]. 汽车工艺与材料，2012，(9)：45-47.

[4] 蓝恒. 汽车发动机活塞常见故障及其原因探索 [J]. 时代汽车，2017，(8)：81-83.

[5] 刘文英. 汽车变速器齿轮轴的强韧化热处理 [J]. 热加工工艺，2017，46（4）：212-214＋217.

[6] 王艳丽，李威. 半轴的热处理工艺研究与改进 [J]. 热加工工艺，2018，47（16）：173-175.

[7] 张先鸣. 发动机气门材料及热处理工艺 [J]. 现代零部件，2014，(2)：49-51.

［8］何威．汽车发动机连杆制造现状和发展趋势分析［J］．南方农机，2018，49（21）：195．

［9］张忠文，张惟澄，李立平．东风牌汽车零件失效分析［J］．二汽科技，1991，（3）：1－26．

［10］周倩瑶，郭鹏鹍，李妮妮，等．汽车驱动桥可靠性试验方法研究及失效分析［J］．汽车零部件，2018，（6）：80－82．

［11］叶明，张明友．基于产生式汽车零部件失效分析专家系统的研究［J］．武汉理工大学学报（信息与管理工程版），2001，（4）：92－95．

（五）变形镁合金的热处理

盛绍顶　王庆平

（安徽理工大学　材料科学与工程学院　安徽　淮南 232001）

大多数变形镁合金可以通过热处理来改善或调整材料的力学性能和加工性能，其热处理规范和应用范围与铝合金的基本相同。镁合金能否通过热处理得到强化完全取决于合金元素的固溶度是否随温度变化。当合金元素的固溶度随温度变化时，镁合金可以进行热处理强化。根据合金元素的种类，可热处理强化的变形镁合金有三大系列，即 Mg-Al-Zn 系（如 AZ80A）、Mg-Zn-Zr 系（如 ZK60A）和 Mg-Zn-Cu 系（如 ZC71A）。镁合金的常规热处理工艺分为退火和固溶时效两大类。某些热处理强化效果不显著的镁合金通常选择以退火作为最终热处理工艺。镁合金热处理的最主要特点是固溶和时效处理时间较长，其原因是合金元素的扩散和合金相的分解过程极其缓慢。基于同样的原因，镁合金淬火时不需要进行快速冷却，通常在静止的空气中或者人工强制流动的气流中冷却。个别情况下也可以采用热水淬火（如 T61），其强度比空冷 T6 态的高。绝大多数镁合金对自然时效不敏感，淬火后能在室温下长期保持淬火状态。同时镁合金的人工时效温度也比铝合金的高，可达到 448～523K。另外，镁合金的氧化倾向比铝合金大，因此加热炉中应保持中性气氛或应通入保护气体以防燃烧。

1　热处理类型

镁合金基本热处理种类的符号见表 1 所列。镁合金热处理种类的选择取决于镁合金的类别（即是铸造镁合金或变形镁合金）以及预期的服役条件。固溶处理可以提高镁合金强度并使其获得最大的韧性和抗冲击性；固溶处理后，人工时效能提高镁合金的硬度和屈服强度，但是会略降低其韧性；没有进行预固溶处理或退火的人工时效可以消除工件的应力，略微提高其抗拉强度；退火可以显著降低镁合金制品的抗拉强度并增加其塑性，对某些后续加工有利。此外，在基本热处理制度上进行适当调整后发展起来的一些新制度，可以应用于某些特殊镁合金，从而获得所期望的性能组合。例如，延长某些镁合金的时效时间可以显著提高其屈服强度，但会降低部分塑性。

表 1　基本热处理种类的符号

符　号	意　义	符　号	意　义
F	加工状态	T4	固溶处理（然后自然时效）
O	完全退火	T5	人工时效
H1	加工硬化	T6	固溶处理后人工时效
H2	加工硬化后退火	T7	固溶处理后稳定化处理
T2	去应力退火	T8	固溶处理后冷加工、人工时效
T3	固溶处理后冷加工	T9	固溶处理、人工时效后冷加工

1.1　退火

根据使用要求和合金性质，变形镁合金可采用高温完全退火（O）和低温去应力退火（T2）。完全退火时，一般会发生再结晶和晶粒长大现象，所以温度不能过高，时间不能太长。当镁合金含稀土时，其再结晶温度升高。稀土能减弱再结晶倾向、晶粒长大以及晶界变形能力。AM60、AZ31、AZ61、ZK60 合金经热轧或热挤压退火后组织得到改善。关于退火后的抗拉强度，AZ 系列为 230～280MPa，ZK 系列为 300MPa 左右；延伸率在 6%～10.2% 范围内。去应力退火既可以减小或消除变形镁合金制品在冷热加工、成形、校正和焊接过程中产生的残余应力，也可以消除铸件或铸锭中的残余应力。对某些热处理强化效果不明显的合金，T2 则为最终热处理状态。相对于完全退火，去应力退火的加热温度较低，保温时间也较短。

1.1.1　完全退火（O）

完全退火可以消除镁合金在塑性变形过程中产生的加工硬化效应，恢复和提高其塑性，以便进行后续变形加工。几种变形镁合金的完全退火工艺规范列于表 2 中。通常，这些工艺可以使镁合金制品获得实际可行的最大退火效果。对于 MB8 合金，当要求其强度较高时，退火温度可定在 533～563K；当要求其塑性较高时，则退火温度可以稍高一些，一般可以定在 593～623K。

表 2　变形镁合金的完全退火工艺规范

合金牌号	温度/K	时间/h
MB1	613～673	3～5
MB2	623～673	3～5
MB8	553～593	2～3
MB15	653～673	6～8

由于镁合金的大部分成形操作在高温下进行，因此对完全退火态变形镁合金的需求一般较少。

1.1.2　去应力退火（T2）

表3列出了变形镁合金去应力退火的温度和时间，这些去应力退火制度可以最大限度地消除镁合金工件中的应力。如果将镁合金挤压件焊接到镁合金冷轧板上，那么应适当降低退火温度并延长保温时间，从而最大限度地降低工件的变形程度，如应选用423K/60min退火。

表3　变形镁合金的去应力退火制度

合　金	温度/K	时间/min
薄板和厚板	—	—
AZ31B – O	618	120
AZ31B – H24	423	60
挤压件	—	—
AZ31B – F	533	15
AZ61A – F	533	15
AZ80A – F	533	15
AZ80A – T5	473	60
ZC71A – T5	603	60
ZK21A – F	473	60
ZK60A – F	533	15
ZK60A – T5	423	60

注：只有含铝量大于1.5wt.％的合金在焊接后需要去应力退火来防止应力腐蚀开裂。

国内牌号变形镁合金常用的去应力退火工艺见表4所列。

表4　国内牌号变形镁合金常用的去应力退火工艺

合金牌号	板　材		冷挤压件和锻件	
	温度/K	时间/h	温度/K	时间/h
MB1	478	1	533	0.25
MB2	423	1	533	0.25
MB3	523～553	0.5	—	—
MB15	—	—	533	0.25

1.2　固溶和时效

1.2.1　固溶处理（T4）

要获得沉淀硬化的有利条件，需要先产生一个过饱和固溶体。完成过饱和固溶体的这个过程，称为固溶热处理。镁合金经过固溶淬火后不进行时效可以同时提高其抗拉强度和延伸率。由于镁合金中原子扩散较慢，因而需要较长的加热（或固溶）时间以保证强化相充分固溶。为了获得最大的过饱和固溶度，固溶加热温度通常只比固溶线低 5～10℃。

Mg-Al-Zn 合金经过固溶处理后，$Mg_{17}Al_{12}$ 相溶解到镁基体中，合金性能得到较大幅度的提高。Peng 等研究了固溶处理对添加了稀土元素的 AM60B 合金的显微组织和力学性能的影响。结果表明，含有稀土元素的 AM60B 合金的显微组织由 α-Mg 固溶体、棒状 $Al_{11}RE_3$ 相、粒状 $Al_{10}Ce_2Mn_7$ 相以及网状和（或）岛状 $Mg_{17}Al_{12}$ 相组成。该合金经过 683K 下 20h、35h 和 50h 固溶处理后，合金中的 $Mg_{17}Al_{12}$ 相溶入镁基体中，但是稀土化合物 $Al_{11}RE_3$ 和 $Al_{10}Ce_2Mn_7$ 相不溶解，只是其形貌稍有改变。

1.2.2 人工时效（T5）

由于具有较低的扩散激活能，镁合金不能进行自然时效。部分镁合金经过铸造或加工成形后不进行固溶处理而直接进行人工时效。这种工艺很简单，也可以获得相当强的时效强化效果，特别是 Mg-Zn 系合金，重新加热固溶处理将导致晶粒粗化，时效后的综合性能反而不如 T5 态，从而通常在热变形后直接进行人工时效以获得时效强化效果。

1.2.3 固溶处理＋人工时效（T6）

固溶淬火后人工时效（T6）可以提高镁合金的屈服强度，但会降低部分塑性，这种工艺主要应用于 Mg-Al-Zn 和 Mg-RE-Zr 合金。此外，含锌量高的 Mg-Zn-Zr 合金也可以选用 T6 处理以充分发挥时效强化效果。一般情况下，镁合金在空气、压缩空气、沸水或热水中都能进行淬火。

进行 T6 处理时，固溶处理获得的过饱和固溶体在人工时效过程中发生分解并析出第二相。时效析出过程和析出相的特点受合金系、时效温度及添加元素的综合影响，情况十分复杂。对 Mg-Al 合金，铝在镁中过饱和固溶体分解时析出非共格的平衡相 β（$Mg_{17}Al_{12}$）呈弥散的薄片状，其表面平行于基体的底面，提高了合金的强度。Mg-Zn 合金具有典型的时效动力学特征，时效序列为 α→GP→β'→β（MgZn）。在 α-Mg 晶界上析出具有类似 $MgZn_2$ 的 Laves 相晶体 β'（MgZn）。当合金中加入 Zr 时，热加工后进行人工时效，其强度大大提高。对 Mg-Re 合金，含 Ce、Nd 和 La 的合金在时效过程中都有一定的强化效果，主要是合金时效时形成了与基体共格的介稳过渡相。含 Nd 的镁合金析出分解过程为 α→GP→β''→β'→β（MgZn）$_3$ 相共存。含 Y 合金的析出相为非共格，析出过程为 α→β''→β'→β，β'' 相具有 D019 型规则结构，β' 相具有底心单斜晶结构；过时效时析出 χ（$Mg_{24}Y_5$）相，合金的延伸性按高—中—脆演变。

1.2.4 热水中淬火＋人工时效（T61）

镁合金淬火时通常采用空冷，也可以采用热水淬火来提高强化效果。特别是冷却速度敏感性较高的 Mg-RE-Zr 系合金常常采用热水淬火。例如，Mg-2.2%～2.8%Nd-0.4%～1.0%Zr-0.1%～0.7%Zn 合金经过 T6 处理后其强度比相应的铸态合金高 40%～50%，而 T61 处理后可以提高 60%～70% 且延伸率仍保持原有水平。

表 5 列出了多种镁合金变形制品推荐采用的固溶和时效处理工艺制度。

表 5　镁合金变形制品推荐采用的固溶和时效处理工艺制度

（适于截面厚度≤50mm 的铸件，＞50mm 的铸件在同一温度下要求的保温时间更长）

合　金	最终状态	时　效（a）		固溶处理（c）		固溶后时效		
		温度/K，±5（b）	时间/h	温度/K，±5（b）	时间/h	最高温度/K	温度/K，±5（b）	时间/h
Mg－Al－Zn 铸件（d）								
AM100A	T5	505	5	—	—	—	—	—
	T4	—	—	697（e）	16～24（e）	705	—	—
	T6	—	—	697（e）	16～24（e）	705	505	5
	T61	—	—	697（e）	16～24（e）	705	491	25
AZ63A	T5	533（f）	4（f）	—	—	—	—	—
	T4	—	—	658	10～14	664	—	—
	T6	—	—	658	10～14	664	491（f）	5（f）
AZ81A	T4	—	—	686（e）	16～24（e）	691	—	—
AZ91C	T5	441（g）	16（g）	—	—	—	—	—
	T4	—	—	686（e）	16～24（e）	691	—	—
	T6	—	—	686（e）	16～24（e）	691	441（h）	16（h）
AZ92A	T5	533	4	—	—	—	—	—
	T4	—	—	680（i）	16～24（i）	686	—	—
	T6	—	—	680（i）	16～24（i）	686	491	5
Mg－Zn－Cu 铸件								
ZC63A（j）	T6	—	—	613	4～8	718	473	16
Mg～Zr 铸件								
EQ21A（j）	T6	—	—	793	4～8	803	473	16
EZ33A	T5	448	16	—	—	—	—	—
QE22A（j）	T6	—	—	798	4～8	811	477	8
QH21A（j）	T6	—	—	798	4～8	811	477	8
WE43A（j）	T6	—	—	798	4～8	808	523	16
WE54A（j）	T6	—	—	800	4～8	808	523	16
ZE41A	T5	602（k）	2（k）	—	—	—	—	—
ZE63A（l）	T6	—	—	753	10～72	764	414	48
ZK51A	T5	450（m）	12（m）	—	—	—	—	—
ZK61A	T5	422	48	—	—	—	—	—
	T6	—	—	772（n）	2（n）	775	402	48

（续表）

合　金	最终状态	时　效（a）		固溶处理（c）		固溶后时效		
		温度/K，±5（b）	时间/h	温度/K，±5（b）	时间/h	最高温度/K	温度/K，±5（b）	时间/h
变形制品								
ZK60A	T5	423	24	—	—	—	—	—
AZ80A	T5	450	16～24	—	—	—	—	—
ZC71A（j）	T5	453	16	—	—	—	—	—
ZC71A（j）	T6	—	—	703	4～8	708	453	16

（a）从制造态 F 时效到 T5 态。（b）不同引用处例外。（c）在固溶处理和随后的时效处理之前，通过快速风扇冷却将铸件冷却到室温，不同要求处除外。在 673K 以上使用 CO_2、SO_2 或含 1.5% SF_6 的 CO_2 气体作为保护气氛。（d）对于固溶处理，Mg‐Al‐Zn 合金在 533K 下装入炉内，按照相同的升温速率在 2h 以上的时间内升到规定温度。（e）为了防止晶粒过分长大，也可以采用（686±5）K/6h、（625±5）K/2h、（686±5）K/10h。（f）也可以采用（505±5）K/5h。（g）也可以采用（489±5）K/4h。（h）也可以采用（489±5）K/5～6h。（i）为了防止晶粒过分长大，也可以采用（680±5）K/6h、（625±5）K/2h、（680±5）K/10h。（j）在 338K 的清水或其他适宜介质中从固溶温度处淬火。（k）此处理足以保证获得令人满意的性能；随后进行（450±5）K/16h 的处理可以轻微提高力学性能。（l）ZE63A 合金必须在特殊的氢气气氛中进行固溶处理，因为该合金的力学性能是通过某些合金化元素的氢化来提高的。氢化时间取决于截面厚度；一般说来，6.4mm 厚截面大约要求 10h，19mm 厚截面要求 72h 左右。固溶处理后，ZE63A 合金应该在油、水雾或气流中淬火。（m）也可以采用（491±5）K/8h。（n）也可以采用（755±5）K/10h。

2　不同镁合金系的热处理工艺

2.1　高强变形镁合金

2.1.1　Mg‐Mn 系

属于国产 Mg‐Mn 系变形镁合金的有 MB1 和 MB8 两种，通常以板、带、棒和锻件的形式供应。合金的退火工艺见表 6 所列。Mg‐Mn 合金的时效析出过程：α→α‐Mn（立方晶），中间没有生成亚稳定相，其中 α‐Mn 相呈棒状。由于 Mg 与 Mn 不形成化合物，因此固溶体中析出的 α‐Mn 相实际上是纯 Mn，强化作用很小，Mg‐Mn 系合金没有明显的时效强化效果。通常在 Mg‐Mn 合金中添加一些 Al 以形成 MnAl、MnAl6 和 MnAl4 等化合物相粒子在时效过程中析出后起强化作用。表 7 为两合金按技术条件规定的性能。

表 6　Mg-Mn 系合金的退火制度

合　金	加热温度/K	保温时间/min	冷却方式
MB1 板材	593～623	30	空冷
MB8 板材①	533～623	30	空冷
MB8 锻件、模锻件	523～553	60	空冷

① MB8 合金板材要求较高强度时，可在 533～563K 退火；要求较高塑性时，可在 593～623K 退火。

表 7　Mg-Mn 系合金按技术条件规定的性能

合　金	状态	σ_b / (kg·mm^{-2})	$\sigma_{0.2}$ / (kg·mm^{-2})	δ/%
MB1 板材	退火	17.0	9.0	3.0
MB1 型材	热挤	26.0	—	4.0
MB8 板材	退火	23.0	12.0	12
MB8 型材	热挤	23.0	—	10

2.1.2　Mg-Al-Zn 系

Mg-Al-Zn 系国内牌号合金铸锭的均匀化退火工艺见表 8 所列。由于 Al、Zn 等合金元素的扩散速度十分慢，因此 Mg-Al-Zn 系合金达到平衡状态所需的均匀化退火时间很长（MB15 合金为 693K/60h 均匀化退火）。长时间均匀化退火可以消除镁合金铸锭中的枝晶偏析和内应力，提高其塑性。但长时间加热将导致镁合金铸锭表面严重氧化，晶粒过分粗大，所以一些情况下 Mg-Al-Zn 系合金铸锭可以不进行均匀化处理而直接进行热变形。Li 等的研究发现，通过接近共晶点的高温短时加热既能消除偏析，又能防止严重表面氧化和晶粒长大。其中的关键是精确地控制加热温度，以防止温度波动引起过烧。图 1 为 AZ80 合金挤压件均匀化处理前后的光学显微组织。由图 1 可以看出，均匀化处理前晶界集聚了大量的 β 相，β 相的形貌如图 1（b）所示。经过 420℃、45min 加热快速冷却后，β 相基本被固溶到机体，没有出现过分的表面氧化情况，晶粒长大为加热前的两倍左右，如图 1（c）所示。

表 8　Mg-Al-Zn 系合金铸锭的均匀化退火工艺

合　金	加热温度/K	保温时间/h	冷却方式
MB2	663～683	10～20	空冷
MB3	653～673	8	空冷
	683～698	6	

Mg-Al 二元系的时效析出过程：$\alpha \rightarrow \beta$（$Mg_{17}Al_{12}$），即从过饱和固溶体中直接析出稳定性较高的 β 相。β 相可以在晶粒内连续析出，也可以在晶界上不连续析出，从而形成球状或网络状组织。通常连续析出和非连续析出同时存在，时效初期以非连续析出为主，再发生连续析出。往 Mg-Al 二元系中添加 Zn 元素后形成的 Mg-Al-Zn 三元合金，由于

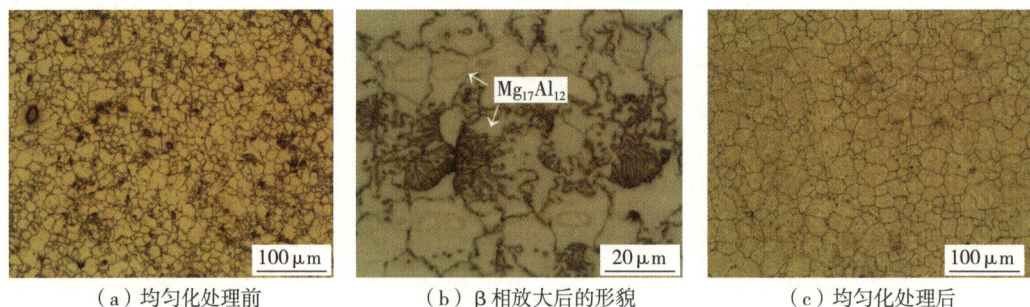

（a）均匀化处理前　　　　　（b）β相放大后的形貌　　　　　（c）均匀化处理后

图1　AZ80合金均匀化处理前后的光学显微组织

Zn含量比Al含量低，Mg－Al－Zn合金的基本时效析出过程与Mg－Al二元合金相同，加之锌的作用使Mg－Al－Zn合金的时效过程比Mg－Al合金更显著，时效强化效果更好。随着锌含量的增加，β相中合金的成分会变成三元金属间化合物——$Mg_x Zn_y Al_z$型。MB2、MB3和MB5合金中的合金元素含量较低，$Mg_{17}Al_{12}$强化相数量较少，无法通过热处理强化。这些合金的唯一热处理方式是退火。MB6和MB7合金中的合金元素含量较高，强化相数量较多，可以进行热处理强化。Mg－Al－Zn系合金常用的热处理制度见表9所列。

表9　Mg－Al－Zn系合金的热处理制度

材　料	退　火	固溶处理	固溶处理＋人工时效
MB2	553～623K/3～5h，空冷	—	—
MB3 板材	523～553K/0.5h，空冷	—	—
MB5 板材、管材	593～623K/0.5h，空冷	—	—
MB5 锻件、模锻件	593～623K/4h，空冷	—	—
MB6	593～623K/4～6h，空冷	分段加热：613K/2～3h、653K/4～10h	—
MB7 锻件、模锻件	623～653K/3～6h，空冷	683～698K/2～6h，空冷	683～698K/2～6h，空冷 448～473K/16～8h，空冷
MB7 棒材、型材	623～653K/3～6h，空冷	—	448～473K/16～8h，空冷

2.1.3　Mg－Zn－Zr系

Mg－Zn二元合金的晶粒粗大，力学性能低，在生产实际中很少应用。往Mg－Zn合金中添加少量Zr后能显著细化晶粒，提高合金强度。Mg－Zn－Zr系合金是目前应用最多的变形镁合金之一。Mg－Zn－Zr系国产变形镁合金只有MB15一个牌号，与国外的ZK60A成分相近。MB15合金的热处理强化方式有两种，分别为热变形＋人工时效和固溶处理＋人工时效，两种方法处理后合金的强度相差不多，但是固溶处理＋人工时效态的塑性低于热变形＋人工时效态。由于热加工温度一般为300～400℃，在此温度下合金的强化相已大部分溶入基体，冷却后能获得相当的过饱和度。因此实际生产中一般采用热变形后直接人工时效的制度，只在个别情况下才选择先固溶处理后人工时效的制度。MB15合金的热处理制度见表10所列。

MB15合金中含有锆。锆能显著细化晶粒，并能降低合金中原子的扩散能力，提高再结晶度。在300～400℃挤压的棒材或型材具有细晶组织，人工时效后可得到比较高的综合性能（表11）。对于锻件，因变形方式不同，机械性能通常要比挤压件低一些。

表10 MB15合金的热处理制度

材　料	人工时效	固溶处理＋人工时效
挤压棒材、型材	(443±5) K/10h，空冷	—
锻　件	(433±5) K/24h，空冷	固溶处理：773K/2h，空冷 人工时效：423K/24h，空冷

表11 MB15合金棒材各种状态下的性能

状态	$\sigma_b/$ (kg·mm^{-2})	$\sigma_{0.2}/$ (kg·mm^{-2})	$\delta/\%$
挤压状态	34.0	28.0	14.8
515℃、2h水淬	28.0	17.0	23.4
淬火后150℃时效24h	37.0	35.0	9.5
170℃直接人工时效24h	36.0	33.0	16.7

2.2 耐热变形镁合金

普通镁合金的长期使用温度一般不超过120℃，极大地限制了其应用范围。较显著提高镁合金耐热性能的合金元素有稀土、钍和钙等。在现有的变形镁合金系中只有HM21、HM31、WE43和WE54等合金具有较高的高温性能，而且HM21、HM31合金由于含有对人体有害元素钍而无法得到广泛使用。Mg-Th系合金曾应用于导弹和飞机，由于钍的放射性会对人体产生危害，目前HM21A板材和薄板、HM31A挤压成形件和HK31A薄板材、板材和铸件等都已经被淘汰，这里不予赘述。

2.2.1 Mg-RE系

狭义的稀土元素是指由镧（La）到镥（Lu）的15种镧系元素；广义的稀土元素包括钪（Sc）和钇（Y）等共17种元素。这些元素的性质极其相似，在镁中的固溶度较大，且固溶度随温度的降低而急剧减小，在470K附近仅为最大固溶度的1/10。稀土镁合金的固溶和时效强化效果随着稀土元素原子序数的增加而增加，因此稀土元素对镁的力学性能的影响基本是按镧、铈、富铈的混合稀土、镨、钕的顺序排列。镁合金中添加稀土元素能形成含铈或不含铈的稀土金属复合物。含铈混合稀土是一种天然的稀土混合物，由镧、钕和铈组成，其中铈含量为 50wt.%；不含铈的混合稀土为 85wt.% 钕和 15wt.% 镨的复合物。表 12 列出了稀土元素在镁中的最大固溶度和与镁基固溶体共存的化合物相。数据表明，除 Sc 以外的稀土元素与镁在 823～883K 温度范围内均存在共晶反应。

表 12　稀土元素在镁中的最大固溶度和与镁基固溶体共存的化合物相

稀土元素（RE）	原子序数	共晶温度 K	最大固溶度		与 Mg 生成的化合物相
			wt. %	at. %	
Sc	21	—	25.9	15.9	MgSc
Y	39	838	12.0	3.61	$Mg_{24}Y_5$
La	57	886	0.79	0.14	$Mg_{12}La$
Ce	58	863	1.6	0.28	$Mg_{12}Ce$
Pr	59	848	1.7	0.31	$Mg_{12}Pr$
Nd	60	821	3.6	0.63	$Mg_{12}Nd$
Pm	61	823	2.9 (?)	0.5 (?)	?
Sm	62	815	5.8	0.99	$Mg_{41}Sm_5$
Eu	63	844	(~0)	(~0)	$Mg_{17}Eu_2$
Gd	64	821	23.5	4.53	Mg_5Gd
Tb	65	832	24	4.57	$Mg_{24}Tb_5$
Dy	66	834	25.8	4.83	$Mg_{24}Dy_5$
Ho	67	838	28.0	5.44	$Mg_{24}Ho_5$
Er	68	857	32.7	6.56	$Mg_{24}Er_5$
Tm	69	865	31.8	6.26	$Mg_{24}Tm_6$
Yb	70	782	3.3	0.48	Mg_2Yb
Lu	71	889	41.0	8.80	$Mg_{24}Lu_5$

稀土镁合金在 773～803K 固溶处理后可以得到过饱和固溶体，然后在 423～523K 附近时效时均匀弥散地析出第二相，获得显著的时效强化效果。其时效析出的一般规律是：在时效初期形成六方 D019 型结构；时效中期析出 β′ 相，并可以获得最高强度；时效后期的析出相为平衡析出相。由于稀土元素在镁中的扩散速率较低，析出相的热稳定性很高，所以 Mg-RE 合金具有优异的耐热性和高温强度。

Mohri 等研究了 Mg-4Y-3Re 合金在经过热挤压加人工时效后的组织性能。研究发现，材料经 573K 挤压加 473K 人工时效 2h 后晶内有针状析出物析出，并且有大量的位错包存在，如图 2 所示。材料的强度在室温下高达 370MPa。材料经 673K 挤压变形后获得尺寸为 $1.5\mu m$ 的细小晶粒，析出物呈球状细小分布（图 3）。材料在室温到 473K 的温度范围内强度高达 300MPa。在 673K 和 $4\times10^{-1}/s$ 的高应变速率下呈现超塑性变形行为，延伸率达 358％（图 4）。另外，由于具有细小的晶粒组织，经 673K 挤压变形后的材料在室温下同时具备良好的强度和韧性。

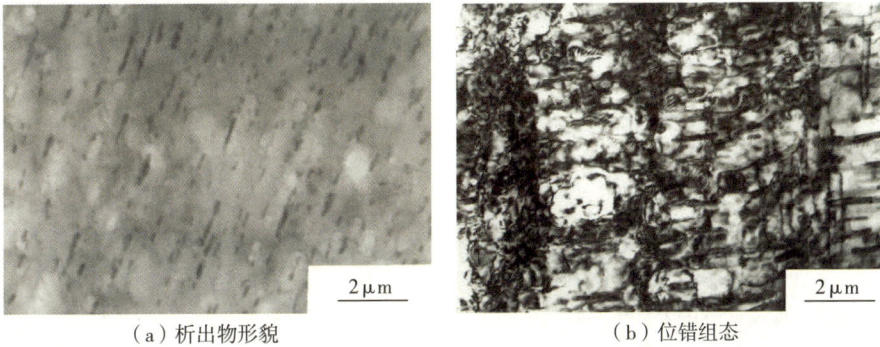

（a）析出物形貌　　　　　　　　　　　　（b）位错组态

图 2　材料经 573K 挤压后峰值时效时的 TEM 组织

材料在 473K 温度下的时效曲线如图 5 所示。退火后的铸锭材料在 473K 温度下时效后的平均硬度约为 75Hv。硬度随时效时间的延长而升高，时效 300h 后硬度达到极值，为 109Hv。673K 挤压加时效处理后，材料的横向和纵向硬度指标差别不大，都在时效约 2h 后达到极值。另外，材料经高温挤压后的硬度不像退火材料的那样随时效时间的延长而大幅度的上升，说明二次相在 673K 温度下挤压时已经析出。材料在 573K 下挤压后的纵向硬度为 97Hv，横向硬度为 99Hv，材料的纵向和横向硬度分别在时效 1h 和 2h 后达到极值 102Hv 和 108Hv。

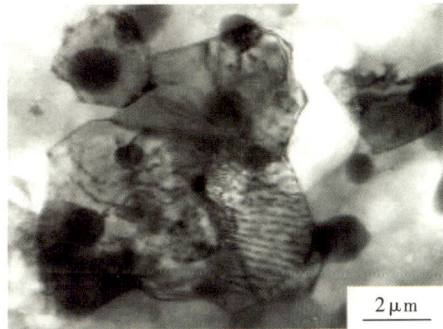

图 3　673K 温度下挤压后材料的 TEM 显微组织

引人注意的是，材料经 573K 挤压后的时效硬度在横向和纵向存在较大的差异，这种差异可能是由组织在挤压方向被拉长引起的。

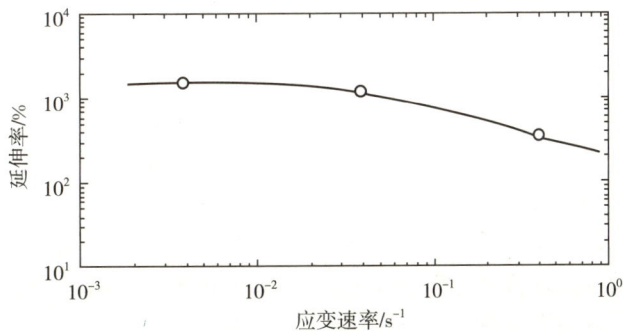

图 4　在 673K 温度下，经 673K 挤压变形后材料的延伸率随应变速率的变化

（a）退火铸锭材料

（b）673K挤压材料

（c）573K挤压材料

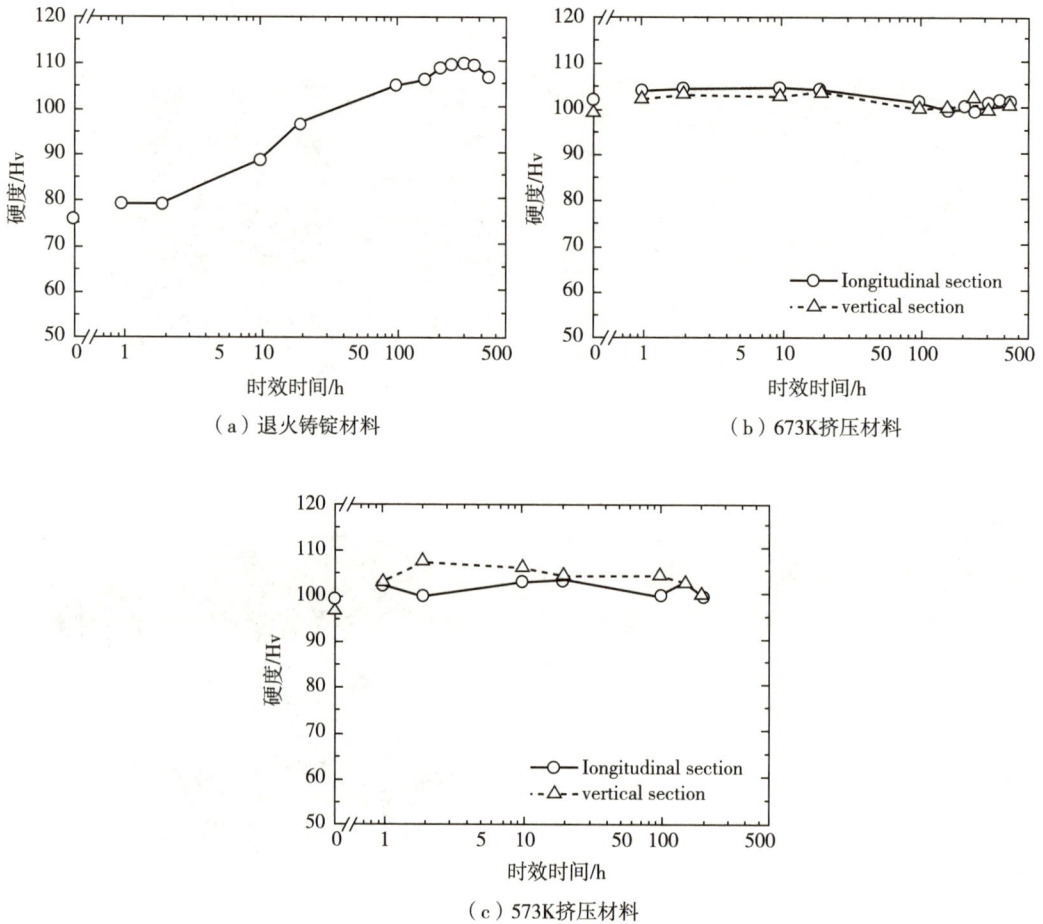

图 5　材料在 473K 温度下的时效曲线

2.2.2　Mg－Ca 系

　　添加钙的目的主要有两点：一是在铸造合金浇注前加入，减轻金属熔体和铸件热处理过程中的氧化作用；二是细化晶粒，提高高温蠕变抗力，提高镁合金薄板的可轧制性。有关 Mg－Ca 系合金时效析出过程的研究还不充分，一般认为时效过程可以析出六方晶 Mg_2Ca 稳定相。此外，往 Mg－1％Ca 合金中添加 1％Zn 后时效强化效果显著增强。当合金中含有铝时，钙还会跟铝反应生成 Al_2Ca 相。Ozturk 和 Liu 研究了 Mg－4.5％Al－1.9％Ca 和 Mg－4.5％Al－3.0％Ca 合金在 290℃ 和 370℃ 加热一个星期后的相组分。研究发现，经过加热后，层状的二元晶界相发生分解。晶界平衡相为 Mg 基体和 Al_2Ca。铸态时的连续晶界相经过加热后形成分散的 Al_2Ca 粒子。图 6 为 Mg－4.5％Al－1.9％Ca 在 370℃ 加热一个星期后的 SEM 照片和 EDS 分析结果。

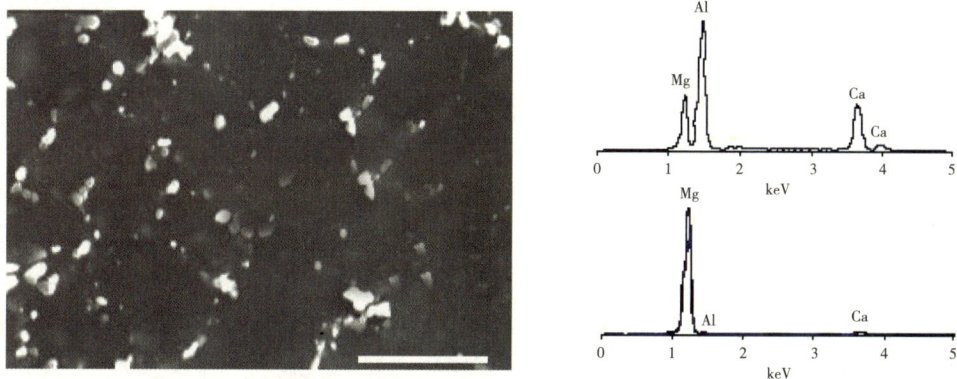

图6　Mg‑4.5%Al‑1.9%Ca 在 370℃加热一个星期后的 SEM 照片和 EDS 分析结果

3　不同类型工件的热处理

3.1　锻件热处理和性能

因为绝大多数镁及其合金的成型加工都是在较高温度下实现的，很少需要对锻造材料完全退火。低温退火可以减少或消除由冷加工、热加工、整形、成型、矫直和焊接引起的残余应力。焊接修理可引起严重的应力，而且必须紧跟着进行某种类型的热处理，以防止材料在应用中产生龟裂。

ZK21A、AZ31B 和 AZ61A 等合金通常在锻态（F）下使用。EK31A 锻件可以进行固溶和人工时效处理（T6）以改善性能；其他合金如 AZ80A、ZK60A 或 HM21A 等锻件则根据性能要求，在锻态（F）或人工时效状态（T5）下使用。

锻件在机械加工前后，均须进行热处理。锻件热处理的目的：①调整锻件的硬度，以利于锻件进行切削加工；②消除锻件内应力，消除加工硬化，恢复塑性；③改善锻件内部组织，细化晶粒，为最终热处理做好组织准备；④提高尺寸稳定性，以免在机械加工时变形；⑤降低腐蚀倾向和应力集中的敏感性，减小或消除各向异向性；⑥对于不再进行最终热处理的锻件，应保证其能达到规定的力学性能要求。

镁合金锻件的热处理主要是软化退火及淬火、时效。热处理不能强化 MB1，MB8 合金和热处理强化作用不大的 MB2 合金锻件可不经热处理或只经软化退火处理。MB5 合金锻件一般采用软化退火处理，退火后采用空冷。不能热处理强化的变形镁合金在软化退火时发生恢复与再结晶过程。对 MB2、MB3、MB5 来说，还有过剩相在固溶体中的溶解和从固溶体中的析出过程。因此，变形镁合金软化退火的温度，必须高于合金的再结晶温度，而低于过剩相强烈溶解的温度。例如，MB1 合金软化退火的温度为 340～400℃，保温时间为 2～3h。但应注意的是，镁合金在高温下再结晶长大倾向大，故退火温度不宜过高，否则会造成晶粒粗大，机械性能及抗蚀性降低。例如，MB8 合金的退火温度超过 400℃时，会发生聚集再结晶，使晶粒长大，从而降低合金的机械性能。退火后的冷却方法对变形镁合金性能的影响并不明显，一般在空气中冷却。当要求合金具有较高的塑性时，可以采用随炉冷却的方式。

通过热处理强化的镁合金在锻后常采用淬火时效处理。其中淬火是把合金加热到适当温度，经充分保温，使合金中某些组织生成物溶解到基体中，形成均匀的固溶体，然后迅速冷却，成为过饱和固溶体，故又称为固溶处理。其目的是改善合金的塑性和韧性，并为进一步时效处理做好组织准备。例如，MB7 合金锻件可采用固溶处理，根据使用温度不同也可进行固溶加人工时效处理。时效处理是把过饱和固溶体或经冷加工变形后的合金置于室温或加热至某一温度，保温一段时间，使先前溶解于基体内的物质均匀弥散地析出。镁合金的过饱和固溶体比较稳定，自然时效几乎不起强化作用，除零件要求具有较高的塑性外，一般采用人工时效。例如 MB15 合金锻件锻后通常直接采用不同温度的人工时效处理。这是因为 MB15 的强化相的溶解过程在 400℃左右已基本结束，而 MB15 的锻造多半是在 300~400℃下进行的，这时强化相大体已溶入固溶体内。因此锻造后于空气中冷却时，固溶体已达到相当于过饱和的程度，实际上可以当作已经进行了淬火处理。

3.2 挤压件的热处理和性能

镁合金挤压件脱模后，需要采用强制气冷或水冷进行淬火以获得微细均匀的显微组织。然而在淬火过程中，禁止冷却水与热模具直接接触，否则将导致模具开裂。挤压的镁合金材料状态主要有 T5、T6、F。其中 T5 为在线淬火后再进行人工时效的状态；T6 为固溶处理与人工时效状态；F 为原加工状态即挤压状态。固溶处理可提高强度，使韧性达到最大，并改善抗震能力。固溶处理之后再进行人工时效，可使硬度与强度达到最大值，但韧性略有下降。镁合金材料在热加工、成形、矫直和焊接后会留有残余应力。因此，应进行消除应力退火。若将挤压镁材与轧制硬状态板材焊在一起，为最大限度地减小扭曲变形必须消除应力，但最好在 150℃条件下处理 60min。ZK60、WE43 和 WE54 合金的热处理状态一般为 T5 态（人工时效）或 T6（固溶＋人工时效）态。ZK 系列镁合金挤压件经过 T5 或 T6 态热处理后，有利于提高力学性能的各向同性、获得高塑性。热处理对 WE 系镁合金挤压件的室温性能影响不大，但能提高其高温稳定性。AZ61 和 AZ80 镁合金也可以产生时效强化，经过 T5 或 T6 态处理后，强度略有提高而塑性大大降低。通常，挤压态 ZK 系镁合金的强度和塑性匹配良好，不需要通过热处理强化。

3.3 板材热处理和性能

镁合金板材在轧制后一般要进行退火处理，退火后会发生再结晶。如果要获得最佳的常温力学性能，则退火温度应靠近完全再结晶温度范围。退火温度过高，容易导致镁合金晶粒长大，从而降低镁合金的性能。镁合金的再结晶温度取决于压下量、始轧温度和终轧温度。余琨等研究了 AZ31 和 AZ61 两种合金板材轧后退火工艺对材料力学性能、再结晶行为、断裂方式以及显微组织的影响。图 7 为板材在不同温度下退火 1h 的硬度变化情况。

由此可以看出，合金在热轧状态下及退火状态的硬度值较高，随退火温度的升高，硬度逐渐下降。板材热轧后的退火软化过程不像冷轧合金板材那样剧烈。这是因为热轧过程中的动态回复使合金的储能获得释放。在 523～573K 温度下退火后，硬度值下降约为热轧态的一半，硬度的变化可以反映此时合金已经发生了完全再结晶。

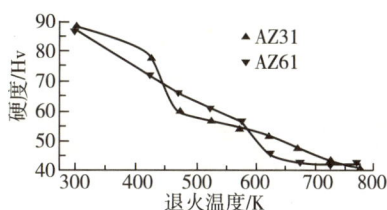

图 7　AZ31 和 AZ61 合金板材退火温度
与硬度的关系

参考文献

[1] AVEDESIAN M M，BAKER H. ASM Specialtyhandbook magnesium and magnesium alloys［M］. Ohio：ASM International materials park，1999.

[2] 樊东黎. 热加工工艺规范［M］. 北京：机械工业出版社，2003.

[3] CAO X，PENG L，ZENG X，et al. Effects of solid solution treatments on microstructure and mechanical properties of AM60B magnesium alloys with RE Addition［J］. Materials science forum，2003，419－422：153－158.

[4] 中国机械工程学会热处理专业学会. 热处理手册：第一卷［M］.2 版. 北京：机械工业出版社，1991.

[5] 轻金属材料加工手册编写组. 轻金属材料加工手册（上册）［M］. 北京：冶金工业出版社，1980.

[6] 有色金属及其热处理编写组. 有色金属及其热处理［M］. 北京：国防工业出版社，1981.

[7] LI L，ZHOU J，Unpublishedreport［R］. Delft university of technology，2004.

[8] MOHRI T，MABUCHI M，SAITO N，et al. Microstructure and mechanical properties of a Mg－4Y－3RE alloy processed by thermo－mechanical treatment［J］. Materials science and engineering：A，1998（257）：287－294.

[9] OZTURK K，LIU Z K. Phase identification and microanalysis in the Mg－Al－Ca alloy system. TMS annual meeting，2003，195－200.

[10] 吕炎等. 锻件组织性能控制［M］. 北京：国防工业出版社，1988.

[11] 王祝堂. 镁及镁合金型材的挤压［M］. 有色金属加工，2004（33）：31－36.

[12] 余琨，黎文献，王日初，等. 变形镁合金的研究、开发及应用［J］. 中国有色金属学报，2003，13（2）：277－288.

（六）铝合金热处理

李 亨[1] 朱晓勇[2] 翟 华[1] 吴玉程[2,3]

（1. 合肥工业大学 工业与装备技术研究院 合肥 230009；
2. 有色金属材料与加工安徽工程实验室 合肥 230009；
3. 有色金属材料与加工国家地方联合工程研究中心 合肥 230009）

1 简 介

随着有色金属工业的发展和有色金属应用技术的进步，铝合金以其独特和优越的性能，在航空、汽车、摩托车、型材等行业获得了广泛的应用。为了节约燃料、保护环境，也为了最大限度地减轻重量，汽车制造业对铝合金的需求在不断增加，如发动机部件用铝合金制造可减轻重量 30％以上，从车覆盖件到结构件，从动力总成到底盘都有铝制零件。按照我国汽车工业的规划，近年内我国汽车工业将年耗铝数十万吨，铝合金汽车零部件的年产值将过数百亿元，这些社会需求促进了铝合金新材料和新技术的研究和发展。

铸造铝合金是以纯铝为基础，添加了其他金属或非金属元素所熔制的合金。目前，汽车用铝合金铸件的生产工艺多采用金属型重力铸造、压力铸造等工艺。金属型重力铸件主要用于生产厚壁及截面变化较大，且需用型芯成形内腔的铸件，典型零件有发动机缸盖、进气歧管、发动机活塞、压气机活塞等。汽车铝合金铸件中约 2/3 为压铸件，尤其是汽车上许多外形复杂的薄壁壳体，如变速箱壳、离合器壳、转向机壳、水泵壳、油泵壳、化油器壳体等。但是压铸件不适合进行热处理，铸件刚度的最佳化就需要采取一定的措施，如正确选择铸件断面形状和加强筋或在结构中增加刚性零件等。

对于变形铝合金来说，主要有两类：一是防锈铝，它是汽车上制造各类热交换器、散热器及装饰件的主要合金。其特点是耐腐蚀性很好，但热处理不能使其强化，一般在冷态下通过压力加工的冷作硬化来提高合金的强度。这类合金主要用于制造汽油箱、汽油罐、汽油导管等承受轻负荷的零件。其次是超硬铝，7000 系列（Al－Zn－Mg－Cu）铝合金是目前具有超高强度的铝合金，典型牌号是 7075。近年来，又通过调整 Zn、Mg 含量，添加 Zr 元素，提高 Cu 含量，降低 Fe、Si 杂质元素的含量，提高合金的纯度，不断推出性能更为优异的铝合金。例如，北京航空研究所研制出了 7A55 合金，具有较高塑性，静强度高达 700MPa，其性能见表 1 所列。7000 系列铝合金由于强度高、抗冲撞能力强，适宜制造汽车的安全保险和防冲撞系统。

表 1 典型牌号铝合金的力学性能

牌号	处理方法	σ_b/MPa	$\sigma_{0.2}$/MPa	σ_s/%
7050	固溶处理加人工时效	570	505	9
7A50	固溶处理加人工时效	705	681	13
6061	固溶处理加人工时效	310	275	12
6A10	固溶处理加人工时效	483	449	13
2024	固溶处理加人工时效	470	325	17

6000（Al‐Mg‐Si）系列铝合金锻造性能好，锻后表面质量好，加工余量小，材料耐蚀性好，无应力腐蚀开裂倾向，主要用于制造汽车车身和关键受力件，典型牌号 6061。6000 系列铝合金适宜制造汽车底盘中的转向节、摇臂、控制臂等关键汽车零部件和车身、动力传动框架、发动机托架等结构件。

2000 系列（Al‐Cu‐Mg）铝合金也是一种热处理强化型铝合金，虽然室温强度比 7000 系列铝合金低，但是疲劳极限较高，抗疲劳裂纹扩展性较好，典型牌号 2024，是汽车车身用材方面的首选材料。

2 铝合金热处理工艺

铝合金的热处理（图 1）主要有退火处理、固溶处理加时效处理、回归加时效处理（RRA）、最终形变热处理（FTMT）和半固态成形及热处理。

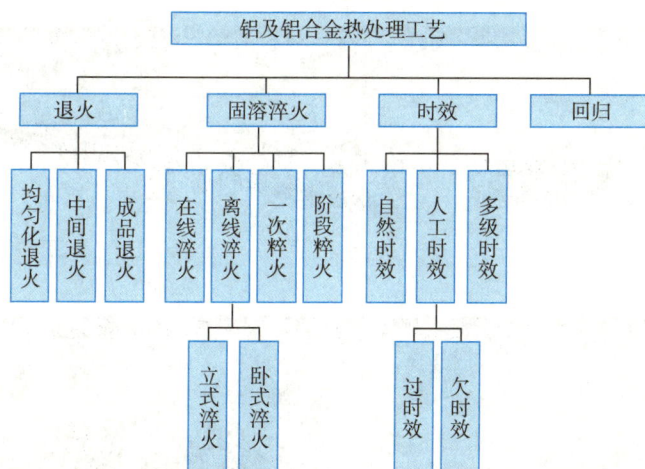

图 1 铝及铝合金热处理工艺

2.1 退火处理

退火是铝合金的常规处理工艺，依据作用的不同，可以分成主要用于消除铸锭组织及成分不均匀现象的均匀化退火；主要用于获得最软、最易冷加工的状态的完全退火及主要用于消除加工硬化和铸件内应力的去应力退火。例如，因具有优良的抗腐蚀性能而广泛用于汽车的压力容器（如液罐车、冷藏车、冷藏集装箱等）的5083铝合金在经过轧制退火后，带状分布的第二相几乎全部消失，如图2所示，第二相数量有所增加并均匀分布在基体上，使应力-应变曲线下降缓慢，从而提高了伸长率。

（a）原始组织　　　　　　　　（b）500℃保温2h空冷的组织

图2　5083铝合金原始组织与退火后的组织

2.2　固溶时效处理

铝合金的常规热处理，在固溶处理时铝合金中的强化相最大限度地固溶，经冷却后形成过饱和固溶体。材料在固溶后表现出强度较低而塑性较好的性能特征，此时材料容易成形加工，在随后的时效处理时强化相从固溶体中析出、偏聚，形成硬化区域，表现出强度上升、塑性下降。

安徽声信铝业股份有限公司所做的汽车保护架如图3所示，其采用6082铝合金，经过固溶时效处理使性能达到使用要求。

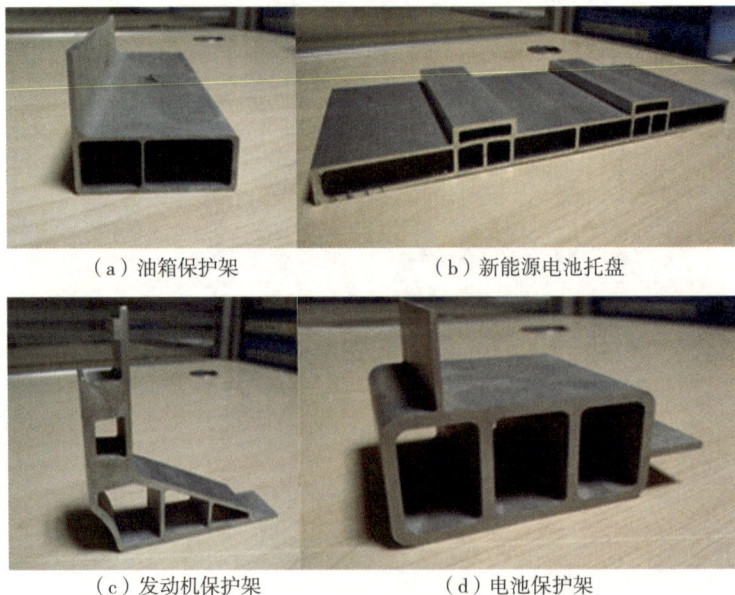

（a）油箱保护架　　　　　　　　（b）新能源电池托盘

（c）发动机保护架　　　　　　　　（d）电池保护架

图3　汽车保护架

2.3　回归加时效处理（RRA）

铝合金经固溶和时效处理后，重新加热到比时效处理时更高的温度，快速冷却，材料性能恢复到固溶时的状态，再进行时效处理使铝合金的强度继续升高，这种现象称为回归。高强度 7000 系列中，铝合金采用回归加时效（RRA）处理，在回归处理中使 η 和 η' 沉淀相的数量增多、尺寸减小，这一方面可提高铝合金的强度，另一方面也提高了铝合金的应力腐蚀抗力。有试验证实，经回归加时效处理，7050 铝合金材料的强度提高了 19%，工艺如图 4 所示。

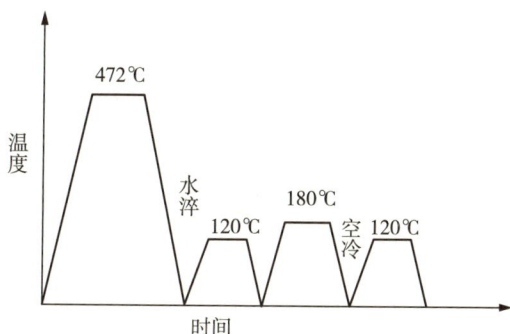

图 4　7050 铝合金 RRA 处理工艺示意图

2.4　最终形变热处理（FTMT）

铝合金最终形变热处理是指铝合金经固溶处理＋预时效＋冷变形＋终时效，工艺处理后的材料性能比单纯的固溶时效处理时要好。典型的 2A12 铝合金的 FTMT 工艺如图 5 所示。经 FTMT 工艺处理后，材料的强度极限提高了 20% 以上。

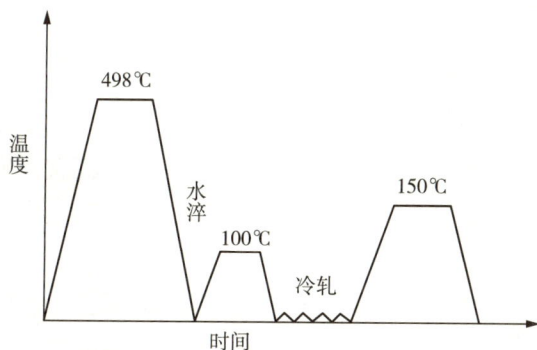

图 5　2A12 铝合金的 FTMT 工艺

2.5　半固态成形及热处理技术

半固态成形技术是将铝合金材料加热到固-液相间的状态（固相百分数≥50%），再利用压铸、锻造、挤压、轧制等方法使半固态的坯料在受压的状态下凝固成形，获得呈粒状的非树枝状结晶组织。该组织对基体没有分割作用，因此该组织既可以进行热处理硬化，也可以进行热处理强化，塑性明显高于液态树枝晶组织。半固态压铸与液态压铸成形件在热处理后，两者的性能差异就更明显了。表2所列 A356 铝合金经过固溶＋时效后半固态成形件的强韧性得到了显著提高。

表 2　A356 铝合金热处理前后的性能对比

性能指标	液态压铸件		半固态压铸件	
	热处理前	热处理后	热处理前	热处理后
σ_b/MPa	218.0	279.2	220.8	343.3
σ_s/%	9.6	4.1	16.8	14.3

铝合金在加热过程中，由于其优良的导热性和塑性，用最大的速度升温也不会开裂。热处理的加热温度，因热处理形式的不同而异。其中，淬火的加热温度最高，自然时效的温度最低。但是由于铝合金的三元共晶点（$\alpha+\theta+s$）的温度和淬火温度十分接近，铝合金对过烧和过热很敏感，淬火的上下限很窄，故要求淬火炉内的温度场十分均匀，对炉温均匀度要求很高，通常要求在 ±3℃ 之内。有些企业的铝合金淬火炉中设有导风套的热风强制循环结构，并保证炉内气体的体积流量与炉内气体循环次数能够保证炉内达到要求的炉温均匀度。铝合金淬火时的另一个技术关键问题是工件淬火转移时间必须很短，以避免在淬火前工件的局部或整体温度下降，发生部分固溶体分解情况，析出粗大疏松相，产生组织偏析，从而降低时效强化的效果。据有关文献，工件温度下降5℃，可导致强度降低20%。一般铝合金淬火件转移时间为 7～25s，具体合适的转移时间视工件大小、厚薄而定。

3　安徽省企业铝合金热处理

3.1　汽车轮毂

汽车轮毂是汽车重要的旋转部件，如图6所示，它与轮辋、轮辐和轮胎结合，共同组成汽车车轮。轮毂是轮胎内廓支撑轮胎的圆桶形的、中心装在轴上的金属部件，主要是起到支撑、驱动、制动以及转向的作用。

常用的铸造铝合金轮毂材料为 Al－Si－Mg 系的 A356 铝合金，其液态金属的流动性较好，气密性佳，机械性能优异，成了铝合金轮毂制造业的热门材料。铝合金轮毂的热处理工艺不仅要考虑轮毂本身要求（尺寸、

图 6　汽车轮毂

规格等），还要考虑所用铝合金的具体化学成分。同时，热处理工艺（图 7）还受热处理设备及操作人员的影响。铝合金轮毂热处理工艺一般主要包括固溶处理和时效处理。固溶处理主要是指将材料加热到高温单相区保温一定时间，使溶质元素充分溶解到固溶体中后快速冷却，以得到过饱和固溶体的热处理工艺。而时效处理是在一定温度下保温，使过饱和的合金元素从固溶体内析出的过程，可提高铝合金的强度。A356 铝合金为硅含量较高的铝合金，硅含量达到了 6.5%～7.5%，金属镁的含量在 2.5%～4.5%，因此在热处理过程中，Mg_2Si 金属间化合物为主要的强化相，根据 Al-Si-Mg 系的三元合金相图可知，Mg_2Si 金属间化合物在基体中的固溶度与温度成正比例关系，因此可以通过提高温度的固溶处理来控制 Mg_2Si 粒子在基体中的含量与形态，来使该铝合金得到相应的强化效果。

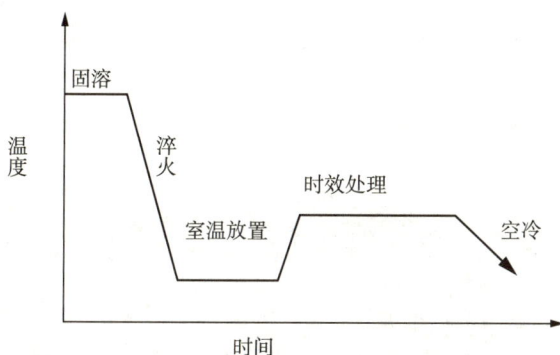

图 7 热处理工艺

安徽福斯特汽车部件有限公司是安徽省内大型工业制造企业，专业从事各种汽车铝合金部件的设计、制造和销售业务，年产 300 万只铝合金轮毂和其他铝铸件品。该公司的汽车轮毂生产工艺分为铸造法和旋压法。其中，生产的铸造铝合金轮毂工艺为金属炉料（铝锭）→铝合金铸造→X 光探伤→热处理→机加工→泄漏实验→前处理→涂装（喷塑粉、涂漆）→成品包装→成品入库。

低压铸造工艺熔化：采用 1 套熔铝炉将金属炉料进行熔化，扒渣、精炼、浇铸、冷却、去冒口、修挫。

采用 X 光探伤时，热处理工段采用燃气热处理生产线由固溶处理炉、淬火炉、中间转移机构、时效处理炉、控制系统等组成。热处理生产线所用能源为天然气，用抛丸机对轮毂毛坯进行表面清理。

（1）固溶：采用燃气热风循环方式，在固溶处理炉中于（535±5）℃加热轮毂毛坯，升温 2h，保温时间 4h。目的是使强化组元在铝中最大限度地溶解，以提高轮毂的强度和塑性，改善轮毂的耐蚀性能。

（2）淬火：铝合金轮毂低压铸造成型后，用水直接冷却。

（3）冷却中转：淬火后的工件在空气中自然冷却，为时效处理做准备。

（4）时效：采用热风循环加热方式，早时效处理炉中于（160±5）℃加热轮毂毛坯，升温时间 1h，保温 3h。时效处理的目的是消除固溶和淬火产生的内应力，从而使轮毂毛坯获得良好的综合力学性能。

（5）冷却下件：在空气中使时效处理后的轮毂毛坯缓慢冷却至室温，冷却后人工下件，转入后续生产工序。

（6）机加工工段：经过热处理加工后的轮毂毛坯用数控机床、加工机和加工中心进行处理，成为轮毂工件。

热处理可以消除轮毂材料内部的应力，使其具有良好的综合性能。

3.2　发动机缸体

发动机缸体（图8）是发动机的骨架，又是发动机总装配时的基础零件。缸体的作用是支撑和保证活塞、连杆、曲轴等运动部件在工作时的准确位置，保证发动机得到换气、冷却和润滑，提供各种辅助系统、部件及发动机的安装。缸体通常工作在高温、高载荷、磨损剧烈的条件下，会承受较大的压力，受力复杂，同时在汽油的沉浸下，工作环境潮湿。因此缸体必须具有高强度、高刚度、高硬度、高耐磨性以及良好的散热性，同时要有很好的密封性、防漏性、减振性等。

图 8　发动机缸体

滁州悦达实业有限公司是以生产销售发动机缸体、缸盖和涡轮增压器等汽车零配件为主的民营科技企业，是奇瑞汽车有限公司、安徽全柴集团有限公司、合肥江淮朝柴动力有限公司、常发集团、无锡柴油机厂等知名企业的优秀供应商。该公司生产的铝合金发动机缸体加工的核心关键技术为铸件的热处理策略与热变形检测、力学性能的对比，缸体毛坯的压铸工艺与合金元素的组成。

针对铸造气缸体的热处理方法，采用的是"固溶处理＋时效处理"的热处理方式来实现热处理强化。在固溶处理过程中，将合金加热到合适的温度并保温，让强化相充分溶入 $\alpha - Al$ 中，然后将合金依照参数进行快速冷却，将高温状态溶入 $\alpha - Al$ 晶格中的溶质保留至室温形成过饱和固溶体。为了使强化相充分地溶入 $\alpha - Al$ 基体，一般情况下需要将固溶处理温度设置为高于固溶度线，温度越高，越接近固相线，固溶处理的效果就越好；但是不能高于固相线，过高的温度会导致晶粒粗大甚至出现过烧现象而导致铸件报废。过低的固溶温度会导致强化相不能充分溶入 $\alpha - Al$ 基体，固溶体的数量会较少，铸件的强度、硬度提高效果不明显，固溶效果就会变差。铸件在固溶处理之后一般表现出强度变低但是塑性变好的特点。在固溶处理之后，将铸件加热到工艺参数指定温度（一般情况下低于固溶处理温度）并保温工艺参数指定时间，过饱和固溶体中溶质元素会析出并偏聚，形成硬化区域。铸件在时效处理之后一般表现出强度变高而塑性变差的特点。

铝合金气缸体的热处理方法是将气缸体加热到固溶热处理温度，在440～460℃的固溶热处理温度范围内处理1～2h，淬火后，立即对气缸体进行时效处理。时效工艺为在150～200℃的温度范围内时效处理2～5h。

3.3　铝制缸盖

缸盖安装在缸体的上方，从上部密封气缸并构成燃烧室，它经常与高温高压燃气相接触，因此承受了很大的热负荷和机械负荷。水冷发动机的气缸盖内部制有冷却水套，缸盖下端面的冷却水孔与缸体的冷却水孔相通。利用循环水来冷却燃烧室等高温部位。缸盖上还装有进、排气门座，气门导管孔，用于安装进、排气门以及进气通道和排气通道等。汽油机的气缸盖上加工有安装火花塞的孔，而柴油机的气缸盖上加工有安装喷油器的孔。顶置凸轮轴式发动机的气缸盖上还加工有凸轮轴轴承孔，用以安装凸轮轴。气缸盖一般采用灰铸铁或合金铸铁铸成，铝合金的导热性好，有利于提高压缩比，所以近年来铝合金气缸盖被采用得越来越广泛。

芜湖三佳科技有限责任公司铝合金重力铸造生产线，包括缸盖、进气歧管生产线，为了获得高强度的缸盖，匹配发动机的更大动力，采用美国标准 A354 铝合金材料制造缸盖，A354 铝合金属于 Al-Si 系合金，由于在合金中加入了强化元素 Cu、Mg 等，热处理后能获得更高的强度。

整个生产工艺：混砂→制芯→浇铸→落砂→割冒口→热处理→抛丸→机加工→清洗。

图9　发动机缸盖

热处理通过燃气热风循环方式进行加热，工艺如下：通过自动的辊道输送产品，产品经过定位后经过机器人自动取件操作被放置到固熔炉内，达到工艺组设定的热处理时间后，机器人自动取出将其转移到淬火水槽淬火［水温一般为（75±5)℃］，达到设定时间后机器人取出将其放到中转平台，之后经另一个机器人取出放置到时效炉内，达到设定时间后取出放到冷却通道冷却。

3.4　汽车铝板

汽车铝板是高端铝合金品种中的一种，由于其对使用性能（成形、连接等）及表面质量的严苛要求，也对原材料的加工过程提出了更精细的控制管理要求。

汽车铝板的生产工艺流程如图10所示。铝液经连续铸造成不同规格的铝坯，经表面处理、加热后进行热轧、卷取、冷轧成型，得到所需的厚度，随后进行连续退火热处理得到所需的微观精细组织和性能。

纵观汽车铝板的生产工艺流程，从微观组织角度可将其简单归结为两个方面：洁净性（化学冶金过程）和均匀性（物理冶金过程），反映到实际的生产过程中就是对熔炼（铸造）和轧制（热处理）的控制过程。优良的铝液洁净度和组织（织构）均匀性，对后续汽车生产厂的冲压成型和连接性能都有积极的作用。组织（织构）的均匀性，既包括基体组织晶粒度的大小，也涵盖有利于成型性的微观织构的比例。材料使用性能的宏观外在表现基于其微观内在本质，对微观组织及结构的合理控制，可以得到所需的宏观性能。

安徽弘邦天力铝箔股份有限公司生产的6061铝板有一定的强度、抗腐蚀性，可作为可焊性高的各种工业结构件，如作为制造卡车、塔式建筑、船舶、电车、铁道车辆、家具等用的管、棒材、型材。

汽车铝板生产的核心技术在于连续退火热处理和表面处理，加热炉、热轧机、卷取机、冷轧机和气垫式连续热处理炉。现代生产线的热轧机一般包括一个可逆开坯轧机和一个紧随其后的高速精轧机组，冷轧机一般为单机架可逆式。熔炼、热轧和冷轧过程与常规的铝板生产过程并无明显区别，所以对相应设备无特殊的要求。

退火的目的是增加合金成分的均匀性及组织的稳定性，并通过回复及再结晶过程，消除残余应力和加工硬化，以利于随后的加工和使用。主要包括均匀化退火、完全退火及不完全退火的工艺。

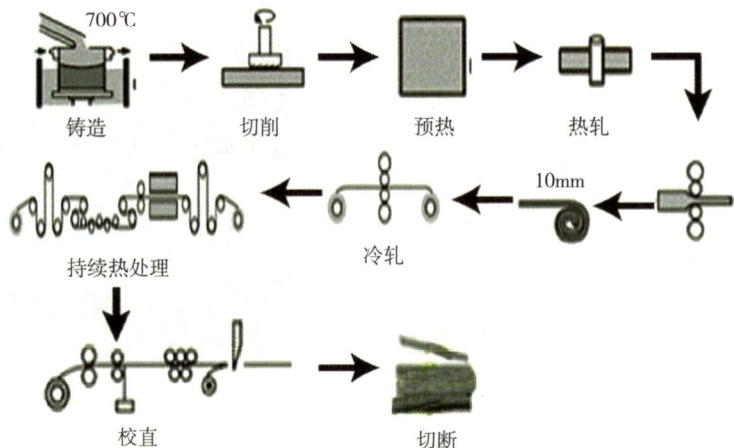

图10　汽车铝板生产工艺流程

3.5　铝箔

铝箔因具有优良的特性被广泛用于食品、饮料、香烟、药品、照相底板、家庭日用品等的包装材料，电解电容器材料，建筑、车辆、船舶、房屋等的绝热材料，还可以作为装饰的金银线、壁纸以及各类文具印刷品和轻工产品的装潢商标等。在上述各种用途中，能最有效地发挥铝箔性能点的是其可作为包装材料。铝箔是柔软的金属薄膜，不仅具有防潮、气密性强、遮光、耐磨蚀、保香、无毒无味等优点，而且其有优雅的银白色光泽，易于加工出多彩的美丽图案和花纹，备受人们青睐。铝箔与塑料以及纸复合之后，铝箔的屏蔽性与纸的强度、塑料的热密封性融为一体，进一步提高了作为包装材料所必需的对水汽、空气、紫外线和细菌等的屏蔽性能，大大拓宽了铝箔的应用市场。由于被包装的物品与外界的光、湿、气等充分隔绝，包装物得到了完好的保护。

铝板带箔代表了铝加工工业的先进程度和发展水平，我国现有的铝板带箔整体生产能力超过了需求，但在产品品种方面存在结构不合理、中低档产能过剩、高档产能严重不足的现象，高精度铝合金板带箔需求依赖进口，铝合金板带箔加工业急需扩大高精度铝合金板带箔的生产能力。

双零铝箔是厚度为 0.001～0.01mm 的铝箔，因厚度数值的小数点后有两个零而得名，通常双零铝箔厚度为 0.0045～0.007mm，属于铝箔中的高档产品，对技术和设备要求很高。铝箔是当前三大包装材料（其他两类是纸和塑料）之一。

铝箔是迄今为止最优秀的包装材料，具有无毒无味、遮光防潮、耐腐蚀、材质轻、高阻隔性、抗紫外线、在深加工利用时易折曲、黏合性与热合性优良、表面印刷性能好等优良特性，广泛应用于汽车内饰、食品、医药、电子、照相器材和日用化工等行业。

安徽弘邦天力铝箔股份有限公司采用先进可靠的生产工艺技术。通过外购胚料 1235H14 - 0.3mm 生产 0.006mm 铝箔。

铝箔生产工艺流程：坯料→粗轧→中轧→合卷→精轧（叠轧）→高速分卷分切→低温退火→检验、包装→入库。

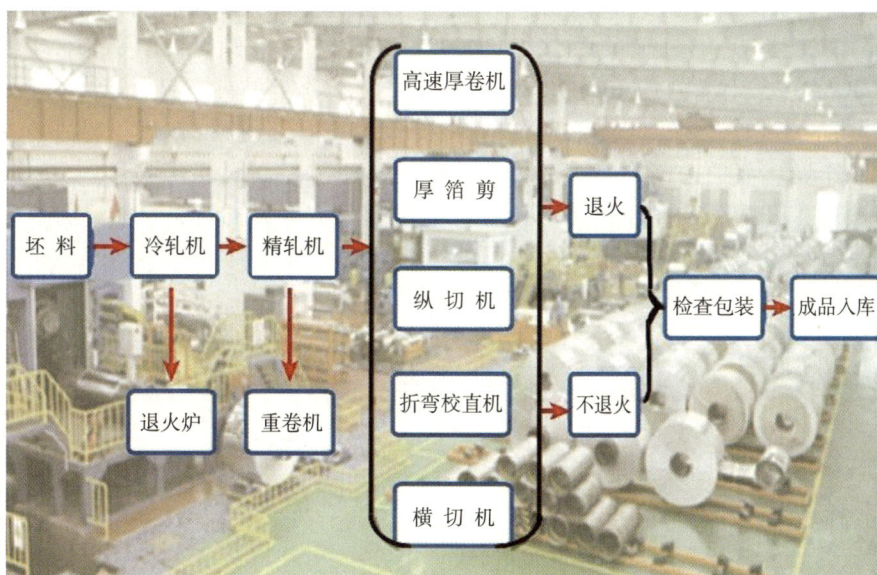

图 11　铝箔生产工艺流程

生产工艺要点：

（1）熔炼、精炼：将采购的铝锭入炉熔炼，去除铝水中的氢元素及杂质。

（2）铸轧：表面无明显的波浪。

（3）热轧：改善金属及合金的加工工艺性能，将铸态组织转变为变形组织，提高合金的加工性能。

（4）轧制：保证产品的厚度公差、表面质量、切边公差和宽度公差。铝板带表面为轧制表面，应均匀平整、洁净，不允许有异常明显的亮线、白线、轧痕等缺陷。

（5）退火：用退火炉对成卷的铝板带进行退火，显出加工中产生的加工硬化，关注对产品表面和性能指标的控制。

3.6 汽车车身用铝合金

针对商用汽车车身用6×××系铝合金强度较低的现状，通过合理调整各合金元素的含量，以达到提高烘烤硬化性，并保证材料成形性能的目的。铝合金成分见表3所列。其中优选：Si（1.40~2.0）wt.％；Mg（0.40~0.60）wt.％；Mn（0.10~0.20）wt.％。

表3 铝合金成分

元素	Si	Fe	Cu	Mn	Mg	Ti	Cr	Al
成分/wt.％	1.25~2	0.05~0.15	0.05~0.15	0.05~0.25	0.40~0.70	≤0.15	≤0.10	余量

热处理方法：铝合金铸锭进行均匀化退火热处理后，再经过热轧、中间退火、冷轧加工成板材；具体工艺如图12所示。将铝合金板材在540~565℃进行固溶处理后快速淬火至温度低于100℃，然后于30min内进行预时效处理，预时效处理工艺：于180~220℃预时效1~10s，或者于60~100℃预时效0.2~12h。180~220℃预时效1~10s后，再于24h之内进行60~100℃时效处理0.2~12h。板材在T4P状态下晶粒全部为等轴晶，晶粒尺寸不超过40μm，平均尺寸在20~30μm。材料模拟烤漆（2％预拉伸后，再进行175℃×30min时效处理）前的总延伸率不低于28％，平面应变下的变形极限（FLD0）大于0.24；烤漆后屈服强度不低于180MPa。该材料不仅具有较高的烤漆性能，而且成形性能较佳，满足汽车车身板的生产和使用需要。

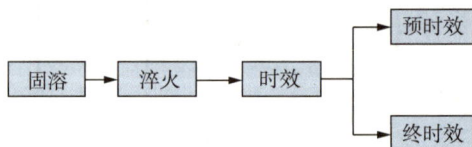

固溶 → 淬火 → 时效 →┌ 预时效
                      └ 终时效

图12 热处理工艺流程图

3.7 汽车发电机用铝合金

汽车发电机端盖需要具备散热、保护、防尘等功能，现在的汽车发电机端盖制备过程大多采用拉伸、弯折、挤塑、钻孔等操作，因此，要求制备材料具有良好的可塑变形性，同时要具备良好的强度和韧性。现有铝合金材料种类多样，用途广泛，但在韧性和可塑变形性方面仍不能满足汽车发电机端盖的制备要求。

汽车发电机用铝合金材料及其热处理方法，解决了现有铝合金材料在制备汽车发电机领域存在的不足；合金成分见表4所列。

表 4　合金成分

元素	Si	Fe	Cu	Mn	Mg	Ti	Ni
成分/wt.%	15～18	0.05～0.15	0.8～1.2	0.05～0.15	0.3～0.5	0.3～0.5	0.05～0.08
元素	Ge	Sr	B	Al			
成分/wt.%	0.01～0.03	0.03～0.06	0.1～0.3	余量			

　　具体工艺如图 13 所示，铝合金材料在 515℃ 以下，保温 6～8h 进行固溶处理；然后在盛有氯化钾的溶液中淬火；放入淬火炉中加热到 420℃，取出并通过压缩冷空气方式进行快速降温冷却，完成二次淬火；将经二次淬火后的铝合金放置在高低温箱中，先加热到 160℃，保温 3～4h，然后自然降温至 120℃，保温 5～6h，最后自然降温到室温。

固溶处理 → 一次粹火 → 二次淬火 → 自然时效

图 13　热处理工艺流程图

参考文献

[1] 胡孝德 . 一种高强度压力铸造铝车轮轮毂：201721510826.8 [P] . 2018 - 06 - 26.

[2] 葛海涛，胡孝德，杜晓东，等 . 一种采用节能短流程热处理工艺处理铝合金轮毂的方法：201810405536.X [P] . 2018 - 09 - 28.

[3] 黄泽伟 . 一种缸体机滤器面夹具：201721623077.X [P] . 2018 - 06 - 19.

[4] 黄泽伟 . 一种发动机整体式增压气缸盖：201720274412.3 [P] . 2017 - 12 - 19.

[5] 黄泽伟 . 一种多流道增压式气缸盖：201720274413.8 [P] . 2017 - 12 - 01.

[6] 薛克敏，杜飞，汪长开，等 . 一种新能源汽车空调压缩机轴承座成形工艺：201710516221.8 [P] . 2017 - 10 - 20.

[7] 霍山汇能汽车零部件制造有限公司 . http：//www.ahhnparts.com.

（七）高强高导电铜合金热处理

胡　标　王庆平　盛绍顶　张　超

（安徽理工大学　材料科学与工程学院，安徽　淮南 232001）

随着工业化的发展，人们对铜合金的需求数量不断增加。由于铜合金具有多种冶金、物理和化学特性，广泛应用于电子技术、机械工程、海洋工程、建筑、汽车、化学、医疗等领域，在金属材料中已占据重要的地位。预计 2030 年全球铜的年使用量将达到 2510 万吨。然而，集成电路的飞速发展对铜合金材料提出了更高的要求，要求其电导率大于 80% IACS，硬度高于 181HV，但是人们很难在提高其电导率的同时提高其强度，所以对该问题的研究主要集中于同时兼顾电导率和强度。为了适应现代工业迅速发展的需要，美国、英国、日本等从 20 世纪 70 年代开始，对高性能尤其是高强高导电铜合金进行了大量的研究和开发工作，其中不少材料已经商品化。高强高导电铜合金不仅具有较高的强度和良好的塑性、优良的导电性能，以及较高的抗氧化、抗应力松弛、抗蠕变、抗应力腐蚀能力，还具备疲劳性能好、无氢脆等性能特点。高强高导电铜合金克服了纯铜应用上的不足，大大节省了材料，同时又有较长的使用寿命。

目前已开发出高强度高导电铜合金主要有 Cu－Ag、Cu－Zr、Cu－Cr、Cu－Cd、Cu－Fe、Cu－Mg、Cu－Nb 等系列合金以及高强高导电复合材料，其中 Cu－Cd、Cu－Cr、Cu－Ag-Nb 等合金的研究取得了新的进展。有人认为 Cu－Ag、Cu－Nb、Cu－Fe 宏观复合材料是满足高强高导的最佳铜合金材料，并且已有国家进行工业化应用，如德国高速铁路常用接触线材料即为 Cu－Ag 合金。铜合金的强化方式有固溶强化、形变强化、细晶强化、沉淀弥散强化和复相强化等。Cu－Ag 合金制备方法有复合材料法和合金化法，遵循的主要思路是：在尽量少降低铜合金电导率的前提下，多提高铜合金强度。本文以 Cu－Ag 系高强高导电铜合金为代表综述了热处理方法研究进展，介绍了发展该类合金的最新技术及其研究现状。

1　铜合金热处理方法

目前国内外采用的高强高导电铜合金强化方法有固溶淬火、时效热处理、再结晶退火、高温均匀化退火、低温消除应力退火、低温强化退火等。

（1）固溶淬火

固溶淬火是时效前的热处理工艺，目的在于在固溶温度下保温后急速冷却，以获得最大限度地过饱和固溶体，通常与时效析出热处理共同应用，提高材料性能。

（2）时效硬化

时效热处理的目的在于固溶、淬火后，析出溶质原子强化合金。时效温度要求较为严格，炉温必须尽量保持均匀。

（3）均匀化退火

均匀化退火的主要目的是消除铸造时锭坯的成分偏析。温度升高，原子借助热起伏，克服能量壁垒的原子倍数不断增多，高温下的空位也有助于原子扩散，一般均匀化温度要比退火温度高100℃，一般铜合金的结晶区间大，成分偏析严重，需要均匀化退火。

（4）中间再结晶退火

中间再结晶退火的主要目的在于消除加工硬化。中间退火温度在再结晶温度以上，材料的软化程度取决于冷加工率、退火温度、保温时间。一般在加工初期采用高温退火，加工后期采用较低温度退火，以保证晶粒度的均匀一致。

（5）低温退火

铜合金冷加工产生残余应力，会导致应力腐蚀，产生季节性碎裂现象。低温退火的主要目的在于消除残余应力，因此低温退火温度应尽量低，以避免材料软化。

2　Cu–Ag系合金热处理进展

热处理过程中合金导电率和强度的变化由次生Ag相的析出所致。次生Ag相的析出不但会使Ag相的含量增加，而且使Ag在Cu基体中的固溶度减少，致使合金的导电率有所增加，而且随着退火温度的升高，Ag相的析出加快，导电率明显增加；但升高到一定温度后次生Ag相的球化及增长则会使强度有所下降。Strehle等指出，电镀Cu-Ag合金薄膜的晶粒尺寸演变、结晶化孪生、纤维结构以及Ag的固溶和偏析，与热处理和固溶参数有关。

2.1　固溶处理

对Cu-Ag系合金进行固溶，在固溶时间相同的条件下，固溶温度的高低会影响固溶的效果：偏高时会造成合金的晶粒、晶界粗大，产生过烧现象，各方面的性能都会有一定量的降低；偏低时会造成Ag在Cu中的固溶度减小，成分不均。只有通过合适的固溶温度和固溶时间，使合金元素在Cu中形成过饱和固溶体，之后经过时效处理使过饱和固溶体发生分解，从Cu基体中沉淀析出大量的合金元素，并以沉淀相的形式弥散分布，可有效阻止晶界与位错的移动，大大提高合金强度固溶处理的效果。若过饱和固溶体合金的内部有晶格畸变，则会明显降低合金电导率，但时效时间过长会造成过时效的现象，降低强度、提高电导率。王树森等研究发现，Cu-1wt.％Ag合金经760℃固溶4h处理后综合性能最好。

2.2 时效处理

Cu-Ag 合金的元素组织形态直接影响着最终的纤维相分布，时效处理能够使原始组织中的强化相进行合理分布，为随后应变过程中纤维相的合理分布提供了先决条件。因此，与其他热处理相比，时效处理具有重要的研究价值。Hoog 等的研究指出，在时效处理期间，Ag 溶质从 Cu 基体中扩散出来致使拉伸强度和导电率比同等条件下的固溶处理分别高出 12.7% 和 14.5%，如 400℃、20h 时效处理的 Cu-12wt.% Ag 合金，其拉伸强度为 310MPa，导电率达 95% IACS。宁远涛等的研究表明，大变形后的 Cu-10wt.% Ag 合金经低于 300℃ 的时效处理，合金显示为连续沉淀，其 Ag 沉淀相以孤立状小颗粒在 Cu 基体中形核长大并弥散分布，从而使合金得以强化；而经过高于 300℃ 的时效处理，合金显示为不连续沉淀，且不连续沉淀形成的微细片层状组织在随后的变形过程中可以获得更细微的原位 Ag 纤维组织，使材料拥有更高的应变强化。林剑等认为，在时效前期，较高温度下的析出对提高导电率和硬度的效果比较明显；在时效后期，较低温度下的析出对提高导电率和硬度的效果比较明显。总之，时效处理可以促使大角度附近出现明显的次生 Ag 相，并且随着次生 Ag 相的增加，合金的导电率不断升高，当固溶体的脱溶基本完成时，导电率趋于恒定；同时，由于固溶强化和第二相强化，金属的力学性能如强度、硬度等也有所提高。王树森等的研究表明，Cu-1wt.% Ag 合金经 760℃ 固溶 4h 处理后再进行 500℃ 时效，随时效时间的延长，Ag 单质逐渐在边界上析出，Cu-1wt.% Ag 合金的导电率呈现先上升后稳定的规律，硬度呈现先升高后降低并最后趋于稳定的规律。在 4h 固溶后，Cu-1wt.% Ag 合金的综合性能最好。研究表明，对于 Cu-3.5wt.% Ag 合金的 450℃ 时效，随着时效时间增加，合金硬度呈先急剧升高后缓慢下降趋于平缓的趋势，合金导电率基本保持不变，整体导电率在 1% IACS 以内波动。在试验范围内，Cu-3.5% Ag 合金保温 4h 的综合性能最好。

2.3 中间热处理

中间热处理是 Cu-Ag 合金加工工艺中一个相当重要的过程。中间热处理能够促进 Cu-Ag 合金和共晶体中次生 Ag 相的有效析出，显著提高合金的强度和导电率。Hong 等和 Han 等认为，经过中间热处理后再继续进行冷加工的合金，变形先由更细小而致密的组织开始，有利于纤维组织的重新排列及 α 相和 β 相的协调变形，进一步提高加工硬化的能力。Sakai 等认为，合适的热化学处理（结合 350～450℃，1～2h 中间热处理和拉拔）能够产生良好的分布式纤维状 Ag 沉淀物或在基体中平行于拉拔方向的 Cu，这些纤维复合结构能够同时改善强度和导电性，使 Cu-Ag 共晶能够达到 1000MPa 的极限拉伸强度及 80% IACS 的导电率。宁远涛等指出，经中间热处理的大变形 Cu-10wt.% Ag 合金原位纤维复合材料强度可大于或等于 1500MPa，导电率可大于或等于 62% IACS。

2.4 退火处理

冷加工后退火处理对材料的性能也有一定影响。刘嘉斌等对纤维复合强化 Cu-12wt.%

Ag 合金的研究认为，200℃等温退火时，强化相仍然保持纤维形态，强度略有下降，导电率略有上升；300℃等温退火时，纤维相界面局部迁移，退火初期导电率上升较快而强度下降较快，随后导电率的上升和强度的下降都趋于平缓；400℃等温退火时，组织发生再结晶和晶粒粗化，退火初期导电率剧烈上升而强度急剧下降，随后强度下降趋于平缓而导电率达到最高值后略有下降。Han 等指出，300℃以下退火时，随时间的延长，合金硬度不断下降；而在 400℃以上退火时，在 1～2h 硬度值迅速下降为热处理前的一半，再延长时间，硬度则基本保持不变。宁远涛等的研究表明，大变形后的 Cu-10wt. ％ Ag 合金原位纤维复合材料经 300℃稳定化退火后强度可保持在 1250MPa 以上，而导电率可保持在 70％ IACS 以上；经 550℃稳定化退火后强度可保持在约 400MPa，而导电率可达到约 97％ IACS。所以，适当的退火处理可对冷加工后的材料各方面的性能进行改善。

图 1 为不同 Cu-Ag-Si 合金在 700℃退火 30 天后淬火的扫描电镜图片。从图中可以看出，不同的合金成分在相同的退火温度和退火时间下获得的微观组织不同。图 2 为不同 Cu-Ag-Cr 合金在 500℃、600℃、650℃和 700℃下退火不同时间后淬火的扫描电镜图片，亦可以看出合金的微观组织随着合金成分、退火温度和退火时间的不同而不同。

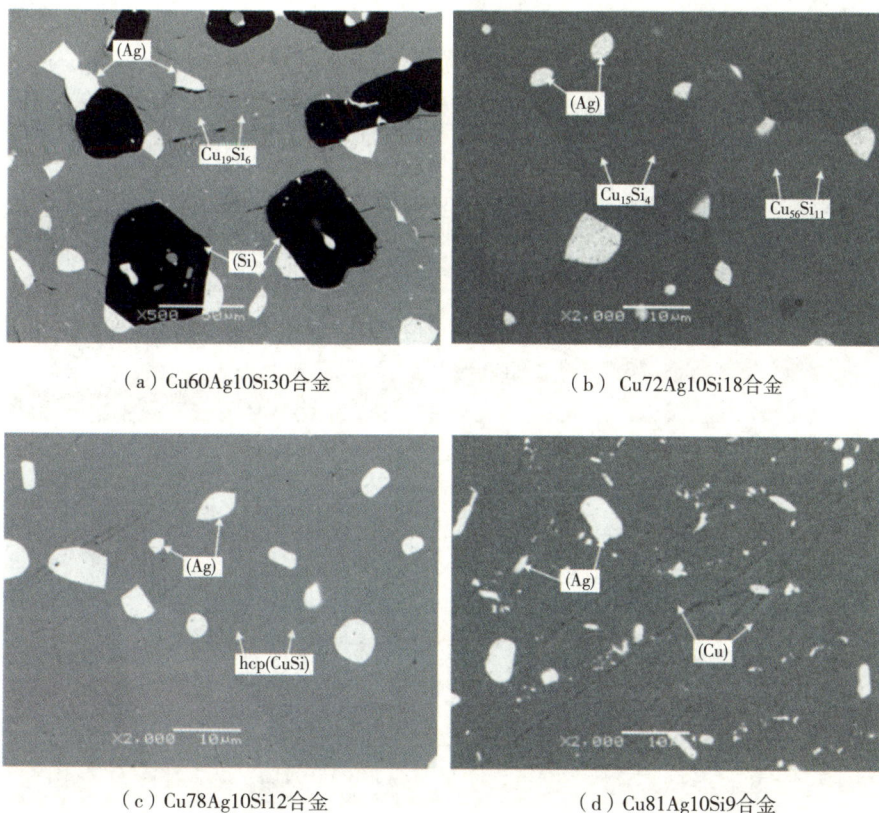

（a）Cu60Ag10Si30合金　　　　　　　　（b）Cu72Ag10Si18合金

（c）Cu78Ag10Si12合金　　　　　　　　（d）Cu81Ag10Si9合金

图 1　不同 Cu-Ag-Si 合金在 700℃退火 30 天后淬火的扫描电镜图片

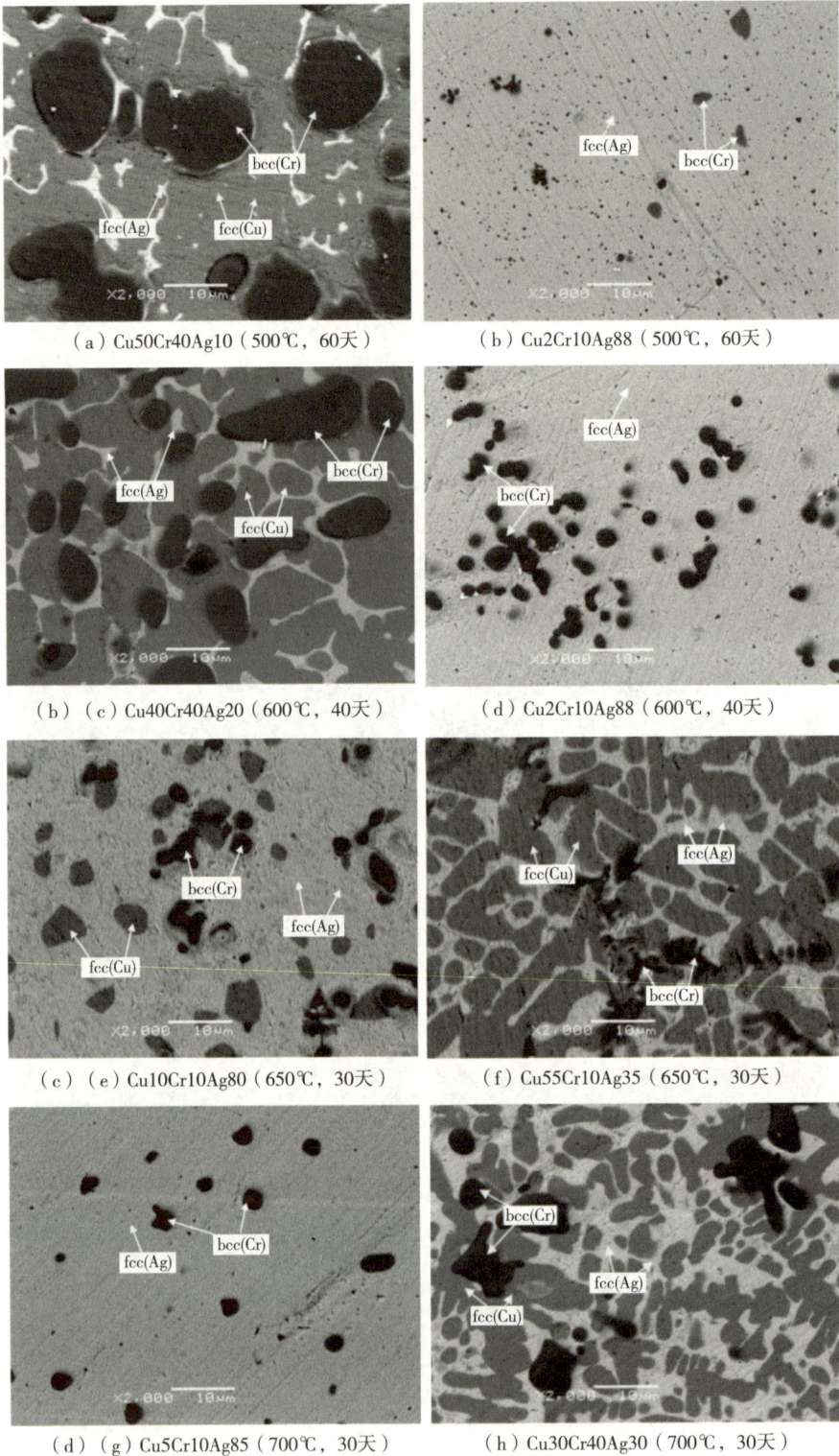

（a）Cu50Cr40Ag10（500℃，60天）

（b）Cu2Cr10Ag88（500℃，60天）

（b）（c）Cu40Cr40Ag20（600℃，40天）

（d）Cu2Cr10Ag88（600℃，40天）

（c）（e）Cu10Cr10Ag80（650℃，30天）

（f）Cu55Cr10Ag35（650℃，30天）

（d）（g）Cu5Cr10Ag85（700℃，30天）

（h）Cu30Cr40Ag30（700℃，30天）

图 2　不同 Cu－Ag－Cr 合金在不同温度下退火不同时间后淬火的扫描电镜图片

3 结束语

高强高导电铜合金是国家重大工程和国防军工等所必需的关键材料,加快设计、研制和产业化的研究,具有重要的社会效益和经济效益。航天航空、兵器、舰船等工业的发展对导热导电弹性材料的各项技术指标和环境适应能力提出了更高的要求,特别是国家安全重大工程的实施。先进的 Cu 合金制备技术可以在保持合金高电导率的同时较大幅度地提高合金强度,其中 Cu - Ag 系合金的机械性能还有待进一步提高。为此,需要进一步优化热处理工艺,调节合金元素配比,添加微量元素,应用多种强化手段,以期在保证合金具有超高强度的同时并保持优异的导电性能。总之,结合材料的合金化设计和制备技术,科学地设计和优化合金成分及热处理工艺,深入而透彻地分析合金中析出相及其作用机理,实现对合金组织和性能的控制,是研究开发新型高强高导 Cu - Ag 合金材料的发展趋势。

参考文献

[1] 陆冠华,甘春雷,刘辉,等. 高强高导 Cu - Cr - Zr - Mg - Ce 合金热处理前后组织性能变化 [J]. 材料研究与应用,2017,11 (2):62 - 66.

[2] 冯培,陈文革,闫芳龙,等. 高强高导 Cu - Cr - Zr 系合金的研究进展 [J]. 电工材料,2019,(2):11 - 17.

[3] 李周,肖柱,姜雁斌,等. 高强导电铜合金的成分设计、相变与制备 [J]. 中国有色金属学报,2019,29 (9):2009 - 2049.

[4] 吴德振,杨为良,徐恒雷,等. 高强高导铜合金的应用与制备方法 [J]. 热加工工艺,2019,48 (4):19 - 25.

[5] KLASSERT A,TIKQNA L. Copper and copper - nickel alloys - an overview [J]. Corrosion behaviour and protection of copper and aluminium alloys in seawater,2007:47 - 61.

[6] 何钦生,邹兴政,李方,等. Cu - Ag 合金原位纤维复合材料研究现状 [J]. 材料导报,2018,32 (15):2684 - 2692.

[7] RAABE D,MATTISSEN D. Experimental investigation and Ginzburg - Landau modeling of the microstructure dependence of superconductivity in Cu - Ag - Nb wires [J]. Acta materialia,1999,47 (3):769 - 777.

[8] 赵冬梅,董企铭,刘平,等. 探索高强高导铜合金最佳成分的尝试 [J]. 功能材料,2001,32 (6):609 - 611.

[9] HAN Y,ZENG W,QI Y,et al. Optimization of forging process parameters of Ti600 alloy by using processing map [J]. Materials Science and Engineering:A,2011,529:393 - 400.

[10] STREHLE S,MENZEL S,WETZIG K,et al. Microstructure of electroplated Cu (Ag) alloy thin films [J]. Thin Solid Films,2011,519 (11):3522 - 3529.

［11］王树森，姚大伟，张远望，等．固溶时效处理及强变形对 Cu－1wt％Ag 合金的组织和性能的影响［J］．材料导报，2018，32（Z1）：89－92.

［12］HONG S I, HILL M A. Mechanical stability and electrical conductivity of Cu－Ag filamentary microcomposites［J］. Materials Science and Engineering：A，1999，264（1－2）：151－158.

［13］宁远涛，张晓辉，吴跃军 . Cu－Ag 合金原位纤维复合材料的应变强化效应［J］.中国有色金属学报，2007，17（1）：68－74.

［14］林剑，张进东，孟亮 . 时效处理对 Cu－6％Ag 合金组织与性能的影响［J］.稀有金属材料与工程，2008，37（7）：1304－1308.

［15］HAN K, EMBURY J D, PETROVIC J J, et al. Microstructural aspects of Cu－Ag produced by the Taylor wire method［J］. Acta Materialia，1998，46（13）：4691－4699.

［16］SAKAI Y, INOUE K, ASANO T, et al. Development of high－strength, high－conductivity Cu－Ag alloys for high－field pulsed magnet use［J］. Applied physics letters，1991，59（23）：2965－2967.

［17］宁远涛，张晓辉，吴跃军 . 热处理对 Cu－Ag 合金原位复合材料结构与性能的影响［J］.材料导报，2006，20（11）：137－140.

［18］刘嘉斌，孟亮，张雷 . 等温退火对纤维相复合强化 Cu－12％Ag 合金组织、力学性能及电导率的影响［J］.稀有金属材料与工程，2005，34（9）：1460－1464.

［19］NING Y T, ZHANG X H, WU Y J. Electrical conductivity of Cu－Ag in situ filamentary composites［J］. Transactions of Nonferrous Metals Society of China，2007，17（2）：378－383.

第四篇　往日岁月

4.1　学会工作五十八年回顾

施家山

安徽省机械工程学会热处理专业委员会已度过了 58 个春秋，为纪念几代热处理同仁为之奋斗和奉献的学会，让我们打开尘封的记忆，回顾 58 年来，我省热处理工作者以自己的聪明、才智、艰辛与汗水，为我省热处理行业所做出的贡献。这 58 年历史我省热处理事业不断发展与壮大，我们再次相聚合肥，欢聚一堂，出版专辑，庆祝学会成立 58 周年华诞，大家无不为之感到欣慰、自豪与鼓舞。

翻开学会活动的有关资料，我们都深深感受到，学会的发展史正是学会同仁的攀登史，每一次的成绩都渗透着理事会成员的心血，闪耀着大家的聪明才智。同时学会的发展也正是热处理行业的振兴史。没有热处理行业就没有热处理学会，没有全行业的支持，学会工作就寸步难行。反过来说，学会活动对行业发展、振兴起到了促进作用，也发挥了不可替代的作用。

在这动荡、徘徊、变革、进步的 58 年，学会工作和整个国家命运一样，既经历了艰辛与曲折，也饱尝了荣誉和甘甜。历经世事沧桑的学会组织，的确有许多值得回忆、怀念和总结的经验。回忆过去、总结现在、展望未来，对学会今后的发展是非常有意义的。由于时间相距久远，年深日久，时过境迁，世事多变，当时能保留下来的资料已经很少，收集的资料很不完整，甚至有误。所写资料倘若能起到抛砖引玉的作用，让更多的同仁都来回忆，这也算达到目的了。

在纪念学会成立 58 周年的同时，我们不会忘记学会创建者和早期活动积极分子，为组建和开展活动的呕心沥血，更不会忘记为我省热处理事业做出贡献的老一辈热处理工作者。他们当中最年轻的也逾古稀之年，而年长的则是耄耋之年，有的已经驾鹤西归，他们的音容笑貌、言谈举止，至今仍历历在目，他们的功绩将永远被记载在我省热处理史册中，铭记在我们心中。

热处理专业委员会于 1963 年 5 月 23 日在合肥成立，当时称为热处理学组，由 12 人组成。学组成立后，制订活动计划，积极开展工作。20 世纪 60 年代初，我省热处理技术十分薄弱，即使是大型机械厂也缺少技术人员，能熟练操作的热处理工人很少，中小型企业没有技术人员。全省热处理会员只有二十几名。当时学会的主要活动是：团结全省热处理工作者，密切结合实际，为提高我省热处理技术水平而开展工作；积极举办多种形式培训班，组织科技人员下厂帮助工作，解决生产中热处理问题；召开热处理经验交流会、现场研讨会，提高企业工人技术水平，如召开减少模具热处理变形开裂经验交流会、轴承热处理现场研讨会等。

正值我省热处理行业风风火火开展形式多样的学术活动之际，却风云突变，热处理学会和其他学会一样被迫停止活动，从此陷入瘫痪，这一停就是十几年。

学会活动虽然停止了，我省广大热处理工作者仍活跃在科研、生产第一线，各地市陆续成立热处理交流队、情报站等组织，开展了一系列跨地区、跨行业的各种形式的攻关交流活动，并于1974年在泾县召开了"全省热处理经验交流会"。在这次会议上，行业人员提出"搞好热处理，零件一顶几"的响亮口号，提出了以热处理为主要手段，提高基础件质量与寿命的攻关计划与目标，在全省又兴起了一股热潮，引起政府有关部门对热处理行业的重视。

1979年3月，省机械工程学会及其所属自动化、热处理、无损检测等四个专业委员会在芜湖召开了恢复学会活动大会。这是我省机械行业的一次盛会。十余年停顿重聚首，大家倍感亲切、温馨，自然而然地增强了学会凝聚力。在这次会议上，协商产生第二届理事会。

学会活动恢复正常后，学术活动非常活跃，掀起了我省学术活动的第二个高潮。为了提高我省热处理工作者技术水平，并进行知识更新，邀请省内外热处理专家进行了专题讲座、技术培训、技术交流会数十次，参加听讲、培训、交流人数达数千人次。1979年5月至12月，举办各种形式的学术活动11期，1980年举办10期，1981年以后有所减少，但每年均有学术活动，每次均有数十人至百余人参加。这些学术活动使我省热处理技术人员和工人技术水平得到了一定提高，一批热处理新技术、新工艺、新设备得到了推广应用，取得了良好的经济效益。同时举办各种形式的学术交流会、座谈会、研讨会，包括低碳马氏体应用、齿轮热处理、热处理节能和专业化座谈会、提高模具寿命学术咨询会、热处理车间管理经验交流会、热处理炉节能改造座谈会等。此外，还组织科技人员深入生产第一线解决生产中实际问题，这些活动对提高我省热处理技术水平，推动我省热处理技术进步起到了积极作用。

随着国家经济体制改革的深入，在市场经济的冲击下，20世纪90年代的学会工作一度遇到了困难。我们紧紧依靠全体理事、挂靠单位和全省热处理同仁，用新的思维、方法，围绕经济建设，适应新形势，运用新的工作方法，学会活动仍然开展得十分活跃，每年举办1～2次多形式、多层次的学术活动，如热处理标准宣贯班、火花鉴别培训班、热处理管理工作经验等。经过二十几年的探索，自1979年第二届理事会成立以来，全省热处理学术会议坚持4年召开一次（2006年12月改为每两年召开一次），已经召开了十次，每次会议都开得非常成功，人气很旺，生机勃勃，参会人数80～110名，收到论文40～70篇。每届会议都能按计划完成规定的任务，达到预期的目的，获得很好的效果，取得圆满成功。

为开展省际交流与合作，我们还积极组织我省同仁撰写论文，踊跃参加全国或区域性学术活动，邀请全国性热处理有关会议在我省召开，并认真组织召开华东地区和九省市热处理学术会议，如第一届全国流动粒子炉技术座谈会，全国淬火冷却交流会，第三、十、十六届华东地区热处理会议，九省市热处理协作网六、七届会议，全国热处理学会四届二次理事会议，与国家热协联合召开热处理技术和管理工作经验交流会，与国家热处理标委会联合举办热处理标准宣贯班，得到兄弟省市热处理同行好评，对我省热处理技术进步也产生了积极影响。2006 年，我省出色地组织了第十六届华东地区热处理会议暨华东地区热处理会议召开 30 周年纪念活动，征集了 7 位华东会议发起人和初期活动积极组织者撰写回忆文章，邀请他们参加会议。多方收集整理 1~14 届华东会议简介，汇编成册，在此期间，各省市学会负责人统一了认识，成功地化解了一次华东地区热处理会议生存危机，受到大家的好评。

自 1979 年学会恢复活动以来，理事会换届了九次。每届理事会都严格按照理事任职条件，经单位推荐，理事会全体会议讨论通过，经省机械工程学会批准而组建，任期 4 年。每届新当选理事不少于总数的 1/3，这样既能保证理事会组成人员的年轻化，又能保证理事会工作的连续性，还可以培养和发现新的学会活动积极分子，为学会增添活力。最近几届理事会成员已明显年轻化，理事会中一代新人正在成长，已成为学会工作的主力军，他们学有所长、精力充沛、思维敏锐、勇于探索、无私奉献。学会后继有人，前程似锦。每届理事会中保留几位德高望重的热处理专家，他们的经验传统和智慧对学会工作起到了重要影响。老一辈学会领导人给我们留下的宝贵财富，我们一定要一代一代继承下去。

1991 年 11 月创办了《安徽热处理通讯》，每年不定期编印 4~5 期，共编印了 64 期。期刊报道省内外热处理行业学术会议、"三新"成果、科技期刊信息 300 余篇，使我省热处理工作者能及时得到有关信息，向上级学会及有关期刊通报了我省热处理行业活动情况，成为学会与各地热处理工作者之间联系的纽带与传播信息、交流经验的工具，对促进我省热处理技术交流起到了有益的作用，得到了大家好评。现在人们用"微信"传递信息更方便、快捷，《安徽热处理通讯》已完成了它的历史任务。

由于工作积极并取得了显著成绩，我省热处理专业委员会多次受到上级学会表彰，获国家热处理学会、国家热处理标委会、省机械工程学会先进集体荣誉称号，20 余人次被评为先进工作者，40 余篇论文被评为国家热处理学会、省科协、省机械工程学会、华东地区热处理会议优秀论文。

综上所述，学会工作 58 年是艰苦创业和继承光荣传统、工作卓有成效、光辉闪耀的 58 年。我省热处理专业委员会之所以能取得如此光辉的业绩，原因有 4 条：①有一个民主和谐、团结进取、乐于奉献的领导班子，有历届理事长、秘书长和广大理事的团结一致、不懈努力，有老一辈专家学者和热处理同仁的支持。②有一批热心学会工作的积极分子和秘书处成员，他们为学会工作勤勤恳恳、任劳任怨、不讲条件、不计报酬、无私奉献。③热处理设备、工艺材料生产厂家的资助，解决了学术活动资金不足的困难，没有这些企业慷慨解囊，开展活动也是很困难的。④挂靠单位在人力、物力、财力上给予了学会大力支持和帮助，这是学会工作顺利开展的重要条件。

老一辈热处理工作者老骥伏枥，志在千里，对学会怀有深厚的感情，仍关心学会工作，积极参与学会活动，依然关注热处理行业的动态与发展，关心年轻一代热处理工作者的成长。值得欣慰的是，年轻一代热处理工作者不断成长壮大，保证了学会活动这一接力棒一棒一棒地传下去，希望和前途在于年轻一代。我相信，在一批批年轻人的不懈努力下，学会工作将越来越有声有色，形式越来越多样，水平越来越高，思想越来越宽阔，步子越来越高远。

回顾学会工作 58 年历程，我们克服了一个又一个困难，取得了一个又一个成绩。辉煌的成绩令人欣慰。展望未来，学会工作任重道远，要适应新形势，面向经济建设、市场经济，要用新的思路改进工作方法，动脑筋、想办法，找准自己的位置，求生存、求发展。

经过 58 年的摸爬滚打，我们专业委员会已成为名副其实的坚强集体。热诚希望全省热处理同仁再接再厉、献计献策、不断改革、勇于创新，争取取得更大成绩，为我省热处理行业的发展、技术的进步、经济的腾飞做出更大贡献。我省热处理事业一定会更加朝气蓬勃、兴旺发达、永葆青春、再铸辉煌。

4.2 难忘的合肥热处理厂
(安徽合力股份有限公司)

施家山

　　1980 年，原国家机械工业委员会开展专业化生产，将叉车厂热处理车间组建成合肥热处理厂（包括电镀车间），具有独立法人资格，隶属于省机械工业公司领导。同时原国家机械工业委员会拨款 50 余万元，合肥热处理厂自筹资金 20 余万元，用于购买具有先进水平的热处理设备，使其能逐步承接省内热处理协作件任务。职工人数 200 余名，其中具有高、中级职称（包括工人技师）的有二十余人。其规模在全省热处理行业中名列前茅，在全国热处理专业化厂中也属中等水平。

合肥热处理厂老厂房

20世纪六七十年代原热处理车间面积约200m²，只有两台45kW箱式电炉设备，两台盐浴炉，1台35kW井式回炉和1台高频电炉，在车间旁，还有一间用石棉瓦临时搭建的棚屋，里面放置着1台燃煤焰反射炉，用于大工件淬火及固体渗碳；十几名工人（其中两名老工人）是1960年从合肥矿机厂调来的。1974年开始筹建新热处理车间，由原机械部第一设计院设计。先挖10m井式电炉地坑，当时挖土技术很差，用沉井法慢慢向下挖，用了3年多时间才将大坑建成。新车间两跨，其中一跨高30m²，面积大于3000m²，于1978年投入使用。

经过全体职工几年的不懈努力，到了1985年，热处理厂设备包括直径1m、深10m井式电炉2台，为华东地区最深的井式电炉；此炉辅助设备4m×4m×12m水槽、油槽各1台，高12m准备架1台，15t行车1台，直径0.6m、深4m井式电炉2台；3m×3m×4m燃油炉1台，烟囱高50m（1990年后拆除）；45kW、90kW、150kW台车箱式电炉各1台；30kW、75kW井式气体渗碳炉各1台，90kW井式气体渗碳炉2台；60kW高频机1台，100kW高频机2台，100kW中频机组1台；45kW井式回火炉2台，75kW井式回火炉2台；45kW气体氮化炉1台；100kg真空炉1台；200t长轴校正机1台，还有一些热处理辅助设备。检测设备有里氏硬度计、台式硬度计等多种硬度计及仪表检测仪器。1983年购买的瑞士产里氏硬度计，价格1.5万美元（当时汇率1:10）。

服务用户除叉车厂和铸锻厂外，还有合肥市数十家用户以及芜湖、安庆、徐州市等的多家用户。服务水平逐年提高，产品质量获得用户满意和信赖。当时热处理行业利润率很高，经济效益很好，职工福利好于大院的其他厂，以至于很多人想调到热处理厂工作。

合肥热处理厂新厂房

　　1997 年底，由于种种原因，热处理厂并入铸锻厂，仍恢复热处理车间建制，红红火火 18 年后落下了帷幕。2015 年，热处理车间停产，除搬走少部分设备外，大部分设备被当作废品处理掉，员工被分配到叉车厂新厂有关车间热处理点上。合肥义车厂地块由北京金隅房地产公司以 51.5 亿元买去。为了留下南七老工厂浓厚的历史气息与情怀，金隅公司决定在此建立纪念馆，前后经过 5 次选址，最后择址于叉车厂东大门向南的一栋厂房，取名"南七记忆馆"，原热处理厂厂房得以保留作为馆址，这是我们热处理厂老职工的荣幸与自豪。我曾在此工作了 36 个春秋，见证了它的发展壮大，每当走到此处，我都不禁会回忆起当时在此工作的岁月里那些成功与失败、喜悦与痛苦的种种情景。

4.3　人物介绍

4.3.1　王成福　教授

王成福教授 1935 年出生，1959 年毕业于上海交通大学材料热处理专业，随后被分配到刚刚组建的国家重点院校——合肥工业大学任教。当时正值三年自然灾害时期，学校的办学和生活条件都十分艰苦，但是人们回忆起那段岁月时都会有一种激情燃烧的感觉，来到合工大不久的他以助教身份负责一个大本科班材料学课程的讲授，教学反映良好。从 1959 年到 1978 年，他一直是助教身份，每月仅 43.5 元的工资。

年轻时，他和很多合工大的老师们随工宣队到淮南煤矿劳动，无法知道能否回校。但王成福的心中始终有个信念：一是年轻时能在艰苦的地方锻炼不是坏事；二是中国总是需要高等教育，需要老师。王老师参加了当时外语系的德语培训班，这在当时既不是他的任务，也没有人鼓励，做出这样的决定只是知识分子的一种学习和求索本能。当年他也没有料到这样的一种精神竟改变了自己的命运。

座谈会结束后在材料楼前与师生合影　2021 年 4 月
右五为王成福教授，左五为吴玉程教授（副校长、正厅级）

学校百废待兴之际，要选择一批访问学者去德国科学院在斯图加特大学的分院学习，全校既会专业知识又懂德语的教师寥寥无几，第一批四人名单中，当时还是讲师的王成福老师名列其中。一年多的访问学者阶段，王成福老师受到了德国同行的良好评价，回国后不久，作为年轻和专业教师的代表，王成福老师加入了领导班子队伍中，1983年直接从教研室主任晋升为副校长；于1991年担任校长，迎来了自己事业的高峰。回首往事，王成福教授感叹：追求事业不能功利色彩太重，机会总是青睐有远见、有信念和愿意付出的人。人生如此，办高等教育亦然。

如今，王成福老师虽已退休，但一直关心学校、学院和专业的发展，鼓励年轻人自强不息、教书育人，2021年4月份，在学习"四史"活动中，不顾自身年迈，到材料学院给学生讲党史、讲改革开放史，结合学校发展和自身经历，为师生们上了一堂生动的党课，受到广大师生一致的赞誉。（朱峰　整理供稿）

右为王成福教授，遇到刚从山西回校工作的吴玉程教授

4.3.2　束德林　教授

束德林教授，原安徽工学院院长。1959年8月毕业于哈尔滨工业大学热处理专业，毕业后任黑龙江科学院金属研究所第二研究室主任。1968年调入原安徽工学院，长期从事金属材料热处理、工程材料力学性能及材料失效分析方面的教学和科研工作。1988年获安徽省劳动模范、全国总工会全国优秀教育工作者称号和"五一劳动奖章"，同年，当选为安徽省人大常委。1991年获国务院政府津贴，获评人事部中青年突出贡献专家、合肥市人民政府有突出贡献科技人员。1996年获省科技进步二等奖，1997年获省科技进步三等奖及"七五"期间有突出贡献的科技人员荣誉。

　　束德林老师为本科生和研究生讲授"金属机械性能""金属力学性能""材料力学性能""晶体缺陷和强度""断裂物理"等课程。为弥补国内有关机械性能的专著的空白，凭借着扎实的专业学识及认真的态度，他主编翻译了苏联科学家弗里德曼的著作《金属机械性能》，满足了教学、科研和生产的需要；主编的《工程材料力学性能》，成功入选国家"十一五"规划教材，至 2020 年底，累计印数已达 135000 册。这些教材对现今材料领域的教学科研及工程都产生了深远的影响。

　　束德林老师科研成果丰硕，先后主持完成了原机械工业部"3Cr2W8v 钢高温性能及其应用"项目，成果达到国内领先水平；原机械工业部"钢在气-固流体中高温冲蚀磨损及其对策研究"项目，成果达到国内先进水平，试验装置填补了国内空白；安徽省科委"伞齿轮精锻模失效分析及对策"项目，获安徽省科技进步二等奖。

　　束德林教授从教几十年，桃李满天下，为我国金属材料领域的人才培养做出了重大贡献。（陈九磅　供稿）

4.4　深切怀念

4.4.1　邓志煜　教授

下图是合肥工业大学原金属材料及热处理专业（现金属材料工程专业）80级的师生毕业合影，第二排右六为邓志煜教授（时任合肥工业大学党委书记，授课"金属力学性能"）、右七为王成福教授（时任合肥工业大学副校长，授课"金属材料学"）、右八为邓宗钢教授［时任合肥工业大学材料（学院）系主任，授课"金属学与热处理"］。

合肥工业大学原金属材料及热处理专业 80 级师生毕业留念

这个班级的学生是1980年王成福老师（时任热处理教研室主任，一年后去德国斯图加特马普所学习，1983年任合肥工业大学副校长）从全国各地招来的，共32人，图中的老师多数给学生上课，指导实习、实验以及毕业论文、设计。时光荏苒，转眼就是近40年，如今，有一些先生已故去，我们无比怀念！

邓志煜教授曾任合肥工业大学机械系主任、合肥工业大学党委书记（1983—1987）、校长（1987—1991），安徽省热处理学会第二、三、四届理事会理事长。几年前已离开了我们，每当忆起踏入合肥工业大学之初，邓老师的形象又浮现在了眼前：清瘦的面庞，头发一丝不乱地向后梳着，身姿挺拔而瘦削，步履矫健，常穿着挺括的中山装，一身学者风范。不苟言笑看似严肃，但一站上讲台，便娓娓道来，滔滔不绝，语气语调中尽显出慈祥与温和。

当时就听说邓老师等几位老教授是著名的金属材料学专家，我心里便油然而生出了一种敬佩与自豪之情，能够有机会在这些老师的教导下学习感到非常荣幸。在本科学习期间，邓老师教我们"金属力学性能"，他常常给我们说起国内外金属材料的发展情况，也指出我国金属材料的不足与差距，勉励我们好好学习，尽快成长成为新一代的材料人，为国家的材料发展做出贡献。在硕士学习阶段，邓老师带领团队和我们投入国家"六五"攻关项目"非调质钢的强韧化研究"中，这是当初开发的节能型新钢种，对我们来说有着较大的难度与挑战。他经常带领我们走访工厂、参会交流，这拓展了我们的视野，丰富了我们的知识，促进团队取得了一系列丰硕的成果，为我国非调质钢的发展做出了应有的贡献。他曾告诫我们，做科研就像非调质钢的强韧化一样，要有坚强的意志品质和百折不回的韧劲。这一切就犹如发生在昨天，也深深地烙在我的心里，成为激励我工作的座右铭。

虽然邓老师已经离开了我们，他的音容笑貌和谆谆嘱咐永远铭刻在我们的心里。

（解挺 供稿）

4.4.2 邱国璋 教授级高级工程师

邱国璋（1931—2021），江苏高邮人。中共党员，毕业于哈尔滨工业大学机制系，曾任安徽省机械科学研究所所长，教授级高级工程师，中国机械工程学会高级会员，安徽省热处理专业委员会第四届理事长，第五、六、七、八、九届荣誉理事长。

热处理学会活动合影
（左二为邓宗刚教授，左三为邱国璋高工，中间为邓志煜教授，左一为程正翠，右一为朱绍峰）

邱先生是我省德高望重的著名热处理专家，为我省热处理行业的发展和技术的进步做出了重要贡献。邱先生十分热心学会工作，是我省热处理学会创始人之一，曾任我省热处理专业委员会第一、二、三届副理事长，第四届理事长，第五至十届荣誉理事长。他积极参与组织学会各项学术活动，以高度的工作热忱、深厚的技术功底，为发展我省热处理行业组织，壮大行业技术队伍，促进行业技术进步，推动省际的技术合作与交流，都做了卓越的贡献，深受我省热处理同仁的信赖和敬重。

得知邱国璋先生病逝的消息，我非常惊讶。2021 年 2 月 22 日，我与朱绍峰教授看望他，他看上去气色尚可，与其聊天，谈笑风生，丝毫看不出他有什么病症。但仅仅三个月，他就永远离开了我们。我们以极其沉痛的心情怀念、悼念他！邱先生是我的良师益友，几十年来，我们交往甚密，他给予了我很多帮助和支持。

邱先生离开了我们，但给我们留下了许多好思想、好作风、好品行。我们要继续向邱先生学习，继续努力，再接再厉，为我省热处理行业的发展和技术的进步再做贡献、再铸辉煌！我们永远怀念邱先生！（施家山　供稿）

4.4.3　邓宗钢　教授

邓宗钢先生早年毕业于上海交通大学（1953 年，第一届热处理专业毕业生），20 世纪 50 年代就职于北京航空学院热处理教研室。后来到航空部 7410 厂（江淮仪表厂）主管热处理车间，1981 年又回到教育部门，历任合肥工业大学热处理教研室主任、材料系主任（材料科学与工程学院）直至退休。

邓宗钢先生于 2020 年病逝，享年 89 岁。在他离开我们一周年之际，我们深切怀念这位热处理界的前辈、我们的恩师。他生前一直致力于安徽热处理事业的发展与进步，历任安徽省热处理学会第二届理事，第四届副理事长，第五届常务理事，第六、第七、第八和第九届荣誉理事。无论是在工厂期间还是在高校工作时，他都活跃在热处理学会工作中。积极推动热处理技术进步，大力培养热处理人才，为安徽省的热处理事业做出了巨大贡献。

邓宗钢先生在材料表面热处理，尤其是化学镀方面卓有建树。在铝合金和电工合金材料方面也有深入研究。他获得了多项科研奖项，发表过多篇学术论文，有的还被 EI 和 SCI 收录。邓宗钢先生科研成果斐然，人才培养方面更是硕果累累。

1981 年，邓宗钢先生刚到合肥工业大学，正赶上国家招生制度改革后的第一届大学生（77 级）撰写毕业论文阶段。他立即将上海交通大学、北京航空学院等国内外先进的教育理念和培养方法引入教研室，制定了一套本科论文指导方法，使教研室从此有了先进的培养方法，让大学生获得了完整系统的科学训练。当年我有幸在邓宗钢先生指导下完成本科毕业论文，真正知道了怎样进行科研工作。同时，我们也深切感受到先生的治学严谨。当时，我们为了确定研究课题，在阅读文献资料、设计实验方案时，先生专门请来 7410 厂的肖永骏老师（后来担任厂长）为我们讲解正交试验方法。实验进行过程中为确保数据可靠、准确，先生让我们按实验室的工艺到工厂热处理车间进行实地检验。通过与工厂师傅通宵达旦的努力，我们获得了满意结果。先生除了培养我们运用所学从事科研的能力，还刻意锻炼我们为人处事的能力。当年跟先生在上海柴油机厂实习时，先生在我们跟班实习之余自己联系参观工厂。除了上海柴油机厂外，还参观了上海淬火厂、自行车链条厂等 7 个厂家，充分见识了当时的各种热处理设备与先进工艺，也锻炼了我们与人沟通、交流的能力。

1983 年起，我们陆续有幸师从先生攻读硕士研究生，其间深切体会到先生先进的育人理念和高超的培养方法。在我们进入课题研究前，先生只给个方向，由我们自己查阅文献资料，进行多方调研再提出课题。先生这时会组织课题组老师、学生一起审题。从课题意义到实验方案，从现有条件到课外协资源逐一进行严格把关，课题进行中，从资金筹措到协调多方实验条件和资源，先生为我们提供全方位支持；写论文时，先生也反复为我们修改论文，逐字逐句，甚至连标点符号也会帮我们纠正。

为使热处理研究生培养更为科学规范，1986 年国内多所知名高校发起筹建热处理研究生培养指导委员会。先生积极推动和哈尔滨工业大学雷庭权教授、清华大学陈南平教授、大连铁道学院戚振风教授和浙江大学毛志远教授等国内知名学者共同筹建并任秘书长。

先生的一生胸怀坦荡，不计名利。在我们读研究生期间，先生指导我们发表的学术论文都是让我们作为第一作者，他自己的名字靠后。毕业后工作中申报课题时，先生也让我们牵头，他默默支持，处处为我们着想。现在回想先生当年的许多许多，深切感受先生堪称教书育人的典范，他永远是我们学习的楷模。先生的教导让我们一辈子受益匪浅，先生的光辉照耀着我们此后的人生路。尽管先生已离我们而去，但是他的音容笑貌仿佛还在眼前，愿我们的恩师在天堂安好！（黄新民 供稿）

黄新民与邓宗钢老师学术会议期间宾馆房间合影

4.5　热处理笔记

施家山

前　言

　　我在热处理企业工作三十余载，退休后又在私企工作十余年，一直从事热处理工作，积累了一些体会和教训，早就想总结出来，供同仁参考，但担心效果不大，又打扰大家，故迟迟没有动笔。经过反复考虑，还是写了出来，也许对同仁会有启发，不感兴趣者，可以见到即删，影响有限，应该是利大于弊。现在开始动笔总结，想到就写，没有考虑文章体系顺序。不定期在群里发表，希望能对大家有所帮助，有不当之处，期盼大家斧正。建议同仁也能将自己工作中的经验、研究成果发表到群里，供大家学习、借鉴、分享。

　　我在温州工作的公司是一家热处理专业化厂，有数十家客户，他们当中很少有人懂热处理知识。加工不当、材料错误、技术要求不合理等质量问题经常出现。平时若热处理出现质量问题，客户一般会认为是热处理不当造成的，我们如不能找到充分的证据说服他们，不仅需要赔偿，还会失去客户。如能证明不是热处理问题，且有充分的证据、数据，让客户口服心服，不仅不需赔偿，他们还会认为这个单位有水平、技术高，一旦取得了客户信任，协作关系会更牢固。

　　现在协作单位对外协热处理产品大多数会进行复查。而他们的检测设备大都不是先进设备，检测人员又没有经过专业培训，往往不能检测出正确的结果，经常出现误判，合格产品被对方判不合格。误判的原因大体是表面粗糙，没有磨光，圆柱体检测部位没有磨成平面，低硬度用洛氏硬度计检测，硬度计偏差不会用标准试块调整，等等。在大部分客户中都出现过类似情况。对此就要耐心地去调查被判不合格的原因，发现问题，指出对方误判的原因，还要指导对方如何正确掌握检测方法，直到对方学会。如对方没有相应的检测设备，还要将被误判的不合格产品拿回本单位现场检测给他们看。也有极少数似懂非懂的客户检验员对质量过于挑剔，难以沟通得到共识的，我们需要搬出有关标准耐心说明，无法沟通时，只有通过权威单位检测定性，判断产品是否合格。

渗碳钢或高合金钢件磨削裂纹

要解决渗碳钢或高合金钢件磨削裂纹这个问题的办法是用排除法。齿轮渗碳或高合金钢只要组织符合技术要求，磨削方法正确，一般是不会开裂的。在磨削表面出现垂直于磨削方向的龟裂，是典型的磨削裂纹。要客户认可首先要拿出数据，将磨裂的齿轮进行检测，硬度、渗层深度、金相组织等各项指标均符合技术要求，并请他拿到权威机构去检测验证。在排除热处理及材料原因后，剩下的就是磨削问题了。磨齿工人是按件计酬的，他们为了多得报酬，在加工过程中，会加快磨速、加大吃刀量。在分析磨裂原因时，他们往往又不说实话，这给了解磨裂原因增加了难度。如遇操作工人不配合时，就采取现场磨削加工方式，在已有磨削裂纹齿轮上轻磨、减少吃刀量，结果不仅没有新的裂纹，而且原有的裂纹也被磨掉了，这就使他们心悦诚服，无话可说。这类磨裂的产生原因主要是磨削速度太快、吃刀量太大、冷却速度太慢，从这三方面进行反复调整，可解决齿轮这类磨削裂纹问题。高合金钢件热处理后磨削裂纹，亦用此方法处理。

错料或混料

出厂检查时根据硬度值和火花就能初步确定材料是否错料，然后进行化学成分分析，确定是什么材料。成批料错容易发现，如果是混料，就会漏检，不易发现。有一次，一批产品被客户认为硬度不均匀，要求返工，我们对不合格的零件进行再次检查，发现不合格的零件是低碳钢，他们不相信，认为是从一根材料上锯下的，怎么会是低碳钢，经化验发现，其果然是低碳钢。原来是工人加工报废两个零件时悄悄地拿了两个低碳钢材料补上。

另有一客户要生产防盗链条，为 20CrMnTi 材料，渗碳淬火，要求硬度 HRC60－62，用钢锯条锯不动，并要有一定的破断强度。生产两年多时间未出现任何质量问题。某一天，客户突然告知我们，生产的六七吨链条破断强度不合格。我们认真检测渗碳层深度、组织，表面和心部硬度，发现全部合格，原材料也没有非金属夹杂物。经化验材料化学成分得知，这批链条的材料是 20Mn2，破断强度不合格与渗碳淬火无关。

过热与欠热

热处理件的过热与欠热。热处理不仅要保证合格的硬度值，更要注重工艺的选择和工艺过程的控制，以得到合格的金相组织。过热的加热淬火、回火可以达到要求的硬度，而它的组织粗大，机械性能差；淬火欠热，通过调整回火温度，同样也可以达到要求的硬度范围，而它的组织不合格，产品会早期失效。有些企业不重视设备测温，造成炉温不准，这是造成产品过热或欠热的主要原因，会影响产品质量；有的企业为了节省用电量，工件保温时间不足或操作失误，造成欠热淬火；有的是由于加热炉的极限温度限制，降低加热温度，导致组织没有完全转变，因而欠热淬火。只要我们重视热处理质量，这些缺陷是完全可以避免的。

热点校正渗碳淬火齿轴变形

采取热点校正渗碳淬火齿轴变形。过去采用压力机校正渗碳淬火齿轴变形的方法很容易将齿轮轴压断，或表面形成用肉眼很难看到的微裂纹，给使用带来断裂的隐患。利用热胀冷缩的原理，用热点校正效果很好，且无压断危险和使用断裂隐患存在。方法是先找出弯曲最高点，用乙炔火焰对准高点加热至相变以下温度，空冷至室温，检查其变形量，如仍超差，再加热一次，直至合格。一般情况下，1~2 次即可校正合格。加热校正后，应及时进行温度不高于回火温度的去应力处理。

模具使用不当造成开裂

模具使用不当造成开裂，自行车厂曲柄成型模，3Cr2W8V 钢制造，300T 摩擦压力机上使用，每分钟冲压 8~12 件，模腔用油冷却，承受很大的冲击载荷。由于该钢耐急冷急热和承受的冲击能力差，使用过程中曲柄模多以断裂形式失效。合肥自行车厂曲柄模在多家热处理，最高可成型工件 1 万余件，最低成型数十件，甚至几件就开裂。从材料、锻造、切削加工、热处理角度均找不到原因。后来到操作现场了解情况，发现是操作不当造成的。曲柄毛坯是用中频加热至 1100~1200℃，流水作业，工件到达摩擦机处，温度不应低于 900℃。由于工人操作不当，有时工件低于 900℃，甚至工件呈暗红色（600℃以下）时，仍在操作，从而导致曲柄模开裂。此后纠正了不当操作，模具使用寿命达 9000 件以上，少数高达 20000 件。困惑多时的曲柄模开裂、早期失效的问题解决了。

铬镍钢齿轮渗碳淬火工艺

铬镍钢齿轮，特别是 20Cr2Ni4A 钢，渗碳直接淬火，由于存在大量残余奥氏体，硬度低。采用渗碳后空冷至室温，再高温回火，随炉冷至 350℃出炉空冷，再重新加热淬火，硬度符合要求，但在渗碳后淬火之前要进行一次高温回火，生产率低，能耗多，且变形量大。现采用降低渗碳碳势的方法，实现渗碳后直接淬火。在渗碳过程中，适当降低原渗碳碳势，使渗碳层碳浓度降低，直接淬火，淬火后残余奥氏体减少，并适当提高回火温度。用此工艺渗碳淬火齿轮，经检查，齿面硬度 HRC58~59，碳化物 1~3 级，马氏体加残奥 1~3 级，心部铁素体 1 级，变形也小。

防渗碳涂料影响渗碳速度

渗碳涂料是热处理局部渗碳的常用材料。防渗碳涂料会影响渗碳速度，工作人员一开始并没有想到这一问题。过去用了很长时间，没有遇到这种情况，或者是影响甚微，故没有发现。用的是某知名度较高的涂料生产厂家的产品，对该单位产品质量坚信不疑。发现渗速慢了，从其他方面寻找原因，凡是影响渗碳速度的因素都找遍了，渗碳速度还是慢，这时才想到涂料问题，结果发现正是涂料影响。我们用增加炉内碳势和延长渗碳的时间方法，使渗碳件达到渗层要求。这样既浪费资源，又占用设备，不是解决问题的根本方法。后来我们联系另一家涂料生产厂家，经试用渗碳速度正常，困扰我们很长时间的问题解决了。涂料挥发出来黏附到工件需要渗碳部位，使渗碳速度减慢。由于炉内气氛残留渗碳涂料，还会影响下一炉渗碳速度。渗碳质量出现问题时，人们从常规影响质量的几个方面去分析，而忽视涂料影响质量的这方面因素。炉内积聚很多炭黑，黏附在辐射管和氧探头上的炭黑，影响炉温和碳势准确性，又增加了影响渗碳质量因素，形成恶性循环。

齿轮崩齿原因

齿轮齿轴装机使用过程中，有时出现崩齿现象，如不能排除热处理责任，不仅要赔偿直接经济损失，而且还要赔偿停机待产的间接经济损失。几次出现的崩齿问题，均拿出了有说服力的数据，证明崩齿与热处理无关，是装机不当或使用不当造成的。客户也拿不出崩齿与热处理有关的数据，这就证明崩齿与热处理质量无关。

材料不符造成硬度不足

柴油机重要零件偏心轴，材料：球墨铸铁，高频淬火，要求硬度 HRC48～52，有一段时间淬火后，有的零件硬度能符合要求，有的零件无论怎样调整工艺参数均不行，从 HRC30 到 HRC48 各种硬度值都有。从热处理角度已找不到不合格的原因，只有找材料原因。经了解，该厂从三个铸造厂进货，要求客户化验三个厂材料化学成分。化验结果发现，只有一个厂材料合格，其他两个厂材料均不符合技术要求，因此以后要从材料合格的铸造厂进货。

对于客户的特殊要求，要采用特殊热处理工艺

有一种 H13 钢热锻模具，外形尺寸为 $180cm \times 90cm \times 70cm$，客户要求表面硬、心部软。用常规热处理无法满足要求，我们用渗碳的方法提高模具表面硬度，经渗碳、淬火、

高温回火，表面硬度 HRC56～58，使用效果良好，满足了用户要求。还有一种 Cr12MoV 冷作模具钢模具，外形尺寸为 150cm×95cm×60cm，用常规热处理工艺，硬度 HRC59～60，使用开裂，寿命很低。客户要求硬度低一些，我们用较低的淬火温度、较高的回火温度，将温度调整为 HRC52～54，使用效果很好，寿命大幅提高。当然，这里面有一个选材问题，面对用量少、客户多的情况，没有必要与客户讨论选材问题，只要客户认为使用效果好就可以了，用不着较真。

修复渗碳齿轮内孔胀大

因设备原因，一炉 28 只、重 1.5 吨的齿轮渗碳件需要返工（内孔涂防渗碳涂料保护）。返工后，内孔胀大，没有加工余量，即是比图纸标注尺寸还要大 0.1～0.5mm，这意味着齿轮需要缩孔至有磨削余量尺寸，否则就是废品，要赔偿客户经济损失，还会影响客户交货期。先后用火焰加热、高频加热缩孔，收效甚微，用喷涂修补也不成功。后用氩弧焊增加内孔尺寸，再按需要尺寸将内孔车光，采用这一修补方法，内孔胀大的齿轮全部修补合格，挽回了三四万元的经济损失。用此方法亦可修复因磨削不当而超差的内孔。

淬火后趁热校正

冲床重要零件偏心轴，尺寸 ϕ63mm×420mm，中间有一长 134mm、深 35mm 的凹槽，材料：40Cr，要求硬度 HRC45～50，变形量小于 0.5mm。由于此零件中间有一凹槽，淬火后变形量达 2mm 以上。回火后用压床校正，加压小，校正不过来，加压大，容量压断，报废率很高。后来采用淬火后趁热校正，效果很好，合格率达 95％以上。热校正关键要掌握好出冷却液温度，应控制在 150～200℃，终压温度 100℃以上。

一种特殊工艺——原材料脱碳与补碳

在热处理过程中，经常出现硬度达不到要求或硬度不均匀的现象，出现这种现象的原因很多，但有一点往往被人忽视，就是原材料脱碳。一般情况下，热处理加工件都是经粗加工后再热处理，但有时也有不经粗加工就直接热处理的，则往往会出现上述现象。而分析原因时，又没有想到会是原材料脱碳原因引起的，所以就不能及时调整工艺，浪费很多时间和精力，甚至将零件作为废品处理，造成资源浪费。

有一客户就遇到上述情况。有一种用 40Cr 材料制造的销轴，长 80mm，外圆最大尺寸 ϕ20mm，原材料经冷挤压加工成型，要求硬度 HRC48～52，压断大于 5 吨。在外单位用网带炉加热淬火，质量不稳定，时而全部合格，时而部分合格，时而全部不合格，对方采取很多措施，找不到出现上述现象的原因，产品报废率很高。

客户要求我们帮助他解决这一关键技术问题。首先，我们用最好的设备，制订最完善的热处理工艺，结果仍出现质量不稳定现象。经反复检查分析，结果发现，硬度达不到要求的零件是脱碳，而且并不是因设备原因造成零件脱碳，而是钢厂出厂的原材料就有脱碳现象，有的脱碳严重，有的脱碳较浅，最深 1.6mm 左右，最浅的也有 0.1mm 左右。当然，这是无法避免的。脱碳小于 0.3mm，硬度能达到技术要求，大于 0.3mm，硬度就达不到要求，各种硬度值均有。

质量不稳定的原因找到了，那么该如何制订热处理工艺，使脱碳层深浅不同的零件都能符合技术要求呢？只有进行补碳，恢复表面含碳量，别无选择。如何补碳，补多了，淬火后硬度高；补少了，淬火后硬度低，故补多、补少都不行。40Cr 含碳 0.37～0.44，补碳后，使脱碳层含碳量应在此之间。另外设备显示的碳势也不一定准确，这些都给补碳工艺增加了难度。再有，补碳时间短了，脱碳层深的没有补足；时间长了，浪费能源、占用设备。

制订补碳工艺，首先考虑炉内碳势。仪表上指示的碳势不一定是炉内实际碳势。假定炉内碳势准确，采用 0.4% 碳势补碳，190℃ 回火，硬度为 HRC58～60。用常规热处理工艺淬火，经 190℃ 回火，硬度为 HRC50～52，显然炉内碳势高于 0.4%。提高回火温度，将硬度调整到 HRC50～52，但抗压不及常规热处理工艺的零件。后分别将炉内碳势调整为 0.35%、0.3%、0.25% 进行补碳，经 190℃ 回火，仪表上指示碳势为 0.25%，硬度为 HRC50～52，抗压大于 5 吨，符合零件技术要求。

40Cr 常规热处理加热温度应为 860℃，补碳也应为此温度，但占用设备时间长。改用 920℃ 补碳，降温至 860℃ 淬火，时间可大大缩短，补碳需多少时间才能恰到好处，这要根据零件的脱碳情况、技术要求多做几次试验来决定。用补碳的方法将该客户已作报废处理的七八吨零件挽救合格，挽回了六七万元经济损失，也为我们争取了一个客户，增加了在社会上知名度。

调整工艺方法　提高产品寿命

汽车空调器上的销轴，长 110mm，外圆最大尺寸 φ20mm，材料 20CrMo，要求渗碳后空冷，外圆精加工，车两端螺纹，再高频淬火。装机使用有断裂现象，经检测分析，断裂原因是心部硬度太低（HB200 以下）。建议客户渗碳后直接淬火，高温回火，将心部调整到 HB220～250，再高频淬火。高温回火后，表面硬度 HRC30～32，外圆精加工，车两端螺纹也不困难。经这样处理，销轴心部强度大大提高，就没有再出现断裂现象。

有一种生产小型零件的模具，材料为 45 钢，外径 φ86mm、内孔 φ21mm、高 40mm，要求硬度 55～57h HRC，830℃ 加热，水冷，经常在尺寸变化处出现裂纹；油冷，硬度又达不到要求。后经分析，将原用的加热淬火工艺改为渗碳淬火工艺，油冷，低温回火。不仅质量稳定，消除了淬火开裂现象，而且零件表面含碳量的提高增加了耐磨性，提高了零件的使用寿命。其他类似的零件用此方法，都得到了令人满意的效果。

调整技术要求　提高产品寿命

在协作加工过程中，有时遇到零件技术要求不合理的情况，导致使用寿命低。向用户了解工件使用状态，帮助对方选择合适的技术要求，采用合理的工艺流程，使其使用寿命大幅度提高。电力控制拒拉闸刀开关凸轮，使用过程中受到摩擦和冲击力，要求具备良好的耐磨性和强韧性，使用时耐磨且不断裂。某企业生产的凸轮，用 20 钢板制作，外形最大尺寸 65×45mm，厚度 3mm。技术要求：渗碳深度 0.4～0.6mm，表面硬度 HRC48～52。要求使用 8000 次不断裂，实际使用不足 5000 次断裂（Φ18 孔处）。如果降低表面硬度，渗碳回火后，心部硬度随之降低。使用时不断裂，但不耐磨，而且容易变形，使用不足 5000 次，因磨损失效。通过对凸轮磨损情况的了解分析，进行了金相组织分析和显微硬度测试，结合工艺流程，找到了既不抗磨又易断裂的原因，提出了相应的对策，解决了凸轮不抗磨、易断裂的问题。

凸轮原热处理工艺是渗碳后，350℃ 回火，表面硬度 HRC50～52，心部硬度 HRC29～32。渗碳后实际渗层大部分在 0.45～0.55mm 之间，加上过渡层约 0.10mm，总渗碳深度为 0.55～0.65mm。凸轮未渗碳部分只有 1.60～1.90mm。渗碳层深，且脆性大，未渗碳部分少，强度低，因而使用过程中不仅不耐磨，而且还易开裂，寿命远远达不到 5000 次技术要求。要想达到使用寿命 8000 次的要求，必须改变技术要求和热处理工艺。征得设计者同意，改变后的技术要求，用碳氮共渗，渗层 0.20mm 上下，表面硬度 HRC55～58。现热处理工艺，多用炉碳氮共渗，油冷，240℃ 回火，表面硬度为 HRC56～58。心部硬度为 HRC36～38，平均使用寿命 10000 件以上。

选择恰当的操作方法　减少工件变形

细长板状零件热处理变形的控制。刨板机刀片（340cm×28cm×7cm），材料 T8，要求 HRC54～58，变形小于 2cm。加热时垂直挂放，550～600℃ 预热，800℃ 加热，油冷，油温在安全前提下，越高越好，工件应垂直入油，动作越快越好，入油后工件要上下不停地动，不能前后左右摆动。待工件冷至 150～200℃ 时（冒烟但不着火），工件出油后，迅速地检测变形量，超过 2cm（约 20%～30% 超差）趁余热及时校正（用铁锤敲击），动作越快越好，工件低于 100℃ 就容易校断，校正后应及时回火。采用这一工艺，工件硬度及变形量全部合格。

改进操作方法　减少工件变形

摩托车连杆，材料 20Cr，两端要求渗碳淬火，硬度 HRC58～62，中间杆部镀铜防渗，要求弯成 90° 不断裂，硬度应控制在 HRC25 以下。渗碳淬火经低温回火，杆部硬度大于

HRC40，用高频退火，使之小于 HRC25，弯成 90°不断裂。操作时关键要控制好退火加热温度，温度太高或太低，加热速度太快或太慢，均不行。我们采取加热至暗红色，停 3～4 秒钟，再加热至暗红色即可。用此法之前，有的连杆达不到弯成 90°不断裂要求时，就将加热温度提高，温度越高反而越脆。

降低渗碳温度　减少工件变形

有些细长或薄板零件渗碳，要求渗层浅，表面要求高硬件，变形量要求小，心部要求不高，如采用较高温度渗碳，不仅变形大，而且渗层也不易控制，有的零件根本无法达到技术要求，采用低温渗碳取得较好的效果。我们采用 760℃渗碳，根据零件技术要求，保温一段时间，油冷，低温回火，硬度 HRC60 以上，变形量明显小于较高温度渗碳，用此方法解决了较高温度渗碳无法控制零件变形超差的问题。

提高回火温度　降低渗层组织碳化物级别

减速机齿轮、齿轴渗碳，要求表面硬度 HRC58～62，渗层组织碳化物 1～3 级，马氏体及残余奥氏体 1～3 级。有时碳化物超过 3 级，并含有大量残余奥氏体，硬度达不到 HRC58。如果碳化物为 4～6 级（不能出现网状碳化物），可以用 230～260℃回火一次，便可以使碳化物达到 1 级，残余奥氏体减少，硬度可达到 HRC59～61。如果碳化物为 7～8 级，必须重新加热淬火，才能使碳化物达到 1～3 级，硬度符合技术要求。

两段渗碳　控制渗层

锁具零部件渗碳。材料：20CrMnTi，技术要求，用钢锯条锯不动，要有一定的剪切力和破断强度。因其零件都很小，全部是薄层渗碳，大体上控制在 0.18～0.25mm 之间，表面硬度控制在 HRC60 以上。860℃渗碳，渗速慢，渗层容易控制，渗碳时间长，而且心部奥氏体没有完全转变，淬火后心部铁素体含量多，硬度低，破断强度达不到技术要求，易砸碎。如用高一些温度渗碳，渗碳速度快，但渗层不易控制，有时渗层 0.3mm 以上，表面脆性大，同样易砸碎。后改为两段渗碳淬火，第一段 880℃，炉内碳势 0.2%，不要让表面渗碳，保温一段时间，降温至 860℃，炉内碳势 1.2%，让表面快速渗碳，保温一段时间出炉油冷，低温回火，质量符合要求，用此工艺生产七年多时间，锁具零部件质量很稳定。

长薄钢板密排紧压回火校正

有一薄板钢件，尺寸为 1200mm×100mm×7mm，每隔 120mm 有一直径为 15mm 螺丝孔。材料：65Mn，要求硬度 HRC42～47，变形量小于 1mm。经常规加热淬火后，变形量全部大于 1mm，有的高达 6mm。利用有 10 个螺丝孔的特点，每 15 只一组，用螺栓固定在一起拧紧回火（不高于淬火后回火温度）。在炉内保温一段时间后取出，再拧紧一次，回火后空冷至室温拆除螺栓。用方法处理后工件，变形量全部小于 1mm。

防止 45 钢零件开裂的方法

45 钢是机械制造工业中最常用的材料，热处理量最大。而这种材料淬火开裂、畸变也是在热处理生产中经常发生的问题。为此，大家在热处理工艺、操作等各个环节做了很多工作，采取了很多措施，也取得了一定的效果。当 45 钢含碳、含锰量在规定范围上限，或含铬、含铜、含钼总量超过一定数值（＞0.2%），或含有微量元素钨、硼，或形状复杂，在常规淬火冷却时（即水冷）很容易开裂、畸变，造成废品。用降低淬火温度，水冷改油冷，渗碳等工艺和选择合适的操作方法，能有效地防止淬火开裂，减少畸变。45 钢调质综合机械性能最佳。有些产品机械性能要求不是很高，或只有硬度要求，没有机械性能要求，水冷又容易开裂、畸变又大。在此情况下，可以改为油冷，硬度能达到技术要求，且又比较均匀，可以得到满意的效果。现用几种实例加以说明。

（1）套筒。经淬火和回火后硬度要求 235～260HB。原淬火工艺：820℃加热，自来水冷却。淬火后硬度 50～55HRC，550℃回火后硬度 240～260HB。加工内径时，发现 10%～15% 有裂纹，纵向，长度 10～20mm，深度 0.30～0.50mm。水冷因内外径冷却不均匀，导致少数零件产生裂纹。现在淬火工艺：840℃加热，20 号机油冷却，油温 60～80℃，空压机鼓气搅拌。淬火后硬度 45～50HRC，530℃回火后硬度 240～255HB，加工后全部合格。

（2）轴。经淬火和回火后硬度要求 225～250HB。原淬火工艺：820℃加热，自来水冷却。淬火后硬度 45～50HRC，540℃回火后硬度 230～250HB。有 5%～10% 开裂，开裂在台阶尖角处。现在淬火工艺：840℃加热，20 号机油冷却，油温 60～80℃，空压机鼓气搅拌。淬火后硬度 40～45HRC，520℃回火后硬度 225～245HB，无一开裂，全部合格。

以上两种产品，改进冷却介质后，既能避免开裂，又能满足技术要求，用户使用多年，质量稳定，效果良好，经济效益明显。

有些模具形状复杂、厚薄不均，又有孔、凹槽、缺口。水冷不仅容易开裂，而且畸变大；水淬油冷，操作难度很大，硬度又不均匀，不能有效地避免开裂和畸变，报废率很高，造成很大的经济损失。我们通过理论分析和生产实践，总结出用渗碳淬火工艺，不仅可以消除开裂和畸变，而且还提高了使用寿命。

（3）成型模。技术要求 55～60HRC，缺口胀大小于 0.20mm。原淬火工艺：820℃加热，自来水冷却至 100～150℃出水空冷，20％～25％开裂，裂纹在缺口及 20 孔处，畸变大，缺口处胀大大于 0.20mm，占 20％～30％，改油冷硬度又达不到要求。现在淬火工艺：多用炉渗碳 0.4～0.8mm，直接淬火，油冷，油温 60～80℃，硬度 62HRC 以上，200℃回火，硬度 57～59HRC，无一开裂和畸变超差，全部合格。

（4）成型模。技术要求：凹槽 50～55HRC，凹槽缩小不大于 0.30mm。原淬火工艺：820℃加热，自来水冷却，凹槽缩小大于 0.30mm 的有 30％～40％，少数在尖角处产生裂纹，改油冷硬度又达不到要求。现在淬火工艺：多用炉渗碳 0.4～0.8mm，直接淬火，油冷，油温 60～80℃，硬度 62HRC 以上，280℃回火，硬度 53～55HRC，凹槽缩小至 0.20mm 以下，没有开裂现象，全部合格。

还有很多防止开裂和减少畸变的方法，如亚温淬火、水淬油冷、水淬空冷、预冷淬火等工艺。有条件的生产厂家可对 45 钢批量生产的零件进行化验，根据化学成分采用相应的工艺方式和操作措施。只要我们坚持不懈地在实践中认真探索、大胆试验，我们一定能很好地解决 45 钢淬火容易开裂的这一技术难题。

齿轮、齿轮轴渗碳淬火畸变的控制与校正

齿轮、齿轮轴渗碳淬火畸变是在整个制造过程中（如设计、材质、锻造、机械加工、热处理、磨削等）各个工序畸变的积累，而不是由一个渗碳淬火一个工序造成的。因而畸变的控制是一个系统的协作过程，这里仅讨论渗碳淬火畸变的控制与校正。

一、控制畸变的措施

1. 预备热处理：渗碳热处理前应进行正火或调质处理以改善组织，有利于减少畸变。一般情况下，尺寸较大的齿轮、齿轴宜采用调质处理。一方面有利于切削加工，另一方面调质后的显微组织更加均匀合理。尺寸小的齿轮、齿轴宜采用正火处理。

2. 渗碳温度范围很宽：为减少畸变，尽量采用较低的渗碳温度。对于渗层较浅的，可采用 860～880℃渗碳或碳氮共渗，可减少畸变，又可控制渗层深度。对于渗层要求较深的，考虑到渗碳时间长、设备利用率低问题，选择的渗碳温度则应高一些，一般选用 900～920℃温度渗碳。920℃以上渗碳，畸变会明显增大，工装使用寿命明显缩短，一般不宜采用。渗碳要求深，又易畸变且对畸变要求高的，也应采用较低的渗碳温度。渗碳温度高低与畸变大小是一对矛盾，应灵活运用，综合考虑。

3. 工装设计及装炉方法：工装设计和使用不当及装炉方式不正确，是造成畸变的主要原因，是减少齿轮齿轴畸变的关键工序。要把握好这一工序，应根据齿轮齿轴的形态、尺寸及畸变要求设计不同的工装。工装设计要科学合理，使用方便，经久耐用。装料时应根据齿轮齿轴的形态、尺寸及畸变要求选择不同的工装及挂装方式，要注意上下左右介质流动是否均匀、畅通无阻。齿轮齿轴应垂直挂装在工装上，要等距离，不能紧靠在一起，要留有间隙，以免冷却不均匀，形成翘曲、弯曲或椭圆。大型齿轮无法垂直挂装，需平行

放置的，应放在平整且能使介质流动的工装上。内径大的齿轮应垂直挂装，内径易变成椭圆状的，也应水平放置在专用工装上。对产生畸变的工装应及时加工平整。

4. 升温方式：一般情况下，进炉即可直接升温到渗碳温度。但细长件、厚薄悬殊较大的齿轮齿轴，应缓慢升温或在 600～700℃ 进行预热，对减少畸变是有益处的。

5. 淬火温度：淬火温度越高畸变的倾向越大。要减少应尽可能降低淬火温度。淬火后一般采用直接淬火的方式。二次加热淬火不仅会增加成本且畸变大，现在很少采用。淬火温度越低畸变越小。可参照各种材料 Ar1 转变点，选择保证心部硬度的合适淬火温度。淬火温度不宜太低，否则心部出现过多铁素体，而达不到要求的心部硬度。选择 800～830℃ 淬火温度是合适的。

6. 冷却方式：渗碳后采用油冷。采用何种冷速的油，要根据齿轮、齿轴尺寸、形态、技术要求综合考虑。不易畸变的选择快速油，反之采用慢速油。油的温度越高，畸变越小，在油温使用范围内，尽量采用高的油温，以减少畸变。选择合适的搅拌速度，有利于减少畸变。搅拌速度越快，畸变越大。只要能保证技术要求。尽量采用较低的搅拌速度。油冷后，在空气中冷至室温再清洗、回火，以减少残余氏体，避免磨削产生畸变和裂纹。

二、齿轴渗碳淬火畸变的校正

1. 齿轮畸变的校正：齿轮渗碳淬火后，一般情况下，内、外径胀大，胀大多少，与齿轮尺寸大小、渗层深度、内外径比值有关。齿轮越大、渗层越深，内外径胀大越多。掌握每种齿轮规格的畸变规律，预留胀大余量。但内径大的锥齿轮，有时内、外径缩小或胀缩很小。在生产实践中，要做细致的测量工作，摸索出各种规格齿轮的畸变规律，以便正确地预留余量，以免造成内外径胀大，无法磨削又无法校正而报废。如内外径胀大超出余量，内孔磨量成负数，可采用高频感应加热或乙炔火焰加热的方法，利用热胀冷缩的原理，缩内孔也有一定的效果。方法是：将齿轮用回火温度加热，出炉后快速操作，快速将内孔加热到相变点以下温度，空冷至室温。加热校正会产生很大应力，应及时进行温度不高于回火温度的去应力处理。值得注意的是，不加热就进行高频感应加热或乙炔火焰加热缩内孔，不仅效果差而且很容易开裂。大型锥齿轮产生翘曲无法校正的，可在锥齿轮平面凹处加一金属重物，重物大小根据翘曲多少而定。将锥齿轮放在专用工装上，重新加热淬火，翘曲的平面即可恢复到允许畸变范围内。

2. 齿轴畸变的校正：齿轴的校正，过去常用压力机校正，这种方法很容易将齿轴压断，从而造成损失，或表面形成肉眼很难看到的微裂纹，给使用带来隐患。利用热胀冷缩原理，用热点校正齿轴畸变效果很好，且无压断危险和断裂隐患存在。方法简单易行，先找到弯曲高点，用乙炔火焰对准高点加热至相变以下温度，空冷至室温，检测畸变量，如仍超差，再如法再加热一次，一般情况下，1～2 次即可校正合格。加热校正后，应及时进行温度不高于回火温度的去应力处理。

3. 展望：经过多年的生产实践，初步掌握了减速机齿轮齿轴渗碳淬火畸变的规律，积累了一些控制畸变的措施和校正经验。但由于影响齿轮齿轴畸变的因素很复杂，同时又受到设备和工装能力的限制，还有很多畸变难题没有解决好，希望热处理同仁进一步探索和研究其畸变规律，力求将畸变控制在最小范围内。

锻造余热淬火

锻造余热淬火是在锻造后利用锻件自有的余热，直接进行热处理，节省了工件后序热处理的再次加热，具有显著的节能效果。同时锻造余热淬火属于高温形变热处理范畴，位错密度增值率提高，晶粒得到细化，力学性能得到不同程度的提高。锻造余热淬火的锻件，不仅具有优良的综合力学性能，而且成本低，效率高。因此锻造余热淬火技术在机械行业得到了广泛的应用。

链环钩是提升机重要行走的零部件之一，需要良好的表面耐磨性能及心部综合的力学性能。材料为45钢，硬度要求40~45HRC。链环钩螺丝部位不应淬硬，采用专用夹具在盐浴炉中局部加热方法处理。后采用锻后余热淬火，电能及辅助材料大大降低，劳动条件改善，使用寿命提高，外表美观，易上螺丝。

磨球是冶金、电力、水泥、化肥等工业生产中的主要易损件。锻造钢球（45钢或低合金中碳钢）采用锻造余热淬火，工艺简单，操作容易，节能显著，不需要增加很多设备投资。耐磨性接近低铬球，大大超过了锻造正火钢球，具有良好的性价比，可获得明显经济和社会效益。

工件淬火后应及时回火

工件淬火后应及时回火，回火不及时或保温时间不足，造成工件开裂的案例很多，特别是高碳高合金材料工件。现举几例典型案例。

1. Cr12MoV模具：直径约400mm，重量400多千克，淬火后2~3小时，纵向开裂。当时热处理厂家找出了很多理由，搪塞委托单位，否定热处理是造成的。其实如能及时回火，可以避免开裂。

2. 40Cr齿圈：调质，厚50~60mm，高100mm多，直径约1.5m，自来水冷却，淬火后7~8小时没有回火，导致开裂，呈四分五裂状，碎片蹦出1~2m，所幸现场没有人，否则会伤人。

3. 20Cr2Ni4A齿轮：模数6，外径约250mm，渗碳淬火后3~4小时回火，完工后常规质量检查，发现十几只开裂，约占1/3。有十只20Cr2Niv6齿轴渗碳回火时间不足，委托厂磨削后入库一周，发现10只中9只开裂，从裂纹形态上看，不像磨削裂纹。分析原因认定，业务员（不懂热处理）为了送货，擅自提前出炉。

工艺规定的回火保温时间是最低时间，延长可以，缩短不行。一般说来，合金元素越多，零件形状越复杂，淬火和回火之间的间隔越短。有些大尺寸、形状复杂的高碳高合金工件不能冷至室温才回火。特大且形状复杂的工件，冷却后应立即放入回火炉内，不让工件继续降温。

要重视热处理车间安全生产

热处理车间是一个有潜在火灾、爆炸、灼伤、触电、毒害等多种严重危害的车间，安全生产是企业管理重中之重，是企业员工人人都要关心的大事。热车间使用大量油、甲醇、液化气等易燃、易爆危险品，容易发生火灾事故。人员烧伤、烫伤是热处理车间常见的安全事故。车间的电缆铜排、配电柜、设备的接线引线地方是容易发生触电的地方。可控气氛炉、真空炉等先进设备，虽然设备本身有安全防范装置，但操作人员也不能存有麻痹和侥幸心理，必须严格按照设备操作规范进行操作。

我经历过热处理油槽三次着火事件，这三次事件最终均出动消防车才将熊熊燃烧的大火扑灭。火苗经过行车直冲屋顶，所幸屋顶是水泥构件和钢结构，否则房屋必烧无疑。烧毁行车、烧掉一些油，清理油污，已是不幸中的万幸。小的火警用车间备用消防器材解决，已是常见的事情。第一次油槽着火是因为渗碳淬火冷却时，人员误用行车慢速挡进行淬火冷却，当时连续几炉高温淬火，油温较高，油面有火苗，又没有采取措施及时将火苗扑灭，火苗慢慢变大时，用本厂消防设备灭火已不可能，不得不拨打 119，请求灭火，消防车到后才将大大火扑灭。烧毁 5 吨行车一台，油槽内的油需净化处理，烧掉的油未计算。第二次、第三次油槽着火原因与第一次着火原因基本相同，都是油温过高引起的，可见油槽油温高低对预防油槽着火的重要性。工件冷却后油槽温度不得高于 100℃，油槽内要有冷却和搅拌设备降温。

我还经历两次炉子爆炸事件，非常可怕。井式炉加热调质件油冷后，没有清洗就直接装入 600℃回火炉内回火，引起爆炸，将炉盖冲开。所幸操作人不在现场，否则可能造成人员伤亡。调质件及其工装需清洗干净方可入炉回火。

热处理节能降耗减排

节能降耗治理污染是我国的一项基本国策，是关系到国家经济发展、民族兴衰和人类生存的重大问题。热处理行业是能源消耗大户，节能降耗具有很大潜力。提高对热处理行业节能、降耗、减排的认识，落实科学发展观，遵守国家有关法律法规，开展各种形式的宣传教育，不断提高企业员工的能源忧患意识、节能意识、环保意识。使大家认识到节能、降耗、减排不仅是企业的大事，更是促进国家长治久安的一件大事。

首先，要开发和使用先进的热处理技术和设备，新增或更新热处理设备时，要认真考察、调研，慎重选择适合本单位、国家推广的高效能、低污染的设备，优先选用热处理行业协会重点推广的节能、减排技术和产品。对现有热处理设备，有计划、有步骤进行改造，采取切实可行的改造方案，逐步淘汰高能耗、低效能、高污染的设备。

其次是认真总结生产经验，努力改进工艺方法和工装设计，在保证热处理质量的前提下，对热处理工艺进行优化、简化，采用最合适的工艺流程和操作方法，用最少的能源消耗达到产品质量要求，用实践提高能源利用率和劳动生产率。积极主动地向设计部门介绍目前热处理技术和设备现状，力求设计更加科学、合理。认真贯彻执行国家制定的热处理技术标准，努力制定适合本企业产品特点的企业标准。

再次是实行科学严格的企业管理制度，巩固和提高热处理专业化生产水平。合理安排、科学调度车间生产，建立健全完善全面质量管理制度、成本核算制度、人员培训制度、严格工艺纪律，逐步建立完整的管理体制，把企业办成节能、降耗、治污、增效的现代化企业，向管理要能源、要效益。

建立和完善节能考核和奖励制度，要坚决杜绝生产中人为浪费能源的现象，将节能指标纳入车间、班组和个人的业绩考核内容，对浪费能源人员给予惩罚。

我们应该充分认识到，绿水青山就是金山银山。保护环境功在当代，利在千秋，是造福于民的伟业。千万不能以污染环境为代价换取企业的暂时利益。要全面排查对环境造成的污染源，下决心淘汰那些对环境造成污染的工艺和设备。节能降耗要与污染治理相结合，综合治理，全面提升企业经济效益。

让我们与全社会一起携手并肩，用智慧与辛勤的劳动，实现时代赋予我们光荣而艰巨的伟大使命，使热处理行业与其他行业一样，成为能源节约、环境优美的新天地。

民营热处理厂发展途径

退休后，我在浙江台州、温州民营热处理厂工作多年，对那里的热处理现状有所了解。现结合我在浙江的所见所闻及多年在国企工作的经验和体会，谈谈对我省民营热处理企业生存和发展途径的看法，仅供参考。总体来说，国家政策和市场是造就企业发展的源泉和动力。具体到每一个企业来说，有五个问题必须引起重视，即先进的工艺装备、完善的检测手段、经验丰富的技术人员、严格科学的生产管理和热情周到的经营服务，最终才能得很好的经济效益。在浙江，企业联系热处理外协加工，首先要调查了解协作单位的设备、检测怎么样，有没有工程师，必须具备这三个条件。至于入门后能不能留住客户，就要看企业的服务及管理如何了。

1. 先进的工艺装备　浙江民营热处理企业纷纷淘汰了落后的空气加热炉、井式渗碳炉和盐浴炉，购买了先进的设备，如多用炉、真空炉、保护气氛炉、网带炉等。模具热处理，现在采用真空热处理，以前用真空油淬炉，现在用真空空淬炉，产品质量比油淬更好。模具用真空炉热处理，寿命要提高 1~3 倍，且畸变小；结构钢用真空炉热处理后力学性能大幅提高。浙江真空炉很普及，台州路桥、温岭大山热处理厂都有多台真空热处理炉。

过去渗碳碳氮共渗用井式炉，现在全部用多用炉，产品金相组织好，表面光亮，质量稳定，人为因素影响小，只要输入工艺，碳势、滴量、时间、温度都能自动控制，自动化程度很高。有的热处理企业看准市场，还购买真空渗碳炉。网带炉处理小件和大批量工件效果很好。根据市场需求，可以有针对性地使用此设备。要淘汰空气炉、盐浴炉等耗能大的设备，没有条件更新，可以进行节能改造。建议我省有条件的热处理企业，使用多用炉、真空炉等先进热处理设备，走在市场前面，业务前景将是乐观的。目前没有市场怎么办？靠宣传，筑巢引凤。有的搞设计人员并不知道多用炉、真空炉的优势，仍用常规工艺委托加工。一旦认识到了，质量提高了，尝到了"甜头"，他们就能接受这些新设备了。凡事总有个循序渐进的过程，要立足目前，放眼未来。满足不同企业、不同产品的要求。有的产品本身要求不高，或有的企业暂时还没有认识到，就用常规热处理。一切按市场需求来决定，违背了市场规律，一味追求某种形式，就会吃大亏。但市场将选择高新技术设备，先进的技术工艺，才能满足越来越高的产品质量要求。

2. 完善的检测手段　浙江对热处理质量要求很高。他们深深懂得，有了先进的设备，没有完善的检测手段也不行。委托热处理加工件，不仅要满足于一般硬度要求，更重要的是要获得合适的金相组织。重要件每炉都要出具金相报告和试样，金相报告单设计得非常讲究、科学，其检测项目齐全，有关数据、金相组织、实物图片都在一张报告单上。一般零件也要定期出具金相报告。规模较大的委托单位，产品进厂后还要进行复查。这些热处理专业厂舍得花钱购买先进检测设备，建立产品检测室，以便提高产品质量和市场竞争力。还有各种硬度计，包括洛氏、里氏、布氏、肖氏、维氏硬度计等，对大小零件和复杂件都能检测。据了解，我省仍有部分热处理专业厂和全能厂热处理车间没有金相室，工件出厂只检查硬度，将硬度看得很重要，甚至将其作为热处理质量优劣的主要依据。硬度是考核热处理质量的一个指标，但不是唯一指标，硬度是表象，金相组织才是本质的东西。对于高速钢刀具，其不一定是具有高硬度就有高寿命，模具的高硬度可以通过各种工艺获得，齿轮渗碳后渗层的厚度、表面碳浓度、碳化物是影响其寿命的重要参数，结构件寿命取决于它的综合力学性能，并不是只靠一个硬度指标。

3. 经验丰富的技术人员和熟练的操作工人　有了先进的装备和完善的检测手段，还要有经验丰富的技术人员和熟练的操作工人。浙江省热处理技术人员和熟练的操作工人非常少，特别是技术全面的工程师。热处理是一个技术密集型行业，而理论、技术和设备都在不断地进步与更新。我省热处理行业要注意对工程师的使用和技术工人的培训，不断提高技术水平。要知道，技术人员发挥的作用是多方面的。一个企业没有技术人员，不可能生产出高质量的产品。一个企业拥有技术人员。协作单位对该企业才有信任感。在一定意义上讲，工程有品牌效应。我省很多退休工程师和技术工人被江苏、浙江聘请去了，还有年轻工程师被他们聘用，他们在那里发挥着很大作用。我省有些企业不注意发挥工程师作用，这是对人才的一个很大浪费。我们应把眼光看远一点，多到外面看一看，听一听，参加学术会议，了解信息、扩大视野、活跃思维，往往通过一个信息，甚至一句话，就能让我们受到很大启发，得到很大收获。现在是信息化时代，谁不掌握信息，谁就会坐失良机。

4. 科学严格的企业管理　以上三点是企业生存的首要条件，能不能留住客户，有没有经济效益，还得靠科学管理，靠经营服务。企业要加强完善内部管理，逐步建立完整的管理体系，可参照中国热协"热处理规范企业生产技术条件考核实施办法"，苦练内功，建立健全各项规章制度，把企业办成节能、降耗、治污、增效的现代化企业。条件成熟时，可向中国热协申报"热处理规范企业"，以提高本企业品位。企业管理主要包括现场管理、质量管理、人本管理、严格工艺纪律几个方面。

（1）质量管理 要提高每个员工的质量意识，加强全面质量管理，真正认识到没有质量就没有市场。在浙江，所有零部件都要按技术要求，按规定比例严格检测后才能出厂。真正做到工人自检，检验员抽检，出厂再由专职检验员出具合格证，并作检测记录，方可发货出厂。若不严格检验，委托单位进厂复查时不合格的要退回返工。一旦退回返工，要对工人、检验员进行罚款处理。但若是工件自检不合格返工，则不扣奖金。这样真正体现了质量是由市场检验的。市场竞争很激烈，委托单位不用担心找不到好的加工企业。质量问题是不讲关系、不讲情面的，出现质量问题一定要查明原因，找到责任人，提出改进措施。

（2）现场管理 热处理车间现场往往给人的感觉是脏、乱、差。作为现代化企业应加强现场管理，注意环境保护与卫生。热处理用的盐、气、冷却介质对环境有一定的危害，必须高度重视，整顿环境是保证工人身体健康，保证产品质量和提高企业经济效益所必需的，也是提高企业竞争力不可少的，好的生产环境会给客户留下美好的印象，可以想象，一个脏、乱、差的生产车间怎能留住客户！

（3）严格工艺纪律 热处理行业制定了不少行业标准和国家标准，企业要严格执行这些标准和工艺流程，要教育职工严格遵守工艺纪律。每个企业要有一套国家热处理标准，随时备查。这是保证产品质量的基本条件，也是防止发生人身、设备事故的根本保障。要建立完整的工艺档案，将工件热处理工艺试验数据，妥善保管。

（4）成本管理 热处理成本主要是电费和人员工资两大块，传统的统计数字表明，电费占成本的25%～35%，工资占15%～20%，利润空间很大，为15%～25%，要抓住合理用电、合理用人两个环节，就能大大节约成本，提高效益。热处理节能潜力很大，如生产安排得当，可以大大节约能源。价格是影响效益的又一因素，现在市场上价格相差很大，优质优价这是大家都能接受的客观规律。还要有谈价格的技巧，但质量和服务是根本的前提。工人岗位设置要科学合理，人尽其才，可以一人多岗，一专多能，有的岗位，如修理工、仪表工、电工岗位，规模小的企业不一定要专人负责，可以找人兼职或请有关单位协作。

（5）人本管理 人本管理的基本出发点是调动人的生产积极性，留住人才，稳定员工队伍制度是规范行为必不可少的，如果员工能自觉主动地为企业的利益去规范自己的行为，发挥自己的潜力，真心实意为企业工作，企业管理就可上升到一个高水平。如何调动员工的积极性，主要有两点：报酬与尊严。丰厚的报酬是调动积极性的前提，特别是骨干，报酬要高一些，生活条件要好一些。第二是敢投资，要尊重他们的人格尊严，尊重他们的劳动，让他们体会到，他们在这个企业发展中的作用，可以实现他们的人生价值，他们能以自己的现职而自豪。千万不要大声训斥员工，中国有句古话"教子十过，不如奖其一功"，这句话用在如何教育员工上也是适用的。要注意和协调员工之间、员工与老板之间的人际关系。当员工遇到喜事或困难时，如本人或家属结婚、生子、生病住院等，老板应主动关心、爱护、帮助、尊重员工，树立员工比上帝还重要的观点，经常与员工谈心，了解他们的需求与建议，节假日常在一起聚会，条件许可时，可组织集体旅游，这样可以潜移默化地加强企业的团队精神。综上而言，热处理生产要以人为本，才能节能提效，着重于提高技术、留住客户，提高热处理生产周期率，人、机、料、法、环是主要因素，当然还有其他因素。所有因素均不是独立的,它们是相互联系、相互作用的,热处理行业要做好各个方面的科学化统筹管理,做到以合适的设备、合适的品质、合适的流程、合适的成本生产出合适的产品。积极参与行业或部门的沟通交流,赢得其配合、支持及信任,才能使工厂内外部生产流程顺利、便利,才能赢得更多的市场份额,提高行业知名度,增强市场竞争力,这样企业就会有良好的社会效益和经济效益。

5. 热情周到的经营服务 企业要把客户当上帝,客户满意度越高,企业的效益就越好。浙江的经营服务是全方位的,你有什么需求,他就有什么服务。

(1)接送工件 全部免费接送工件,对方一个电话,企业马上派车去,随车人员有搬运工;完工后及时送货。批量大的,每天1~2次接送,规模大的企业有八九辆接送车。

(2)质量跟踪服务 这一点特别重要,协作厂一般对工艺、检测不内行,往往不清楚产生质量问题的原因,容易产生误会,你帮他分析,找到出现质量问题的原因,不但能消除对方误会,反而可让对方更加信任你,说明企业有发现问题、解决问题的能力,水平高,使对方心服口服,以后交给你加工产品放心,这比做广告都有效。要及时解决客户反映的质量的问题,凡属热处理质量的问题,不推诿、不扯皮,爽快地承认责任,及时返工,直到客户满意,挽回影响。无法返工的,就赔偿,双方协商赔偿多少,不要硬性按规定只赔材料费,双方达成谅解,不伤和气。如果做不到以上几点,不仅会失去客户,还会影响一大片。

(3)工艺装备要配套 尽量做到小而全,使一般中小客户的产品协作都能在一家企业完成,实在做不了的,也要将工件接下来,再委托别的企业加工,这样做不仅方便了客户,更重要的是稳住了这个客户。